영화 속
범죄심리

김상균 · 송병호 · 박상진

박영사

21세기 한국사회는 식민지배 국가 중 산업화와 민주화에 성공한 유일한 국가로서 세계의 찬사를 받고 있다. 세계 수출 10위권의 경제대국이며, G20에 속하는 선진국으로 대접을 받고 있다. 하지만 우리사회는 IMF사태와 세계금융위기 등을 이유로 사회양극화에 따른 위험사회에 진입하게 되었다.

세계 각국의 한국사회에 대한 찬사에도 불구하고, 사회갈등의 심화, 노령화, 양극화, 개인고통의 심화 등과 같은 문제로 인해 묻지마(무동기) 범죄, 성폭력 등과 같은 극단적인 범죄가 발생하여 국민들에게 충격을 준 것도 사실이다.

경찰청의 국정감사자료에 따르면 5대 범죄인 살인, 강도, 강간, 절도, 폭력은 해마다 증가하고 있어 2010년 54.0초마다, 2011년 51.0초마다, 2012년 50.4초마다 발생하고 있으며 2013년 1월~7월 사이에 발생한 범죄는 살인 545건, 강도 1,200건, 강간·강제추행 12,234건, 폭력 162,940건, 절도 162,267건으로 54.0초마다 한 건씩 발생하였다. 더욱더 놀라운 것은 여기에서 5대 범죄 외의 범죄와 신고되지 않은 범죄를 합산할 경우 그 시간은 더욱더 단축되고, 우리나라에서 한 해 발생하는 약 200만 건의 범죄 중 50% 가까이가 재범에 속한다는 것이다.

우리나라에서 최근 발생하는 범죄의 특징은 첫째, 범죄자의 저연령화 둘째, 묻지마(무동기)범죄 셋째, 죄의식 결여 넷째, 범행의 흉폭화 다섯째, 범행의 교묘화/지능화 여섯째, 성범죄 대상의 전환 등 우리사회가 상식적으로 예측할 수 있는 범위를 벗어난 범죄가 다발적으로 발생하고 있다.

따라서 우리는 범죄로부터 안전하고, 행복한 삶을 누리기 위해서 본인 스스로 범죄예방에 대한 경각심과 더불어 스스로 범죄예방 기법을 학습하여야 한다.

즉, 우리는 범죄를 미리 예방하기 위해서 범행의 필요충분 조건인 범행의 동기(motivation), 사회적 제재로부터의 자유(freedom from social constraints), 범행의 기술(skill), 그리고 범행의 기회(opportunity)를 사전에 억제하거나 차단하여 범죄자로부터 매력적인 범행의 대상이 되지 않음으로써 범행의 포기를 이끌어 내야 할 것이다.

따라서 이 저서에서는 영화 속에서 범죄를 간접적으로 체험하여 영화를 통해 범죄현상을 이해하고 그 속에서 범죄자의 범죄심리를 분석하기 위한 학습내용을 저술하였다.

첫째, 한국사회의 범죄현상의 이해를 통해 우리나라에서 발생하고 있는 범죄현상을 이해하고 그 속에서 한국사회의 문제점을 진단하고자 하였다.

둘째, 폭력범죄, 연쇄살인, 연쇄성범죄, 연쇄방화범죄와 범죄심리에 대한 이론적 분석으로 범죄심리학에 대한 이론적 개념을 학습하고자 하였다.

셋째, 주요 연쇄살인의 역사를 통해 그동안 한국뿐 아니라 외국에서의 연쇄살인의 발생실태와 원인을 분석하고자 하였다.

넷째, 실제사건의 범죄심리 분석을 통해 사건을 분석하고 범죄원인과 검거사례를 분석하고자 하였다.

다섯째, 범죄를 소재로 다룬 국내외 영화를 통해 그 속에서 범죄심리를 분석하고 범죄자를 추적하는 기법을 분석하고자 하였다.

범죄는 형사사법기관의 꾸준한 노력에도 불구하고, 이 인류가 존재하는 한 계속적으로 발생할 수밖에 없는 존재이다. 이 저서에서 서술하고 있는 범죄실태와 영화 속 범죄심리를 통해 범죄발생에 대한 심각성을 인지하고, 스스로 범죄자에게 매력적인 존재가 되지 않게 하기 위해서 자기 자신의 생활수칙에 조금만 관심을 가져 범죄로부터 안전하고 행복한 사회를 구현하길 바라며, 범죄심리학에 대한 학문적 깊이를 더하기를 바란다.

끝으로 이 저서가 출판되기까지 많은 도움을 주신 박영사 여러분에게 감사드리며 언제나 항상 내편이 되어주고 응원을 아끼지 않는 김상균, 송병호, 박상진 교수의 가족에게 감사의 마음을 전하고 싶다.

백석대학교 연구실에서 김상균, 송병호
세한대학교 당진캠퍼스 연구실에서 박상진

차 례

CHAPTER 05　연쇄 방화범죄와 범죄심리

CHAPTER 06　주요 연쇄살인의 역사

CHAPTER 07　실제사건의 범죄심리분석 사례

CHAPTER 01

한국의 범죄현상 이해

CHAPTER 01

한국의 범죄현상 이해[1]

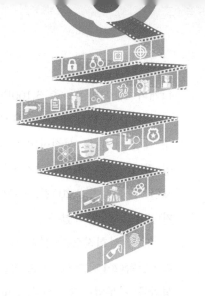

제1절 범죄발생 현황 및 재범률

1 범죄발생 현황

1) 총범죄

2015년은 사회적 약자·서민을 대상으로 한 생활밀착형 범죄를 척결하고, 비정상의 정상화를 위한 적극적인 기획수사를 전개하는 등 생활법치 확립 및 경찰수사 신뢰 제고를 위하여 다각도로 치안역량을 모은 해였다.

우선, 국민 안전을 확보하고 국민과제인 '경제활성화'를 뒷받침하기 위하여 민생치안의 핵인 강·절도 사범 집중검거활동을 전개함으로써 강·절도 141,509건, 108,824명 검거(구속 5,884명) 피해품 회수 45,591건(회수금액 595억원) 등의 성과를 거두었다.

서민에게 직접적인 위협을 주는 동네조폭에 대해 2015년 한해 강력한 단속 활동을 전개한 결과 총 4,077명을 검거(구속 1,243명)하는 성과를 거두었고, 범죄수법이 갈수록 지능화·기업화되고 있는 조직폭력배에 대해서 신흥폭력조직(성)

---

1) 한국사회의 범죄현상 실태는 경찰청의 경찰백서, 검찰청의 범죄통계, 송병호·박상진 교수의 경찰학입문을 참고로 작성하였음.

44개파 1,107명 등 총 3,160명(구속 591명)을 검거하는 성과를 거두었다.

서민들의 피해가 큰 금융사기·중소상공인 대상 사기·노인 대상 사기를 「3대 악성 사기」로 선정하여 연중 단속을 실시한 결과 금융사기 15,890건, 22,647명 검거(구속 1,981명), 중소상공인 대상 사기 6,548건, 7,154명 검거(구속 382명), 노인 대상 사기 3,205건, 4,186명 검거(구속 235명) 등 총 25,643건, 33,987명 검거(구속 2,598명)하였다.

또한, 사회적으로 심각한 문제가 되었던 보복운전을 근절하기 위해 1개월간 특별단속(2015. 7. 10 ~ 8. 9)을 실시하여 총 273건 280명(구속 3명)을 검거하는 성과를 거두었다(경찰백서, 2016: 144).

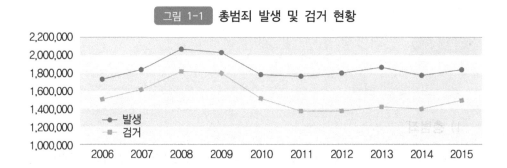

그림 1-1 총범죄 발생 및 검거 현황

표 1-1 총범죄 발생 및 검거 현황

년도 구분	2006	2007	2008	2009	2010	2011	2012	2013	2014	2015
발생	1,719,075	1,836,496	2,063,737	2,020,209	1,178,953	1,752,651	1,793,400	1,857,276	1,778,966	1,861,657
검거	1,483,011	1,615,093	1,812,379	1,811,917	1,514,098	1,382,472	1,370,121	1,420,658	1,392,112	1,500,234

2) 시·도별 범죄

2015년의 총 범죄 발생건수는 1,861,657건으로 2014년 범죄 발생건수(1,778,966건)에 비해 4.6% 증가하였다(경찰청, 2016: 145).

표 1-2 시·도별 범죄발생 현황

구분 시·도별	총범죄	범죄비율(%)	구분 시·도별	총범죄	범죄비율(%)
계	1,861,657	100.0	강 원	56,928	3.1
서 울	356,575	19.2	충 북	53,709	2.9
부 산	140,700	7.6	충 남	73,409	3.9
대 구	98,897	5.3	전 북	57,342	3.1
인 천	99,915	5.4	전 남	66,643	3.6
광 주	61,234	3.3	경 북	91,876	4.9
대 전	49,593	2.7	경 남	118,843	6.4
울 산	44,569	2.4	제 주	33,819	1.8
경 기	430,790	23.1	기 타	26,821	1.4

전국 시·도별 범죄발생은 경기도가 430,790건으로 전체범죄의 23.1%를 차지하여 가장 많았고, 서울(19.2%), 부산(7.76%), 경남(6.4%)이 뒤를 이었다. 총 인구의 45.6%에 해당하는 서울 등 전국 7대 도시의 범죄발생비율은 전체범죄의 45.7%로 대체로 범죄 발생이 인구수에 비례함을 보여주고 있다(경찰청, 2016: 145).

3) 요일별 범죄

2015년 한 해 동안 발생한 총 범죄를 요일별로 분석한 결과, 금요일이 전체 범죄의 15.4%인 287,124건이 발생하여 가장 높았으며 일요일이 12.1%로 범죄 발생률이 가장 낮은 것으로 나타났다(경찰청, 2016: 147).

4) 월별 범죄

2013년 범죄가 가장 많이 일어난 것은 7월, 금·토요일＝지난해 검찰에 접수된 범죄를 월별로 살펴보면 한여름인 7월(18만 5422건)에 일어난 범죄가 가장 많았다. 낮이 길어 사람들이 외부에서 활동하는 시간이 길고, 또 더위 때문에 창문이나 문을 열어둔 사람들이 많아 범죄를 저지르기 쉬운 환경이 조성됐기 때문으로 풀이된다.

이 같은 이유로 연중 절도범죄는 6월(2만 8148건)과 7월(2만 7322건)에 가장 많이 일어났다. 더위와 높은 습도로 인해 불쾌지수도 높아져 폭행, 상해 등의 범죄 역시 연중 7월에 가장 많이 일어났다(헤럴드 경제, 2014/12/10 일자).

표 1-3   요일별 범죄발생 현황

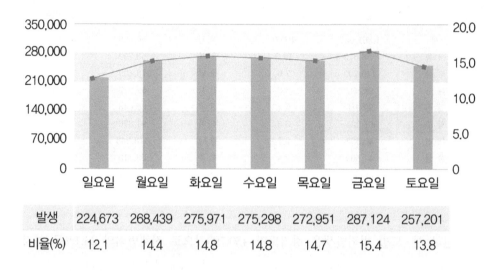

발생	일요일	월요일	화요일	수요일	목요일	금요일	토요일
발생	224,673	268,439	275,971	275,298	272,951	287,124	257,201
비율(%)	12.1	14.4	14.8	14.8	14.7	15.4	13.8

그림 1-2   월별 범죄발생 전체 현황

구분	1월	2월	3월	4월	5월	6월	7월	8월	9월	10월	11월	12월
절도	2만35	1만9489	2만1885	2만2975	2만3701	2만8148	2만7322	2만6088	2만4229	2만6720	2만3234	2만7015
살인	76	59	96	83	83	82	87	82	87	99	61	71
강도	159	171	235	216	167	142	140	168	148	151	144	172
성범죄	1155	1059	1579	1988	2676	2899	2662	2890	2691	3324	1786	2180
폭행	8560	7781	9310	1만127	1만1002	1만1019	1만2019	1만1607	1만1204	1만1878	1만448	1만1565

5) 노인범죄

저출산·고령화 현상이 갈수록 심화되면서 60세 이상 노인 범죄자의 비중이 해마다 크게 늘고 있다. 노인 인구 증가율보다 노인범죄 증가율이 더 가파르다. 사회적 관심과 해결책이 필요한 상황이다.

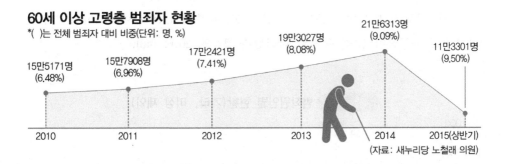

그림 1-3 60세 이상 고령층 범죄자 현황

60세 이상 고령층 범죄자 현황
*( )는 전체 범죄자 대비 비중(단위: 명, %)

15만5171명
(6.48%)
2010

15만7908명
(6.96%)
2011

17만2421명
(7.41%)
2012

19만3027명
(8.08%)
2013

21만6313명
(9.09%)
2014

11만3301명
(9.50%)
2015(상반기)

(자료: 새누리당 노철래 의원)

　2015년 9월 8일 국회 법제사법위원회 새누리당 노철래 의원이 국정감사를 앞두고 법무부에서 제출받은 노인범죄 현황 자료를 보면 60세 이상 범죄자는 2010년 15만5171명에서 지난해 21만6313명으로 39.40% 치솟았다. 범죄학계와 형사사법기관은 60세 이상을 노인으로 규정하고 있다. 60세 이상 고령층 범죄자가 전체 범죄자 가운데 차지하는 비중 역시 같은 기간 6.48%에서 9.09%까지 올랐다. 올 상반기에는 이 비중이 9.50%로 집계됐다.

　전체 인구에서 고령층이 차지하는 비중이 높아지면서 고령층 범죄자가 증가하는 것은 자연스러운 현상이라고 분석한다. 문제는 증가 속도에 있다.

　범죄자의 연령 분포는 인구 구조의 변화와 상통한다. 그동안 한국사회에서는 범죄자 중 40대의 비중이 높았다. 하지만 최근 10년간 20~40대 비중은 감소한 대신 미성년자와 50대, 60대 이상의 비중이 점차 커졌다.

　노인범죄는 경제능력 저하에 따른 사회적 지위 퇴보, 노화로 인한 판단력·신체반응 저하 등이 주요 원인으로 꼽힌다. 심리적 소외감에서 비롯된 우발적 범행이 많아졌다는 연구 결과도 있다. 전통적으로 재산범죄가 많았지만 최근에는 강력범죄가 두드러지게 증가하는 양상을 보인다.

　여성 노인의 범죄가 증가하는 모습도 포착된다. 전체 여성 범죄자 가운데 60대 이상이 차지하는 비중은 2004년 3.2%였지만 이후 매년 일관되게 증가해 2013년 7.7%를 기록했다(국민일보, 2015/09/09 일자).

6) 범죄원인

2015년 경찰에서 처리한 범죄자 총 1,771,390명에 대한 범죄의 원인을 분석한 결과, 우발적 범행이 14.5%로 가장 많고, 부주의 13.4%, 이욕 7.9%, 가정불화 1.1%, 사행심이 1.0% 등으로 나타났다(경찰청, 2016: 146).

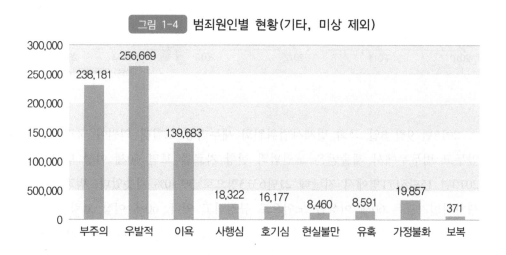

그림 1-4 **범죄원인별 현황(기타, 미상 제외)**

7) 범죄시계

2012년보다 성범죄 늘고 다른 4대 범죄 줄어, 재산범죄·명예훼손 증가＝2013년에는 2012년에 비해 전체 범죄는 늘었지만 절도, 강도, 살인, 폭행, 성범죄 등 5대 강력범죄 중에서 성범죄를 제외한 4개의 범죄가 줄어들면서 범죄시계가 느려졌다. 2012년 29만3074건을 기록한 절도범죄는 2013년에는 29만841건으로 약간 줄어들면서 범죄 시계가 1초 정도 더뎌졌다.

2012년 2643건 발생한 강도 범죄도 2013년 2013건으로 줄면서 1시간 3분 가량 느려졌다. 살인 역시 1029건에서 966건으로 줄면서 약 34분 정도 느려졌으며 12만8110건이던 폭행범죄는 12만6520건으로 줄어 약 3초 정도 여유를 보였다. 다만 성범죄는 2012년 2만1346건에서 2013년 2만6919건으로 늘어 범죄시계가 5분 6초 가량 빨라졌다(헤럴드 경제, 2014/12/10 일자).

그림 1-5 범죄시계

● 2012년 ● 2013년

전체 범죄
16초 23마다 1건 | **15초 72마다 1건**

살인
8시간 30분여에 1건 | 9시간 4분여에 1건

강도
3시간 18분여에 1건 | 4시간 21분여에 1건

성범죄
24분 37초여에 1건 | **19분 31초여에 1건**

폭행
4분 6초여에 1건 | 4분 9초여에 1건

절도
1분 47초여에 1건 | 1분 48초여에 1건

② 재범률

2015년 검거한 총 범죄자 중 47.6%가 재범자이고 같은 범죄를 반복해서 저지른 경우는 15.3%로 나타났다. 범죄유형별로는 절도범죄가 23.3%로 동종재범률이 높게 나타났다(경찰청, 2016: 146).

표 1-4 재범률 현황

구 분	총 검거인원	재 범 자		
		소계	동종재범	이종재범
총 범죄	1,771,390	844,015	271,767	572,248
강력범죄	25,821	14,009	1,565	12,444
절도범죄	103,166	57,047	23,998	33,049
폭력범죄	372,723	182,188	49,736	132,452

지능범죄	294,379	112,410	39,048	73,362
교통범죄	549,374	256,826	105,882	150,944
기타범죄	425,927	221,535	51,538	169,997

※ 법인 및 성별 불상자와 기소중지자 제외 수치임
※ 재범자는 동종 및 이종 재범을 합한 수치임

③ 성범죄 발생현황

최근 성폭력범죄에 대한 사회적 인식변화로 피해신고가 활성화됨에 따라 전체 성폭력 발생은 지속 증가하는 추세이다. 2015년 한 해 동안 총 30,651건의 성폭력범죄가 발생하여 전년 29,517건에 비해 1,134건(3.8%)이 증가하였고, 연도별로 보면 2010년 20,375건에서 2015년에 30,651건까지 연평균 9.8%의 증가율을 보이고 있다(경찰청, 2016: 106).

표 1-5 성폭력 발생 현황

연도	'11년	'12년	'13년	'14년	'15년
발생건수	21,912	22,935	28,786	29,517	30,651

아동·장애인 등 자기방어 능력이 현저히 떨어지는 사회적 약자에 대한 성폭력은 사회적으로 큰 파장과 함께 국민정서상 민감한 반응을 불러일으키고, 국민들이 범죄로부터 더 큰 불안감을 느끼게 되는 주된 요인이기에, 검거에 앞서 보다 내실 있는 예방대책이 요구된다.

표 1-6 아동(13세 미만) 성폭력 발생현황

연도	'11년	'12년	'13년	'14년	'15년
발생(건)	1,054	1,086	1,123	1,161	1,118

최근 우리나라에서 일어난 '조두순 사건', '김길태 사건', '김수철 사건', '지하철 여중생 성추행사건', '도가니 사건' 등 해를 거듭할수록 증가하고 있는 아동·청소년대상 성범죄 사건들로 인해서 나라 전체가 몸살을 앓고 있다. 이제 아동·청소년대상 성범죄 사건은 매우 심각한 사회적 문제의 하나로 여겨지고 있다.

성범죄(sexoffense)라 함은 성에 관련된 모든 범죄를 일컫는 것으로서, 피해자에게 신체적, 정신적으로 회복할 수 없는 치명적인 상처를 주는 범죄이다. 이러한 점에서 성범죄는 피해자의 영혼을 죽이는 범죄라고 한다. 또한 이러한 성범죄는 피해자에게 있어서 지우고 싶은 기억이자 상처이기 때문에 무엇보다도 신체적·정신적인 치료를 포함하여 형사절차상의 피해자에 대한 보호 역시 절실히 필요하다.

그리고 성범죄는 그 어떠한 범죄보다도 재범률이 높기 때문에 국민들이 안심하고 살아갈 수 있도록 사회질서 유지와 공공의 이익을 위하여 먼저 성범죄를 미리 방지할 수 있는 노력을 하여야 할 것이고, 이미 범죄가 일어난 뒤라면 가해자가 저지른 범죄에 대해 법원은 엄격한 잣대를 가지고 법을 집행해야 할 것이다.

그러나 우리나라의 성범죄 상황을 보자면, 그렇지 못한 것이 현실이다. 과거에는 오히려 피해자의 인생에 있어서 그 범죄가 '주홍글씨'처럼 새겨져 자신을 괴롭힐 것을 염려하거나 혹은 순결지향적이고 남성 중심의 보수적인 사회적 분위기로 인해 피해자 자신의 체면이나 부모의 체면, 혹은 가해자의 보복 등이 두려워 피해자 스스로 성범죄 피해를 당한 사실을 감추는 일이 많아서 세상에 드러나지 않은 채 묵인된 성범죄가 많았다.

물론 이는 일반형법상의 성범죄 규정들이 대부분 친고죄인 영향도 없지 않아 있었을 것이다. 그러나 최근 들어 성범죄는 피해자의 고소가 늘어난 만큼 증가하였으며, 성범죄가 과거보다 훨씬 흉폭하고 잔인해지고 있는 실정이다. 성범죄의 양이 증가한 것은 갑자기 늘어났다기보다는 사회적으로 여성의 인권이 신장되면서 피해자의 고소나 신고가 늘어난 덕분이라고 풀이된다. 그러나 여전히 일반형법상의 성범죄 규정이 친고죄인 이상은 피해자는 두려움에 떨며 쉽게 고소나 신고를 할 수는 없을 것이다(김성은, 2012: 1-2).

2006-2011.6 전국법원 1심 선고 결과

유형	사형	징역금고	집행유예	벌금형	선고유예	무죄	기타
강간	0	38.8	40.9	2	0	2.2	16
살인	13.6	63.2	22.8	0.1	0	0.8	4.4
강도	0.1	54.7	31.8	0.5	0.1	0.6	12.2
폭행	0	4.9	12.5	48	4.8	1.2	28.7
절도	0	42.2	33.8	11.7	0.9	0.7	10.7

2011년
아동
성폭행
집행유예
선고율

49%

국가별 아동 성폭행 처벌

영국/스위스 ➡ 종신형

프랑스 ➡ 최소 징역 20년

미국 ➡ 최소 징역 25년

중국 ➡ 사형

한국 ➡ 성폭력범죄의 처벌 등에 관한 특례법
13세 미만의 여자에 대하여 형법 제297(강간)의
죄를 범한 사람은 무기 또는 10년 이상의 징역에 처한다.

 평균
8년

　　아동성범죄에 대해 120년 형을 부과하는 미국과는 달리 한국에서는 지난 10년간 인천지역의 아동 성폭력범 절반 가까이 집행유예 처분을 받고 풀려난 것으로 나타났다.

　　최근 사회적 여론은 아동 성범죄에 대해 더욱 단호하고 엄하게 처벌하는 분위기지만, 법원은 과도하게 정상을 참작하는 등 여론과 상반된 판결을 내리고 있다는 지적이 일고 있다.

최근 대법원 등에 따르면 지난 2004년부터 올해까지 10년간 인천지법의 13세 미만 미성년자를 대상으로 성폭력범죄의 처벌 및 피해자보호 등에 관한 법률 위반사건 재판 결과, 총 233건 중 105건(45.1%)을 집행유예 선고했고 이는 전국 지방법원의 평균치인 44.6%보다도 약간 높은 수치다.

지방법원 중 인천지법이 실형에 해당하는 '자유형'을 선고한 경우는 102건 (43.8%)에 그쳤고, 벌금 등 재산형을 선고한 경우도 26건(11.2%)에 달했다. 특히 2006년에는 30건의 재판 중 자유형은 11건(36.7%)인 반면 집행유예는 17건 (56.7%)에 달했으며, 2008년에도 자유형(35.3%)보다 집행유예(50%)가 많았고 2010년엔 자유형(29.4%)의 2배에 가까운 58.8%가 집행유예로 선고됐다.

결국, 아동 성폭력범 피고인 2명 중 1명은 범죄가 인정됐음에도 실형을 면한 채 풀려난 것이다. 현재 대법원의 양형 기준에 13세 아동성폭력범은 징역 8~12년 선고할 수 있고, 전과나 범행횟수, 범행수법 등을 고려해 징역 11~15년까지 가중처벌이 가능하다.

하지만, 법원은 '피해자와 합의했다', '초범이다', '범행을 반성하고 있다'는 등의 이유로 과도하게 정상을 참작하다 보니 실형 수위가 낮아지거나 아예 집행유예를 선고하고 있다. 심지어 아동 성폭력범이 피해아동 가족과 합의했을 때는 집행유예 비율이 70%를 넘는 것으로 전해졌다.

국회 법제사법위원회 소속 김진태 의원(새·강원 춘천)은 "여론과 상반된 가벼운 처벌 탓에 아동 대상 성범죄가 줄지 않고 있다. 피해 가족과 합의가 됐다고 집행유예를 선고하는 건 솜방망이 처벌이다. 법관들의 자성이 필요하다"면서 "이른바 '영혼 살인'이라 불리는 아동 성폭력범죄에 대한 법원의 엄정한 대처가 필요하다"고 지적했다.

이에 대해 법원 관계자는 "재판부가 피의자의 연령, 성행, 범행 동기 등을 고려해 판단하는 것이다"면서 "여론에는 아무리 흉악범이더라도, 재판부는 법의 잣대로 냉정하게 판단해야 할 뿐이다"고 말했다(법률뉴스, 2013/10/10 일자).

제2절 한국사회의 범죄특징

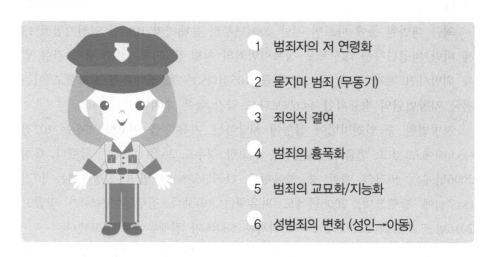

1 범죄자의 저 연령화

2 묻지마 범죄 (무동기)

3 죄의식 결여

4 범죄의 흉폭화

5 범죄의 교묘화/지능화

6 성범죄의 변화 (성인→아동)

1 저연령화와 무동기범죄

1) 저연령화

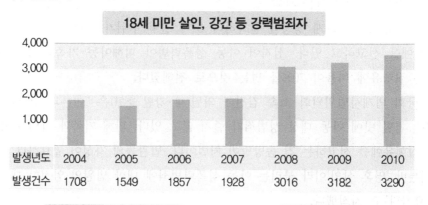

18세 미만 살인, 강간 등 강력범죄자

발생년도	2004	2005	2006	2007	2008	2009	2010
발생건수	1708	1549	1857	1928	3016	3182	3290

17세 학생 하루 2명 강간

무서운 10대

험담한다고 살해 (2012)

보험금 목적 부모 살해 (2012)

친구에게 성매매 강요 (2012)

소년은 장래 우리 사회를 이끌어 나갈 주역이라는 점에서 소년범죄는 성인범죄보다 더 심각성을 내포한 사회적 문제라고 할 수 있다. 최근 5년간 소년범죄의 발생현황을 보면, 소년인구의 감소 등에 따라 전체 소년범죄자 수는 절대건수나 범죄율면에서 양적으로 감소하고 있는 추세를 보이고 있으나, 만 14세 이상 19세 미만의 범죄소년 재범률이 해마다 높아지고 소년범죄가 성폭력, 마약 등 강력 범죄화 하고 있는 것으로 나타났다.

또한 범죄의 질적인 측면에서도 폭력화, 저연령화, 저학년화, 중상류 가정 출신의 증가, 사이버범죄 증가, 재산·교통·약물범죄 등으로 다양화되는 특징을 보이고 있다.

이러한 소년범죄는 성인범죄로 발전할 수 있기 때문에 소년범죄가 감소하면 성인범죄도 감소하게 된다는 점에서 소년범죄에 대한 예방과 대책의 중요성은 아무리 강조해도 지나치지 않다. 그런데 소년은 성인과 달리 사회적으로 미성숙한 존재이며, 인격이 형성되는 과정에 있다는 점에서 쉽게 범죄에 빠져들게 되지만 동시에 성인보다 빠르게 교정될 수 있는 가능성도 내포하고 있으므로 국가와 사회의 노력 여하에 따라 성인범죄보다 훨씬 다양하고 효과적인 처우방안을 마련할 수 있다. 소년범죄에 대응하기 위한 대책으로는 사법적 대책과 사회정책적 대책으로 구분할 수 있다. 전자는 소년법에 의한 보호조치를 의미하며 여기에는 범행 후에 이루어진 교정처우와 재범예방대책이 포함된다. 후자는 소년이 속하는 가정, 학교, 사회 등의 환경개선을 통한 범죄예방을 의미한다. 소년범죄에 대한 가장 바람직한 대책은 양자의 대책을 유기적으로 융합하는 것이다(연한모, 2013: 1-2).

2) 무동기범죄

최근 별다른 원인 없이 불특정 다수를 상대로 폭행, 강간, 살인 등의 끔찍한 범죄를 저지르는 이른바 '묻지마 범죄' 사건들이 등장하여 온 국민을 불안하게 했다. 특히 지난 2012년 8월 22일 여의도에서 전 직장 동료와 지나가던 행인을 흉기로 공격한 이른바 여의도 칼부림 사건이 언론을 통해 보도된 후 이와 유사한 범죄에 대한 관심이 급증하였다. 최근 언론을 통해 보도된 대표적인 묻지마 범죄 유형의 사건으로 앞의 여의도 칼부림 사건부터 의정부역 칼부림 사건, 수원 술집여주인 살해 사건, 인천 부평시장 사건 등을 들 수 있다.

한국에서 묻지마 범죄의 시초로 보이는 사건은 1982년 발생한 우범곤 순경 총기 난사 사건이다. 당시 순경이었던 우범곤은 경상남도 의령의 한 시골마을로 전출된 뒤 여자 친구와의 교제를 반대한 여자 친구의 부모를 포함해 마을 주민 90여 명에게 무차별적으로 총기를 난사하며 주민 62명을 사망케 하였고 33명에게 중경상을 입혔다.

이외에도 시력이 나쁘다는 이유로 직장에서 번번이 쫓겨난 후 사회에 복수하고 싶다는 동기로 여의도 광장을 차량 질주하여 2명의 사망자와 21명의 부상자를 낸 여의도 차량질주 사건이나, 생활고 압박에 시달려온 상태에서 고시원에 불을 지른 후 피해자들을 무차별적으로 찔러 13명(2008년 발생, 6명 사망)의 피해자를 낸 논현동 고시원 살인사건이 우리나라의 대표적인 묻지마 범죄 사건에 속한다.

이들 사건의 공통적인 특징은 치정이나 원한관계 등을 가지고 특정인을 상대로 보복형(vindictive) 범죄를 저지른 전통적 사건과 달리 특정인에 대한 불만으로 촉발되기도 하지만 거기에 제한되지 않고, 평소 가지고 있던 사회나 현실에 대한 불만감, 혐오감 등으로 확대되어 과잉 분노 상태에서 모르는 사람들에게 무차별적으로 범죄를 저질렀다는 것이다.

8월 한달 발생한 묻지마 폭력 및 살인사건

1 18일: 경기도 의정부시 의정부 역사
지하철 승객 8명에게 공업용 커터칼 휘둘러

2 19일: 인천시 부평구
술취한 괴한 2명 길가던 20대 여성 3명에게 무차별 폭행

3 20일: 부산 강서구
40대 여성 노숙인이 하교길 초등학생 공현연장으로 폭행

4 21일: 수원시 장안구
주점 여주인 성폭행하려다 미수에 그치자 주인과 손님 찔러 살해

5 21일: 용인시 수지구
2인조 괴한이 50대 부부 집 앞에서 둔기로 폭행

6 22일: 서울 영등포구 여의도
30대 남성, 흉기 휘둘러 행인 등 남성 2명, 여성 2명 찔러

이렇게 다른 폭력범죄 사건과 묻지마 범죄가 차별화되는 것은 불특정 다수를 상대로 극심한 분노의 상태에서 범죄를 저지른다는 사실이며, 이러한 이유로 인해 묻지마 범죄 사건은 일반 국민에게 누구도 범죄 피해의 예외가 될 수는 없다는 두려움을 생성시킨다(윤정숙, 2013: 148-149).

2 죄의식결여와 흉폭화

1) 죄의식결여

(이은영, 2004: 34-60)

사이코패스와 면담을 한 전문가들은 마치 피부에 벌레가 기어가는 듯 묘한 위화감과 이질감을 공통으로 느꼈다고 한다. 이는 사이코패스들은 깊은 정서

상태인 척하는 위장기술이 발달하여 자신을 그럴듯하게 위장함에 아주 익숙하여서 미묘한 표정의 변화와 함께 진솔한 감정의 비언어적 표현이 부재하기 때문이다. 이러한 사이코패스의 주요 특징은 복합적 성격장애인 사이코패스의 감정 및 대인관계 측면의 특징과 사이코패스 특유의 불안정하고 반사회적인 사회적 일탈적 측면으로 정리할 수 있는데 아래 표와 같다.

표 1-7 사이코패스의 주요 특징

감정 및 대인관계	사회적 일탈
• 답변이 깊이가 없다.	• 충동적이다.
• 자기중심적이며 과장이 심하다.	• 행동제어가 서투르다.
• 후회나 죄의식 결여	• 자극을 추구한다.
• 공감능력 부족	• 책임감이 없다.
• 거짓말과 속임수에 능하다.	• 어린 시절의 문제행동
• 피상적인 감정	• 성인기의 반사회적 행동

출처: (김홍균, 2013: 15)

사이코패스의 주요 특징을 좀 더 심도 있게 연구하면, 사이코패스의 감정 및 대인관계 측면에서 사이코패스는 언변이 좋아 임기응변에 능하여 자신을 포장하는데 능숙하여 호감을 주며 매력적이다. 그리고 얕은 지식으로 전문가처럼 과시하는 경향이 있으며, 이것이 거짓으로 밝혀지더라도 전혀 개의치 않는다. 과장된 자존심과 자만심으로 세상이 자신을 위해 존재해야 한다고 생각하는 자기중심적 인간이다. 그래서 거만하고 허풍과 과장으로 자신감이 차 있으며, 다른 사람들을 통제하려 한다. 하지만 이들은 현실적인 계획은 없다.

또한, 자신의 행동으로 끔찍한 결과를 일으켰더라도 어떤 후회나 죄책감을 갖지 않으며 피해자들의 고통에 무관심하다. 그래서 자신의 행동을 합리화하기도 하고 일어난 일 자체를 부정하거나 극단적으로는 피해자들에게 긍정적인 영향을 미쳤다고 주장하는 예도 있다.

이처럼 사이코패스는 타인의 감정을 머리로만 이해할 뿐 공감하지 못한다. 그래서 자기 자신 외의 사람들은 자신의 만족을 위해 이용할 대상으로만 바라보기 때문에 일반인들이 이해하기 어려운 행동을 할 수 있으며, 가족의 권익이나 고통에 대해서도 끔찍하게 냉담한 태도를 보이기도 한다.

이들은 세상이 포식자와 먹잇감으로 이루어졌다고 보며, 상대방을 먹잇감으로 이용하여 자신의 이익을 얻는 것에 거침이 없다.

심리학자인 J. H. 존슨(Johns)과 H. C. 퀘이(Quay)는 사이코패스의 정상적인 정서와 감정적 깊이의 결여에 대해 "가사는 알아도 음악은 모른다."고 비유하였다. 즉 그들의 감정은 피상적이여 미묘한 감정 상태를 표현하지 못하고, 두려움의 감정 또한 불완전하고 피상적이며 공포와 불안을 일으키는 상황에서도 근육긴장이나 이완, 두근거림, 떨림 등의 신체증상 등 신체적 반응이 나타나지 않는다는 것이다.

또한, 사회적 일탈 측면에서 사이코패스는 사리분별을 위해 검토하거나 결과에 대해 생각하지 않고 즉각적 만족, 쾌락 등을 추구하기 때문에 순간적 욕망을 위해 충동적인 행동을 한다. 그들은 미래에 대한 고민과 계획이 없다. 모욕이나 경멸에 민감하게 반응하며, 자신의 행동을 제어하는 통제력이 약해 쉽게 폭력을 행사하거나 폭발한다. 참을성이 없고 다혈질에 욕구불만인 사이코패스는 극단적인 감정폭발도 일시적이며, 바로 평온함을 되찾는다.

사이코패스는 새로운 자극을 추구하고 갈망하기 때문에 일상의 지루함과 단조로움을 견디지 못한다. 새로운 자극은 대부분 사회규제를 벗어나는 일로 마약, 범죄 등으로 연결된다. 그리고 무책임함과 신뢰할 수 없는 행동은 생활 전반에 나타난다. 직장에서의 잦은 결근, 사규 위반 등과 더불어 가정에서도 무책임한 부모의 행동을 보여준다. 대부분 유년기 시절부터 거짓말, 사기, 도둑질, 약물남용, 폭력 등의 문제행동을 보인다. 특히 유년기의 동물 학대는 정서적으로나 행동적 문제가 있음을 내포하고 있다.

특히 사이코패스는 자신을 제약하는 사회 규칙이나 규제에 대해 불합리하다고 생각하여 자신만의 규칙을 만들어 행동한다. 이런 이기적인 반사회적 행동은 평생 그들을 따라다니며 범죄행위로까지 이어진다.

특히 사이코패스 중에는 범죄를 저지르지 않고, 겉으로 보기에는 평범한 생활을 영위하거나 심지어 주변 인물로부터 상당히 매력적인 인물로 평가받는 사람도 있다. 오늘날 강력범죄를 저지르지 않고 속임수와 사기를 이용하여 교묘하게 이기적인 욕심을 채우는 사기꾼 유형의 사이코패스, 소위 '화이트칼라 사이코패스'가 점점 증가하는 추세라고 할 수 있다(김홍균, 2013: 14-17).

2) 흉폭화

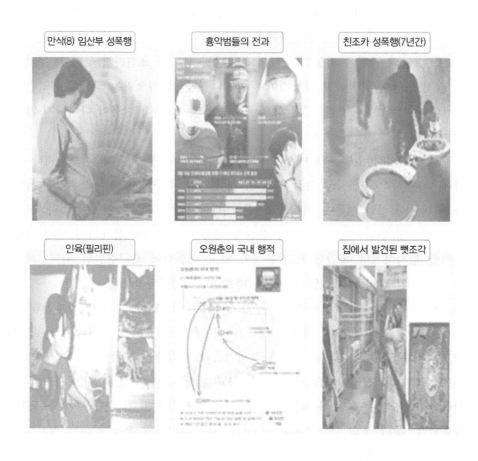

연쇄살인이 이루어지는 과정을 학자들은 단계별로 나누어 설명하기도 한다. Holmes&Holmes(1996)는 연쇄살인의 단계를 환상(Fantasy)-스토킹(Stalking)-유괴(Abduction)-살해(Kill)-사체처리(Disposal)의 5단계로 나누어 설명하고 있다.

첫 번째, 환상(Fantasy)의 단계이다. 연쇄살인범은 지속적으로 자신만의 상상을 통하여 폭력적인 충동을 키우고 이를 계속 확대한다. 이와 같은 과정에서 피해자를 비인격화하고, 자신만의 왜곡된 도덕관념으로 피해자에 대한 폭력과 살인을 합리화시킨다. 이 같은 비정상적인 상상이 계속 더 세밀하고 정교하게 커지면서 연쇄살인범은 이러한 상상을 현실에서 직접 실현시켜보고 싶은 욕구에 시달리게 된다. 처음에는 상상만으로도 충족되던 만족감이 점점 감소하게 되면서 더 큰 만족감을 얻기 위해 상상을 현실로 실행하기 위한 준비에 들어간다. 스토커(Stalker) 단계에서는 상상 속의 피해자를 주변에서 물색하게 되고 자신의 상상에 부합하는 피해자를 찾게 되면 실제로 피해자에게 폭력을 행사하기로 결심한다.

유괴(Abduction)단계에서는 물색해놓은 피해자를 대상으로 범죄를 실행하게 되는데 피해자를 유인하여 범행을 실행하면서 피해자를 비인격화하여 스스로의 범죄행위를 합리화시키게 된다. 현실에서의 범죄의 실행은 단지 범인이 평소에 해왔던 환상의 연장이며 그것을 실행하는 것에 불과하기 때문에 이에 대한 죄책감을 느끼지 못한다.

살해(Kill)단계에서는 범죄자는 가장 큰 만족을 느끼게 된다. 자신이 생각한 가장 만족이 큰 살해방법을 선택하여 살인을 시작하며 범인에게 있어서 피해자의 고통과 절망을 보는 것은 매우 중요한 자극이 된다. 피해자의 사체를 절단하고, 흡혈을 하거나 인육의 일부를 먹는 경우도 가끔 있다. 피해자의 사체에 대한 성적 행동을 보이며 성교를 하거나 자위를 하는 경우도 있으며 살인 도구는 다양하게 이용된다.

사체처리(Disposal)의 단계에서 연쇄살인범은 유형에 따라서 사체를 그대로 방치하기도 하고 유기하기도 한다. 이러한 연쇄살인범의 사체처리 방식은 수사 과정에서 범죄자의 심리를 파악할 수 있는 중요한 단서가 된다. 피해자의 사체를 그대로 방치하는 경우 자신의 범죄를 과시하려는 의도가 내포되어 있다고 볼 수 있으며 의도적으로 사체의 위치를 바꿔놓아 수사에 혼선을 주기도 한다.

마지막으로 회복단계에 이르면 자신의 범행에 대해 생각할 수 있는 여유를 찾게 되고 사체를 처리하면서 자신이 겪을 수 있는 위험성을 최소화하고자 노력하면서 피해자를 살해하고 사체를 유기하는 과정에서 심리적 만족감을 얻는다(이수정, 2005: 187).

사체의 유기까지 완료되면 범죄자는 심리적 안정기에 이르게 되고 어느 일정

시간이 지나면 이러한 안정상태가 다시 심리적 저하상태로 돌아가서 연쇄살인범은 다시 환상에 의한 새로운 범행 대상을 물색하게 된다(오소영, 2011: 13-14).

③ 교묘화와 성범죄대상의 전환

1) 교묘화

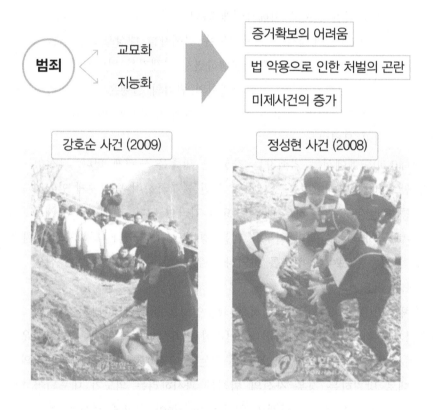

강호순의 8건의 여성연쇄살인은 경기지방경찰청 광역수사대의 자료(2009)에 따르면 2006년 9월 정선군수 여비서 윤모씨(23세)를 강원 정선군 애산리에서 출근하는 피해자를 차량에 태워 목졸라 살해하는 것에서 시작한다. 2006년 12월 13일에는 군포시 노래방에서 배모씨(45세)를 만나 차안에서 성관계를 가지고 스타킹으로 배모씨를 목졸라 살해한다.

그 뒤 12월 24일에는 노래방도우미 박모씨(46세)를 만나 비봉 IC 근처 에서 차안에서 박모씨를 역시 목졸라 살해한다. 불과 10여 일만에 세번째 살인을 저지른 것이다. 이후에도 2007년 1월 화성 버스정류장에서 회사원 박모씨(50세)를 동승시켜 성폭행하고 스타킹으로 목을 조르는 방법으로 살해한다. 20대부터 50대 여성들을 성폭행하고 목졸라 살해하는 쾌락형 연쇄살인범의 치밀한 범죄양상이라 할 것이다. 그러나 이러한 과정에서 어떻게 여성들이 순순히 강호순의 요구에 응하여 차량에 동승하게 되었는지, 이는 호감형의 외모와 차분한 말투 고급승용차와 말끔한 복장이 여성의 경계심을 풀고 호감을 가지게 할 수 있었다는 것을 짐작할 수 있다.

이후 2007년 1월 노래방도우미 김모씨(39세), 1월 대학생 연모씨(20세), 2008년 11월 사회원 김모씨(48세), 2008년 12월 안모씨(21세)를 차례로 성폭행하고 목졸라 살해한다. 유영철이나 이전의 연쇄살인범죄가 비체계적이고 사회에 대한 보복형 범죄라면 강호순의 연쇄살인은 치밀하게 계획한 체계적인 연쇄살인의 형태라 할 것이다. 여성을 성폭행하고 살해하는 일련의 과정을 게임을 즐기는 심정으로 즐겼다는 것을 범행결과에서도 확인할 수 있을 것이다.

강호순의 범죄가 반인륜적, 비도덕적, 비양심적이고 여성과 생명을 자신의 성적 유희를 위해 잔인하게 이용하였다는 점이 평범한 여성들에게 위협이 되지 않을 수 없다. 범죄가 사회현상의 반영이라는 점에서 강호순의 연쇄살인은 우리사회의 여성의 현주소를 그대로 보여준 것이고 연쇄살인범 한 명을 검거하는 것으로 사건을 종결해서는 안 될 것이다.

이러한 결과에 대한 사회전체의 각성과 여성에 대한 일자리마련, 보호장치가 시급하다 할 것이다.

사건을 분석해 보면 대부분의 연쇄살인은 분노와 사회적 불만을 표출하는 경우가 대부분이다. 그러나 강호순의 경우에는 개인적 욕구와 쾌락을 위한 연쇄살인으로 이전의 연쇄살인범과는 달리 분류된다. 전문가들은 강호순 살인 이후 쾌락적 연쇄살인이 증가할 것이라고 우려하고 있다. 강호순의 경우사회적 분노도 없었으며 힘든 어린 시절도 없었다. 그러나 강호순은 여성들을 쾌락을 위해 혹은 경제적 이유로 성폭행 이후 살인하였다. 논리적이고 후회도 없었다.

전형적인 사이코 패스의 모습이고 쾌락적 연쇄살인의 전형이었다. 강호순은 수사진행상황에 대하여 해박한 지식을 가지고 있었으며, 프로파일러라는 일반인에게 생소한 전문용어를 정확히 알고 있었다고 한다. 연쇄살인 이전에 여러 매체를 통하여 연쇄살인에 대한 연구를 하였을 것으로 추측된다고 한다.

수사단계에서도 수사관들이 범행동기를 묻는 질문에 대하여 "사람을 죽이는 데 무슨 이유가 있느냐", "나와 통화하거나 안면이 있는 사람을 죽이지 않았다"는 등 비상식적 발언을 하였으며, 살인을 한 후 12시간 이상 휴대폰을 사용하지 않는 치밀함도 보였다. 범행 은폐를 위해서는 피해자들을 살해한 장소에서 이동하여 시체를 은닉하였으며, 범행대상을 추운 날 버스를 기다리는 여성이나 노래방 도우미들을 주로 선택하였다.

강호순의 경우에는 우발적 분노형 연쇄살인이 아니라 사전에 치밀하게 계획되고 살인의 과정을 게임처럼 즐기는 전형적인 사이코패스의 모습을 볼 수 있다.

경찰청 사건분석(2009)에 따르면 강호순은 어떤 연쇄살인범보다 자존심이 강하고 타인에 대한 통제나 지배욕이 강했다고 한다. 수사과정에서도 자신이 주도권을 가지려고 노력을 했고 상대방이 자신의 통제를 따르지 않을 때는 난폭한 행동도 서슴지 않았다고 한다.

여성에 대하여도 자신이 주도권을 가지고 자신의 명령에 복종하기를 원하며 여성을 지배의 대상으로 생각했다고 한다. "여성 열두 명과 결혼하는 것이 목표"라며 자기중심적이고 여성착취적인 이성관을 가지고 있었다고 한다. 강호순은 직업을 자주 바꾸고 이혼하고 별거하는 일이 많았고 검거할 당시에도 5명의 애인이 있었던 것으로 알려져 있다.

강호순 연쇄살인사건은 여성들에게 새로운 위기의식과 두려움을 안겨주었다는데 그 특징이 있다. 호감형 외모에 고급차에 명품 옷을 걸친 남성이 연쇄살인범일 것이라는 예상은 그리 쉬운 일이 아니다. 그러나 이제 우리 주위의 이러한 유사범죄가 계속될 것이라는 것은 누구나 짐작할 수 있다. 그리고 여성에 대한 남성들의 지배성과 성착취 의식이 단적으로 표현된 사건이라 할 것이다.

여성을 동등한 인격체로 파악하기보다 성적인 쾌락의 대상으로 보고 통제와 지배의 대상으로 파악하는 남성들의 기본적 시각이 강호순의 경우에는 극단적 범죄로 표출된 것이라 할 것이다. 가정에서 혹은 직장에서 여성은 우리사회에서 성적 유희의 대상이거나 지배욕을 표출하는 대상으로 여겨지고 있다는 것을 강호순 범행에서 일면 확인할 수 있는 것이다.

이러한 여성인권유린적 범죄행위가 지금도 유사한 형태로 우리의 일상과 관습, 제도에서 계속되어지다 결국 범죄에 이용된다는 것이 강호순 연쇄살인사건의 사회적 의미가 아닌가 한다. 또한 한국사회의 여성의 위치를 확인할 수 있는 사건으로 여성들이 인식해야 할 것이며 스스로의 인권보호와 방어가 되어지지 않는 이상 어떠한 법이나 제도로도 이러한 억압과 범죄를 막아줄 수 없다는 것을 깨달아야 할 것이다(박선영, 2009: 26-30).

2) 성범죄 대상의 전환

소아기호증(Pedophilia)은 성도착증의 일종으로 특히 13세 미만의 아동을 대상으로 성폭력범죄를 일으켜 성적쾌감을 얻는 것을 말한다. 소아기호증의 유형에는 아동에게만 매력을 느끼는 순수형과 아동과 때로는 어른에게도 매력을 느끼는 비순수형이 있으며, 대개의 경우 여아를 좋아하지만 남아를 좋아하는 경우도 있다.

이들은 소아를 벗기고 노출상태를 보고 즐기거나, 더 나아가 자위행위까지 하거나, 소아를 만지거나 애무를 하는 정도에 그치기도 하지만, 구강성교, 손가락, 이물질, 남근 등을 소아의 질에 넣거나 추행을 하기도 한다. 이들은 자신의 친자식, 친척, 의붓자식 등을 대상으로 하거나, 타인의 아동을 대상으로 하기도 한다.

이들의 접근방법은 다양하지만 소아를 위협하거나, 소아의 부모에게 신뢰를 얻거나, 매력 있는 소아의 어머니와 결혼을 하거나, 음식을 같이 먹는 등으로 자연스러운 분위기를 조성하는 방법으로 접근한다. 또한 소아기호증 환자들은 사회에 적응을 할 수 없고, 대인관계를 맺을 용기와 기술이 없기 때문에 상대적으로 잘 순응하는 아동을 선택하고, 소아의 반응이 그의 긍정적 자존심을 유지하는데 도움이 되며, 이들과의 성관계는 이상적이라고 합리화시키고 상습적으로 범죄를 일으키는 경향이 강하다.

이러한 환자는 아내로부터 사랑받지 못하고 있다고 생각하며, 자신을 희생자라 생각하고 소아들로부터 대리만족을 얻으려고 하는 경우가 많다(신회천, 2000: 125-127).

진단기준은 13세 미만의 소아에 대해 성적흥분, 충동, 공상, 매력 등을 느끼고 이로 인해 사회생활에 심각한 장애를 초래하거나, 나이는 최소한 16세 이상이어야 하고, 유아들보다 최소 5세 연상이어야 한다. 어린 시절 부모로부터 받은 성적학대가 소아를 성적으로 정복하는 것이 복수의 수단이 되기도 하고, 비정상적 방법으로 소아를 통해 성적만족을 얻으려고 한다.

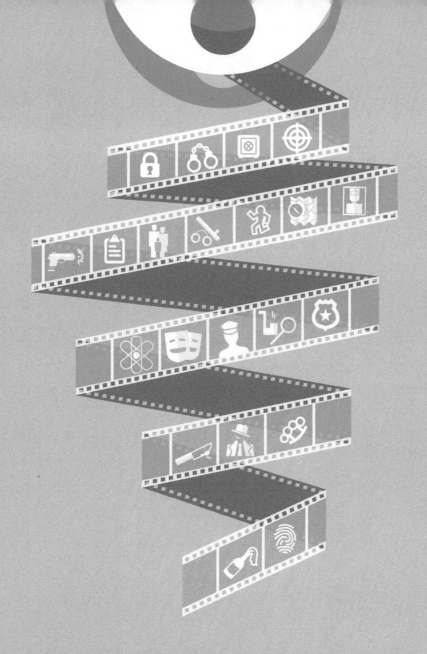

CHAPTER 02

폭력범죄와 범죄심리

CHAPTER 02

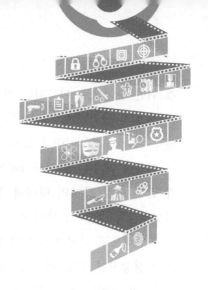

폭력범죄와 범죄심리

제1절 폭력범죄의 분류와 정의

1 폭력범죄의 분류

이상현 교수는 본능이론과 충동이론 그리고 사회학습이론과 관련시켜 공격의 선택적 동기라는 관점에 기초하여 폭력범죄이론을 설명하였다. 즉 본능이론의 관점에서 공격행동의 발생과정은 공격적 본능에 의해서 유발되거나 사회적 좌절 등의 욕구불만을 경험이 공격충동을 야기시키고, 이것의 결과로서 공격행동이 발생한다고 보았다. 또 사회학습이론의 관점에서는 분노적 경험이 감정적인 분노를 야기시키고 이의 결과 분노의 원천에 의존 또는 철퇴하거나 공격을 한다는 세 가지 이론을 혼합한 선택적 동기의 분석에 의한 공격행동모형을 제시하였다.

이상현 교수는 폭력범죄를 동기에 의한 공격과 자율에 의한 공격으로 분류하고, 다시 동기에 의한 공격을 5가지로 세분화하여 설명하였다. 즉 ① 좌절이 공격충동을 유발하고 이 충동은 다시 공격행위를 유발하는 '분노적인 공격', ② 공격적 모델이 공격동기를 촉진하는 효과를 유발하여 공격행위의 가능성을 높인다고 하는 '모방적 공격', ③ 공격은 비정상적인 믿음으로 인해 공격을 할 수 있다는 환상을 가진 '환상적 공격', ④ '보상적 공격'은 승인과 지위의 보상을 획득하기 위한 수단으로 이용되는 경우를 말한다. ⑤ 공격이 처벌의 수단으로 이용되는 '처벌적 공격'으로 구분하였다. 또 자율에 의한 공격에는 '자기보상과 자기완성을 위한 공격'과 '내적 통제의 일탈에 의한 공격'으로 구분하여 설명하였다.

이문웅 교수는 한국사회에서 일어나고 있는 다양한 형태의 폭력 중에 다음과 같은 여섯 가지의 형태에 초점을 맞추어 폭력의 형태를 분류하였다. 즉 ① 질서유지의 수단으로서의 폭력으로 이는 국가폭력, 가정폭력, 학교폭력 등과 같이 표면적으로 아무런 문제가 없는 듯이 보이는 이들 집단 내에서 발생하고 있는 비정상적인 강제력의 남용현상을 말한다. ② 분쟁해결수단으로서의 폭력은 사법적인 폭력과 정치적인 폭력으로 구분하였다. 이외에 ③ 도구적 폭력과 ④ 쾌락추구를 위한 폭력, ⑤ 권위주의적인 폭력, ⑥ 정신파탄에 의한 폭력으로 분류하고 있다.

그리고 차용석 교수는 Kadish의 분류방법을 인용하여 폭력범죄를 다음과 같이 분류하였다. ① 폭력을 수용된 생활방법으로 일삼는 하위문화에서 성장하는 문화적 폭력, ② 강도처럼 어떤 목적을 달성하고자 행하는 범죄목적적 폭력, ③ 정신적으로 병들었거나 뇌 손상으로 인한 병리학적 폭력, ④ 극단적인 자극하에서 폭력을 가끔 행사하는 상황적 폭력, ⑤ 우연히 타인을 해치는 우발적 폭력, ⑥ 수감시설 등의 시설 내에서 행하는 시설내 폭력 등으로 나누고 있다.

McClintock은 특히 청소년 폭력에 중점을 두고 폭력을 도구적인 폭력, 개인간의 폭력, 이념적 정치폭력, 동기 없는 파괴적인 폭력 등 네 가지로 분류하고 있다. ① 도구적인 폭력은 강도나 강간과 같이 폭력적인 수단을 이용하여 타인의 재산을 탈취하거나 성적 욕구를 충족시키는 폭력적인 행위를 말한다. ② 개인간의 폭력은 두 사람간의 싸움에서부터 갈등관계에 있는 집단 간의 싸움에 이르기까지 사회구성원들 상호간에 발생하는 각종 폭력행위를 말한다. 또한 ③ 이념적 정치폭력은 정치적인 이념을 달리하는 집단들간에 주도권 다툼이나 적대관계에 있는 실력자를 제거하기 위한 수단으로 테러를 감행하는 행위를 의미한다. 마지막으로 ④ 동기 없는 파괴적 폭력이란 현대문명에 염증을 느낀 나머지 뚜렷한 동기가 없이 일어나는 사건이 여기에 해당하며 예컨대 연쇄방화사건이 이 범주에 속한다. 이러한 분류는 분석의 초점이 청소년 범죄에 모아진 연구에서 얻어진 것이므로 범죄를 구성하는 행위에 국한해서 폭력의 형태를 구분하고 있는 점이 특징이다.

Moyer는 폭력을 정서적 폭력, 도구적 폭력, 무차별 폭력, 집단 폭력, 테러리즘으로 분류하였다. ① 정서적 폭력은 분노, 성적 욕구 또는 두려움 등의 감정으로 인해 폭력에 이르게 되는 경우를 말한다. 이러한 감정은 행위의 방향을 정해주고 적절한 목표와 연합시키는 역할을 하지만 ② 도구적 폭력은 정서적 요소가 거의 또는 전혀 없는 폭력을 말한다. ③ 무차별 폭력은 정서적인 이유로 촉발되지만 어떤 목적이나 목표가 없이 행하여지는 폭력이다. ④ 집단적 폭력은 어떤 목표를 지향하여 행동하는 집단에 의한 폭력이다. ⑤ 테러리즘은 테러리스트들의 필요에 따라 정치인들을 자극하여 어떠한 결정을 하도록 유도하는 범죄적 폭력인데 그들의 활동자금을 마련하기 위하여 은행강도나 납치, 마약밀매 등과 같은 통상적인 조직적 범행을 하기도 한다.

그리고 Pospisill은 폭력을 세 가지 차원 즉, ① 집단 간의 관계(집단내부 또는 집단 간 폭력), ② 권위자와의 관계(권위자의 의사를 반영한 폭력인지의 여부), ③ 참여수준(참여하는 단위가 개인 또는 집단)에 따라서 다양한 형태의 폭력으로 구분하고 있다. 이 분류체계에 따르면 폭력은 집단 내부에서 권위자의 재가를 받아 개인단위로 일어나는 '내부적인 자체시정', 권위자의 동의를 받아 국가집단 간에 일어나는 '전쟁', 심지어는 집단 내에서 사회질서를 유지하기 위해 합법적으로 자행되는 처벌에 이르기까지 대단히 포괄적이고, 그 강도와 지속기간에 있어서도 다양하다. Pospisill의 분류체계는 흔히 폭력을 범죄행위와 동일시하고 형사처벌의 대상으로만 고려하는 고정관념을 배격한다. 이러한 관점은 반목 또는 불화를 기준으로 하여 이것이 다양한 형태의 폭력행위들과 어떤 관계를 맺고 있는지를 밝히기 위해 시도한 것이어서 그 자체로는 폭력의 범주로 보기 어렵다고 할 수 있다.

이외에도 일본의 山入端津由는 공격의 동기를 '전략적 동기'와 '충동적 동기'로 구분하여 공격의 2과정 모형을 제시하였다. ① 전략적 공격동기란 현실적 목표를 달성하기 위해 목표 지향적인 행동동기를 말하고, ② 충동적 공격동기란 부적 사건에 대하여 불쾌감이 유발되어 무조건적인 자동적 인지과정을 거쳐 충동적인 공격이 발생하는 경우를 말한다. 山入端津由의 구분은 Aronson의 도구적 공격과 증오적 공격의 구분과 유사한 분류방법이라고 할 수 있다.

다음은 형사사법기관의 폭력범죄 분류방법에 대한 것이다. 실무적 차원에서 범죄를 어떻게 분류하는 가는 각 국가와 개별 기관의 형사정책적인 편의에 따라 분류하고 있다. 미국의 경우는 한국이나 일본과 달리 모든 형법범죄와 특별법범죄에 관한 자료를 수집하는 것이 아니라 각 주 마다 형법의 차이가 있기 때문에 최초에 FBI가 범죄통계를 수집할 때 29종의 범죄종류와 그 범죄에 대한 정의만 하고 있다. 즉 Part Ⅰ은 지수범죄로 알려진 8종의 범죄를 중심으로 발생과 체포에 관한 자료를 작성하고, Part Ⅱ는 29종의 범죄를 발생에 관한 자료는 작성하지 않고 체포에 관한 자료만 작성한다. 일본은 검찰의 범죄 분류방법과 경찰의 분류방법에 약간의 차이가 있는데, 검찰에서는 형법범, 특별법범, 도로교통위반 등 대분류만 하고 있고, 경찰은 형법범을 다시 흉악범, 조폭범, 절도범, 지능범, 풍속범, 기타 등으로 다시 중분류를 하고 있다. 여기서 조폭범에는 폭행, 상해, 협박, 공갈, 흉기준비집합이 포함된다.

한국에서의 범죄분류를 보면 일본과 같이 검찰과 경찰의 분류방법에서 다소 차이가 있다. 공통점은 형법범과 특별법범죄로 분류하고 있다는 점과 세부적인 죄명에서 대체적으로 형법 각칙의 각 장을 단위로 죄명을 정하고 있다는 점이다. 그러나 형법범죄의 세부적인 죄명을 몇 가지 범죄군으로 분류하는 과정에서 차이점이 있는데, 검찰은 재산범죄, 강력범죄, 위조범죄, 공무원범죄, 풍속범죄, 과실범죄, 기타 형법범죄로 분류하고 있으나, 경찰의 범죄분류는 검찰의 분류방법과는 달리 강력범, 절도범, 폭력범, 교통사범, 지능범, 풍속범, 기타 형법범으로 분류하고 있다. 폭력범죄의 분류에 포함되는 범죄는 상해, 폭행, 체포감금, 협박, 약취유인, 공갈, 손괴, 폭력행위 등이 있다.

이상과 같이 국내외 학자들의 폭력에 관한 분류와 각 국가의 실무적인 범죄분류방법을 살펴보았는데, 학자와 국가에 따라서 범죄를 분류하는 방법은 다소 차이가 있음을 알 수 있다. 본 논문의 폭력범죄의 분류는 위에서 논의한 어떤 형태의 폭력분류방법도 관련성은 있겠지만 주로 개인이나 소집단에서 발생하는 폭력으로서 전통적인 폭력범죄의 유형에 해당하는 폭행, 상해, 폭력행위 등에 관한 법률위반에 한정하여 조사연구를 하고 자한다.

② 폭력범죄의 정의

우리나라 형법에는 폭행 또는 협박이라는 개념이 있을 뿐 폭력이라는 개념은 사용하지 않고 있다. 다만 특별형법인 '폭력행위 등 처벌에 관한 법률'에는 '폭력행위'라는 개념이 있고, '가정폭력범죄의 처벌에 관한 특례법'에서 '가정폭력'이라는 용어가 사용되고 있으며, 그리고 '성폭력범죄의 처벌 및 피해자보호 등에 관한 법률'에서는 '성폭력'이라는 개념이 사용되고 있을 뿐이다. 그러므로 형법상의 폭력을 폭행과 협박이라는 개념으로 한정한다 하더라도 폭행과 협박이 형법 각칙의 구성요건에서 사용되는 의미는 문맥에 따라 조금씩 상이하다. 형법상 폭행의 개념은 그 대상과 정도에 따라 다양하게 분류된다.

한편 심리학에서 논의되는 폭력범죄에 관한 이론은 그 범위가 대단히 광범위하여 개인적·집단적으로 금지되거나 제도적으로 금지되든 간에 폭력의 다양한 면을 지배하는 많은 변수들을 규명하고자 한다. 폭력범죄와 관련된 용어인 폭력(violence)에 대한 정의는 학자마다 조금씩 상이하다. 예를 들어 Berkowitz (1979)는 폭력이란 "상해를 입히는 정도가 대단히 극심한 경우"를, Rubin(1972)은 "타인에게 상해의 결과를 가져오는 행위"로, Monahan(1981)은 "재산의 파괴, 폭력의도, 특정의 행위"로 정의하였다. 위에서의 폭력에 대한 정의를 정리하면 폭력이란 '다양한 공격행위 중에서 타인에게 극심한 상해를 입히는 행위'로 정의할 수 있을 것이다.

위에서 언급한 바와 같이 형법학적 및 심리학적인 면에서 폭력범죄에 대한 정의는 다양하다. 본 논문에서는 실증적인 조사연구로서 연구의 목적을 달성하기 위해 폭력범죄의 조사대상자를 제한하였는바, 즉 일반적으로 강력범죄의 범주에 속하는 살인, 강간, 강도, 방화 등은 제외하고, 폭행 또는 상해죄 중에서 대인간 폭력에 해당하는 폭행, 상해 및 폭력행위 등의 처벌에 관한 법률위반의 죄를 범한 자로 폭력범죄의 조작적 정의를 정하였다.

폭력행동을 이해하는 제 관점

① 생물학적 관점

생물학적 연구는 "신체구조가 기능을 결정한다"라는 기본적 논리에 근거하고 있다. 초기의 생물학적 연구는 Lombroso의 '격세유전적 범죄', Rabarter의 '관상학', Gall의 '골상학', Huton과 Sheldon의 '체형론' 등 외형적인 유전적 요인과 범죄의 관계를 주로 연구하였다. 20세기가 시작되면서 과학, 의료기술과 연구방법론의 발달로 생물학적 연구들이 심리학자와 의학자를 중심으로 활발히 진행되었다.

인간의 행동과 심리적 현상들이 '신경계, 호르몬, 유전자 등에 의해 이미 결정되어 있다는 것'이 생물학적 결정론자들이 주장하는 내용의 핵심이다. 이러한 생물학적 결정론을 따르는 학자들은 인간의 폭력에 관한 생물학적 결정요인들을 발견하고자 노력을 하고 있다. 인간의 폭력에 관한 유전적 효과의 발견은 연구방법이 발전하면서 비롯되었다. 그것은 바로 가족연구, 쌍생아 연구, 양자연구, 유전적 이상을 가진 사람들의 행동에 관한 연구들이 그것들이다.

초기의 연구는 주로 가족연구방법을 많이 이용하였다. 즉, 아동이 부모, 형제와 행동적인 면과 범죄성향 면에서 얼마나 유사한가를 연구하였다. 세대간의 유사성이 그 증거이지만 얼마나 부모로부터 전이를 받았는지는 설명하기가 쉽지 않다. 왜냐하면 가족 구성원들은 유전과 환경적 경험이라는 두 가지 요소를 공유하고 있기 때문이다. 쌍생아 연구는 가족연구보다는 유전적 효과에 대한 정보를 더 많이 받을 수 있으며, 양자 연구는 유전의 영향과 환경의 효과에 대한 해결에 많은 도움을 주는 방법이다. 양자의 행동을 그들의 친부모와 양부모의 행동과 비교하는 방법을 이용하기도 한다. 하지만 이 연구에도 약간의 문제가 없는 것은 아니다. 반사회적 또는 범죄행동의 경력이 있는 부모는 통상적으로 아동의 입양이 허용되지 않는다. 입양된 아동의 가정환경과 아동의 행동에 대한 영향은 한계가 있을 수밖에 없다.

폭력적 행동의 유전적 소인에 관한 몇몇 증거는 유전적 이상을 가진 사람들을 대상으로 연구를 함으로써 얻을 수 있다. 유전적 이상이 비정상적인 공격행동을 유발할 수 있기 때문이다. 예를 들어, XY염색체를 가진 남성이 여성보다 더 공격적일 것으로 가정하였다. extra Y염색체가 심한 공격적 행동을 일으킨다고 생각했던 것이다. 그러나 심리학적 연구의 결과들은 갈등상황에서 XY염색체를 가진 정상인보다 XYY형의 남성이 더 공격적이라고 하는 증거를 발견할 수 없었다(Schiavi, 1984: 93-99).

사회성, 정서성, 활동성과 같은 다양한 성격특성들은 유전적인 요소를 많이 가지고 있는 것 같다. 쌍생아 연구는 많은 특성들 중에서 40~50%의 변인들이 유전적임을 지적하고 있다. 몇몇 성격의 유전적 특성(예, 저지능, 과활동성, 감각추구성향, 신경증 그리고 정서성)은 어떤 환경하에서 공격적, 반사회적 또는 범죄적 행동을 하는데 선유적 경향으로서 역할을 할 수 있다. 하지만 만약 공격성 자체에 대한 연구를 종합해 보면 유전적 영향에 관한 증거는 부족하였고 또 연구의 결과도 서로 상이하였다. 연구의 결과들을 <표 2-1>에서 보는 바와 같이 정리해 보았다.

아래 <표 2-1>을 보면, 먼저 유전적 영향이 폭력에 유의한 효과가 없다는 연구결과는 Canter(1973)와 Vandenberg(1967)의 연구가 있다. 또 Partamen 등(1966)과 Loeblin, Nichols(1976)는 유전과 폭력과의 상관은 극히 낮다고 주장하였다. 그러나 최근의 Rushton 등(1986)과 Tellegen 등(1988)을 중심으로 한 연구자들은 성격특성과 유전적 효과와의 관계에서 실질적으로 유전성이 있다는 연구결과를 보고하였다.

| 표 2-1 | 폭력의 쌍생아 연구결과 |

연구자	측정도구	연구대상	연구내용	결 과
Canter (1973)	Fould HostilityScale	쌍생아 23조 -일란성: 9조 -이란성: 14조	적대감의 두 집단간 상관연구	두 집단간 유의한 차이 없음
Vandenberg (1967)	Activity Index	쌍생아 88조 -일란성: 50조 -이란성: 38조	폭력과의 상관연구	두 집단간 유의한 차이 없음
Partamen (1966)	폭력행동 (자기보고질문지)	쌍생아346조 -일란성: 157조 -이란성: 189조	폭력과의 상관연구	두 집단간 유의한 차이 있음 (낮은 상관)

Loeblin과 Nichols (1976)	폭력행동 (자기보고질문지)	쌍생아 356조 -일란성: 217조 -이란성: 139조	폭력과의 두 집단간 상관연구	두 집단간 유의한 차이 있음 (낮은상관)
Rushton et al. (1986)	주장성, 공격성	쌍생아146조 -일란성: 90조 -이란성: 56조	주장성과 공격성과의 상관연구	두 집단간 유의한 상관 있음
Tellegen et al. (1988)	Multidimensional Personality Questionnaires	쌍생아 331조 -일란성: 165조 -이란성: 166조	다차원적 성격 의 두 집단간 유의한 상관	두 집단간 유의한 상관 있음

남자 쌍생아의 범죄에 관한 6개의 다른 연구결과를 개관해 본 결과 일란성 쌍생아 216쌍에서 범죄행동이 34~76%의 일치율을 나타냈고, 이는 이란성 쌍생아 301쌍의 18~54%보다 훨씬 높은 일치율을 보였다(DiLalla & Gottesman, 1989: 339-340). 그러나 폭력범죄에는 다른 요인의 영향이 더 중요한 부분을 차지하고 두 집단에서 유전적 선유경향성은 중복되는 요인이 적다.

몇몇 연구에서 반사회적 행동(비행과 범죄를 포함한)을 극대화시키기는데 유전적 요인과 환경적 요인의 상대적 기여정도를 조사하였다. 예컨대 Jary와 Stewart (1985)는 입양아동의 공격적 행동장애는 친부모의 반사회적 성격장애와 관련이 있지만 양부모와는 관련이 없다고 하였다. 이에 비해 청소년비행에서는 유전적 소인이 별로 영향을 미치지 못하는 것 같다. 예를 들어, Bohman(1972)은 입양된 아동의 행동에 친부모의 범죄성의 유전적 영향은 명백하지 않다고 보고하였다. 반면에 대부분의 비행은 소년들의 주변환경적 요인인 또래의 태도와 행동 등에 영향을 더 많이 받는다고 할 수 있다.

비록 아동의 비행과 청소년의 범죄는 그 원인이 아주 상이하지만, 비행에 비해서 남성들의 범죄는 실제적으로 유전적 성향을 많이 포함하고 있는 것 같다. 기소된 양자와 친부모와의 관계는 습관성 범죄자 중에서 강한 관계가 있으며 특히 누범의 아버지와 누범의 아들과는 상관이 매우 높게 나타났다.

그러면 여기서 유전인자가 폭력에 어떻게 영향을 미치는 지를 알아보고자 한다. 폭력의 과정은 말초 및 중추신경계와 뇌화학적 요인이 유전인자에 영향을 미치기 때문에 나타난다. 신경계와 생리적 요인들 중에서 일부 유전적 요소를 가지고 있는 것들은 비행과 범죄행동과 관련이 있다. 예를 들어 정신이상과 중추신경계장애는 반사회적 행동의 억제학습을 어렵게 하며 전두엽에 손상을 입은 사람은 화를 잘 내게 되고 자신의 행동에 주의력이 결핍되어 있다. 또 뇌의 느린 α파가 비행의 예측인자라고 주장하는 학자도 있다(Mednick, 1981: 219-221).

즉, 느린 α파를 가진 사람들은 각성수준이 낮으며 회피학습에도 장애를 보인다. 또 느린 α파뿐만 아니라 스트레스 하에서의 낮은 생리적 반응, 높은 심장박동 등도 범죄, 비행 또는 사회병리적 행동과 관계가 있다. 습관성 폭력범죄자들은 폭력과 혈중 콜레스테롤의 저수준, 인슐린의 과다분비, 세로토닌의 저수준 등과 약간의 상관이 있고, 노어 아드레날린의 고수준은 습관성 폭력과 매우 관련이 깊다.

또 테스토스테론이 공격행동에 미치는 영향에 관한 연구를 보면, Archer(1991)는 테스토스테론이 공격행동에 약하지만 정적인 상관이 있고 이것의 수준은 또한 인내력 부족과 성급함과도 역시 정적인 상관이 있다고 하였다. 또 Olwes(1987)는 테스토스테론의 수준이 높은 소년들은 좌절상황에서 참을성이 부족하고 반사회적인 행동을 할 가능성이 많다고 하였다. 하지만 여러 연구결과를 종합해 보면, 공격성과 테스토스테론 수준과의 관계에 대한 회귀분석결과에서 분명한 관계를 발견하지 못하였다. 그러나 폭력범죄자와 비폭력범죄자 또는 일반인과의 비교를 포함한 연구들은 테스토스테론의 수준과 폭력경험과는 보다 일관성이 있는 관계가 있음이 밝혀졌다(Rubin, 1987: 256).

호르몬이 폭력에 미치는 효과에 관한 연구에서 가장 중요한 문제는 폭력적 또는 폭력행동을 경험한 결과가 호르몬의 수준에 영향을 미칠 수 있다는 것이다. 예를 들어, 테스토스테론과 적대감의 관계는 어느 것이 원인이고 결과인지 구분하기가 곤란하다. 높은 수준의 호르몬이 폭력의 원인이라기보다는 폭력경험의 결과로 인하여 호르몬의 생성에 변화가 생기는 것이다.

여러 연구결과를 기초로 요약하면, 비록 그 증거가 미약하고 해석이 분분하지만 정서성, 감각추구성 그리고 충동성 등 공격적 및 반사회적 행동을 하는 사람들의 성격특질에 실질적인 유전적 영향이 있음을 시사하고 있다. 반면에 공격적인 행동, 폭력, 비행 등에는 유전적 요소는 적다고 할 수 있다. 인간에 있어서 호르몬의 공격행동에 미치는 효과에 대한 증거는 역시 희박하고 단정적으로 결론을 내리기가 곤란하다. 왜냐하면, 유전, 호르몬, 환경이 복잡한 상호작용관계를 가지고 있기 때문이다. 과거의 연구들이 개념적, 방법론적으로 문제를 가지고 있는 것은 분명하다. 그러나 명백한 한계를 그을 수 있는 결과는 없는 것 같다. 하지만, 연구방법이 미흡하다 할지라도, 유전인자가 폭력과 반사회적 행동의 예측인자로서 유용하다는 것은 부인할 수 없다. 그러나 폭력의 유전적 요인에 대한 생물학적 이론은 다음과 같은 비판을 받고 있다.

첫째, 생물학적인 전형적으로 폭력을 지나치게 광범위한 개념으로 사용하고 있다는 점이다. 이 관점은 인간과 동물행동의 관계를 지나치게 유추하고 있다는 의미이다. 예를 들어 도구적 공격은 인간에게 한정된 행동이며 이것은 특정한 생리적 구조가 필요하지 않고 단지 문화적 진화나 개인적 발달에 달려 있는 문제일 뿐이다.

둘째, 폭력에의 특정한 생물학 기제에 관한 증거 문제이다. 일부 연구에서는 동물에서 시상과 변연계를 자극하면 공격행동이 유발된다고 하지만 그런 결과에 대한 해석이 특정의 생리적 체계라고 하기는 어렵다. 예컨대, Averill(1982)은 정서표현의 생물학적 요소는 반드시 필요한 요인이 아니며 분노는 사회적 관계에서 형성된 정서라고 주장하였다.

세 번째의 비판은 인간폭력행동의 필수불가결성을 주장하는 결정론적인 관점이다. 유전적 요인이 어떤 조건하에서 공격준비상태를 만든다는 것은 사실이다. 그러나 이 준비성은 계통발생적(phylogeny)이라기 보다는 개체발생적(ontogeny)이라고 할 수 있다.

② 진화심리학적 관점

진화심리학이란 인간마음의 진화를 더듬어 감으로써 인간의 행동과 정신과정을 새로운 관점에서 해석하려는 학문을 말한다. 진화심리학자들은 사람의 신체구조가 오랜 세월에 걸친 자연도태의 결과물인 것과 마찬가지로 인간의 마음도 진화의 산물이라고 주장한다. 이런 맥락에서 폭력도 외부위협에 대한 적응적 행동으로 진화되었다고 본다.

현재의 진화심리학적 관점은 가정폭력, 성차, 개인차, 생애의 변화에 관한 다수의 유망한 가설을 제시하고 있다. 적응적인 유기체가 어떻게 만들어지는가에 대한 해답은 다윈의 '자연도태' 학설이 등장하면서 시작되었다. 다윈에 의하면 모든 생물체는 자연도태의 역사를 통해서 형성된다고 한다. 자연도태는 유기체의 일부분이고 구성부분들은 이후에도 소위 '적응'이라는 용어로 사용되고 있다.

　대부분의 심리학적 연구는 심리적 기제들에 대한 기능적 조직, 직관적 이해에 의존한다. 그러나 기능적 조직을 활성화시키는 역사적 과정에 관하여 연구자들은 잘 알지 못한다. 다윈의 이론을 무시하는 것은 심리학적 이론에 심각한 장애가 될 수 있다. 다윈의 관점 즉, '에너지의 균형' 또는 '생존'은 동물에 한정된 것만이 아니라 인간에게도 동일하게 적용된다. 더구나 사회생활에서의 적응 문제는 특히 모호하다. 어떤 사회적 · 인구통계학적 · 생래적인 변인들이 사회적 발달에 영향을 미치게 되는가하는 문제는 사회적 진화를 연구하는 학자들이 해결해야 할 몫이다.[2]

　어떤 자극이 특정의 생리적 과정을 얼마나 발화시키며 그 결과로 인하여 폭력과 얼마나 인과적인 관계가 있는지를 탐색하는 것은 가치 있는 연구임에 틀림없다. 하지만 "왜 유기체가 생리적 과정을 통해서 공격이 유발되는가"하는 의문에 대한 기능적인 문제를 설명하는 것은 쉽지 않다. 기능적 문제를 설명할 수 없다는 것은 인과적 관계를 측정할 만한 탄탄한 기초가 없는 것과 마찬가지다. 그러므로 '선천성' 대 '후천성', '사회적' 대 '생물학적'이냐 하는 논쟁은 아주 불합리하고 비생산적인 이분법적 논쟁에 불과한 것이다.

　진화심리학자들은 생애발달을 복잡한 진화적인 적응의 결과라고 보는 반면에 환경론자 들은 학습과 같은 소수의 일반－목적적 적응의 결과로 보고 있다. 폭력에 관한 공식통계를 보면, 가장 폭력적인 인구계층은 젊은 성인 남자가 많은 비율을 차지하고 있다. 그들이 신체적으로 가장 건강한 연령이라는 것은 중요한 의미를 가지고 있지 않다. 병리적인 측면에서 또 다른 폭력계층은 질병이

---

2) 공격과 폭력에 대한 상황적응적 조절의 전략적 논리에 특별히 관심을 갖고 이론적 업적을 세운 연구자들은 Hamilton(1978), Maynard Smith(1974), Mock(1987), O'Connor(1978), Parker(1978), Popp and DeVore(1979) 등이 있다.

있는 개인에 의해 유발될 수 있는 데, 즉 뇌 손상에 의해서도 폭력행동이 표출될 수 있다.

그러면 "폭력을 진화적 적응으로 해석하는 것이 타당한가" 하는 의문이 남는다. 그 해답은 폭력이 확실히 "기능적 고안'이라고 해야 할 것이다. 폭력이 '기능적 고안'이라고 하는 증거는 많이 있다. 초기의 연구자들은 적응에 대한 총체적 위협이 폭력의 유발인자이며, 그런 위협에 대응한 결과가 폭력이다. 예컨대, 사람을 포함한 모든 동물은 경쟁자의 자원약탈에 대해 폭력적으로 대응을 하는 경향을 가지고 있다. 그러나 폭력적인 갈등해결의 비용은 '승자'가 될 때조차도 높으며 그것이 폭력사용의 효과를 반감시키는 역할을 한다. 인간의 경우에 폭행 또는 기타 다른 의도적인 수단을 이용하여 타인을 해치는 비용은 자기가 상해를 당할 우려 또는 보복의 위험성을 항상 내포하고 있다.

한편 인간의 경우에 폭력의 관계-특수성은 폭력의 기능을 나타내는 하나의 증거이다. 폭력의 대상은 단지 가용한 대상이 아니라 폭력자와 실질적인 갈등이 있을 때이다. 경쟁적 갈등은 동성간의 문제에 이미 결정적으로 관련되어 있는 같다. 그 이유는 동일성의 사람들은 반대성을 가진 사람들보다 그들이 원하는 자원 면에서 더욱 더 유사하기 때문이다. 또한 반대성의 사람들도 동일 성(性)간의 갈등에서처럼 자원 면에서 경쟁적인 관계일 때도 가끔 있다.

성적인 경쟁은 특이하고 인간갈등의 극단적인 원천일 수 있다. 예를 들어, 살인에 관한 통계를 보면 여성을 대상으로 남성간의 대립적인 경쟁의 산물로 생각되는 사례가 많이 있다. 또 남편의 아내폭행은 라이벌간의 경쟁을 대표하는 예이다. 폭력의 위협은 경쟁자를 효과적으로 제압하는 수단으로 사용될 수 있다. 아내에 대한 남편의 폭력사용은 독특한 특징이 있는데 그것은 아내의 부정한 행동 또는 부부관계를 단절하기 위한 아내의 일방적인 결정에 대한 대응 또는 다른 요인에 대한 대응의 수단으로써 남성들의 성적 질투기제가 표면화된 것이다. 강간도 남성폭력에서 또 다른 성적 갈등의 명백한 맥락 중에 하나이다.

적응적인 측면에서 폭력이 과거의 효과적인 경험(학습)을 통해서 강화를 받으면 반복사용의 가능성이 증가하게 될 것이다. 물론 폭행의 사회적 유용성은 관계-특수적 갈등, 사회적 맥락 그리고 도구로써 폭력을 사용하는 당사자의 기술에 달려 있다. 인간이 물리적 폭력을 행사하는데 있어서 문화적으로 성차가 존재한다. 폭력기술의 유능한 사용은 남성들에게 직접적으로 영향을 미친다. 폭력은 위험한 행위이지만 여성들보다 남성들 사이에서 적응에 매우 중요한 수단이 된다. 대부분의 종족사회에서 폭력은 지위와 권력을 획득하고 유지하기 위한 필수적인 요소로 사용되었다.

진화심리학적 고찰은 일반적으로 폭력의 사회적·생물학적 설명에 대한 잘못된 이분법적 사고를 가진 사람들에 의해 무시되어 왔다. 전통적으로 생물학적 요인에 집착하는 연구자들은 호르몬의 효과, Y염색체, 신체기관의 성차에 대해서만 주로 논의한다. 반대로 사회학적 관점을 가진 연구자들은 생물학적 요인이 폭력과 관련성이 있다는 설명에 대해 부정하고 대신 사회적 요인(빈곤, 실업, 문화)의 중요성만 강조한다.

한편, 청소년들은 원칙적으로 잠재적 폭력가능성을 가지고 있으며, 역시 그들은 주요 피해대상이다. 특히 청소년은 살인의 가해 또는 피해자가 될 위험요소를 가지고 있다. 왜냐하면 그들은 선조들이 경쟁적 능력을 가지기 위해서 자연도태의 과정을 거치었기 때문이다. 그것은 청소년기에 자연도태의 역사를 통해서 특수한 인구사회학적 특징을 가지고 있다는 것을 의미한다. 청소년은 연령계층 중에서 가장 육체적으로 강할 뿐 아니라 위험과 경쟁을 내포한 심리적으로 특수화된 특징들을 가지고 있다. 청소년들은 특히 경쟁에 의해 동기화되고 자기를 억제할 자제력이 약한 특징을 가지고 있다.

결론적으로, 인간에 대한 진화심리학적 관점은 인간이 비이성적인 자동기계라고 보지 않고 다양한 수준의 나이, 성차, 환경－특정적 가치에 대한 비용－편익구조를 가지고 의사결정을 하는 정보처리자의 관점을 가지고 있다고 본다. 따라서 폭력도 인간이 환경에 적응하는 하나의 수단으로써 사회적 진화의 과정을 거친다는 것이다. 그러므로 폭력이 환경의 적응에 비용이 많이 드는 행동이라면 폭력은 자연도태할 것이며 이와 비교하여 친사회적 행동이 유익한 적응적 행동이 될 것이다. 이처럼 진화심리학이 시사하는 바는 폭력의 비용과 친사회적 행동이 비교우위를 점하는 사회적 환경이 상당히 중요하다는 것을 의미한다.

한편, 진화심리학적 관점에 대한 비판은 다음과 같다.

첫째, 진화심리학이 모든 사람은 화를 낼 가능성과 폭력을 사용할 경향성에 대한 명확한 답을 제시하지 못한다는 점이다.

둘째, 진화심리학이 비유전적 접근방법을 사용하고 있다는 점이다.

셋째, 진화심리학적 접근방법이 순환론적인 모순에 빠질 가능성이 많다는 점이다.

넷째, 진화심리학자들은 인간과 동물의 연속성에 지나치게 매달려 인간의 도덕성이 동물의 이기적 동기로 환원하려 한다는 점이다.

마지막으로 진화심리학은 인간의 작동하는 마음의 양식은 설명할 수 있지만 마음의 내용을 설명하기는 어렵다는 비판을 받고 있다.

③ 전통사회화이론적 관점

사회화(socialization)란 개인이 자기가 속한 집단의 가치와 규범을 내면화해 가는 과정을 말한다. 인간은 이러한 사회화과정을 통해서 타자와 그가 속한 집단에 동조·이해할 수 있는 공통문화를 학습하는 것과 동시에 자기를 둘러싸고 있는 환경과의 상호작용과정을 통해서 타자와 상이한 자기만의 독특한 자아를 형성하게 된다. 여기서 사회화이론이란 폭력의 사회화 과정을 중심으로 설명하는 이론을 말한다. 전통적 사회화이론을 대표하는 이론인 정신분석이론, 좌절-공격이론, 사회학습이론을 위주로 살펴 볼 수 있다.

정신분석이론에 의하면 폭력은 폭력적 대응을 유도하는 자연스런 추동(drive)이라고 한다. 이 접근방법에서 가장 중요한 과제는 이러한 추동들(id로 부터의 정신적 에너지의 분출로 정의되는)이 성격의 다른 측면, 특히 자아(ego)에 의해 얼마나 조절되는가를 설명하는 것이다. 비록 지나친 공격적 행동에 대한 초기의 정신분석적 설명이 원초아(id)의 통제불가능(out-of-control)에 초점을 두고 있다.

Redle과 Winemand(1951)를 중심으로 한 다른 연구자들은 가장 적절한 초점은 ego라고 제안하였다. ego는 공격성과 같은 자연스런 추동을 주로 통제하는 기제이다. ego가 부적절하게 발달되었을 때 성숙의 오류 또는 사회화의 실패, 충동, 불안 그리고 공격성의 통제미흡 등으로 연결되기 때문이다. 이 접근법에 따르면 자아발달의 장애는 부적절한 사회화를 가져온다는 것이다. 이것은 주로 범죄자들이 잔인하고, 거칠며, 갈등적인 가정출신이라고 하는 폭력범죄에 대한 연구에 의해서 증명되었다.

자아의 발달은 부적절하게 발달된 자아와 잘 발달된 자아로 단순한양면적 관계가 아니다. 예컨대, 면전폭력과 기타 범죄행동은 덜 통제된 개인으로부터 발생할 경우가 많다. 하지만, 덜 통제된(undercontroled) 또는 과 통제된(overcontroled) 자아가 폭력을 일으킬 수 있다. 즉 극단적인 폭력범죄자들은 다른 범죄자나 보통 사람들 보다 과통제된 경우가 있다. 그러므로 부적절한 자아의 발달에 대한 단순한 설명으로 폭력행동을 이해할 수 없을 것이다.

한편, Berkowitz(1989)의 좌절－공격이론에서는 좌절경험이 공격행동의 촉진인자라고 하였으며, 그것이 추동수준과 공격적 행동의 촉발을 증가시킨다는 것이다. 정신분석적 접근법에 비해서, 개인의 내재적인 공격적 강제력보다는 외재적인 좌절로 유발된 추동에 의해 공격적으로 동기화된다는 것이다. 비록 좌절이 본질적으로 공격의 필요조건이지만 좌절 외에 여러 가지 다른 상황들이 수반되는 것은 분명하다. 공격은 단지 좌절의 여러 가지 반응들 중에 하나일 뿐이다.

Berkowitz(1989)는 초기이론을 발전시켜, 공격단서(예, 총기, 칼, 돌), 부적 감정들이 또한 좌절이전에 흔히 선행요인으로 필요한 경우도 있음에 주의를 환기시켰다. 좌절－공격이론의 또 다른 면은 공격의 억제가 대치된 공격의 원인이 된다는 것이다. 그래서 다른 대상(예, 배우자, 자녀)에게 지향하여 처벌의 위협을 감소시킨다. 이 이론은 직접 또는 대리적 공격이 정화의 과정을 통해서 감소된다는 것을 주장하고 있다. 하지만 이 관점을 지지하는 증거는 아주 미미하다.

사회화이론 중에서 가장 중요한 이론 중에 하나는 Bandura의 사회학습이론이다. 내적 추동 또는 어떤 좌절상황에 대한 반응으로써의 공격과 비교해서 반두라는 행동의 원인을 개인의 학습환경으로 설명하였다. 학습은 직접적인 강화(정적 강화, 부적강화, 처벌) 또는 관찰을 통해서도 이루어진다. 즉, 학습은 직접적인 경험이나 다른 사람의 행동을 관찰함으로써 학습된다. 관찰한 것이 실제행동으로 전이되기 위해서 사람들은 기억에서 그 행동을 유지하고 있어야 한다.

기억 속에 남아 있는 행동의 상징들은 관찰된 행동과 비슷한 행동으로 전환

되어야 한다. 이것은 흔히 개인의 숙달수준에 따라 달라진다. 마지막으로 행동으로 반복하는 것은 그것이 강화 또는 처벌의 원인인지, 또는 행동을 가져 올만큼 관찰자에게 충분한 동기가 있느냐에 따라서 달라진다.

인간생활에서 많은 모델들이 행동에 영향을 미치게 된다. Bandura(1973)는 범죄행동에 영향을 미치는 요인에는 가족, 또래집단, 문화(예, TV와 영화 등 상징물) 등 세 가지를 지적하였다. 사회학습이론은 폭력을 개인 내적 요인(자기규제와 자기효능감)과 상황적 특성의 상호보완적 관계라고 강조한다. 연구자들은 사회학습이론의 이러한 일반원칙을 어느 정도 내에서 지지하고 있다. 예컨대, 남편이 부인을 폭행하는 가정에서 성장한 아동의 물리적 공격행동의 빈도가 증가한다는 연구결과가 나타났다.

예를 들어, Kalmuss(1984)는 남편이 아내를 구타하는 가정에서 자란 자식은 결혼 후에 아내를 폭행할 가능성이 증가함을 발견하였다. 특히, 그의 연구결과에 의하면 아이들은 같은 성의 부모로부터 영향을 더 많이 받는다고 한다. 남자아이는 아버지의 행동을 보고 배우며 여자아이는 어머니의 행동을 관찰함으로써 영향을 받게 된다. 그러나 모델링 이론은 비록 여성들이 남성들 보다 성적으로 학대를 당할 가능성이 많지만 그들이 성인이 되어 성 학대를 하는 경우는 드물다는 사실을 설명하기 어렵다는 비판을 받고 있다.

사회학습이론을 정교화 시키는데 공헌한 대표적인 학자는 Eron을 들 수 있다. 그는 폭력의 가장 주요한 결정인자 중에 하나는 부모로부터 지원의 결핍이라고 주장하였다. 즉, 부모가 공격을 가르치고 강화시킨다는 것이다. 이것이 강압적인 양육과 같은 부모의 양육기법의 미숙과 연합될 때 아이들은 폭력을 억제하는 기술을 습득하지 못하게 된다. 예를 들어, 지나치게 거칠거나 비일관적인 가정교육은 강화된 공격모델을 제공하는 결과를 초래한다. 이 요인들은 청소년기의 폭력범죄와 관련이 있다.

비록 전통적 사회화이론이 폭력의 이해에 중요한 기초를 제공하는데 큰 공헌을 하였지만 비판을 받고 있는 점은 다음과 같다. 첫째, 대부분의 전통적 사회화이론은 반사회적 행동, 비행에 한정되어 있다는 점이다. 폭력과 반사회적 행동은 비교적 시간−안정적 특성이 있는 것으로 밝혀졌으며, 이것은 폭력과 반사회적 행동 그리고 비행 등이 공통적인 맥락을 가지고 있다는 것을 의미한다. 즉, 폭력은 일반적인 반사회적, 범죄적 행동의 예측인자와 유사하다고 볼 수 있다. 그러나 폭력과 다른 반사회적 행동이 비슷한 공변량을 가지고 있지만 폭력과 반사회적 행동을 구분할 새로운 이론적 틀을 마련할 필요성은 충분히 있다.

둘째, 사회화이론들이 발달적인 관점을 고려하고 있지 않다는 점이다. 비록 최근의 이론들이 어느 정도는 내재적으로 발달지향적이라고 볼 수 있다. 그러나 정신분석이론은 시간의 경과에 따라 개인과 환경조건의 변화를 무시하고 있고 발달과정의 내재적 재인식에 대한 일부 이론적 업적이 나타나고 있지만 현재의 이론들이 외현적으로 발달적 관심을 설명하고 있다고는 볼 수 없다. 지금의 발달적인 연구들은 대부분 폭력행동을 설명하는데 적절하지 못하다.

셋째, 전통적 사회화이론은 가족과 또래집단의 역할을 경시하고 있다는 점이다. Widom(1989d)는 아동기의 신체적 학대가 이후에 폭력을 유발하는데 중요한 영향을 미치며, 또 아동기에 거부의 경험이 있을 때도 이후에 폭력을 할 가능성이 많다고 하였다. 그러나 폭력의 세대간 전이에 대한 연구는 아직 초보적인 단계에 불과한 실정이다.

넷째, 폭력의 환경적 · 사회적 맥락변인의 역할에 관한 무관심이다. 미래의 연구는 사회적 맥락 또는 거시−수준 변인들 즉, 사회경제적 지위, 도시화의 정도, 밀집, 기타 전통적 사회화이론에서 배제된 요인들을 적극적으로 설명할 필요가 있다.

마지막으로, 성적 차이를 설명할 수 있는 폭력이론이 부족하다는 점이다. 대부분의 연구는 남성을 대상으로 한 연구가 주류를 이루고 있다. 물론 남자가 더 많은 폭력범죄를 유발하고 있다는 것은 사실이지만 여성에 의한 폭력범죄도 지속적으로 증가하고 있는 추세임을 볼 때 여성에 대한 폭력이론의 연구도 상당히 가치 있는 연구가 될 것이다.

④ 사회심리학적 관점

사회심리학이란 사회적 행동에 관한 여러 현상을 심리학적으로 연구하는 학문이다. Allport(1968)의 고전적 정의에 따르면 '실제의, 상상의, 혹은 묵시적인 타인의 존재에 의하여 개인의 사고, 감정 및 행동이 영향을 받는 양식을 이해하고 설명하려는 노력'이라고 표현될 수 있다. 1980년대에 들어와 미국의 Gorgen을 중심으로 사회심리학의 전통적 패러다임에 대한 비판과 더불어 새 패러다임을 정립하려는 노력이 활발해지고 있다. 이에 따라 사회심리학자들의 관심영역이 범죄, 사회차별, 마약, 알콜, 환경 등에도 확장되어 가고 있는 경향을 보이고 있다.

최근의 사회심리학적 연구들은 폭력의 사회적 영향을 강조하고 있다. 그러나 이러한 연구들은 주로 개인적 요인들에 초점을 두고 있는 것이 사실이다. 일부의 사회심리학자들은 폭력을 사회적 맥락과 동시에 고려해야 이해될 수 있다고 한다. 예를 들어, Felson(1978)은 폭력은 인상관리의 수단이며, 그것은 위협받고 있는 자신의 정체성을 회복하기 위한 것이라 한다. 다른 연구자들은 사회적 구조와 문화규범의 광범위한 영향을 강조하기도 한다. 폭력을 설명하는 사회심리학적 이론은 다양하게 소개되고 있지만 여기서는 강제력, 폭력하위문화, 권력, 귀인이론을 중심으로 알아보겠다.

먼저, Tedeschi(1983)는 강제력의 사용에 대한 사회적 원인을 강조한다. 그는 강제력은 다른 사회적 영향력이 성공적이지 못할 때 마지막 수단이라고 하였다. 강제력은 위협의 의사소통을 반영한 것이거나 처벌의 전달을 나타내는 것이라고 하였다. 그것은 보상의 갈등, 힘과 지위에서 위협 등의 상황에서 현저히 나타나는 현상이다. 강제력의 공격적인 사용은 보통 법적인 보호를 받지 못하거나 비정상적인 것이다.

그러나 강제력은 통상적으로 방어 또는 보복, 그리고 사회적 규범에 의한 규정된 것들이다. 예를 들어, 상호성의 규범은 피해당한 것에 비례하여 가해자에게 상해를 요구하는 것이다. 이것은 일반사회에서 널리 받아들여지는 가치규범이다. 대인간 그리고 집단간 폭력에서도 상당한 설득력을 가지고 있다. 또, 형평성의 규범은 상대적 박탈과 부정의(不正義)의 인식에서 창출되며 그것은 자원에 대한 비합법적인 접근을 동기화시킨다.

강제력의 사용결정은 성공과 실패에 따른 비용의 가치와 가능성에 좌우된다. 그리고, 이것은 자기이미지의 보존 또는 권위유지의 필요성과 두려움에 의해 고양된다. 역시 그것은 개인의 자존심이 결핍되어 있고 어떤 사건에 영향을 미칠 만한 힘이 부족하다고 느낄 때나 또는 사람들이 왜곡된 시간조망, 자아중심성, 또는 알콜이나 마약 등의 중독을 통하여 비용을 잘못 인식하였을 때 더욱 더 그런 현상이 나타난다. 강제력의 사용에 대한 몇 가지 원인은 사회인지이론과 양립하지만 Tedeschi의 접근방법은 대인간 상해의 목적 또는 강화자로써 주로 대인간 응종을 특정화시킨다는 점에서 차이가 난다.

두 번째, 계층-근거이론의 전통에 입각한 Wolfgang과 Ferracuti(1967)는 폭력의 하위문화를 제안하였다. 그것은 폭력에 규범이라는 것을 부가한 것이다. 이것은 흥분, 지위, 명예, 남성다움을 찬성하는 태도 등의 "강한 남성의식 유형(machismo)"의 일부이다.

예를 들어 살인율이 가장 높은 계층은 젊고 남자이며 낮은 계층집단에서 나타난다는 것을 볼 때, 이것은 이런 집단들이 폭력하위문화의 가치를 지지한다는 것을 시사하는 것이다. 하지만, 이것을 검증하기 위한 여러 가지 노력들은 만족할 만한 결과를 얻지 못하였다. 예를 들어, Ball and Rokeach(1973)는 교육수준과 수입정도 등과 관계없이 폭력남성들 사이에서 선호하는 "남성적 의식"이라는 가치유형을 특별히 보이지 않는다고 하였다. 또, Erlanger(1974)도 역시 남성의 폭력이 자신이 속한 집단에 의해 보다 많이 수용될 것이라고 느끼는 것이 남성일 것이라고 하는 예측을 지지하는 연구결과를 발견하지 못하였다. 그는 "남성다움의 하위문화"에서 폭력은 단순히 여러 가지 많은 문화 중에서 단지 하나에 불과하다고 주장하였다. 비록, 이것이 아직까지 널리 지지를 받고 있지만, 폭력의 하위문화가설을 지지할 만한 증거는 그렇게 많지 않다.

또 권력과 남성폭력의 관계라는 관점에서 폭력을 조망해 볼 수 있다. Clegg(1989)는 power를 개인의 권위에 의한 직접적인 통제라고 정의하였다. 여성에 대한 남성의 폭력을 권력의 관계로 설명하는 것은 명확한 설명이 되지 못하며 그것은 보다 더 특별히 폭력적인 남성들의 특성을 조사하는 방향으로 맞추어져야 할 것이다. Dobash & Dobash는 아내구타의 원인을 그의 행동이 다른 사람에게 받아들여 지지 않을 때 그의 아내를 힘으로 억압하거나 가장의 권위를 유지하기 위해 시도되는 하나의 수단이라고 하였다. 이들의 주장이 가장 정평이 있는 주장이라고 할 수 있다. 그 이유는 그것이 가부장권력가설(patriarchal power hypothesis)에 가장 근접한 이론이며 설득력 있는 설명이기 때문이다. Yllo & Strauss(1984)는 사회적 권력가설(social power hypothesis)을 폭력과 여성의 전반적인 지위와의 관계조사를 통해 연구를 하였다. 여성의 지위를 법적, 경제적, 교육적 그리고 정치적 권력의 요소로 측정을 하였다. 그 결과 전반적으로 이것은 아내폭행과 선형적인 관계를 보였다. 예를 들어, 여성의 지위가 낮을수록 폭력피해를 많이 입었으며, 반대로 여성의 지위가 높을수록 폭력피해는 감소하였다.

남자의 세계에서 폭력이 의미하는 바는 과연 무엇일까? 전체 폭력범죄 중에서 남자가 80~90% 이상을 차지하고 있다. 아직도 여성은 분노와 폭력에 대해서 참아야 하는 것이 한국사회의 전통적 유교문화이다. 남성폭력은 놀라울 정도로 이질적이고 다양한 형태를 보이고 있다. 폭력의 형태에는 살인, 강도, 폭행, 학교폭력, 데이트 강간 등 실로 다양하다. 이렇게 다양한 행동으로 폭력이 행사되고 있지만 그것들에는 공통적인 특징을 가지고 있다. 폭력은 전반적으로 명백한 도구적 목표(예를 들어, 경제적 이익의 확보)와 대인간 목적(예를 들어, 다른 사람의 지배)을 달성하는데 있다는 공통된 특징을 보인다는 것이다. 예를 들어, 강도는 금전적인 이익을 획득하고자 하는 목적을 가지고 있으며, 그러나 그것은 또한 다른 사람의 통제수단으로써 위협의 효과적인 사용을 위한 것일 수 있다. 또 폭행은 체면손상의 두려움을 제거하고자 하는 목적으로 이용되는 특징을 가지고 있다. 한편 데이트 강간도 성적 만족의 목적 또는 힘의 과시를 통하여 복종을 강요하기 위한 하나의 수단이다. 이렇듯 폭력은 어떤 한 남자가 다른 사람을 자신의 통제하게 두고 힘을 통해서 타인을 지배하고 동시에 자기존중감을 고양시키기 위한 하나의 효과적인 수단으로 이용된다고 볼 수 있다.

마지막으로 폭력을 귀인이론적 입장에서 연구하는 방법이다. 귀인이론(attribution theory)이란 자신과 타인의 행동의 원인을 어떻게 지각하는가에 대한 설명을 하는 이론이다. 귀인은 자기행동의 원인에 관한 개인의 신념이며 이것이 반드시 실질적인 원인을 대표하는 것은 아니다. 그러므로 귀인이론은 행위의 원인에 관한 이론이 아니라 원인에 대한 개인의 지각에 관한 이론이라 할 것이다. 또한 귀인이론은 자기자신의 행동에 대한 추측된 동기 또는 의도를 탐색하는 것을 말한다. 귀인이론에는 5가지의 차원이 있다. 즉, 내부 대 외부귀인, 안정 대 불안정, 전체적 대 특정적, 통제가능성 대 불가능성, 의도적 대 비의도적이 그 차원이다. 행동에 대한 개인의 귀인은 각각의 차원으로부터 한 가지 변인의 독특한 조합으로 이루어져 있다. 귀인과 폭력에 관한 연구결과를 살펴보면 다음과 같다.

먼저, Gudjonsson(1984)은 정신적으로 이상이 있는 범죄자들은 자신의 바람직하지 못한 행동을 내적 원인으로 흔히 귀인을 하지만, 자신의 질병을 이유로 책임을 부인한다고 한다. Henderson 과 Hewstone(1984)이 행한 연구에서 밝혀진 범죄자의 귀인특성은 다음과 같다.

① 범죄자는 자신의 범죄행동은 외부귀인을 더 많이 하였다.
② 폭력행동에 대해서 범죄자는 변명보다는 정당화를 더 많이 하였다.
③ 단독범이 공범보다 외부귀인을 적게 하였고 책임의 분산현상이 발견되었다.
④ 범죄의 심각성이 변명 또는 정당화 설명의 하나의 요인이다. 치명적인 결과에 대해서 정당화는 거의 하지 않았고 변명을 많이 하는 편이었다.
⑤ 범죄자가 상해를 당했을 때 내부귀인을 많이 하였고, 상황적 귀인은 적었다.
⑥ 범죄자가 피해자와 아는 사이일 때 상황귀인은 적게 하였으며, 피해자에게 귀인하는 경향이 높았다. 그리고 피해자가 권위있는 인물이라면 상황적 귀인을 더 많이 하는 경향을 보였다. Greenwood(1979b)도 624명의 수감자를 대상으로 연구에서 범죄자들에게 일정한 귀인패턴이 있음을 발견하였다. 누범은 범죄의 원인이 향락인 반면에 다른 범죄자들은 경제적인 어려움이 그 원인으로 밝혀졌다. Nisbett(1971)의 연구에 의하면 재소자들은 그들의 범죄행동은 외부적이고 불안정한 원인들에 귀인하였다. 이상에서 본 바와 같이 범죄자는 일정한 귀인 유형이 있음이 밝혀졌다. 그러나 폭력과 귀인과의 관계에 대한 증거는 부족한 실정이다.

사회심리학적 연구들이 인간의 사회적 관계에서 폭력행동을 연구하였다는 점에서 폭력이론의 발전에 상당한 기여를 하였다고 생각한다. 그러나 사회심리학적 이론은 다음과 같은 비판을 받고 있다.

첫째, 대부분의 이론들이 남성의 폭력에 관한 이론이라는 한계이다. 강제력, 권력, 폭력하위문화론은 여성의 폭력을 설명하지 못하는 이론이다. 여성의 폭력을 설명하는 사회심리학적 이론의 개발이 필요하다.

둘째, 사회심리학적 이론이 폭력의 연령 효과를 설명하지 못한다.

셋째, 폭력의 하위문화이론은 폭력의 개인차를 설명하는 데 한계점을 가지고 있다. 즉, 동일한 하위문화지역에 거주하면서 왜 어떤 사람은 폭력을 하고 또 어떤 사람은 폭력을 하지 않는지에 대한 설명력이 부족하다.

넷째, 강제력과 권력에 관한 이론은 그것을 증명하는 방법론상의 타당성과 신뢰성에 문제를 가지고 있다. 즉, 강제력과 권력이 폭력에 미치는 영향에 관한 증거를 찾기가 어렵다는 것이다.

제3절 폭력범죄에 대한 새로운 심리학적 이론: 귀인 및 분노이론

폭력범죄에 관한 심리학적 이론에는 성격, 지능, 정신병질 등 다양한 이론들이 있으며, 이 중 전통적인 심리학적 이론은 Freud의 정신분석이론, Berokowitz의 좌절－공격이론, Bandura의 사회학습이론을 중심으로 폭력범죄와의 관련성이 검토되어 왔다. 특히 이 세 이론은 폭력을 하나의 사회화과정으로 이해하고 있다는 점에서 폭력이론의 발달에 많은 기여를 하였다고 할 수 있다. 위에서 제시한 전통적인 심리학 이론이 폭력범죄의 이해에 중요한 이론적 기초를 제공하는데 많은 공헌을 한 것은 사실이지만 이 이론들이 비판을 받고 있는 점은 첫째, 반사회적 행동과 비행을 설명에 적합한 이론이라는 점, 둘째, 지나치게 개인의 심리 내적인 문제에 중점을 두고 있으며, 셋째, 전통적 심리학 이론들이 폭력행동에의 맥락적·환경적 관련성을 경시하고 있어 대인간에 발생하는 폭력행동을 설명하는데 한계를 가지고 있다는 점이다.

최근의 심리학적 연구의 동향은 전통적 심리학의 지나친 개인 내적 특성에 중점을 둔 연구를 비판하고 폭력의 사회적 영향을 중시하는 경향으로 변화하고 있다. 그러므로 폭력범죄의 복잡한 원인을 파악하기 위해서는 폭력을 사회적 맥락과 동시에 고려해야 이해될 수 있을 것으로 판단된다. 따라서 인간의 사회적 관계를 중요시하는 귀인이론과 분노이론을 중심으로 폭력범죄의 원인을 설명한다.

① 귀인이론

1) 귀인의 개념

귀인이란 자신의 행동과 타인의 행동에 대한 원인을 어디에 돌리는가 하는 것을 의미한다. 사람들이 끊임없이 귀인을 하는 목적은 두 가지로 구분해 볼 수 있는데, 하나는 주변의 사회적 세계에 대한 이해를 증진시키는 것이며, 또 하나는 행위의 예측가능성을 향상시키는데 있다. 귀인이 이루어지는 과정은 다음과 같다. 첫째, 행위의 관찰단계로 지각자가 타인 또는 자신의 행위를 관찰하는 단계이다. 둘째, 의도의 판단단계로서 이는 관찰한 모든 행동이 귀인을 할 만큼 가치가 있는 것은 아니므로 어떤 행동이 귀인으로서의 가치가 있기 위해서는 그것이 의도적으로 일어났다고 판단할 수 있어야 할 것이다. 셋째 단계는 성향의 귀인으로, 성향의 귀인이 이루어지는 이유는 타인의 현재나 과거 또는 미래에 할 만한 행동을 어느 정도 정확하게 예측함으로써 자신의 지각세계를 단순화하려는 욕구를 가지고 있기 때문이다.

2) 귀인의 주요이론

귀인이론(attribution theory)은 개인의 자신의 행동과 타인의 행동에 대한 설명을 추론하고자 하는 노력의 과정을 설명하는 이론이라고 할 수 있다. 따라서 귀인이론은 행위의 원인에 관한 이론이 아니라, 그러한 원인에 대한 개인의 지각이론이라고 할 수 있고, 원인에 대한 지각이 올바른 것일 때만 원인에 관한 이론이 될 수 있다. 귀인의 대표적인 이론은 Heider의 상식심리학, Jones와 Davis의 대응추리이론, Kelly의 귀인이론을 들 수 있다. 다음은 세 학자의 귀인이론을 구체적으로 살펴보고자 한다.

(1) 상식심리학적 귀인이론

이 이론에 의하면 보통 사람들은 행위에 대한 상식적인 선에서의 분석과 행위에 대한 개인적 책임의 수준을 통해서 귀인에 이르게 된다고 한다. 행위의 상식적 분석에는 인적 요소와 환경적 요소가 있다. Heider는 인적요소와 환경적 요소의 상호작용과정을 통해서 행위가 이루어진다는 점을 강조하였다. 그는 두 요소간의 관계정도에 따라 책임감을 다섯 가지 수준으로 분류하였다. 첫 번째는 '연합수준'이다. 이 단계에서 행위자는 자신과 인과적으로 직접 관련이 없는 사상을 책임져야 할 경우를 말한다. 두 번째는 '인과수준'이다. 이 단계는 행위자가 일으킨 행위의 책임을 그 사람에게 부과하는 수준을 말한다. 세 번째는 '예견수준'이다. 이 단계는 가능조건이 있어야 하고 지각자가 동기나 의도를 추론할 수는 없다 하더라도 행위자가 그 사건의 발생을 미리 예측했다고 판단할 수 있어야 한다.

네 번째 단계는 '의도수준'으로 이는 행위자에게 특정의 행위를 할 만한 가능성이 있고, 시도했으며, 의도가 있었다고 여겨질 때 의도수준의 책임귀인이 발생한다. 마지막으로 '정당화수준'에서는 특정행위를 할 만한 능력과 의도가 있고 시도했다 하더라도 그 행위를 외부의 강요 탓이라고 정당화 할 수 있는 경우를 말한다. Heider의 귀인이론은 "대인지각의 목표가 환경 및 타인의 고유한 성향적 속성을 이해함으로써 세상을 더 잘 예측할 수 있다"라는 관점을 취하는 대표적인 귀인이론이다.

(2) 대응추리적 귀인이론

이 이론은 행위의 결과에 초점을 맞춘 이론이라고 할 수 있다. 흔히 지각자는 어떤 행위의 발생을 직접 보지 못한 채 그 결과만으로써 행위자의 성향을 추론하곤 한다. 그들은 행위의 결과와 그 결과에 반영된 성향간의 관계를 분석하였다. 이 이론에서 몇 가지 중요한 개념은 ① 행위의 선택과 그 결과, ② 공통성과 바람직성, ③ 추리의 대응이 있다. 이 중 추리의 대응은 행위로부터 행위자의 기본적 개인성향을 추론하는데 대한 지각자의 확신을 말한다. 그들은 그림에서 보는 바와 같이 비공통의 결과와 추정된 바람직성이 특정한 방식으로 조합되었을 때에만 높은 추리대응이 가능하다고 하는데, 높은 추리대응이 가능한 상황은 비공통의 결과가 적고 추정된 바람직성이 낮을 때이다.

그림 2-1 추리의 대응

		추정된 바람직성	
		높음	낮음
비공통 결과의 수	높음	흥미롭지 않고 원인도 애매한 대응	흥미롭지만 원인이 애매한 대응
	낮음	흥미롭지 않지만 원인은 명확한 대응	흥미롭고 원인이 명확한 경우로 높은 추리 대응

출처: Jones and Davis, 1965, 최순영 역, 귀인이론, 1991, p. 62

그들은 귀인의 과정이 지각자의 개인적 욕구로 인해 왜곡될 수 있다는 Heider의 주장에 동의하면서 귀인편향의 개념을 보다 더 확장시켜 귀인과정에 지각자의 욕구가 개입될 수 있는 두 가지 가능성을 제시하였는데 하나는 쾌락적 관련성이고, 또 하나는 개인주의적 변수의 작용가능성이다. Jones와 Davis는 지각자가 의도적 성향의 원인을 밝히는 과정을 일목요연하게 제시하고자 노력하였다. 예컨대 지각자가 행위자의 성향에 돌릴 가능성이 많은 조건은 그 행위에 따른 결과의 수가 적을 때와 그 결과가 사회적으로 바람직하지 않을 때이다. 이 이론은 추정된 바람직성과 비공통결과의 수간에 적절한 조합을 통해서 대응추리를 한다는 점에서 귀인이론의 개념을 확장시키는데 상당한 기여를 하였다고 평가할 수 있다.

(3) 공변 및 절감원리적 귀인이론

Jones와 Davis처럼 Kelly의 귀인이론도 Heider의 상식심리학으로부터 영향을 많이 받았다. 이 이론의 핵심내용은 공변원리와 절감의 원리라고 할 수 있다. 먼저 공변원리란 독특성, 합의성, 일관성의 세 가지 정보를 이용하여 상이한 여러 조건들에 걸쳐있는 어떤 특정의 효과와 특정의 원인사이의 연계를 찾는 경향성을 말한다. 이는 타인의 행위뿐만 아니라 자신의 감정에 대한 귀인을 설명하는데도 적용되는 원리이다. 절감의 원리란 어떤 특정의 효과를 일으키는 데에 특정원인의 역할은 만일 다른 그럴듯한 원인들이 있게 되면 깎아 내려지게 된다는 원리이다. Kelly는 귀인오류의 발생은 Jones와 Davis가 주장한 것에 추가하여, 행위의 환경적 맥락을 모르거나 잘못 알고 있을 때가 그 원인임을 강조하였다.

위에 설명한 귀인이론들은 귀인과정에 포함된 여러 요소를 밝히고자 하였는데, 귀인과정에서 지각자가 고려하는 것은 정확히 무엇인가? Heider에 따르면 지각자는 행위의 발생에 있어 인적요인과 환경적 요인의 상대적 중요도를 평가하여 결정하게 된다고 보았고, 또 Jones와 Davis는 정보처리의 지각자인 행위자가 실제로 행하지 않았지만 할 수 있었던 다른 행위까지도 고려하게 된다는 점을 그리고 Kelly는 타인에 대한 귀인뿐만 아니라 자기귀인까지도 포함하였다. 이상에서 귀인의 개념과 주요 귀인이론을 살펴보았는데, 중요한 핵심은 타인에 대한 귀인뿐만 아니라 자신에 대한 귀인조차도 정확하지 않으며 귀인의 오류가능성을 가지고 있다는 점이다. 다음은 세 학자들의 귀인이론을 근거로 하여 귀인의 특성은 내재성과 안정성, 전체성, 통제가능성, 그리고 의도성으로 나누어볼 수 있다.

3) 귀인특성의 유형

(1) 내재성

이 차원은 내부 또는 외부귀인으로 나누어지는데, 내부귀인은 개인에 관한 어떤 특성을 반영하는 것인 반면에 외부귀인은 사건이 발생한 환경을 반영하는 것이다. 일반적으로 개인은 완전히 내부 또는 외부귀인하는 것은 아니며, 그들 자신의 생활상의 각기 다른 여러 가지 면에서 내부와 외부귀인이라는 두 가지 차원을 동시에 고려하는 경향을 가지고 있다. 귀인의 내재성 차원을 Rotter(1966)는 개인의 행위가 자신의 가치에 근거하여 예측된다는 점에서 지각된 통제의 소재(locus of control)라는 관점에서 설명하였다. 즉, 만약 사람들이 자신의 행동을 상황에 의존하는 하는 것이 아니라 자신의 비교적 영속적인 특성이라고 지각한다면 어떤 행위가 내적으로 통제된다고 믿는다.

따라서 어떤 결과를 자신의 행동에 원인을 두는 사람은 내적 통제의 소재에 해당한다. 또 그들 자신을 둘러싸고 있는 외부의 힘에 원인을 돌린다면, 그것은 외적 통제의 소재이다. 이러한 통제의 소재는 행위의 신념에 영향을 미친다. 어떤 행동에 대해 외적인 원인이 있다는 것은 외적 원인에 책임의 정도에 관계없이 내부적인 원인에 귀인하는 정도가 감소하게 된다. 역으로 행동의 원인이 내적인 것에 존재한다는 것은 개인이 외적인 원인에 책임을 돌리는 정도가 낮아진다는 것을 시사한다.

(2) 안정성

이 차원은 안정적인 차원과 불안정적인 차원으로 나누어진다. 안정적 원인들은 오랜 시간 동안 변하지 않는 반면에 불안정 차원은 자주 변한다. 인과의 안정성은 원인의 지각된 지속기간을 말하며, 예를 들어 능력은 안정적 원인으로 고려된다. 그 이유는 개인의 능력은 오랜 시간 동안 변하지 않기 때문이다. 이에 비해 노력은 불안정한 원인이다. 왜냐하면 노력의 양은 비교적 단기간에 상황과 상황 사이에 다양하게 변할 수 있기 때문이다. 만약 어떤 사람이 자신의 행동원인을 능력과 같은 안정적인 원인에 귀인 한다면 성공 또는 실패의 동일한 결과가 미래에 기대되는 것일 것이다.

하지만 만약 노력과 같은 불안정한 귀인은 그것이 성공 또는 실패에 적용될 때 결과는 상황에 따라 변한다. 감정은 귀인의 안정에 역시 영향을 미치는 요인이다. 성공에 대한 안정적인 귀인은 유능감과 확신의 감정을 표출하게 할 것이다. 반면에 실패에 대한 귀인은 우울, 반감 또는 후회의 감정이 그 원인이 된다. 이 안정성 귀인은 사람이 스스로 평가할 때와 다른 사람에 의해 평가할 때가 서로 다르다. 만약 개인의 수행수준이 증가한다면 그것을 다른 사람들은 노력에 돌린다. 다른 사람의 수행성과가 감소하는 것은 능력과 같은 안정적인 원인 때문이라고 평가한다. 반대의 경우는 자기평가일 때 나타나는 현상이다.

(3) 전체성

이 차원은 귀인에 포함된 사건의 범위로서 전체적인 것과 특정적인 차원으로 나누어진다. 전체성 귀인은 사건의 광범위한 범위를 포함하는 것이다. 이에 비해 특정성은 사건들 중에서 소수의 범위로 한정된 것에 귀인하는 것을 말한다. 학습된 무력감과 우울은 이런 전체성 차원의 대표적이라고 할 수 있는데,

예를 들어 학습된 무력감에 있어서 통제불가능한 사람들은 내적, 안정적, 전체적이라고 믿고, 우울한 사람들은 부적 사건의 원인은 내적, 안정적, 전체적이라고 믿는다. 이에 반해 정적 사건의 원인은 외적, 불안정적, 특정적이라고 믿는 경향이 있다. 범죄자들에게 학습된 무력감 또는 우울과 같은 귀인유형이 발전될 때 그들은 누범이 될 가능성이 상당히 많다. 그 이유는 범죄자들은 자신의 행동을 변화시킬 수 없다고 믿기 때문에 범죄를 단념하고자 하는 노력이 종종 실패로 끝나는 경우가 많이 있기 때문이다.

예를 들어 분노, 공포 또는 좌절의 표출로 야기된 살인범은 거의 재차 범죄를 범하지 않는다. 대부분 이런 살인자들은 가정이나 술집에서 가족과 평소에 안면이 있는 사람을 살해하는 경우가 많다. 이처럼 살인의 지각된 원인이 살인을 범한 사람에게 특정적인 살인범의 경우에 재범가능성은 거의 없고, 이런 유형의 범죄는 일회성 범죄로 종료되는 경우가 많다. 이에 반해 한 번에 다수의 사람을 살해하는 대량살인범 또는 수회에 걸쳐 반복적으로 죽이는 연쇄 살인범은 범죄를 반복할 가능성이 많은데, 그 이유는 살인의 지각된 이유가 전체적이고 포괄적이기 때문이다.

(4) 통제가능성

이 차원은 행동의 원인이 개인의 지각된 통제범위에 관한 것으로서 통제가능성과 불가능성의 차원으로 나누어진다. 자신의 행동에 대하여 통제 가능한 또는 불가능한 원인으로의 지각은 미래의 행동에 영향을 미친다. 이처럼 지각된 통제는 성공의 기대에 영향을 미치게 되는데, 능력은 통제 가능한 것으로 지각되고 노력은 통제 불가능한 것으로 지각된다. 이처럼 통제의 미흡에 대한 지각이 무력감의 원인이다. 예를 들어 어떤 범죄자가 자신의 운명을 통제할 수 있다고 믿게 되면, 과거의 실패를 거울삼아 자신의 행동을 개선하고 변화시키기 위해 노력을 한다. 그러므로 재범을 예방하기 위한 가장 중요한 문제는 범죄자들에게 자신의 운명을 통제할 수 있고, 그들의 환경을 개선시킬 수 있다는 것을 확신시켜 주는 것이다.

(5) 의도성

이 차원은 범죄자의 처벌을 결정하는 형사사법기관에서 많이 이용되는 것으로서 의도적인 것과 비의도적인 차원으로 나누어진다. 예를 들어 만약 어떤 사람의 범죄행위가 의도적이라고 지각된다면 강한 형벌이 선고될 것이다. Kumar (1987)는 범죄와 지각된 의도성을 설명하는 3가지 가설을 제시하였는데, 예를 들어 ① 범죄가 지각된 높은 의도성으로 발생한 것으로 내적 귀인을 한다면, 내적 귀인이 외적 귀인보다 처벌이 강할 것이다. ② 만약 범죄가 의도성이 낮으면 환경적 특성 때문으로 간주되는 외부귀인을 하게 된다면 범죄자의 개인적 특성이 처벌의 결정에 그렇게 중요하지 않게 된다. 또 ③ 지각된 범죄의도가 보통 의도적 범죄와 관련이 없는 사람에 의해 범하였을 때 보다 강한 처벌이 종종 결정되는데 그 이유는 고정관념화된 특징의 표출이기 때문이다. 따라서 범죄의 지각된 의도가 처벌의 강도를 결정하는 잠재적인 요인의 역할을 하게 된다. 하지만 지각된 의도는 관찰자의 의견이고 실제적인 의도의 지표가 아니라는 것을 염두에 둘 필요가 있다.

2 분노이론

1) 분노의 개념

분노란 사전적 의미로 '분개하여 성을 냄' 또는 '노여움'으로 정의할 수 있다. 또 분노의 학문적 정의는 학자마다 다양하다. 예컨대 '강한 불쾌감으로 일어난 감정의 흥분', '두려움이나 불안감에서 비롯된 감정', '심리적 좌절감에서 생겨난 감정적인 반응', '외적 사건에 대한 개인이 명명하는 내적 반응', '인체 내 아드레날린 분비에 따른 생물학적 체내반응' 등 인지적, 정서적, 신체적인 면에서 분노를 다양하게 정의할 수 있다. 또 이러한 분노는 의지의 상실, 상황판단의 오류, 성급한 폭력의 유발 등을 결과를 야기할 수 있는 위험한 감정이다. 특히 한국인의 정서는 서양과 달리 집단성과 정적 사회를 의미하는 '우리 성'에 기초하고 있기 때문에 더욱 복잡하다. 최상진(1997)은 서구사회의 개인은 독립적으로 가능한 독특한 완성체이며, '개별자'로 정의할 수 있지만, 한국인은 '우리 성' 집단을 구성하고 확인·유지하는 일이 인간관계에서 가장 중요하게 여기므로 한국인의 '우리 성' 관계에서는 상대에게 자신의 마음을 말로 표현하지 않더라도 자신의 마음을 미리 알아차리기를 원하게 된다. 그래서 아주 가까운 관계에 있다고 생각하는 사람이 이에 못 미치는 행동을 보일 때 한국인들은 '섭섭함'과 '야속함'과 같은 분노감정을 느끼게 되는데 이러한 감정을 느끼게 되는 이유는 상대가 자신을 남처럼 대했다는 것에서 비롯된 것이다. 이처럼 한국인은 제3자보다는 자기와 잘 아는 사이일수록 감정의 표출은 객관성과 합리성보다는 주관성과 편향성이 더 많이 작용하는 것이다. 사람들 사이에 나타나는 여러 가지 감정반응 중에서 특히 분노는 대인간의 관계에서 중요한 영향을 미치는 요인이다.

2) 분노의 주요이론

분노와 폭력간의 직접적인 인과관계에 대한 증거의 부족으로 정서적 각성인 분노와 행동적 반응인 폭력을 매개하는 과정을 설명하기 위해서 학자들은 다양한 이론적 모델들을 제시하고 있다. 그 대표적인 모델은 순환모델, 사회적 구성모델, 분노의 각성모델, 인지적 구조화모델, 인지적 신연합모델이다. 다음은 분노와 관련된 이론적 모델을 구체적으로 살펴보았다.

(1) 순환적 모델

이 모델은 분노는 일정한 순환과정을 거쳐 반복적으로 발생한다는 이론이다. 분노의 표출정도나 방식에도 개인차가 있겠으나, M. S. Bilodeau(1992)는 분노의 발생과정을 그림에서 보는 바와 같이 설명하였다.

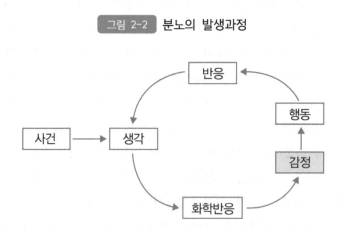

그림 2-2 분노의 발생과정

출처: Lorrainne Bilodeau, M. S.(1992), The Anger Workbook

그림에서 보면 어떤 사건이 발생했을 때 그것이 인간의 생각에 영향을 미치고, 그러한 사고의 결과와 종류에 따라 신체의 내분비물이 분비하게 된다. 그 화학반응은 생물학적인 과정을 거쳐 감정을 유발하게 하고, 그것은 특정의 행동을 일으키게 하여 그것이 반응으로 나타나게 되는 순환과정을 거치게 된다.

한편 김용태 등(1995)은 한국인을 대상으로 한 분노표출과정을 연구하여 인지-행동적 측면을 모두 고려한 분노의 생성과정을 제시하였다. 즉 개인의 자아에 대한 부정적인 인식과 잘못된 자아상 확립은 자신에게 심리적으로 부당하고 부적절한 판단을 갖게 하는 역할을 하게 된다. 이것이 특정사건을 통해 자극을 받았을 때 불안이나 공포의 감정을 야기 시키게 되고, 이것은 감정이라는 맥락 속에서 분노를 유발하게 하여 타인에 대한 공격적 행동으로 이어지고 또 타인으로 하여금 감정을 유발하게 하여, 다시 왜곡된 지각을 하게 하는 일련의 순환과정을 거치게 된다고 하였다.

사람들은 비슷한 분노를 경험할 때에도 그것을 표현하는 방식에는 개인차가 있다. 어떤 사람은 분노를 참지 못하고 외부로 표출하고, 또 화가 나도 표출하지 않고 속으로 삭이는 사람도 있다. 겉으로 표현하지 않는 사람은 분노를 느끼지 않는 것이 아니라 자신의 감정을 내·외적인 어떤 영향에 의해 억제하기 때문이다. 이런 사람은 어떤 상황적 단서에 의해 순간적으로 감정이 폭발할 수 있다. 이러한 여러 가지 다양한 분노의 양면성이 더욱 이해를 어렵게 하는 것이다.

분노는 적응적인 경우도 있지만 비적응적인 경우가 훨씬 많이 있기 때문에 문제가 된다. 예컨대 폭력적인 행동은 정서적으로 추동된 감정적인 행동일 수도 있고, 계획적인 상해와 전혀 관련이 없는 도구적인 행동일 경우도 고려해 볼 수 있다. 그러나 대다수의 대인간의 폭력은 분노에 의해 동기화된 경우를 많이 볼 수 있다. 하지만 분노가 공격성 또는 폭력에 필요충분조건은 아니라는 주장도 설득력이 있는 주장으로 보인다.

(2) 사회적 구성 모델

이 모델은 정서에 관한 사회적 구성주의자의 관점을 제시한 이론이다. 사회적 구성주의의 대표적인 학자인 Averil(1982)은 정서를 다음과 같이 정의하였다. 즉 정서란 일시적인 사회적 역할 또는 일련의 행동으로서 사회적으로 구성된 증후군이라고 하였다. 그에 의하면 정서는 과거, 현재, 그리고 미래의 사상을 반영한 것이라는 것이다. 그것은 의도적인 목적을 가지고 있으며 사회적 규칙에 따라 의미가 변화하기도 한다. 그러므로 정서의 기능과 의미는 사건의 사회적 맥락에 의해서 결정된다.

다른 정서와 마찬가지로 분노는 규칙의 내면화를 기초로 한 사회적 상호작용의 한 형태이다. Averil의 분노에 대한 관점은 특히 상징적 상호작용이라는 관점에서 정상적인 갈등정서로 보는 것은 흥미로운 점이다. 즉 그는 "감정의 경험은 자신의 행위에 대한 해석을 포함한다. 그리고 감정은 개인의 상황에 대한 평가, 외부환경에 부여하는 의미, 즉 인지적 구성에 달려 있다."라고 하였다. 하지만, Novaco(1994)는 이 모델이 분노를 심리적 혼란으로 보지 않고 있다는 점과 임상적인 유용성을 지나치게 과대평가하고 있다는 점을 비판하였다.

(3) 분노각성 모델

이 모델은 분노를 정서적 각성을 담당하는 교감신경계의 각성작용에 의하여 폭력과 연합된다는 이론이다. 분노각성이론 대표적 학자인 Rule과 Nesdale(1983)은 정서적 각성이 오직 폭력적인 단서가 존재하는 상황에서 폭력을 촉진시킨다는 것을 발견하였다. 즉 각성의 근원적 특성들이 폭력의 수준을 결정한다는 것이다. 또 Zillman(1983)은 각성과 폭력행동의 관계를 두개의 요인모델로 설명하였다. 하나는 인지적 과정모델이고 또 하나는 자극과정모델이다. 그는 각성이 독립적으로 폭력적 행동을 유도하지 못한다고 주장하였다. 그 이유는 각성의 증감을 유도하는 화는 인지적 과정에 의해 분석되고 화에 대한 반응을 그에 알맞게 매개된다고 할 수 있기 때문이다. 하지만 그는 "각성의 최고 수준에서 행동의 인지적 매개역할이 크게 장애를 받는다"고 하였다.

마찬가지로 Weiner(1985)는 분노각성을 정서에 대한 귀인모형으로 설명하였다. 감정은 외부사건에 대한 개인의 지각으로부터 비롯된다. 분노의 귀인모델은 개인이 불쾌한 사건으로 인해 분노를 갖게 된다는 것을 시사하고 있다. 한편 Betancourt와 Blair(1992)도 분노가 공격적 행동의 결정에 매개역할을 한다고 주장하였다. 범죄자를 대상으로 한 공격에 대한 일시적 매개모델의 검증에서 이 모델을 지지하였다. 또 Welsh와 Gorden은 개인적인 인지, 각성, 그리고 특질과 연합된 상황적 요인들이 공격적 행동에 유의미하게 영향을 미친다고 보고하였다. 요컨대 분노의 강도가 정서적 각성과 관련이 있으며 분노표출은 인지적 매개에 종속적인 관계에 있다고 할 수 있다. 인지적 매개는 여러 가지 과정을 포함한다. 즉, 각성의 원천파악, 각성의 명명, 사회적 학습과 성격특성(태도와 신념)에 따른 행위의 과정에 대한 평가 등이 그것이다.

(4) 인지적 구조모델

인지적 구조모델의 대표적 학자인 Novaco는 분노개념을 정서상태가 한정적이거나 상황에 대한 인지적 구조화가 결정된 상태 하에서 생각해 볼 수 있다고 하였다. 여기서 인지적 구조화란 개인의 인지적 평가와 사건의 해석을 말한다. 이것이 인지적 구조모델의 핵심이다. 정서의 강도는 자극이나 화의 단서에 대한 인지적 평가, 개인의 성격특성, 상황적 결정요인들, 개인의 기대 등에 좌우된다. 그는 분노가 외현적인 공격행동으로 일상생활에 나타나는 경우는 드물다는 것을 주장하고, 다른 스트레스 반응과 마찬가지로 분노는 내적 또는 외적 요구나 스트레스 요인에 의해 생성된다는 점을 강조하였다.

특히 그는 폭력을 예측하는데 있어서 분노측정도구를 이용하는 것에 대한 관심을 가지고 있었다. 그는 분노란 정상적 정서이며 분노가 심한 경우도 역기능적이라고 할 필요가 없다라고 하는 입장을 견지하였다. 그러나 분노의 높은 수준이 정신병질자의 폭력행동을 증가시키는 것과 관련이 있다는 것이 밝혀졌다. 그는 이런 관계를 현재의 분노측정도구로서 예측하는데 실패하였다고 하면서, 그 원인은 대부분 이론적 근거의 부족과 사후 검증구조의 특성 때문이라는 점을 강조하였다. 이 분노모델은 Lazarus의 인지적 행동 모델에서 영향을 받았다.[3] 폭력에 인지적 모델의 적용은 기분의 다양한 효과를 고려하지 않고 있다는 점이다.

(5) 인지적 신연합모델

이 모델은 분노나 좌절과 같은 혐오적 사건 외에도 슬픔, 우울, 비탄 등 나쁜 환경적 조건들이 분노적 폭력을 일으킨다는 것을 강조한다. Berkowitz의 폭

---

[3] 이러한 주장을 하는 학자로는 DeLongis, Folkman, and Lazarus(1988); Folkman and Lazarus(1988); Lazarus(1974, 1991); Lazarus and Smith(1988) 등이 있다. Lazarus는 전통적인 행동을 설명하는데 있어서 생물학적 고려와 감정을 의도적으로 배제하였다.

력에 관한 인지적 신연합모델은 중추신경계의 지각과 Leventhal(1984)의 정서지각-운동이론4)의 인지적 정보처리를 조합한 이론이라고 할 수 있다.

이 인지적 신연합모델의 중요한 특징은 분노의 기본적 자원은 부적감정이며, 부적감정을 주도하는 것과 분노감정의 결과를 가져오는 것 사이의 관계를 명백히 밝히고자 한다는 점이다. 그는 부적감정에 대한 표출적-운동처리 과정은 적어도 두 가지 반응이동시에 일어난다고 보았는데, 하나는 불쾌함으로부터의 도피이고(즉, 도주반응), 또 하나는 분노의 원천에 대한 공격(즉, 싸움반응)이다. 이러한 처리과정은 고도로 자동적이어서 인지적인 처리과정 이전에 발생한다고 보았다. 그는 부적감정, 느낌, 관념과 분노의 기억간의 관계와 부적감정과 공격적 경향성의 관계가 표출적-운동처리의 단계에서 발달한 것이라고 주장한다(Berkowitz, 1990: 494-503).

따라서 부적감정은 이를 선유경향성(predisposition)을 가진 사람들에서 분노적 공격을 야기시킬 수 있다. 생물학적, 학습, 또는 상황에 영향을 받는 사람들은 그들 자신의 분노가 귀인이라는 인지적 매개의 필수적인 관여 없이도 표출될 수 있다. 인지 이전의 수준에서 발생하는 연합적 처리를 강조하는 이 모델은 고차적 처리과정의 관여를 배제하지 않는다. 인지적 처리과정은 귀인과 기대에 영향을 미치고, 또한 인지적 활동은 정서적으로 부과된 기억들에 접근하거나 회피함으로써 부적감정이 증가하거나 감소하게 된다.

Berkowitz의 모델은 분노와 분노적 공격을 설명하는데 인지적 개입을 필요로 하지 않음 강조하는 모델로서 최근에 공격의 성 차에 관한 분석의 결과가 일반적으로 이 모델의 주장과 일치한다는 결론을 내렸다. 하지만 이 모델에서 도출된 가설의 직접적인 검증에는 한계가 발견되었다. 즉 Dill and Anderson(1995)의

---

4) Leventhal(1984)의 정서지각-운동이론이란 연합적 정보처리를 강조하는 신행동주의자의 입장임을 의미한다. 또 표출적-운동과정을 선천적인 것으로 설명하고 있다. 그것은 태어나면서 작용하는 것이며, 특정의 정서적 반응은 상황적 단서들에 중요한 핵심이 된다. Averil(1982)과 Bandura(1983)와 같은 학자들과는 반대로, Leventhal은 일차적 정서의 의미화는 본질적인 감각-운동구조의 결과이지 사회학습의 결과가 아니라고 주장한다. 이처럼 감각-운동, 도식적 그리고 개념적 정보처리간의 상호작용은 비대칭적이며 상호작용적이라고 볼 수 있다. 비록 Leventhal에 의해 제안된 그 기제가 설명적이지만 그 처리과정과 그것들의 상호작용은 정서에서 관찰된 특성과 정서적 행동을 설명하고 있는 정서복합 모델의 일부분에 불과하다.

연구결과에 의하면, 좌절이 폭력을 유발시키는 반면에 비좌절조건에서는 폭력이 일어나지 않는다는 것을 발견하였다. 따라서 연구자들은 어느 정도의 수준에서 부적감정이 공격적 경향성과 연합된 인지를 자발적으로 촉발시키며 사람들에게 여러 가지 많은 수의 적대감경향을 생성한다고 결론을 내렸다. 이 모델은 선행 연구결과에 의해 광범위하게 지지를 받고 있다.

이상에서 분노에 관한 주요 모델의 관점을 요약하면 다음과 같다. 분노의 순환모델을 주장하는 사람들은 분노는 반복적으로 발생하는 하나의 과정이라는 관점을 가지고 있으며, 사회적 구성주의자들은 분노를 하나의 사회적 구성요인으로 생각하여 사회적 맥락에 따라 정서가 결정된다는 입장이다. 또 분노의 각성모델을 주장하는 학자들은 분노는 교감신경계의 기능에 의해 발생하는 것으로 환경단서로 인해 촉발된다고 한다. 한편 Novaco는 분노는 개인의 인지적 구조화 이후에 결정된다고 주장하였다. 개인의 인지적 평가와 사건의 해석이 중요하다는 것이다. Berkowitz는 인지적 신연합이론을 주장하였는데 그는 분노란 신경계의 각성과 인지적 정보처리의 연합적 작용이라고 한다.

3) 분노특성의 유형

분노를 경험할 때 그것을 표현하는 방식에는 개인차가 존재하는데, 이에는 분노표출형과 분노억제형, 그리고 분노조절형이 있다. 어떤 사람들은 화를 유발한 대상이나 외부의 환경에 표출시켜 행동을 나타내는 반면에, 화가 나도 표현하지 않고 속으로만 삭이는 사람이 있다. 겉으로 화를 표현하지 않는 사람들은 감정을 더 약하게 분노의 감정을 다른 사람들 보다 약하게 경험할 수도 있겠지만 자신의 감정을 표출하지 않으려고 억제하기 때문일 수도 있다. 분노감정을 억지로 참는 사람에게 고혈압 등 심장질환이 더 많다는 것은 정서의 억압기제와 신체생리반응과의 관계를 시사하는 것이다.

일련의 연구결과에 의하면 분노억제(anger-in)와 잠재적인 적개심이 관상동맥경화증가 유의한 상관관계를 나타냈다(MacDougall, 1989: 159-176). 분노를 강하게 느끼면서도 그것을 겉으로 표현하지 않는 사람들은 적절한 상황적 요인에 의해 순간적으로 억압된 감정을 표출할 수가 있다. 이는 과잉통제형이 오히려 도발적인 상황에서 범죄자가 될 가능성이 있다는 Megargee의 주장과도 일치한다. 한편 본노를 참지 못하고 표출하는 것은 범죄와 상관이 대단히 높은데, 동생이 형에게 "형은 무절제하고 돈을 낭비하고 사생활이 문란하다"고 하는 핀잔에 격분하여 부엌에서 흉기를 들고 나와 옆구리를 찔러 숨지게 한 사건의 예에서 보듯이 대부분의 살인이나 폭행사건은 순간적인 화를 참지 못하여 발생하는 사례가 많이 있다.

여기서 분노의 특성을 정리하면, ① 분노표출(anger-out)이란 신체적·언어적 수단을 포함하여 분노를 유발시킨 대상에게 직접적 또는 간접적으로 화를 표출하는 특성을 말한다. ② 분노억제(anger-in)란 "속으로 끓지만 겉으로 화를 드러내지 않는" 경우처럼 화를 경험하면서도 그 표현을 억누르고 자기내부에 화를 돌리는 특성을 가진 사람을 말한다. 마지막으로 ③ 분노조절(anger-control)이란 "다른 사람에게 인내심을 보이거나 내정함을 유지하는 등" 분노의 표출을 통제하려고 하는 특성을 가진 경우를 의미한다. 이런 자들은 자기통제력이 강한 사람들이라 할 수 있다.

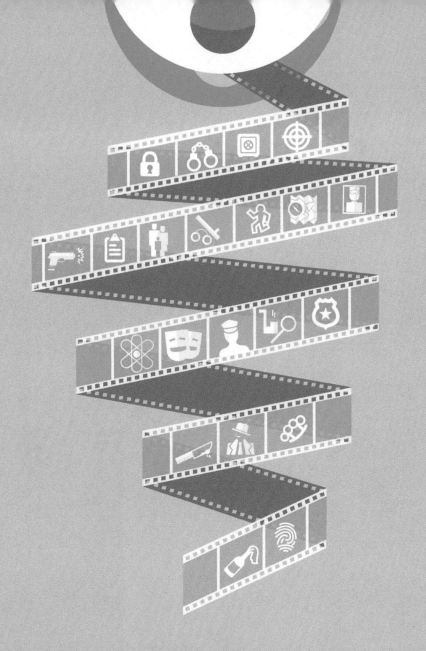

CHAPTER 03

연쇄살인과 범죄심리

CHAPTER 03

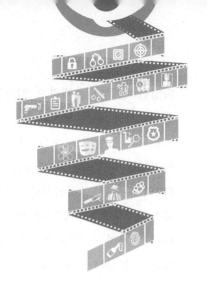

연쇄살인과 범죄심리

　연쇄살인이라는 말이 우리에게 낯설지 않는 단어가 되었다. 사람이 사람을 죽이는 행위 그 자체만으로도 소름이 끼칠만하지만 다수의 사람을 연속해서 살해한다는 것은 보통의 사람과 다른 살인마들이 하는 것으로 알려져 왔다. 그들은 정신병자이고 귀신이 들려 있는 사람으로 비춰졌다. 그러나 TV 속에 비친 살인범의 얼굴은 보통의 시민들과 별반 다르지 않음에 놀라지 않을 수 없다.

　미국의 연쇄살인의 연구에서는 연쇄살인범은 험상궂은 얼굴을 가진 자가 아니라 오히려 유순하게 생겨 피해자들이 살인의 덫에 잘 걸려든다고 한다. 그렇다고 해서 연쇄살인범이 보통의 사람과 같지는 않을 것이다. 연쇄살인범은 보통의 사람과 다를 바 없는 사람일까? 아니면 연쇄살인범은 보통사람과 다른 특성이 존재하는 것일까?

　이를 규명하기 위한 다양한 연구들이 진행되었고 지금도 많은 학자들과 실무가들의 주된 관심영역이다. 연쇄살인에 관한 연구들은 사회환경적 요인은 물론이고 개인의 생물학적 관점, 정신의학적 문제, 심리학적 특성이나 아동기[5]의 경험 등을 중시하는 발달론적 관점 등 다양한 관점에서 논의되고 있다.

　이는 연쇄살인범의 범죄행동을 이해하는 것이 쉽지 않으며 개인차에 따라

---

5) 영국내무부에 범죄대책보고서인 "범죄감소에 대한 고찰"에서 폭력적인 성향을 가진 아기를 세 살 때부터 통제하지 않는다면 성인이 범죄를 저지를 가능성이 4배나 높다고 주장하였다고 한다(2005. 6.12자 서울신문).

다양한 원인이 존재하고 있다는 점을 반증하는 것이다. "열 길 물속은 알아도 한 길 사람 속은 모른다."는 우리 속담이 대변하듯이 한 인간의 심리를 이해하기는 불가능할지도 모를 일이다. 그렇다고 할지라도 잔인성의 극치이며 사회적 안전망을 파괴하는 연쇄살인범의 심리를 규명하는 일을 게을리해서는 안 된다. FBI의 유명한 범죄심리분석관이었던 존 더글러스는 연쇄살인범을 검거하기 위해서는 "사냥꾼의 입장이 되어서 범인의 마음속으로 들어가라"고 말한 바 있다. 날로 증가하고 있는 동기가 뚜렷하지 않고 잔인한 살인사건이 증가하고 있는 우리의 현실에서 시사하는 바가 있는 말이다.

제1절 연쇄살인의 정의

1 연쇄살인의 정의

'연쇄살인마 유영철', '화성 연쇄살인 사건' 등 '연쇄살인'이라는 이름이 붙은 사건들은 하나같이 세상을 떠들썩하게 하고 사회 전체에 극도의 분노와 공포를 퍼뜨린다. 과연 연쇄살인(連鎖殺人, serial murder)이 무엇이고, 다른 살인 사건과 어떻게 다른가?

우리나라에서 한 해 동안 발생하는 살인 사건은 900~1,000여 건에 이르며 그중 대다수는 치정, 원한 등에 얽힌 일회성 살인이다. 이렇듯 엄청나게 발생하는 치정과 원한에 얽힌 일회성 '일반' 살인 사건들이 몇 해 만에 한 번 발생할까 말까 한 연쇄살인 만큼 사회적 주목을 받지 못하는 이유는 무엇일까? 살인범과 피해자 사이의 상호 작용, 즉 '관계'라는 우리의 상식으로 이해할 수 있는 살인 동기가 있기 때문이다. 또한 그 한 번의 살인 행위가 다시 반복되지 않는 범인의 마지막 행동이기 때문이다. 복잡하고 격한 감정이 개입되다 보니 현장에 흔적이 남아 해결될 가능성 역시 높다.

일반 살인의 경우에는 범죄 수사 과정도 피해자의 신원과 평소 인간관계 등 자연스럽고 상식적인 절차를 밟아나가다 보면 용의자가 나타나고 증인과 증거가 확보되는 경우가 많다. 우리나라에서 일반 살인 사건 해결률(범인검거율)은

99퍼센트에 이르며 그중 대부분은 사건 발생 1개월 이내에 해결된다. 그래서 피해자의 원혼도 어느 정도 달래줄 수 있으며 보통 사람들은 '살인범이 나를 해칠지도 모른다'는 불안감을 가질 필요도 없는 것이다.

반면에 '연쇄살인'의 경우에는 피해자 입장에서는 전혀 살해당해야 할 이유를 찾을 수 없으며 대부분 살인범과 피해자 사이에는 아무런 관계도 없다. 살인 행위가 오랜 기간에 걸친 갈등이나 원한의 끝에 행해진 '최후의 행동'이 아니다 보니 범인이 잡히거나 심각한 상황 변화가 발생하기 전까지는 살인 행위가 계속된다. 피해자와 개인적인 감정이 없고 범인 자신만의 욕구를 채우기 위한 범행이다 보니 대개 현장에 증거를 남기지 않는 치밀함이 나타나 범인의 윤곽조차 잡기 어렵다. 때로는 사체은닉으로 살인 사건이 발생했는지조차 몰라서 살인 행각이 한참 진행될 때까지 수사가 전혀 이루어지지 않는 경우도 있다. 범인 혼자만의 이유와 기준으로 피해자를 골라 공격하기 때문에 '누구든지 피해자가 될 수 있다'는 두려움을 불러일으킨다.

특히 연쇄살인 사건의 피해자들이 여성, 노인, 혹은 아동 등 사회적 약자이다 보니 사회전체에 공포심이 확산된다. 즉 '뚜렷한 이유 없이 아무나 골라 치밀하고 은밀하게 살해하고 잡힐 때까지 살인 행각을 반복하는 괴물이 거리 어딘가에 있다'는 생각이 연쇄살인 사건이 벌어지는 사회에는 모든 사람들에게 극심한 공포와 우려를 자아낸다. 그렇기 때문에 살인 사건이 일어나거나 미아, 혹은 실종자가 발생했을 때 연쇄살인과 관련이 있는지 여부는 아주 중요한 문제이며, 만약 연쇄살인의 징후가 뚜렷하다면 지진이나 태풍의 대비에 맞먹는 사회적 대응이 필요하다. 연쇄살인은 단 한 명, 혹은 몇 명의 공범이 저지르지만 그로 인해 홍수나 해일 이상의 피해와 사회적 충격을 일으키는 '인간 재해(人間 災害, human disaster)'다. 반대로 비슷한 시기나 장소에 발생한 살인 사건들은 무조건 연쇄살인 사건으로 섣불리 판단하고 보도하는 행위 역시 불필요한 공포심을 확산해 연쇄살인 그 자체만큼이나 사회적 해악을 끼칠 수 있어 주의가 필요하다.

그동안 우리나라의 범죄 관련 학계에서 개별 학자들에 의해 산발적으로 제시된 연쇄 살인에 대한 정의는 몇 가지가 있는데, 대개는 미국 연방 수사국(FBI)의

자료나 외국의 범죄학자, 혹은 범죄심리학자의 견해를 번역한 것으로 대동소이하다. 다만 피해자 수나 '성적인 동기'를 필수 조건으로 하는지 여부 등에서 차이가 있을 뿐이다. 우리나라에서 발생한 사례들을 연구 분석해서 내놓은 정의가 아니다 보니 우리 실정에 맞는지 조차 검증되지 않았고, 사회에서 일반적으로 통용되지도 않는다. 경찰이나 검찰 등 수사 실무에서는 아예 '연쇄살인'이라는 용어나 개념을 공식적으로 사용하지 않는다. 범죄 수사 관련 규칙이나 실무 교과서에도 없다. 그렇기 때문에 연쇄살인 사건 수사를 위한 별도의 수사 기법이 개발되지도 않았고 사용되지도 않는다고 할 수 있다.

다만 최근에 경찰 내부용으로 제작된 서울경찰청 강력계 김원배 형사의 ≪한국의 살인 범죄 실태≫라는 자료집과 서울경찰청 수사부장을 지내기도 했던 김용화 경무관의 논문 <한국의 살인범 프로파일링 모형에 관한 연구>가 우리나라의 연쇄살인 사건들을 분석하고, 이에 대응하는 수사 기법 개발을 모색한 최초의 시도라고 할 수 있다. 두 문건 모두 학계에 발표되거나 일반에게 공개되지 않았다.

이렇듯 연쇄살인은 아직 학술적으로 정리되거나 제대로 이해되지 않았고 수사 실무에서도 체계적으로 분석되지 않은 상태인데 신문이나 방송, 잡지, 소설, 영화 등 각종 매체에서는 연쇄살인이라는 용어나 연쇄살인에 대한 이야기들이 마구 쏟아져 나오고 있다. 특히 영화<양들의 침묵>이나 <살인의 추억>, <공공의적> 등을 떠올리게 하는 연쇄살인이라는 용어 자체가 매우 자극적이고 선정적인 효과를 나타내다 보니 유사한 시간이나 장소에 2건 이상의 살인 사건이 발생하면 언론에서는 '연쇄살인'이라는 용어로 제목을 뽑는 것을 당연하게 여기는 분위기다.

일선 경찰은 한국의 경찰 역사상 최대의 실패작이라고 할 수 있는 경기 남부 연쇄살인(속칭 '화성 연쇄살인') 사건이 떠오르고 지나친 사회적 관심과 상부의 사건 해결 압박 등에 시달리기 싫어 '연쇄'라는 말 자체를 금기시하는 경향마저 생겨났다. 언론이나 경찰 모두 고쳐야 할 관행이다. 언론에서 지나치게 '연쇄살인'을 남발하는 것은 불필요한 공포심을 조장하고 경찰에서 지나치게 '연쇄살인'을 기피하는 현상은 사건의 왜곡이나 축소로 이어지거나 올바른 수사 기법 개발 기회를 상실하는 문제로 연결될 수 있다. 연쇄살인을 둘러싸고 벌어지는 우리나라의 실태는 결국 시민만 손해 보는 형국이라고 할 수 있다. 그렇기 때문에 제대로 된, 그리고 우리 실정에 맞는 '연쇄살인'의 정의를 시작으로 연쇄살인에 대한 체계적인 분석과 연구가 필요하다.

연쇄살인을 정의할 때 반드시 염두에 두어야 하는 원칙이 있다. '다른 살인 사건과 구별해야 할 실질적인 필요성'이다. 즉 추가 범행의 신속한 차단, 용의자의 특성 파악을 비롯한 특수 수사 기법의 사용, 숨겨진 범행 발견, 예상 피해 대상 보호 등 연쇄살인 사건임이 확인된 순간부터 일반 살인 사건과는 다른 조치와 대응들이 이루어져야 한다는 것을 분명히 인식해야만 한다. 또한 연쇄살인 사건이 발생하면 일반 살인 사건과는 다른 피해 유가족 지원 및 보호 대책과 유사 사건 재발 방지를 위한 사회적 대응책 모색 등의 '사회적 노력' 역시 필수적으로 뒤따라야 한다는 점을 인식하고 연쇄살인의 정의를 시도해야 한다.

미국의 경우 연쇄살인에 관한 다양한 연구들이 진행되고 있다(C. Claus & L.Lidberg, 1999; D. Promish & D. Lester, 1999; E. Mitchell, 1997; K. Soothill, B. Franisis, et al., 2000; J. Jackson & D. Bekerian, 2000; L. Downing, 2004; S. Pakhomou, 2004; T. Whitman & D. Akutagawa, 2004). 이런 연구들은 연쇄살인범의 심리를 이해하는데 기여하였으며 수사실무에의 적용을 통하여 상당한 성과를 거두고 있다. 다양한 연구성과들은 연쇄범죄의 특성을 이용하는 수사기법인 criminal profiling[6])의 발전에 많은 공헌을 하였다. 최근에는 한국의 수사실무가와 범죄심리학의 학문영역에서도 최근 상당한 주목을 받고 있기도 하다.

특히 연쇄살인범의 연구에서 환상(fantasy[7])), 성(sex[8])), 힘(power[9]))의 역할에

---

6) 이는 범인상추정기법이라고 하며, 범죄유형, 범인의 심리, 성장배경, 전후행적을 분석해 각각의 유형으로 체계화한 다음 다른 사건이 용의자 추적에 활용하는 기법을 말한다.

7) 환상은 희망의 통로, 외상의 치유자, 현실로부터의 보호막, 진실의 은폐자, 정체성의 조정자, 평온함의 저장고, 두려움과 슬픔의 적, 영혼의 청량제, 그리고 성도착의 창조자이다(C. Pazaczkowsa, 성도착(김태복 역), 2003, pp. 34-35.

8) D. Morris(1996; 113-167)는 그의 저서 『인간동물원』에서 인간의 성행동을 기능적으로 구분하여 설명하고 있다. 즉, 생식을 위한 섹스(생식을 목적으로 한 섹스), 짝짓기를 위한 섹스(한 쌍의 남녀 사이에 감정관계가 발전하면 그들이 함께 참여하는 성행위가 감정관계를 도와주고 부추긴다), 짝을 유지하기 위한 섹스(성행위가 짝과의 유대관계를 유지하고 강화하는 기능을 수행하는 섹스), 생리적 섹스(성적만족을 반복적으로 요구하는 생리적 욕구가 기본적으로 깔려 있는 섹스), 탐험적 섹스(탐험적 욕구를 충족하기 위해 남녀간에 서로 자극하는 새로운 방법을 실험하는 섹스), 섹스를 위

대한 연구가 미국을 중심으로 활발히 연구가 되고 있다. 그 중에서도 성적 환상이 많은 관심을 받고 있다. 그 이유는 Criminal Profiling에서 성도착적 행동은 범인상을 추정하는데 하나의 수법(Modus Operandi)으로서 또는 범행현장에 빈번히 나타나는 서명(Signature) 중에 하나라고 할 수 있기 때문이다.[10]

연쇄살인범(serial killer)이라는 용어를 최초로 사용한 사람은 Ressler(Ressler & Shachtman, 1992, 1997)[11]이다. 연쇄살인에 대한 개념을 정확히 정의하기는 쉽지 않다. Douglas 등(1992)은 3건 이상의 각각의 사건과 두 명 또는 그 이상을 살해한 범죄로 정의하고 있다.[12] 즉 연쇄살인범이란 반복적이고 연속적으로 살해를 하는 자로 정의하고 있다(Dietz, 1986; Lane & Gregg, 1995; Pallone & Hennessy, 1994).

FBI의 NCAVC(The National Centre for the Analysis of Violent Crime)는 연쇄살인을 'spree'와 'classic'으로 구분하여 개념을 설명하고 있다. 일반적으로 연속(spree serial)살인과 연쇄(classic serial)살인의 가장 큰 차이점은 개별 살인행위 사이의 '심리적 냉각기(cooling off period)'의 유무이다. 시간적으로 보면, 연속살인도 며칠이 걸리고 아주 먼 거리를 옮겨 다니며 살인을 저지르기도 하지만 살인에 이르기 된 흥분이 계속되고 있는 상태인데 반해서 연쇄살인은 각 살인 사이에 충분한 시간간격이 있어서 살인범의 마음이 차분히 가라앉은 후에 다시 살인을 저지른다는 분명한 차이점이 있다(Hickey, 2002). 그래서 대개의 연쇄살인범은 살인사건을 저지를 때마다 자신의 범행을 연구하고 분석해서 다음 범행

한 섹스, 작업적 섹스(권태감을 해소하는 섹스, 극단적인 형태의 섹스는 적당한 자극을 주는 정상적인 환경과 강제로 단절된 수형자들에게서 관찰됨), 마음을 안정시키는 섹스, 상업적 섹스, 지위섹스(생식이 아니라 지배) 등으로 구분하여 설명하였다.

9) 연쇄살인범의 심리적 특성에 대하여 FBI의 행동과학부에 오랫동안 몸담았던 존 더글러스와 올세이크의 저서 『Mind Hunter(마음의 사냥꾼)』에서 연쇄살인범의 공통분모는 지배, 조정, 통제라고 지적하였다(마음의 사냥꾼, 1999, p. 168참조)

10) 전 FBI 행동과학부에서 수사경력이 있는 Ressler는 유영철의 연쇄살인행동에 대하여 성도착적인 동기(Modus Operandi)를 보인다고 진단한 바 있다. 이 내용은 동아일보가 레슬러와 전화인터뷰를 통하여 연쇄살인범의 동기와 발생원인 등에 대한 인터뷰 내용을 보도한 자료이다(동아일보, 2004. 7.29자 신문참고)

11) serial killer이라는 용어는 stranger killer를 대신하여 사용되었다. 이 용어는 살인행위가 반복적으로 발생하고 있음을 강조하기 위하여 사용되었다.

12) 이것은 동일범이 각각의 다른 시간대에 범행을 하는 것이라는 것을 강조하고 있다.

때는 한 단계 발전한 수법을 사용하여 수사를 어렵게 만드는 치밀함을 보인다.

'Spree serial murder'의 범행동기는 보통 경제적인 이유나 모험추구(thrill-seeking)인 경우가 대부분이나 'classic serial murder'는 전형적으로 약탈적/스토킹의 방법을 사용하고 성적/가학적인 동기를 보이게 된다. FBI 행동과학부를 비롯한 대부분의 범죄심리학적 조사결과에 의하면 연쇄살인의 직접적인 동기는 섹스가 대부분이다. 연쇄살인범들은 섹스 그 자체가 목적이 아니라 섹스를 통한 '힘(power)의 과시', '손상 당한 자존심의 회복'에 목적을 둔다.

어떤 연쇄살인범은 검거된 후 수사관에게 "내 범행 중 강간할 때가 가장 지루하고 재미없었어요."라고 이야기하며 치밀한 계획을 세워 법을 우롱한다는 그 사실 자체가 흥분감과 기쁨을 주었다고 한다. 다시 말하면, 성적인 학대를 통해 '권력욕, 분노의 표출, 지배욕' 같은 것을 채운다고 할 수 있다.

연쇄살인범들은 살인행위 그 자체가 자신의 심리적 생존을 확인시켜 주는 의식(儀式)을 치루는 것으로 생각한다. 연쇄살인을 저지른다는 것은 마약이나 알코올 중독처럼 살인행위에 중독(addiction)된다는 것을 뜻하며 이는 곧 자신의 삶의 일부분이 되어버린 특정형태의 폭력행위에 중독된다는 것을 의미한다. 마약이나 알코올 중독자가 술이나 마약 없이는 살 수 없을 것처럼 연쇄살인범들에게는 살인행위 그 자체가 자신의 '심리적 생존(psychological survival)'을 확인시켜 주는 '의식(ritual)'이다. 그렇기 때문에 희생자를 선택하고, 납치를 준비하고, 고문하고, 죽이고, 사체를 처리하는 모든 과정이 연쇄살인범에게는 중요한 의미를 지니고 있다. 이러한 '의식'에서의 집착은 동서양을 막론하고 연쇄살인범들에게서 공통적으로 나타나는 현상이며, 연쇄살인범이 다른 보통 살인범과 구별되는 요소이다.

이러한 의식의 순서와 독특한 형태는 바로 연쇄살인범이 살인하는 순간에 '살인 희열(murder high)', '성적오르가즘(orgasm)' 또는 '힘의 분출(explosion of power)' 등 이른바 '절정'에 도달하기 위한 자신만의 독특한 방법이라고 할 수 있다. 보통 연쇄살인범은 폭력행위, 성적인 가학행위, 살인행위 등에 관하여 자신만의 비밀스러운 환상(Ressler, 1988)의 세계를 구축해 놓고 있으며 주된 동기는 자신의 권위와 힘을 실패 없이 계속하여 표출하고 싶은 욕구를 갖고 있다.

이상에서 보는 바와 같이 연쇄살인에 관한 정의를 단적으로 정의하기란 쉽지 않다. 그 이유는 연쇄살인은 개별범죄자마다 매우 다양한 방식으로 발생하고 범죄의 동기 또한 매우 다양하기 때문에 연쇄범죄의 동질성을 도출하기가 매우 어렵기 때문이다(Mott, 1999). 대부분의 연구에서 연쇄살인을 연속살인 및 다중살인과 구별하는 핵심은 첫째 범죄발생장소 및 피해자의 수, 둘째, 살인의 단계에서 범행에 대한 환상과 심리적 냉각기의 존재여부, 셋째, 피해자선택에서의 독특성을 들 수 있다(이수정 등, 2004: 51−52). 한국의 연쇄살인이라는 범죄심리분석서를 발간한 표창원(2005: 52−61)에서 연쇄살인의 조건으로 고려될 수 있는 요소로 살인의 건수, 각각의 살인사건의 시간적 간격, 범죄수법, 사체에 남기는 흔적(signature), 가해자와 피해자의 면식여부, 금품탈취의 여부 등을 고려해야 한다고 하면서, 한국형연쇄살인이란 일반적으로 납득할 수 있는 살인의 동기가 계산 없이 살인에 이르는 흥분상태가 소멸될 정도의 시간적 공백을 두고, 2회 이상 살인을 저지르는 행위라고 정의하고 있다. 연쇄살인범이란 살인에 대한 환상과 희열을 맛보기 위해 피해자를 물색하여 적어도 3곳 이상의 장소에서 3명 이상을 불연속적인 간격으로 살해한 자로 정의하고자 한다. 연쇄살인의 정의를 좀더 보수적으로 정의한 이유는 연속살인의 개념과 학문적인 연구대상이나 수사실무상 엄격하게 정의할 필요가 있기 때문이다.

② 연쇄살인의 유래

과연 우리나라에서는 언제부터 연쇄살인이라는 용어를 사용하기 시작 했을까? '화성 연쇄살인 사건'부터라고 하는 사람도 있고, 미국 FBI 수사관들이 공식 보고서에 '시리얼 머더(serial murder) 혹은 시리얼 킬러(serial killer)'라는 용어를 사용하기 시작한 1970년대라고 하는 사람도 있다. 하지만 테드 번디나 게리 리지웨이 등의 이름난 연쇄살인범 검거 및 면담 연구로 유명한 미국의 연쇄살인 전문 범죄심리학자 로버트 케펠(Robert Keppel) 교수에 의하면 연쇄살인 및 '연쇄범죄(serial Crime)'라는 표현은 이미 1950년대부터 미국과 영국의 수사관들이 사용하기 시작했다.

당시 미국과 영국은 일일 드라마나 주간 드라마(Soap Opera)를 시리즈(series),

혹은 시리얼(serial)이라고 불렀는데, 수사관들이 이러한 시리얼 드라마처럼 '동일한 범인이 유사한 피해자를 골라 같은 방식으로 계속해서 범죄를 저지르는 것'을 시리얼 크라임(Serial Crime)이라고 부르기 시작했던 것이다. 이를 우리나라에 그대로 적용하면 사실 그 용어는 '연쇄살인'이 아닌 '연속살인'이어야 한다. 우리는 텔레비전 일일 드라마를 '연속극'이라고 부르기 때문이다.13)

또한 극예술 용어에 '연쇄극'이 있는데 연쇄극은 연극과 영상을 연이어 보여 주는 형식의 장르로 1910년대 일본에서 도입된 후 한동안 인기를 끌다가 지금은 사라졌다.14) 연쇄살인과는 사뭇 다른 형태다. 실제로 우리나라에서도 동일범이 시차를 두고 여러 명을 살해한 사건에 대해 '연속살인'이라는 용어와 '연쇄살인'이라는 용어가 혼용되어 무엇이 '시리얼 머더(Serial Murder)'인지 확실하지 않다. 그 실례를 살펴보면 '연쇄살인'이나 '연속살인'이라는 용어가 우리 사회에서 처음으로 사용되기 시작한 것은 1960년대 초반으로 보인다. 공식 문서나 학술 자료에는 없지만 일간 신문에서는 1961년부터 쓰기 시작했다.

1961년 12월 21일 조선일보 석간 3면 <십자로> 코너에 '검은 피부의 수수께끼 - 13명 죽은 연속살인, 65세 노파 12년 만에 결백 판명'이라는 제목의 기

---

13) 연속극(連續劇, soap opera): 일정한 시간대를 정하여 장기적으로 방송되는 라디오·텔레비전 드라마. 연속방송극·연속드라마라고도 하며, 각각 라디오 연속극·텔레비전 연속극 등으로 구분하고, 방송 형태에 따라 일일 연속극·월화 연속극·수목 연속극·주말 연속극 등으로 부른다. 또 미국에서는 주부 취향의 라디오·텔레비전 연속극은 주로 비누 회사가 후원한다 하여 연속극을 '솝 오페라'라고 한다. 라디오 연속극은 영국에서 방송을 개시한 처음부터 프로그램의 첫 종목으로 꼽혀, 1924년 리처드 휴즈의 ≪위험(danger)≫이 방송되면서 자리를 잡기 시작했다. 텔레비전 연속극은 1950년대 초에 틀이 잡혀 영국에서는 <아처가와 데일즈가> <이스트엔드 사람들> <코로네이션 거리> 등이 화제를 모았고, 미국에서는 <댈러스>가 큰 인기를 끌었다. 우리나라에서는 1956년 10월 KBS라디오의 <청실홍실>이 방송됨으로써 본격적인 라디오 일일 연속방송극이 시작되었고, 텔레비전 연속극은 1964년 TBC의 <눈이 내리는데>가 첫 시작이었다(자료: 두산세계대백과).

14) 연쇄극(連鎖劇): 연극과 영화를 한 무대에서 교차시키며 하나의 줄거리를 이끌어나가는 상연 형식. 실연(實演)으로 무대에서 연기하기 어려운 장면을 영화로 상영하면서 진행시키는 연극의 일종이다. 1908년 일본의 신파극단에서 처음으로 채택했고 한국에 등장한 것은 영화 초창기인 1919년 김도산(金陶山)의 신극좌(新劇座)가 '연쇄활동 사진극'이라는 이름으로 <의리적 구투(義理的九鬪)>를 상연한 것이 처음이다. 이 연쇄극이 서울 단성사에서 공연되어 장안에 큰 화제를 뿌리자 <시우정(是友情)>(1919) <형사고심(刑事苦心)>(1919) <의적(義賊)>(1920) 등이 잇따라 상연되고, 이후 각 신파 극단이 경쟁적으로 연쇄극을 상연했다. 그러나 이것은 대중의 일시적인 호기심을 충족시켰을 뿐, 연극 구조의 안이성과 저속성 때문에 연극의 주류에서는 차차 모습을 감추었다(자료: 두산세계대박과).

사가 실렸다. 이로부터 4년 후인 1965년 5월 2일자 조선일보 조간 7면에는 '도박 끝에 연쇄살인, 논문서 10만 원 잃고 두 명을 살해'라는 제목의 기사가 실렸다. 두 사건의 성격 차이 때문에 연속과 연쇄라는 용어가 달리 사용된 것은 아닌 듯 보인다. 한 사건은 외국(프랑스)에서 13명이 피살되었고 다른 사건은 우리나라에서 2명이 피살된 것이지만, 동일범이 며칠 사이에 범행했다는 사실은 동일하다.

독극물 사용 및 범행 은폐 등 치밀성 면에서는 '연속'이라고 표현된 외국의 사례가 사회적 우려와 해악이 더 크다고 할 수 있다. '연속살인'과 '연쇄살인' 두 용어의 혼용은 1975년 8월의 부산 어린이 연쇄(연속)납치 살해 사건에서 확실하게 나타나는데, 같은 날 같은 사건을 보도하면서 '연속살인'이라는 용어를 사용하는 일간지가 있는가 하면 '연쇄살인'이라는 용어를 사용하는 신문도 있었다. 당시의 기사 제목들을 보자. '허점투성이 – 부산 어린이 연쇄살해 사건 수사', '잇단 어린이 엽기살인', '두 어린이 연속살해 – 부산', '어린이 연속피살 – 부산 시민들 분노에 치떨어', '어린이 연쇄살해 전후에도 또 다른 소녀 폭행 등 3건'. 이로부터 두 달 후에 발생한 '김대두 17명 살인 사건'에서는 거의 모든 매체가 '연쇄살인'이라는 일관된 용어를 사용했으며, 오늘날까지 이어진 것으로 보인다.

아쉬운 것은 1975년 당시, 혹은 1980년대 말 화성 연쇄살인 사건이 발생했을 때 연쇄살인이란 무엇이고 연속살인과는 어떻게 다른지 등에 대한 개념 규정 작업이 없었기 때문에 지금까지도 연쇄살인이라는 용어를 무분별하게 사용하는 현상이 나타나고 있다는 점이다.

③ 연속살인과 연쇄살인

국어사전에서 연쇄(連鎖)를 찾아보면 '물건과 물건을 이어매는 사슬, 또는 사슬처럼 이어진 것', 혹은 '(어떤 사물을) 사슬처럼 서로 이음'이라고 설명하면서 그 예로 '연쇄강도 사건'을 들고 있다. 한편 연속(連續)은 '끊이지 않고 죽 이어지거나 지속함'이라고 정의하면서 '노력의 연속/연속 동작/비슷한 사건이 연속하여 일어남' 등을 예로 들고 있다. 두 용어의 사전적 의미의 차이를 확대해보면, '연쇄'는 개별적인 사물이나 사건들이 상호 연관성을 갖고 이어지는 현상을 일컫는 반면에 '연속'은 하나의 단일한 현상이 단절되지 않고 계속 이어져 나타남을 뜻한다고 볼 수 있다.

한영 사전에서도 '연속'은 continuity, succession 등의 단어와 연결되는 반면 '연쇄'는 series, chain, link 등의 단어와 대응되는 용어로 풀이된다. 즉 '연속살인'이라는 용어는 '여러 사람을 살해하되 그 행위들이 서로 단절됨 없이 이어지는 일련의 연속적인 행동들'이 사건의 본 모습일 때 사용하는 것이 바람직할 것이다. 반면에 '연쇄살인'은 '하나하나의 살인 사건들이 각자 독립적이고 완결된 행위들인데 상호 유사성을 가지고 연결되는 경우'에 사용하는 것이 옳을 것이다.

예를 들자면 1980년대 초 경남 의령에서 발생한 우범곤 순경 주민 학살 사건처럼 극도의 흥분 상태에서 이리저리 돌아다니며 닥치는 대로 살해하는 행동은 '연속살인'이라고 해야 할 것이다. 시간과 장소를 달리 하지만 살인범의 행동들은 단절됨 없이 지속적으로 연결된 하나의 행위이기 때문이다. 외국의 범죄 심리학자들이 이야기하나는 'spree murder'가 학술 용어 중에서는 가장 유사할 것이다.

반면에 유영철의 범행처럼 살해할 때마다 계획적으로 준비하고 행위 후에는 증거 인멸 등 뒤처리까지 하는 등 독립적이고 완결적인 행동들이 10여 차례 반복되는 경우는 '연쇄살인'이라고 해야 할 것이다. 범죄심리학에서 이야기하는 'serial murder'가 가장 유사한 개념이라고 할 수 있다. 다만 외국에서는 범죄의 serial murder와 극예술의 serial soap opera가 똑같은 serial이란 용어를 사용하지만 우리의 경우 극예술에서는 '연속극', 범죄에서는 '연쇄살인'이라는 다른 용어를 사용한다는 점을 분명히 해야겠다. 사회 문화의 차이로 인한 각 분야별 관행의 차이라고 받아들여야 할 듯하다.

④ 연쇄살인의 조건

연쇄살인의 명확한 정의를 내리기 위해 살펴보아야 할 몇 가지 조건들이 있다.

1. 몇 건 이상의 살인을 저 질렀을 때 연쇄살인이라고 하는가?
2. 개개의 살인 행위들 사이에 어느 정도의 간격이 있어야 하는가?
3. 범죄 수법은 늘 유사해야 하는가?
4. 범인이 사체, 혹은 사건 현장에 독특한 흔적(signature)을 남겨야 하는가?
5. 피해자가 범인과 안면이 없어야 하는가?
6. 반드시 금품 탈취, 신고 회피 등 범행 동기가 없어야 하는가?

이러한 조건들에 대해 어떠한 결론을 내리는가에 따라 연쇄살인의 정의가 달라진다. 이제까지 외국의 수사 기관이나 학자들이 조금은 다른 개념들을 제시한 이유도 위 조건들 중 견해 차이를 일으키는 부분이 있기 때문이다. 우리나라에서는 이러한 '연쇄살인의 조건'들에 대한 논의가 구체적으로 이루어진 사례가 없다. 하나씩 차례로 짚어보자.

[연쇄살인의 조건 1] 몇 건 이상의 살인을 저질렀을 때 연쇄살인이라고 하는가?
외국의 수사 기관이나 학자들의 견해는 1건 이상, 2건 이상, 혹은 3건 이상으로 나뉜다. '1건 이상'이라는 주장은 단 한 사람을 살해하고 검거된 경우라도 다른 연쇄살인의 조건들을 갖추었다면 연쇄살인으로 보아야 한다는 것이다. 즉 우연이나 경찰 수사의 개가로 인해 일찍 검거되었기에 피해자가 1명에 그친 것이지 그렇지 않았다면 당연히 잡힐 때까지 추가 피해자가 발생했을 게 분명하기 때문이다. 그러므로 연쇄살인 예방이나 수사 기법 개발을 위한 통계나 사례에 당연히 1명을 살해한 연쇄살인 성향의 사건들을 포함시켜야 한다는 것이다. 미국의 연쇄살인 전문 여성 프로파일러 팻 브라운(Pat Brown)이 대표적이다.
우리나라에 적용한다면 2001년 5월 서울에서 발생한 '4세 여아 유괴 – 성폭행 – 살해 – 사체 토막 – 유기' 사건의 범인 최인구의 경우를 들 수 있다. 최인구가 이미 다섯 살짜리 여자아이를 성추행한 전력이 있었던 점 등으로 미루어 보아 모든 역량을 총동원한 경찰의 치밀한 수사로 일찍 검거되지 않았다면 당연히 제2, 제3의 추가 범행을 하는 연쇄살인범이 되었을 것이기 때문에 '한국의 연쇄살인범'에 포함된다.

그러나 이러한 견해는 너무 과격하다. '연쇄'라는 정의의 기본적 틀을 깨뜨려버린다. 지나치게 많은 사건이 포함되어 사회적 공포를 확산하고 분석 연구에 어려움을 초래할 수도 있다. 또한 어떤 사건은 포함시키고 어떤 사건을 제외할 것인지를 구분할 때 자의적인 주관에 내맡겨질 우려가 크다.

'2건 이상'이 연쇄살인의 조건이라는 주장은 많은 전문가들이 동조하는 견해다. 한번으로 끝나는 살인행위는 우발적이거나 실수일 수 있으나 충분한 공백기를 가진 후 또다시 살인을 했다면 살인에 중독된 연쇄살인범으로 보아도 충분하다는 것이다. 우리나라에서는 2000~2001년에 전북 고창에서 2건의 소녀 살해 사건으로 검거된 김해선의 경우 '한국의 연쇄살인'에 포함될 수 있다.

반면에 '3건 이상'은 첫 번째 살인은 우발적으로 정신없는 가운데 행해지고 두 번째는 혹시나 하는 호기심에 한 번 더 시도해보는 것으로 이해할 수도 있으나, 세 번째 살인을 한다면 이는 살인 행각에 맛이 들어 계속 살인을 저지르는 '살인 기계(killing machine)'가 되었음을 입증하는 증거라는 것이다. 이것은 FBI의 기준이다. 엽기적인 살인 사건이 많은 미국의 경우엔 잘 들어맞는 기준이라고 할 수 있다. 우리나라의 경우에 똑같은 기준을 적용한다면 연쇄살인의 범위가 지나치게 좁아져서 연구하고 분석할 대상이 충분히 확보되지 않는다. 즉 실효성 있는 대책을 마련하는 데 지장을 초래할 수 있다.

또한 실무적으로 보면, 2건의 유사한 살인 사건이 발생해도 개별 사건으로 간주하다가 3건째가 발생해서야 연쇄살인 사건 수사 체제로 돌입하는 통에 억울한 희생자가 생긴다는 우려도 제기된다. 이러한 점들을 고려해볼 때, '한국의 연쇄살인'을 정의하기 위한 동일범의 살인 사건 회수는 '2건 이상'이 적절하다.

[연쇄살인의 조건 2] 개개의 살인 행위들 사이에 어느 정도의 간격이 있어야 하는가?

동일범이 여러 명을 살해하는 다수 살인(multiple killing)에서 연쇄살인을 연속살인 내지 다중 살인(mass murder)과[15] 구분하는 가장 중요한 기준은, 살인 사건 사이에 '시간적, 심리적 단절 내지 공백'이 존재하는지 여부다. 즉 단 한

---

15) 다중 살인(mass murder): 혹자는 집단 살인이라고도 하는데, 여러 사람을 한꺼번에 살해하는 행위를 일컫는다. 300여 명의 사상자를 낸 2002년 대구 지하철 방화 참사가 대표적인 경우다.

번의 격정이나 광기로 여러 명을 살해하거나 술이나 약에 취해서, 혹은 분노에 휩싸여 그 흥분이 가라앉기 전에 이리저리 돌아다니며 사람을 살상하는 경우와, 계획적으로 살인하고 증거를 인멸한 뒤 도주하여 잠적했다가 다시 피해자를 골라 살인하는 경우는 너무 다르므로 분명히 구별되어야 한다.

그렇기 때문에 범죄심리학자들은 연쇄살인의 필수 조건으로 각 살인 행위 사이에 '심리적 냉각기(cooling off period)'가 있어야 한다고 주장한다. 즉 자동차 엔진을 끄지 않은 채 주행과 정차를 반복한다면 아무리 긴 시간 먼 거리를 달린다 해도 그것은 '1회 운행'이지만, 어느 정도 주행하다가 엔진을 끄고 열이 식은 다음에 다시 시동을 걸어 주행한다면, 비록 짧은 시간 가까운 거리라 하더라도 그것은 복수의 운행이 된다는 것과 같은 원리다.

문제는, 엔진이 꺼지고 식는 것은 분명하게 구분하고 평균적 소요 시간을 제시할 수 있지만 사람의 심리적 흥분 상태가 지속되거나 끝나는 것을 측정하는 일률적 기준은 제시할 수 없다는 점이다. 그렇기 때문에 살인 행위들 사이에 적어도 '24시간'이 지나야 한다거나 '1주일'이 지나야 한다는 식으로 연쇄살인의 조건을 규정할 수는 없다. 개인차가 심할 뿐 아니라 당시 정황 등 환경적 요인도 가변적이기 때문이다. 따라서 '한국의 연쇄살인'을 정의할 때 기준이 되는 동일범의 살인 행위 사이의 간격은 '살인에 이르는 흥분 상태가 소멸될 정도의 시간적 공백'으로 정하는 것이 타당하다. 뒤에서 자세히 분석할 연쇄살인 사건들은 모두 살인 행위 사이에 짧게는 수일에서 길게는 수개월에 이르는 시간적 공백기를 두고 있다.

[연쇄살인의 조건 3] 범죄 수법은 늘 유사해야 하는가?

극도로 긴장되고 흥분된 상태에서 행해지는 범죄 행동에는 범인의 심리와 성격이 그대로 나타난다는 것이 범죄심리학의 정설이다. 특히 동일한 범죄를 반복해서 저지르는 상습범의 경우, 준비하고 계획하고 실행하고 뒤처리하는 일련의 과정들이 마치 제조업의 공정처럼 굳어지고 습관화되어 같은 수법을 반복한다는 것이다. 이러한 범죄를 수사 실무에서는 '수법 범죄'라고 부른다. 빈집털이나 은행 강도가 계속될 때 언론에서 "경찰은 동일 수법 전과자를 중심으로 수사망을 좁혀가고 있다"고 표현하는 이유다.

연쇄살인 역시 '수법 범죄'라면 피해 대상, 흉기, 범행 시간, 공격이나 사체 훼손 방법 등이 매번 같을 수밖에 없는가? 칼에 찔린 20대 여인의 시체와 둔기에 맞은 40대 여인의 시체가 다른 장소에서 발견되었다면 연쇄살인으로 볼 수 없는가? 그렇지 않다.

첫째, 연쇄살인범은 전문 소매치기나 빈집털이와 달리 오랜 기간 같은 범죄를 생계 수단으로 삼아 저질러온 것이 아니기 때문이다. 살인 욕구와 충동은 동일하지만 그것을 실현하는 구체적인 수단과 방법은 달라질 수 있다.

둘째, 연쇄살인범 중에는 동일한 대상이나 방법 등에 '집착'하여 계획적으로 살인을 반복하는 경우도 있지만, 순간적인 충동이 발생할 때마다 살인하는 유형도 있기 때문이다.

셋째, 연쇄살인범의 범행 수법은 '진화' 내지 '발전'한다. 처음에는 실수나 우발적으로 살인하지만 나중에는 계획적으로 살인하는 경우도 있고, 살인을 거듭하면서 흥분과 만족도를 높이기 위해 수단과 방법을 바꾸기도 하기 때문이다. 2000년 전북 고창에서 발생한 여학생 연쇄살인사건에서도 첫 번째 살인은 도구도 사용하지 않고 성폭행도 없이 사체를 무덤 위에 방치했으나, 두 번째 살인은 칼과 노끈 등 도구를 사용했고 성폭행을 하는 등 공통점을 찾기 어려웠다. 또한 2003~2004년에 일어난 유영철의 연쇄살인도 부유층 노인과 여성이라는 살인 대상만 보면 눈에 띄는 공통점을 찾기 어렵다. 그러므로 '한국의 연쇄살인'을 정의할 때 '유사한 방법으로'라는 조건을 달 필요는 없다.

[연쇄살인의 조건 4] 범인이 사체, 혹은 사건 현장에 독특한 흔적을 남겨야 하는가?

연쇄살인범들은 다른 살인범들과 달리 '살인을 즐기기 때문에' 살인하고, 자신의 살인 행위를 과시하려는 욕구가 강해서 피해자의 사체나 범행 현장에 자신의 행위임을 알리거나 사회에 전하는 메시지를 담은 독특한 표식을 남긴다고 주장하는 범죄심리학자들도 있다.

2002년 10월 미국의 워싱턴 D.C. 일대에서 22일 동안 10명을 무차별적으로 저격하여 살해한 무하마드와 말보 사건의 경우, 사건 현장에 "나는 신이다"라고 쓴 타로카드와 경찰에게 보내는 편지를 남겨 이러한 주장을 뒷받침한다. <본 콜렉터(Bone Collector)>나 <왓처(the Watcher)> 등 연쇄살인을 주제로 한 할리우드 영화에서도 연쇄살인범이 사체나 현장에 글이나 상징물 등을 남기는 장면이 종종 있다.

그러나 실제로는 대개의 경우 범행 후 증거를 인멸하고 도주하는 데 정신이 없어 특별한 표식을 남길 여유나 의도가 없다. 앞서 언급한 최인구 사건의 경우, 절단된 사체의 일부는 실종 장소 인근에 버려지고 다른 부분은 경기도 광주의 한 여관에 숨겨놓은 것이 발견되었을 때 일부 전문가들이 '지능적인 연쇄살인범이 사회에 던지는 메시지'라고 주장하여 '고지능 고학력으로 전문직에 종사하는 염세적 사회 불만자'를 용의선상에 올리기도 했다.

같은 해 전북 고창에서 소녀의 알몸 사체가 무덤 위에 십자 형태로 놓여진 채 발견되었을 때도 전문가들이 '살인범이 타락한 세상에 보내는 경고의 메시지'라고 해석하여 사회를 긴장시켰던 예도 있다. 하지만 두 사건 모두 범인은 저학력에다 평균 이하 지능의 단순 노무직에 종사했던 무직자들이었고, 범행 동기나 사체 처리 과정에서 사회에 대한 메시지나 자신의 표식을 남기겠다는 의도는 전혀 없었음이 밝혀졌다.

뒤의 연쇄살인범 수사 방법에서 자세히 설명하겠지만, 연쇄살인 사건에서 읽을 수 있는 '범인의 독특한 특징(signature)'은 의도적으로 남겨진 것보다는 심리적 성격적 문제, 혹은 직업적 특성 등에 의해 '무의식적으로 남겨진 흔적'인 경우가 대부분이다. 그러므로 '한국의 연쇄살인'을 정의할 때 '범인이 남긴 독특한 흔적'을 필요 조건으로 규정해서는 안 된다.

[연쇄살인의 조건 5] 피해자가 범인과 안면이 없어야 하는가?

연쇄살인을 정의할 때 반드시 '피해자가 범인과 안면이 없어야 한다'는 조건을 갖추어야 한다는 주장들도 있다. 하지만 가족이나 친지, 이웃 등을 살해한 경우에는 연쇄살인으로 볼 수 없지 않느냐는 주장에는 동의할 수 없다.

우리나라에서 1986~88년에 발생한 김선자의 5명 연쇄독살 사건의 경우, 아버지와 동생, 시누이, 채권자 등 아는 사람들을 대상으로 했으나 1~10개월 간격으로 2년 동안 살인 행각을 계속한 점 등을 보면 연쇄살인에서 제외할 수 없다. 특히 이 사건에서는 피해자들이 '아는 사람이기 때문에' 당한 것이 아니라 '살인 대상으로 가장 용이하기 때문에' 선택된 것일 뿐이었다.

미국의 연쇄살인범들 중에서도 에드 캠퍼는 외조부모를 살해한 후 복역하고 나서 어머니와 다른 여자들을 살해했으며, 조셉 칼링거는 친아들을 비롯하여 남자아이들을 살해했다.

'한국의 연쇄살인'을 정의할 때 굳이 '안면이 없는 피해자만을 대상으로 할 것'이라는 조건을 달 필요는 없는 것이다.

[연쇄살인의 조건 6] 반드시 금품 탈취, 신고 회피 등 범행 동기가 없어야 하는가?

연쇄살인은 '반드시 살인을 목적으로 하며 살인 자체를 즐긴다'라고 주장하는 사람들도 있다. 금품을 빼앗는 등의 다른 목적이 개입된 살인은 여러 차례에 걸쳐 많은 사람을 살해해도 '연쇄살인이 아니다'라는 말이다. 연쇄살인을 다른 살인과 구별하는 이유가 예방, 수사, 피해 치유 등을 위한 '특별한 대책'을 마련하기 위함이라는 점을 감안하면 '특별히 살인할 만한 이유나 동기가 없이' 살인한다는 것은 연쇄살인의 본질이라고 할 수 있다. 그래서 언론이나 일부 범죄심리학자들은 '무동기 살인'이라는 표현을 쓰기도 한다.

하지만 금품 강탈 등 다른 목적이 개입되어 있다고 하여 연쇄살인에서 제외해버려서는 안 된다. 금품 탈취, 혹은 강간 등의 범행 후에 신고를 못하도록 피치 못해 살인했다면, 분명 처음부터 살인하고 싶었던 게 아니었다면, 같은 범행을 여러 번 반복하지는 않을 것이기 때문이다. 살인을 피하기 위한 다른 조치들(예를 들면 복면을 준비하고 음성을 변조한다든지)을 취하고 범행을 계속하든지 살인을 했다는 사실에 두려움을 느껴 범행을 중단하는 것이 일반 범죄자의 심리다.

1999~2000년에 부산 일대에서 발생한 정두영의 연쇄 강도 살인이 대표적인 경우다. 10억 원을 목표로 부유층 거주 주택을 골라 대낮에 강도짓을 계속하며 집에 있던 사람들을 무참히 살해한 그의 범행에서 발견된 특이한 점은, 피살자

들의 상태가 강도 살인에서 볼 수 없는 참혹한 모습이었다는 것이다. 오죽했으면 경찰이 각각의 사건을 '면식범에 의한, 강도를 위장한 원한 살인'으로 규정하고 피해자의 주변 사람들을 몰아붙였겠는가?

그러므로 '한국의 연쇄살인'을 정의할 때 '납득할 수 있는 살인의 동기나 계산 없이'라는 조건을 달아야 할 것이다. 이러한 조건은 깊은 원한 관계가 있는 특정 인들을 대상으로 하는 경우와, 합리적이고 계산적인 이유와 필요성 때문에 살인을 계속하는 살인청부업자나 테러리스트, 암살범 등을 제외하는 역할을 한다.

제2절　연쇄살인범의 일반적 특성

연쇄살인범은 평상시 대부분의 시간을 살인에 대한 공상, 계획, 준비, 실행, 회상 등에 사용하며, 살인 사건들 사이에는 일정한 기간 동안 심리적 안정을 나타내어 살인 행위를 중단하는 잠재기를 갖는 것을 특징으로 하고 있다. 보통 잠재기 후에는 도저히 억제할 수 없는 살인 충동에 다시 사로잡히게 되고, 환상과 범행의 수법은 계속하여 진화, 발달되는 것이다(이웅혁, 2004).

이처럼 연쇄살인범은 희생자를 죽이는 기쁨을 가지고 살인을 한다고 한다. 또한 이들은 세상에서 어떤 부류의 사람을 제거하라는 사명을 가졌다고 생각하며 이러한 사명이 완성되어야 한다고 믿고 있다(Falk, 1990). 이들의 무의식에는 불특정 다수의 타인에 대한 증오심, 복수심, 사디즘 등을 가진다는 것이 범죄 유형 분석에 있어서 기본 가정이다(Douglas & Munn, 1992).

Ressler(1998) 등의 연구에 의하면, 72%의 연쇄살인범이 아버지와의 좋지 못한 관계를 가지고 있으며, 47%의 사례는 12세 이전에 아버지와 헤어졌고(사망, 이혼, 양자, 보육시설에 보내어짐 등), 또 40%는 18세 이전에 가족과 떨어져 살았다고 한다. 그리고 Ressler 등은 연쇄살인범의 50% 이상은 낮은 자아상, 잔인한 행동, 불장난, 가위눌림, 행동상의 문제, 야뇨증, 만성적인 거짓말, 그리고 강박적인 자위라는 특성들을 가지고 있다고 보고하였다.

표 3-1 연쇄살인범의 일반적 특성

특 성	수 량	비 율
남성	30	100
백인	29	96.7
부모의 버림이나 이혼	14	46.7
아동기의 신체적 학대	7	23.3
아동기의 성적학대	6	20
기혼(범행당시를 기준으로)	13	43.3
아동기에 근친상간의 경험	9	30
동성애경험(아동기 성적놀이 포함)	13	43.3
이성의 옷 착용	6	20
엿보기, 음란전화, 노출 등의 경험	6	20
혼음	6	20
고졸 이하의 학력	13	43.3
군복무경험	10	33.3
약물남용	15	50
자살시도	12	40
과속운전	12	40
경찰사칭(경찰활동에 대한 지나친 흥미)	9	30

연쇄살인범과 피해자의 관계에 관한 Pakhomou(2004: 222－223)의 연구를 보면(연쇄살인 21사례와 그들의 피해자 97사례), 21명의 연쇄살인범의 평균연령은 32.6세, 피해자의 평균연령은 25.8세이고, 연쇄살인범의 61.9%가 결혼 또는 별거, 이혼의 경험이 있고, 38.1%는 미혼이었다. 교육정도는 중졸은 11.5%, 고졸은 50%, 전문대졸 이상은 20%, 4년제 대학 이상은 5%이었다.

즉 연쇄살인범의 약 61% 이상이 고졸 이하의 학력을 가지고 있었다. 정신과적 진단의 결과를 보면 전체 범죄자 중 11명(52.4%)에서 정신과적 진단에서 약간의 이상이 발견되었다고 한다. 이중에서 6명(28.6%)은 반사회적 성격장애(APD), 2명은 기분장애, 나머지 3명은 편집증, 정신분열증, 불안장애의 진단을[16] 받았다.

16) 이러한 수치가 의미하는 바는 대다수의 연쇄살인범은 정신장애 또는 자신의 잘못된 행동을 통제하

연쇄살인범의 범죄경력은 17명(81%)이 있었고, 4명(19%)은 없었다. 범죄경력이 있는 연쇄살인범 중에 강간을 포함한 성적 범죄가 13명(61.9%), 8명(38.1%)은 절도전과가 있었고 이중에서 4명은 다종범죄경력을 가지고 있었다.[17]

한편, 피해자와의 관계는 전혀 알지 못하는 사이(stranger)가 70.1%(68사례), 안면이 있는(acquaintance) 관계(피해자의 주거지를 얼핏 알고 있고 안 지가 얼마 안 되는)는 25.8%(25사례), 교분이 있는(correlative) 관계(피해자의 인적사항과 주거지를 알고 있는)는 1.0%에 불과하다고 하였다.

제3절　연쇄살인의 제 접근

① 연쇄살인의 특성론적 접근

1) 클라우스와 리드버그의 특성론

Claus & L. Lidberg(1999)는 아라비안나이트(천일야화)로 우리에게 널리 알려져 있는 페르시아왕 Schahrial의 심리적·행동적[18] 특성을 연쇄살인범의 특성과 관련지어 샤리아 모델(schahria model)을 통하여 연쇄살인범의 특성을 분류하였다. Claus 등(1999)은 연쇄살인범의 전형적인 특징을 힘, 환상, 의식(ritual), 비인격화로 요약하고 있다.

첫째, Omnipotence(전지전능)이다. 처음 살인 후에 검거되지 않으면, 연쇄살인범은 놀라고(surprised), 그 다음 살인 후에는 약간 놀라고(amazed), 그리고 그 이후의 살인에서는 자신이 전능(全能)하다고 생각한다고 한다(Gacono and Meloy, 1994). 살인행각을 벌이기 전에는 그는 혼돈의 세상에서 무의미한 존재라고 생각하면서 그는 오직 자위행위로 자신의 육체를 통제하게 된다. 범행을 하는 동

　지 못할 정도의 능력을 가지고 있지 않다는 점을 시사한다. 그들은 자신이 어떤 행동을 하고 있고, 그 행동의 결과에 대하여서도 충분히 인식하고 있다고 할 수 있다.

17) 이 결과에서 알 수 있듯이 다수의 연쇄살인범은 성적범죄경력을 가지고 있다는 점과 폭력적인 연쇄범죄와 어울리지 않게 많은 범죄자들은 절도전과가 있다는 점이 흥미롭다.

18) 샤리야르왕은 왕비의 불륜을 목격하고 여성에 대한 강한 혐오감 때문에 밤마다 한 처녀와 동침을 하고 날이 새면 그 처녀를 처형하였다.

안 그는 생과 사를 마음대로 통제할 수 있고, 이 시간만큼은 자신의 손으로 피해자의 목숨을 좌지우지할 수 있다고 여긴다. 범행 이후에는 경찰의 공권력을 능가하였다는 승리자(trium-phant)로서의 희열을 느끼게 된다고 한다.[19]

둘째, Sadistic fantasies(가학적 환상)이다. Myers 등(1998)은 청소년 성적 살인사건의 50%가 폭력적인 성적환상의 결과라고 보고하였다. Johson & Becker(1997)는 살인행위를 한 소년들 중에는 성적으로 가학적인 환상이 많다고 보고하였다. Prentky 등(1998)은 자신이 연구한 사례들 중에 86%에서 강간 또는 살인의 환상을 보였다고 하였고, Warren 등(1996)은 자신의 연구에서 약 80%가 폭력환상의 증거가 보였다고 하였다.

셋째, Ritualized performance(의식행사)이다. Warren 등(1996)은 자신이 연구한 20건의 사례에서 성적의식행사가 발견되었다고 보고하고 있다. DeHart & Mahoney(1994)는 연쇄살인범들에서 의식행사는 사회적 상호작용을 대체하는 행위라고 하였다. 일부학자들은 연쇄살인범은 마치 영화에서처럼 범죄행각을 벌이는 장면에서 동질감(compartmentalization)을 느끼게 된다. 연쇄살인범들은 아마도 피해자와 어떤 절친한 관계를 가지는 것이 아닌 것으로 볼 때, 그들은 현상(현실)에 대한 인식이 부족한 것으로 보여진다. 즉 그들은 자신의 내적 각본(manuscript)에서 따라서 개인적 접촉을 하고 행동하게 한다.

넷째, Dehumanization(비인격화)이다. Warren(1996) 등은 자신이 연구한 모든 사례에서 사체훼손(torture)의 흔적을 발견했다. Biven(1997)은 이것을 De-humanization라고 명명하였다. 일부사례의 경우에는 피해자가 인격적으로 다루어지게 될 때는 살인범들은 피해자를 살려주게 된다.[20] 피해자는 놀이의 대상에 불과하고 의식의 환상이 깨어지게 될 때 그 환상은 실제로 나타난다.

다섯째, symbiotic merger(공생적 통합)이다. Meloy(1992)는 연쇄살인범과 피

---

19) 이러한 의미를 다르게 표현하는 학자들도 있는데, pathological omnipotence(Lowenstein, 1992), entitlement(Moes, 1991), domination(Geberth and Turco, 1997) 등으로 사용되기도 한다. Omnipotent 살인범은 자기가 연출한 세상의 드라마에서 전지전능한 왕으로 확신하고 있는 사람들이다. 그들은 psychopath가 아니며, 자기도취적인 방어능력이 과잉발달된 사람들이다 라고 설명하고 있다.
20) 유영철의 경우에도 동거녀를 정 때문에 살려주었다고 하며, 피해여성 중에 유일하게 성관계를 가진 여자는 정말 죽이고 싶지 않았다고 진술하고 있다(이은영, 살인중독, 2005, p. 73).

해자의 관계를 공생적 애착이라는 개념을 사용하였다. Mahler(1958)는 이러한 관계는 일반적으로 엄마와 유아와의 관계에서 나타난다고 하였으며, 이것은 외부환경으로부터의 안전을 지키는 관계로[21] 작용한다. 연쇄살인범이 피해자를 선택하고 살해하는 것은 자신의 어린 시절에 엄마와의 관계가 원만하지 못하여 사랑과 애정을 받지 못한 것에 대한 일종의 심리적 보상을 받기 위한 일종의 퇴행적 행동으로 설명할 수 있다. 연쇄살인범은 살인의 의식의 부모와의 공생적 통합의 관계의 대치된 행동이므로 살인은 심리적 생존을 위한 활동으로 묘사할 수 있다.

2) 홈즈의 연쇄살인의 단계론

폭력과 살인행위에 대해 다년간 연구한 여러 전문가들의 협력으로 이러한 연쇄살인의 '의식(ritual)'을 단계별로 구분하여 설명하고 있다. 살인의 의식절차를 통하여 연쇄살인범의 심리적 특성을 이해할 수 있다. 또 단계별 분류는 미국과 영국에서 연쇄살인사건의 수사와 연구에 폭넓게 활용되고 있다. Holmes & Holmes(1996)는 연쇄살인의 단계를 다음과 같이 6개의 단계로 구분하여 설명하였다.

Holmes & Holmes(1996)는 연쇄살인에는 몇 가지 단계를 거치게 된다고[22] 설명하였다.

먼저 환상(fantasy)의 단계이다. 연쇄살인범들은 일반적으로 지속적인 상상을 통하여 폭력적인 충동을 키우고, 이를 계속 강화(reinforcement)시킨다. 이 단계는 연쇄살인범들은 상상을 통하여 자신의 피해자를 비인격화시키게 되고, 자신이 만들어낸 왜곡된 도덕적 잣대를 적용하여 피해자에 대한 폭력을 합리화시키는 과정이다. 상상이 계속 정교해지게 되면 이것을 현실에서 행동으로 실천하고자 하는 욕구도 더욱 커지게 되고 상상만으로 얻게 되는 만족감이 점점 감소하여 상상속의 폭력을 현실에서 실행하기 위해서 준비를 하게 된다.

---

21) 어린아이는 엄마가 있음으로 해서 안전함과 편안함을 느끼게 되고 엄마가 자신의 옆에 없을 때 심한 불안을 느끼게 된다.

22) 일부학자들은 연쇄살인의 단계를 7단계로 세분화해서 설명하기도 한다. 즉, 몽상기(The Aura Phase), 탐색기(The Trolling Phase), 구애기(The Wooing Phase), 납치기(The Capture), 살인기(The Murder), 회상기(The Totem Phase), 우울기(The Depression Phase)로 구분하여 설명하고 있다.

두 번째는 스토킹의 단계이다. 범행을 하기에 적합한 피해자를 학교, 이웃, 혹은 직장에서 물색하게 되고, 적절한 대상이 선택되면 실제로 폭력을 행사하기로 결심하는 단계이다.

세 번째는 유괴의 단계이다. 이 단계에서는 범죄자가 이전에 경험했던 환상이 점증되어져 간다. 따라서 그는 상상속의 피해자를 찾게 된다. 한편, 희생자를 낚아챌 수 있는 기회를 잡을 수 없게 되면, 범죄자는 종종 적극적으로 자신이 만들어 놓은 덫에 걸려들게 하도록 노력을 하기도[23] 한다. 범행을 실행하면서 피해자를 비인격화하고 마치 벌레처럼 여기게 된다. 범죄자는 자신의 범행을 합리화하기 위해 필요한 모든 이유를 자기 자신에게 만들어낸다. 현실에서의 범행의 실행은 단지 범죄자가 상상을 통해서 했던 모든 것들을 재현하는 것에 불과하기 때문에 이에 대한 현실에서의 죄책감은 느끼지 못하는 단계이다.

네 번째는 살해의 단계이다. 범죄자는 자신이 상상한 것들 중에서 자신의 만족을 가장 크게 해주는 방법을 선택하여 범행을 저지르며, 범죄자에게 피해자의 심한 고통과 절망을 보는 것이 매우 중요한 자극이 된다. 피해자의 사체를 절단(살아 있는 상태/죽인 후)하는 행위는 흔히 볼 수 있는 증거들이고(특히 시체 강간을 한 범죄현장에서), 일반적으로 유방, 성기, 장기, 복부 등을 절단하는 경우가 많다. 살인의 도구는 망치를 포함하여, 뺀치, 밧줄 등 다양한 도구들이 이용된다. 때로는 치흔을 남기고, 흡혈(피를 마시는)을 하거나 인육의 일부를 먹는 경우도 가끔 보고된다. 피해자의 사체에 대한 성적행동의 증거를 보이고, 성교를 하는 것보다는 자위를 하는 경우가 더 많다.

마지막 단계는 사체의 처리단계이다. 사체를 처리할 때 다른 사람들이 보도록 전시하는 지 혹은 수사관들이 발견하기 어렵도록 은닉하는지의 여부도 범죄자의 심리를 파악할 수 있는 중요한 단서가 된다. 피해자의 사체를 전시하는 경우는 자신의 범죄경력을 알리고자 하는 의도가 깔려 있다고 할 수 있다. 사체를 유기하는 단계가 완료되면 일련의 살인의식이 끝나게 되며, 범죄자는 만족감에

---

23) 범죄자는 누군가로 분장을 할 수 있고, 특히, 경찰로 분장하는 경우가 많다. 실제 많은 연쇄살인범들은 'police-groupies'로 묘사된다. 일부 연쇄살인범은 경찰을 사칭하거나 제복을 구입하거나 경찰이 많이 타는 차량을 타고 다니거나 경찰이 자주 가는 장소(카페, 술집, 음식점 등)에 자주 나타나기도 한다.

빠져 심리적인 안정상태에 이르게 되고, 이러한 안정상태가 다시 심리적 저하상태로 돌아가서 연쇄살인범은 또 다른 환상을 꿈꾸며 범행대상을 물색하게 된다.

② 연쇄살인의 유형론적 접근

1) Rossmo(1996)의 분류

연쇄살인범들의 살인 행위들을 고려해 볼 때, 살인의 희열은 희생자를 스토킹하고 모험을 통하여 느낀다. 범인들은 피해자를 찾아 공격하는데 독특한 사냥스타일을 가지고 있다. 연쇄살인범의 피해자에 대한 행동특성을 다음과 같이 두 가지로 구분하여 설명할 수 있다. 하나는 적절한 피해자 탐색이고 또 하나는 피해자 공격방법이다. 피해자 탐색은 피해자 목격장소의 선택과 연결되어 있고 공격방법은 시체암매장과 관계있다.

표 3-2 연쇄살인의 제 유형

피해자탐색방법에 의한 구분		피해자공격방법에 의한 구분	
유 형	내 용	유 형	내 용
사냥꾼형 (Hunter)	피해자를 그/그녀의 주거지역 근처에 기반을 두고 피해자를 찾는 범죄자	맹수형 (Rapter)	피해자를 만나자마자 공격하는 형
밀렵형 (Poacher)	본인의 주거지역보다는 행동할 반경이 넓다. 혹은 여기저기 다니며 피해자를 찾아 침입하는 범죄자	스토커형 (Stalker)	피해자를 선택하여 살금살금 따라가서 공격하는 형
끌낚시형 (Troller)	여기저기 다니며 피해자를 물색하는 범죄자	매복형 (Ambusher)	범인이 통제할 수 있는 장소, 거주지나 작업장으로 유인해 공격하는 형
올가미형 (Trapper)	그의 통제 하에 피해자를 만날 수 있도록 상황을 연출하는 범죄자		

※ Rossmo(1996)의 Targeting victims: serial killers and the urban environment에 있는 내용을 재구성한 것임.

먼저 연쇄살인범이 피해자를 탐색하는 방법에서 첫 번째, 사냥꾼형(Hunter)은 특별히 그들의 주거지에서 나와 피해자를 찾는다. 사냥꾼형(Hunter)의 범행은 범인 자신의 거주도시로 범죄 행위가 제한된다. 밀렵형(Poacher)은 범죄대상을 찾아 거주도시 바깥으로 나가거나 어떤 행동 구역을 가지고 활동한다. 하지만 이 두 타입의 구별은 어렵고 주관적인 것이다. 이 사냥꾼형(Hunter)과 밀렵형(Poacher)은 주거지형(Marauder) 및 통근형(Commuter)과 비슷하다.[24]

끌낚시형(Troller)이란 특별히 희생양을 찾아다니는 것보다, 일반적인 활동경로 속에서의 그들의 활동 중에 우연히 희생양과 마주치는 범죄자들을 말한다. 그들의 범죄는 자연스럽게 일어나는 것이 대부분이지만, 성 범죄자의 경우는 미리 범죄 상황을 상상하고 계획해서 언제든지 기회가 왔을 때 대처할 수 있도록 준비해 놓는다.

올가미형(Trappers)은 다가오는 잠재적 희생양의 위치나 직업을 가장(신문배달원, 우편부, 가스검침원 등)하거나, 또는 여러 가지 핑계를 사용해서 그들의 집이나 통제가능한 장소로 유인한다. 여자 연쇄살인범은 대부분 이 범주 안에 속한다(Hickey, 1986; Pearson, 1994; Scott, 1992; Segrave, 1992).

맹수형(Rapter)은 자신의 희생양을 발견하는 즉시 공격하는 유형이고, 물색형(Stalker)은 그들의 목표물을 따라다니며 주시하고, 그의 활동 영역으로 유인하고, 칠 수 있는 기회를 기다린다. 이러한 스토커의 공격, 살인, 그리고 사체매장의 장소는 피해자의 활동공간과 많은 연관을 가지고 있다. 매복형(Ambusher)은 자신이 통제 가능한 공간, 즉 그의 집이나 일하는 장소에 쳐 놓은 '그물망'에 걸린 사람을 공격한다. 일반적으로 피해자의 신체는 그런 장소의 어디엔가 숨겨지기 마련이다. 대다수의 매복형(Ambusher)은 희생양을 고를 때 사회적으로 소외되고 거의 아무런 연고가 없는 사람을 선정하거나 또는 행방불명되었다고 경찰에 신고된 사람을 선택한다.[25]

---

24) 이 용어는 Canter & Larkin(1993)의 영국에서의 연쇄 강간에 관한 연구에서 사용되어졌는데, Marauder들은 주거 공간이 범죄의 초점인 사람들이고 Commuter들은 범죄를 위해 집에서 다른 장소로 옮겨가는 사람들이다.
25) 유영철은 출장마사지 여성을 자기의 원룸으로 유인하여 살해한 점으로 볼 때 Ambusher의 전형적 형태라고 할 수 있다.

2) R. Holmes(1996)의 분류

Holmes(1996)는 연쇄살인범의 유형을 망상형(Visionary), 사명감형(Missionary), 쾌락형(hedonistic), 권력형(Power-Control)으로 분류하였다. 첫 번째인 망상형의 경우는 청각 또는 시각과 관련하여 환청, 환각, 망상이 주요 원인이 된다. 이를테면 살인을 하라는 소리를 하늘로부터 들었다든가 또는 살인을 안하면 도시 전체에 지진이 일어날 수 있으므로 살인을 했다든가, 신의 계시가 있었다고 하면서 살인을 정당화하는 경우가 여기에 해당된다.

둘째의 사명감형은 자신의 기준이나 신념체계에 비추어 부도덕하거나 옳지 않은 일을 하는 집단을 선택하여 그 소속원을 범죄의 희생자로 하는 경우를 말한다. 현대 사회의 문제의 근본 원인은 현대문명, 즉 테크놀리지라고 판단을 하여 과학자 또는 컴퓨터 전문가만을 대상으로 살해하거나, 매춘부는 이 사회에서 사라져야 한다는 사명감으로 그들만을 대상으로 하는 경우가 해당된다.

셋째, 쾌락형은 살인 자체를 즐기면서 희열을 추구하는 유형으로서 살인을 통하여 성적인 쾌락을 느끼거나 또는 스릴감을 맛보거나 위안을 가지려고 하는 것이 주요 동기가 된다. 보통 이 경우는 살해 후 시체의 토막을 내는 경우가 많다. 쾌락형에는 음락살인형(lust killer)과 스릴형(thrill killer), 이익형(benefit killer)으로 나눌 수 있다.[26)]

넷째의 권력형은 대상자의 삶과 죽음 자체를 통제할 수 있다는 정복감과 힘의 우위를 성취하려고 하는 동기가 주가 되며 성적인 가학행위와 환상이 중요

---

26) (1) 쾌락형(lust killer): 정욕에서 비롯된 쾌락주의자들이다. 대인적 폭력과 성적 만족 간에 중요한 연관성을 갖고 있다. 폭력과 성과의 관계가 강하게 형성되어 있으며, 범죄자들은 살인행위를 통하여 성적 만족을 현실화 시킨다. 피해자와 섹스를 하며 기쁨을 느끼고, 살해하는 동안 섹스를 하는 것에서 오는 것 같은 에로티즘을 경험한다. (2) 스릴형(thrill killer): 스릴감에서 비롯된 쾌락주의자들인바, 종종 수족의 절단, 살인을 함으로써 짜릿함을 느끼고, 희생자의 최후의 고통에서 흥분을 느낀다. 고문을 하거나 누군가를 죽이는 행위를 일종의 새로운 욕구나 흥분 혹은 스릴의 일부로 여긴다. 누군가를 강간하거나 살해하는 것은 고도의 의식행위이다. 과잉사랑, 시간(屍姦), 식인행위 등이 그 예이다. (3) 이익 혹은 만족형(gain or comfort killers): 이 범죄유형은 성적인 만족을 1차적인 목적으로 삼지 않는다는 점에서 약간의 차이점이 발견된다. 즉 개인적 이익을 목적으로 살해하는 유형이다. 전문암살범과 같은 경우, 그들의 행위를 통하여 현실화될 수 있는 이익이 있는 경우에 사람을 죽인다. 사람을 살해하고 강간을 하는 것을 이익이 될 만한 모험, 개인경력의 발전 혹은 서비스를 위하 계약의 일부로 여기기도 한다. 보통 여성살인자들이 이 범주에 속한다.

한 역할을 한다. 이 때에도 시체의 토막이 종종 수반된다(Holmes & Holmes, 1998). 피해자들을 감금하고 지배하며 괴롭히고 그들의 명령에 복종하기를 강요한다. 어떤 범죄자는 다른 사람을 통제할 수 있는 힘을 가졌다는 신념을 통해 만족을 얻는다. 피해자를 완전히 지배함으로써, 성적 만족과 기쁨을 얻는다. 희생자의 공포를 통해서 전율과 짜릿함을 경험하는 타입이다.

3) Dietz(1986)의 분류

Dietz(1986)는 연쇄살인범의 유형을 여섯 가지로 세분화하여 분류하고 있다. 첫째, 정신병리적 성적 가학자(psychopathic sexual sadist)는 쾌락을 목적으로 고문과 살해를 하는 자, erotophonophiliac이라는 용어로도 사용되는데(Money, 1990), 살인의 동기 중에 성적인 만족이 일부분 포함되어 있는 살인을 일컫는다. 둘째, 탐닉형범죄자(crime spree killers)는 범행의 동기는 보통 경제적인 이유나 모험추구(thrill-seeking)인 경우가 대부분이다. 셋째, 범죄조직구성형(organized crime members)은 마피아, 거리의 갱단 등이 도구적, 금전적, 영역다툼, 보복을 목적으로 하는 경우이다. 넷째, 독살 및 질식사형(custodial poisoners and asphyxitors)은 치료시설에서 발생하는 연쇄살인을 말한다. 예를 들어 의사나 간호사가 독극물을 주사를 주입하여 서서히 죽게 만들어 살해하는 유형이 여기에 속한다. 다섯째, 정신병형은 정신이상적 환각에 사로잡힌 자에 의해 발생하는 연쇄살인을 말한다. 마지막으로 정치적 동기에 의한 살인은 테러조직 등에 의해 정치적인 목적으로 발생하는 연쇄살인이 여기에 속한다.

4) Ressler 등(1988)의 분류

Ressler 등(1988)은 체계적 또는 비체계적 범죄(organised offender vs disorganized offender)로 구분하는 핵심은 범죄현장의 증거를 기초로 한다. 체계적 범죄의 현장은 잘 계획되고, 반복적이며, 주도면밀한 행동의 "산물(production)"이다. 이에 비해 비체계적 범죄는 즉흥적이고 무질서한 행동을 한다. 체계적 범죄자는 피해자를 통제하고 억압하기 위한 도구를 사용하고, 살아있는 피해자에게 성적 행위를 하며, 차량을 이용하는 경우가 많다.

비체계적 범죄자는 종종 현장에 증거와 흉기를 유류하고, 사체를 현장에 유기하고, 피해자를 죽인 후에 성적 행위를 하며(necrophilic behavior, 시체기호증

행동), 피해자를 비인격적으로 만들고 차량을 이용하지 않는다. 비록 Ressler 등의 구별은 유용하기는 하지만 범죄자들의 범죄경력이 진전되어감에 따라 체계적(비체계적)인 범죄자가 비체계적(체계적)으로 되어가는 경우도 많다.

③ 연쇄살인의 발달론적 관점

1) 아동기의 경험

연쇄살인범은 하루아침에 만들어지는 것이 아니라 어린 시절부터 독특한 특성을 갖는다고 한다(Simon, 2001; Gerdes, 2000). 살인의 전조가 되는 행위는 어린 시절부터 계속되어 온 인생의 오랜 시간 동안 존재하고 발전되어 온 것이다(임준태, 2003: 224-225). 이러한 견해에 의하면 연쇄살인범들은 어린 시절에 고통스러운 경험을 갖고 있으며[27], 장기간의 사회적 박탈 및 심리적 학대상태에 놓여지는 경우가 많다(이수정 외, 2004: 58-59). 이들은 어린 시절에 받았던 처벌을 불공정하고 학대적인 것으로 인식하며, 어머니와의 관계가 냉담한 어린 시절을 보냈다고 한다(Simon, 2001).

일부학자들은 연쇄살인범의 주요한 특성을 'McDonald Triad'로 설명하였다(McDonald, 1963; Abrahamsen, 1973; Brown, 1984; Prentky et al,. 1989). McDonald(1963)는 연쇄살인범의 행동발달사를 연구한 결과, 공통된 특징으로서 그들은 아동초기에 주로 야뇨증(침대 위에 오줌싸는 행동), 불장난, 동물학대의 경험을 가지고 있는 것을 발견하였다. Hellman & Blackman(1966)은 야뇨증은 부모에 대한 가학적이고 적대적인 반항의 표현(침대와 이불에 손상을 입힘으로써, 그리고 부모의 관심을 받기 위하여)이라고 설명하였다. 불장난은 폭력과 연합되어 있으며, 동물학대는 친구들에 대한 복수의 한 양식이라고 주장하였다.

McDonald 증후군에 대한 반복적인 연구를 한 Hellman & Blackman(1966)은 정상적인 성인으로 성장한 자들에게도 어린 시절에 이러한 경험을 할 수 있다고 하면서 McDonald의 주장을 반박하였다. 하지만 Abrahamsen(1973)은 연

---

27) 존 더글러스와 마크 올세이커가 지은 『MIND HUNTER』(우리나라에는 『마음의 사냥꾼』이라는 번역서로 출간되었음)에서 연쇄살인범 등 흉악범들이 하나같이 끔찍한 어린 시절과 열악한 성장배경을 갖고 있다고 하였다.

쇄살인범의 어린 시절의 특성으로 성적학대와 신체적 학대, 버림받음의 경험을 제시하였으며, 이중에서 아동학대 경험이 연쇄살인의 중요한 원인이라는 연구 결과가 많이 발표되었다(Sears, 1991; Brown, 1984; Prenky et al,. 1989).

특히 성적학대는 환상의 세계로 빠져들게 하는 주요한 원인이 된다. 환상은 힘/지배라는 내용을 포함하고 있으며, 이는 학대받고 있는 아동의 현실세계에서는 이룰 수 없는 것들이다(Gresswell & Hollin, 1984). 또 Schlesinger(2001)는 "McDonald Triad"를 확장하여 아동기의 학대 경험, 병적인 거짓말, 성적·가학적 환상, 동물학대, 통제욕구, 불장난, 관음증, 여자아이 폭행이 연쇄살인을 설명하는 중요한 특성들이라고 주장하였다.

한편 Whitman & Akutagawa(2003: 699-700)는 연쇄살인범의 행동의 역동성을 이해하는데 몇 가지 요인을 내놓았다. 그중에서 가장 중요한 요인 중에 하나는 아마 유아기의 정서적 박탈감이라고 하였다. 불완전한 양육은 아동의 불안과 정서적 굶주림이라는 결과를 가져온다는 것이다. 두 번째 요인은 유아기의 잘못된 양육으로 인하여 파괴적 공격성을 띄게 된다. 이것은 적대감과 분노는 행동을 강요하고 조정하고 통제하기를 원하게 되고 결국은 살인행동으로 표출된다.

이처럼 부정적인 정서가 살인을 야기하는 중요한 추동이다. 공격의 표출은 불안감을 감소시키며, 그것은 잠재되어 있는 정서적 만족을 만들어낸다. 에로티시즘은 공격과 불안감소의 시너지효과를 가져다주는 행동으로서 강한 힘을 불러일으킨다. 살인의 희열은 연쇄살인범들에게는 일시적일 뿐이다. 그러한 만족은 순간적이며, 그리고 부정적이고 고통스러운 정서가 다시 밀려올 때 그들은 다시 강박적인 반복살인을 통하여 이를 감소시키고자 한다.

2) 상실감과 박탈감

Gerberth & Turco(1997)는 387명의 연쇄살인범의 범행동기를 분석한 바, 가장 많은 비율을 차지하는 동기는 sex(64%), 강도(11%), 인종문제(2.5%), 나머지는 종교적 신념 등 신비적인 이유(occult)가 1.5%이었다. 이러한 동기의 이면에서 가장 중요한 역할을 하는 것은 아마 상실감 또는 박탈이라는 경험 때문일 것이다. 즉, 밀접한 관계의 상실(sex), 경제적인 궁핍(강도), 민족정체성 상실의 두려움(인종), 또 인류간의 신뢰상실(신비주의) 등이 그 예이다. 따라서 연쇄살인범의 핵심적인 동기는 박탈감이다(Gerberth & Turco, 1997).

일찍이 정신분석학의 대가인 Freud(1968)는 유아기의 신체적인 생존에 지대한 영향을 끼치는 요인이 양육의 불충분이라고 제시하면서, 물리적 대상(physical object)을 상실한 사람을 loser(상실자)라는 용어로 설명하고 있다. 또 Fronn(1973)은 스스로 완전히 혼자라는 생각과 고독감이 정신적인 해체를 가져오고 이것이 죽음에 이르게 한다고 한 바 있다. Whitman & Akutagawa(2003)은 연쇄살인범의 행동의 역동성을 이해하는데 가장 중요한 요인인 아마 유아기의 정서적 박탈감일 것이라고 하였다.

Hale(1993)은 아동기의 상실과 박탈이 '잃어버린 힘(power)'을 되찾기 위한 추동이라는 결과를 가져오게 된다고 하였으며, Bollas(1995)는 연쇄살인범의 아동기의 이러한 정서적 사망이 피해자에게 강제력을 동원하는 중요한 이유라고 설명하고 있다. 특히 Bollas(1987)는 연쇄살인범이 어떤 여성에 대하여 매력을 느낄 때 다음의 단계를 거치면서 자신의 아동기 상실감과 박탈감을 보상받게 된다. 먼저 연쇄살인범 스스로 부적절(inadequacy)하다고 생각하여, "I can never have her"라고 여긴다. 다음으로 그는 그 여성에 대한 공격적이고 폭력적인 상상을 하게 되어, "I will never let her go"라고 생각하고, 마지막으로 그는 완성된 살인행위를 통하여 "Now she is mine for ever"라고 믿게 된다. 현실의 살인을 통하여 영원히 자기의 환상을 성취하게 된다.

3) 성적 열등감과 성적 가학증

살인에 대한 환상은 어렸을 때부터 생겨난다. 반복적인 환상을 거치면서 정교해지고, 실제로 살인으로 이어진다고 한다(Ressler, 2005:1-2). 통계적으로 보면 12세 이전에 비정상적인 환상을 만들어낸 뒤 청소년기를 거치면서 발전시키고, 25-35세에 첫 살인을 저지른다. 특히 8-12세에 자신의 역할모델이 되는 부모가 없을 경우 선악에 대한 판단이 없어진다고 하면서 아동기의 발달과정의 중요성을 지적하였다.[28]

성도착은 성적 각성을 위해 사람 또는 다른 물체를 사용하는 것의 선호, 현

---

28) '성적환상'이 연쇄살인을 부른다. 2004. 7.29자 동아일보 사회면.

실 또는 상상 속에서 고통이나 굴욕감을 일으키는 반복적인 성행위, 파트너의 동의 없이 이루어지는 어떤 반복적인 성행위로 정의하고 있다(김은정 외, 2000: 303). Ressler 등(1988)은 성행동의 표출과 관련된 광범위한 연구를 진행하였는데, 범죄자의 81%가 성적으로 가장 관심 있는 대상은 포르노그라피였다고 한다.

Prentky 등(1988)은 연쇄살인범과 단순살인범을 비교하였을 때 성도착증의 정도가 훨씬 높으며, 특히 물품음란증(fetishsm)은 연쇄살인범이 71%인데 비해 단순살인범은 33%이고, 복장도착증(transvestism)은 연쇄살인범이 25%인 반면에 단순살인범은 한명도 없었다. Brittain(1967)은 가학적 살인사건에서 성도착증이 중요한 역할을 한다고 하였다. 그는 성적 살인범들은 환상속의 삶이 일상의 삶보다 더 중요하다고 여긴다고 보고하였다. 연쇄살인범에 있어서 환상의 역할은 환상을 유도하는 성격구조에 기인하거나, 환상적 철수(은둔)와 꿈에 영향을 주는 아동기/성인기의 환경(예, 아동학대, 박탈의 경험 등)이 중요한 원인인 것으로 보인다.

이와 관련하여 MacCulloch(1983) 등은 성적 가학증적인 범죄와 연쇄살인범은 '내면적 환경(internal circumstances)'에 의해 영향을 받는다고 하였다. 환상들은 마음에서 생성되고 마음을 움직이게 되는 것이다. 연쇄살인에 있어서 성도착증의 역할은 살인이 단지 폭력적/성적 일화만이 아니라는 의구심을 불러일으킨다. 연쇄살인범들은 시각화(visualization)에 대한 대단한 능력을 가지고 있을 것이며, 아마도 폭력적인 포르노그라피에 노출되면서 더욱 강화되는 것 같다(Skraped, 1996).

연쇄살인사건이 어떻게 촉발되는가에 대한 Ressler(1988) 등의 연구에 의하면 단지 16%만이 무계획적으로 발생하였다고 하였으며, 34%는 범행 당시의 정서상태가 좌절감, 적대감, 분노 등의 상태였다고 보고하였다(Holmes & Holmes, 1996).

Money(1990)는 연쇄살인은 '성적 사디즘의 간질발작'으로 설명할 수 있는바, 마치 간질 발작이 일어나는 것처럼 성적 각성의 메시지가 전달될 때마다 공격 메시지의 병리적 활성화가 일어나게 된다. 보통의 사람들은 성적 환상을 행동으로 옮기지만, 파트너의 동의에 의해 행동이 억제된다. 하지만 연쇄살인범은 파트너의 의사와 상관없이 성적 환상을 강박적으로 행동으로 옮기게 된다.

연쇄살인범은 누구인가? 왜 연쇄살인범이 되는가?

이 질문은 '대체 무엇이 연쇄살인범을 만드는가?'로 바꾸어볼 수 있을 것이다. 물론 정답은 없다. 우주에 비행 물체를 날려보내 사진을 찍고 화성의 음향을 청취하고 대기와 토양 성분을 분석해내는 것은 물론이고, 생명체를 복제해낼 정도의 과학 기술을 보유한 21세기의 인류도 한 인간이 도대체 왜 뚜렷한 이유도 없이 다른 인간들을 계속해서 죽여 대는지, 그 마음속에 무엇이 있고 그러한 마음 상태가 어떻게 형성되었는지에 대한 명확한 과학적 해답을 내놓지 못하고 있다. 차라리 "열 길 물속은 알아도 한 길 사람 속은 모른다"는 옛말이 더 가슴에 와 닿는다.

하지만 그동안 다양한 학문 분야에서 사람을 이해하기 위해 무수히 연구하고 실험, 관찰한 결과들을 종합적으로 고찰하면, 한 사람이 연쇄살인이라는 이상한 행동을 하기까지 영향을 미친 요인들에 대해 이해할 만한 답을 얻을 수 있다. 이렇듯 일반적인 이론에서 출발하여 개별적인 사건을 주의 깊게 분석하면, 연쇄살인을 예방하거나 효과적으로 수사할 수 있는 방법들을 찾아낼 수 있는 것이다. 연쇄살인에 영향을 끼치는 요인들을 하나씩 살펴보자.

1 선천적 요인

"범죄자는 근본적으로 보통 사람하고 다르다. 그들은 처음부터 범죄자로 태어난다. 원시시대의 형질들이 몇 대를 지나 격세유전해서 후대에 나타난 돌연변이이기 때문에 외모부터 남다르다."

20세기 초 이탈리아의 외과의사 롬브로조(Lombroso)가 수많은 범죄자들을 관찰하고 내린 결론으로, 이른바 '생래적 범죄자(natural born criminal)' 이론이다. 롬브로조가 찾은 '생래적 범죄자'의 특징은 광대뼈가 튀어나오고, 팔다리가 지나치게 길고 가슴이 발달하고 털이 많고...... 뭐 그런 식이다. 유영철이나 정두영, 김대두 등 한국의 연쇄살인범들은 물론이고 테드 번디나 제프리 대머 등 외국의 연쇄살인범들 역시 '미남형'에 왜소한 체구 등 '범죄자형'이 전혀 아니었다는 사실과는 맞지 않는다. 하지만 롬브로조는 이러한 주장으로 '범죄학의 아버지'가 되었다. 물론 오늘날 이 말을 그대로 믿는 사람은 없지만 범죄자가 일반인들과 어떤 면에서 다른지를 과학적으로 연구하는 롬브로조의 후예들이 지금까지 이어져 내려오고 있기 때문이다.

1960년대에는 남성 성염색체인 Y염색체가 하나 더 있는 돌연변이가 폭력적이고 반사회적이라는 주장이 제기되어 세계를 흥분시켰지만 일반화할 만큼 인정받지는 못했다. 이후 쌍둥이는 범죄 성향이 일치하는지, 양자의 범죄성이 친부모와 일치하는지 양부모와 일치하는지, 그리고 범죄자의 가계에 대한 연구가 이어지면서 범죄성이 '유전'된다는 증거를 찾기 위한 노력이 이어졌지만 딱히 그렇다는 결론을 얻지 못했다. 연쇄살인범들 중에도 조상들이 남달리 범죄자나 정신질환자가 많았다든지 부모가 살인범이었다든지 하는 경우는 눈에 띄지 않았다.

특히 현대에 들어서서 DNA 구조를 분석하고 활용하는 유전자학과 뇌구조와 기능을 연구하는 정신의학, 신경 전달 물질과 체계를 연구하는 신경학 등의 발달로, 연쇄살인범 등 특히 폭력적인 범죄자는 일반인과 다르다는 결과들이 자주 보고된다. 뇌구조와 기능, 특정 신경 전달 물질 생성 체계, 혹은 성호르몬 분비량 등이 다르다는 것인데, 가장 중요한 이유는 임신 중 산모의 음주나 흡연, 약물 중독, 혹은 지나친 스트레스 등이 꼽히고 있다.

최근 집중적인 관심을 보이는 것은 세로토닌(serotonin)이라는 뇌신경 전달 물질이다. 분노 감정을 억눌러 정서적 안정감을 가져오는 역할을 하는 세로토닌이 보통 사람보다 덜 생성되는 사람들을 조사해보니 동일한 유전자에서 이상이 발견된 것이다.[29] 세계 최고의 의대인 미국 존스홉킨스대학에서는 인간과 유전자 구조가 90퍼센트 일치한다는 쥐의 유전자를 조직하여 세로토닌 생성률을 낮춘 후 보통 쥐들과 한 곳에 넣어두었다. 실험 결과, 유전자 조작으로 세로토닌이 잘 분비되지 않는 쥐가 다른 쥐들을 마구 물어뜯고 공격하여 죽여버리는 것이 확인되었다. 같은 실험을 일본에서도 여러 차례 실시했는데 결과는 같

---

29) 세로토닌과 범죄와의 관계는 1980년대부터 시작되었는데 이 분야 연구의 선구자는 공동 연구를 수행한 미국 국립 알코올 중독 연구소의 마르쿠 리노일라(Markku Linnoila)박사와 핀란드 헬싱키대학교 중앙병원 정신과 의사인 마티 비르쿠넨(Matti Virkkunen)이다. 당시 전 세계에서 흉악범죄자들의 세로토닌 수치를 측정한 기관은 핀란드 헬싱키 법정신의학과와 스웨덴 칼로린스카 연구소의 '사회 및 법 정신의학과' 단 두 곳에 불과했다.

앗다. 문제는, 윤리상 사람에게 이러한 생체 실험을 할 수 없기 때문에 사람에게도 적용된다고 확신할 수는 없다는 것이다.

하지만 네덜란드에서 실제로 드러난 사례가 있다. 3대가 지나치게 폭력적인 집안이 있어 조사해 보았더니 할아버지, 아버지, 손자 모두에게서 세로토닌 생성 관련 유전자가 손상되어 있었던 것이다. 이외에도 증거사례들은 계속 발견되고 있다.

연쇄살인범 김해선의 경우, 중학교 때 이미 동네 길가에 매어둔 소를 낫으로 찍어 죽이고도 아무렇지 않은 표정을 짓는 등 남달리 가학적이고 폭력적인 성향이 일찍부터 나타났다. 유영철 역시 어린 시절부터 쥐나 강아지 등 작은 동물에게 가학행위를 자주 했던 점 등으로 미루어 세로토닌 생성에 문제가 있을 가능성을 무시할 수 없다.

미국 법조계에서는 살인범들의 변호인이 세로토닌 수치가 일반인보다 낮다는 측정 결과를 제시해 감형을 받는 예가[30] 여럿 있을 만큼 증거로 인정받고 있음을 감안할 때, 연쇄살인범 등 흉악 범죄자들에 대한 세로토닌 측정을 의무화하여 연구해 볼 필요가 있다. 물론 연쇄살인범들의 감형을 이끌어내기 위해서가 아니라 이들을 사전에 찾아내어 치료함으로써 살인을 예방하려는 목적이다. 우리나라에서는 흉악 범죄자의 세로토닌 수치를 측정한 사례가 없다. 하지만 인체 유전자 지도(지놈, Genome) 연구로 어떤 사람이 암에 잘 걸리는 유전자를 가지고 있고 어떤 사람은 치매에 잘 걸리는 유전자를 가지고 있는 것을 알 날이 멀지 않은 것처럼, 어떤 사람이 연쇄살인범이 될 가능성이 높은 유전적 특

---

30) 가장 대표적인 사례는 1990년대 말에 있었던 '디온 샌더스(Dion Sanders)사건'이라고 할 수 있다. 조부모를 총으로 쏴서 살해한 혐의로 법정에 선 샌더스의 변호인은 척수에 바늘을 꽂아 측정하는 HPLC 방식으로 샌더스의 세로토닌 수치를 측정한 결과 샌더스의 대뇌 속 세로토닌 활동량이 일반인에 비해 상당히 낮다는 결과를 도출해내고 이를 법정에 증거로 제출했다. 변호인의 주장은 "샌더스가 선천적으로 세로토닌 생성 기능의 문제를 타고 태어났고, 이로 인해 유전적으로 충동 조절을 제대로 못할 위험성이 큰 상태였기 때문에 자신의 충동적 범죄 행위에 대해 법적 책임을 질 수 없다"는 것이었다. 검찰측에서는 이러한 세로토닌 변론에 대해 아무런 반박을 하지 못했고, 배심원들은 샌더스의 행위에 대해 '계획적 살인' 혐의에 대해서는 무죄를 평결하고 대신 우발적 살인 혐의의 유죄를 인정했다. 결국 세로토닌 활동량이 유일한 정상 참작 사유로 받아들여진 이 사건에서 샌더스는 사형이 아닌 종신형이 선고되어 수감상태에서 장기적인 치료 프로그램을 받았다.

징을 가지고 있는가를 알아내는 것도 불가능한 일만은 아닌 것 같다.

다만 우리 사회가 그러한 과학적 주장을 받아들일 수 있을까? 만약 내 아이에게 그러한 진단이 내려진다면? 오류의 가능성에도 불구하고 가해질 사회적 낙인의 위험성은? 반대로 그러한 진단과 진단에 따른 처방이 가능해져서 '얼마나 많은 선량한 사람들이 연쇄살인마의 잔혹한 공격의 피해자가 될 위험에서 벗어날 수 있을 것인가'를 생각한다면 임신 중에 초음파 검사 등을 통해 '신체적 기형' 가능성 여부를 검사하듯이 '정신적 기형' 가능성 여부를 검사하자는 주장이 힘을 얻을 것이다.

오늘날 범죄의 원인에 대한 과학계의 대체적인 합의는, "유전 등 선천적 요인이 폭력성이나 공격성을 악화시킬 수 있는 '토양'은 제공하지만, 그 토양에 '어떤 씨를 뿌리고(부모의 양육 등)' '어떻게 관리하느냐(교육 등 후천적 요인)'에 따라 커다란 개인차를 나타낸다"는 것이다. 같은 유전적 요인을 가지고 있다 하더라도 이를 예술적으로 승화시키면 피카소나 반 고흐 같은 천재적인 예술가가 될 수도 있고 반대로 학대와 냉대의 세례를 받으면 연쇄살인범이 될 수도 있다는 말이다.

2 어린 시절의 학대 등 충격적 경험

아직 논란의 대상인 선천적인 요인과는 달리 연쇄살인범을 만드는 요인 중에서 이론이 거의 제기되지 않는 것이 '어린 시절의 학대, 성폭행 등 충격적 경험'이다.

미국의 연쇄살인범 존 웨인 게이시는 어린 시절 알코올 중독자인 아버지에게 상습적으로 폭행을 당하며 자랐다. 또 다른 연쇄살인범 헨리 루카스의 엄마는 어린 루카스를 불로 지지거나 몽둥이로 때려서 기절시키기 일쑤였고, 툭하면 여자 옷을 입혀서 학교에 보냈으며, 아들이 보는 앞에서 아무 남자하고나 성행위를 했다고 한다.

우리나라의 연쇄살인범들도 다르지 않다. 김해선은 어린 시절 아버지에게 허리띠 등으로 무수한 폭행을 당하고 알몸으로 쫓겨나기 일쑤였으며, 정두영은 어린 시절에 두 번이나 엄마한테 버림받아 고아원에 맡겨졌는데, 고아원에서도 또래에 비해 작은 체구 때문에 늘 폭행과 따돌림에 시달렸다.

어린 시절의 학대와 충격적 경험은 여러 형태로 악영향을 미친다. 우선 뇌기능 자체가 문제를 일으키는데, 학대받은 아동과 그렇지 않은 아동의 뇌를 단층 촬영한 결과, 학대받은 아이들은 대뇌피질 전두엽 부위, 또는 두정엽 부위가 지나치게 작거나 활동이 저하되었다는 연구 결과들이 보고되었다. 이러한 뇌기능 손상으로 인해 학대받고 자란 아이들은 감정이나 충동 조절, 정서, 학습 능력 발달 등에 문제를 일으키고, 이것은 다시 대인 관계 문제와 문제 해결 능력 부족으로 이어져 청소년기부터 다양한 문제를 일으킨다.

우리나라에서는 연쇄살인범 등 흉악범들을 대상으로 뇌 단층 촬영을 해보지 않아 검증되지 않았으나 미국에서는 레이건 전 대통령 암살 미수범 존 힝클리가 변호인이 제출한 뇌 단층 촬영 사진을 증거로 형사처벌 대신 정신 병원에서의 치료 감호 처분을 받는 등 아동 학대로 인한 뇌기능 손상 문제에 대한 활발한 연구와 활용이 이루어지고 있다.

또한 프로이트의 정신분석학에 따르면, 아동 학대 등 어린 시절의 충격적 경험은 생명 에너지인 '리비도(Libido)'의 고착으로 이어져 성장기 이후 각종 퇴행 현상이 나타난다.

생명 에너지 공급선인 탯줄이 끊어지고 안온한 보호 공간인 자궁에서 떨어져 나오는 출산 직후에는 젖을 빨아 생존하기 위해 입에 모든 생존 에너지가 집중되고 따뜻한 엄마품에 대한 절대적인 집착이 이루어진다. 그런데 이 시기에 학대받거나 집안 분위기가 불안정하면 구강(입)에 리비도가 고착되어 커서도 식이 장애를 일으키거나 무엇이든 물어뜯는 버릇이 생기는 등 '퇴행 현상'이 나타난다. 특히 모성 결핍을 해소하기 위해 변태적은 성적 취향이나 방화 충동 등을 느끼기도 한다.

이러한 시기가 지나 장기능이 활성화되어 배변 활동이 활발해지면 자연히 리비도가 항문으로 모이는데 이 시기에 학대 등 충격적인 경험을 하면 가학적, 폭력적이 되고 성격 조절에 문제를 나타내며 항문 부위에 지나치게 집착하여 주로 항문 부위와 관련한 변태 성욕을 발달시킨다. 이후 성기에 관심이 고조되는 시기에 학대를 받으면 자신의 성정체성과 성능력을 부정적으로 인식하게 된다.

이렇듯 다양한 욕구 불만과 퇴행 현상들은 모두 이상 심리의 원인이 되어 다른 요인들이 추가되면 연쇄살인으로 이어질 수 있다. 아주 드물게 나타나고, 의학적으로나 법적으로나 아직 논란 중이기는 하지만, 어린 시절의 학대 등 충격적 경험으로 인해 '다중인격장애(multiple personality disorder)[31]가 발생하고 이것이 연쇄살인의 원인이 되기도 한다는 주장이 있다.

실제로 미국 로스엔젤레스에서 여자를 10명이나 연쇄강간 살인한 케네스 비안치(Kenneth Bianchi)의 경우 범행을 기억하지 못한다고 주장하여 최면 수사한 결과 주인 인격인 케네스 말고도 '스티브(Steve)'와 '빌리(Billy)'라는 변화된 인격이 있고 범행은 스티브가 한 것으로 나타나 케네스를 처벌할 수 있느냐를 둘러싸고 법정 논란이 불거지기도 했다. 그러나 수차례에 걸친 정밀 검진 끝에 비안치는 다중인격장애를 앓는 것이 아니라는 사실이 밝혀졌다. 사형을 당한다는 스트레스와 반사회적 성격으로 인한 습관적인 거짓말이 초기의 미숙한 심리 검사, 최면 수사와 상승 작용을 일으켜 자기 안에 다른 인격이 있다고 잘못 믿게 되었던 것으로 드러났다.

우리나라에서도 연쇄살인범 정두영이 "내 안에 악마가 있다"라고 주장한 것이 알려지면서 다중인격장애로 인한 연쇄살인이라는 견해가 제기된 적 있으나 정두영은 범행의 구체적인 상황들을 모두 기억하고 '변화된 인격'이 존재하지 않는 등 다중인격장애와는 상관이 없다.

어쨌든 자아 정체감과 성격이 형성되는 열두 살 이전의 학대 등 충격적인 경험은 연쇄살인범들에게서 공통적으로 발견되는 요인으로, 연쇄살인 등 흉악 범죄의 원인이 되는 이상 성격의 형성에 가장 큰 영향을 미친다. 하지만 수많은 아동 학대 피해자들이 역경을 딛고 모범적인 성인으로 성장하는 현실을 생각하면, 어린 시절에 충격적인 경험을 했다고 반드시 연쇄살인범이 되는 것은 아니

---

31) 다중인격장애(multiple personality disorder): 해리성 정체성 장애(Dissociative Identity Disorder)라고도 불리는 정신질환의 일종으로 한 사람 안에 2개 이상의 전혀 다른 인격이 존재하는 증상을 일컫는다. 법적인 이름이 부여되는 '주인인격(host personality)'과 '변화된 인격들(Alters)' 간에 교대로 행동을 지배하며 인격이 바뀌면 대개 다른 인격이 행한 행동에 대해 기억하지 못한다. 각 인격들은 각기 다른 이름, 성격, 나이, 이미지, 과거사를 가지고 있어 필체도 다르고 성격 검사 결과도 다르게 나타난다. 이 중 주인 인격과 하나의 변화된 인격이 있는 경우는 '이중인격(dual personality)'이라고 하며 소설 속의 주인공 '지킬 박사와 하이드'가 대표적인 예다.

다. 다른 추가적 요인들이 있는 것이다.

미국에서도 가장 악명 높은 연쇄살인범 테드 번디는 뇌기능 이상이나 어린 시절에 학대받은 흔적이 발견되지 않았다. 유영철 역시 가난과 아버지의 알코올 중독, 외도 등 불우한 어린 시절을 보내기는 했으나 특별히 학대받은 흔적은 없다. 어린 시절의 충격적 경험이 연쇄살인의 원인이 될 수는 있으나 절대적인 원인은 아니라는 반증이다. 최근에는 폭력이나 학대처럼 명백하고 가시적인 충격뿐 아니라 장기간에 걸친 폭력적 미디어, 은근한 무시나 냉대 등 눈에 잘 보이지 않지만 오랜 기간에 걸쳐 만성적으로 쌓이는 '정서적 학대'가 더 심각한 성격 이상의 원인이 된다는 주장이 설득력을 얻고 있다.

3 사회적 스트레스

자아 정체감이나 성격이 형성되는 열두 살 이후에 나타나는 좌절이나 실패, 혹은 심각한 갈등 등은 부정적인 사고, 사회에 대한 반감, 희망의 상실, 타인과의 관계 단절 등으로 이어진다. 특히 선천적인 뇌기능 장애가 생긴 사람이 이로 인해 좌절과 실패를 겪는다. 더욱이 따돌림은 뿌리깊은 사회적 반감으로 이어진다. 결국 '나 아닌 다른 사람은 모두 적 아니면 가치 없는 물건'이라는 극단적인 사회적 사고를 형성할 가능성이 높은 것이다. 여기에 덧붙여 실직 등 경제적 어려움, 이혼이나 구애의 실패, 범죄 행위로 인한 수감 생활 같은 사회적 제재 등 '외부적 스트레스' 요인이 발생하면 다양한 형태의 일탈 행위로 나아갈 가능성이 높은데, 그중 극히 일부가 연쇄살인범이 된다. 심리적 성격적 문제를 안은 채 극심한 외부적 스트레스 요인에 시달리는 사람 중 다수는 자살, 정신 질환 등 내향적이고 자기 파괴적인 일탈로 나아가거나, 기물 파괴, 폭력 난동 등 과격하고 즉흥적인 외향성 일탈 행위로 나아간다. 분노 감정과 공격성, 복수 심리, 가학성 등이 매우 엄격히 통제된 가운데 치밀하게 연쇄적으로 살인을 저지르는 연쇄살인범은 그야말로 예외적이라고 할 수 있다.

김대두, 김기환, 온보현, 정두영, 김해선, 유영철 등 한국의 연쇄살인범들은 모두 범죄 전과로 인한 사회 적응 실패, 이상 성격으로 인한 이혼과 실연, 사람들과 사회에서 단절된 생활로 인한 외로움, 희망의 상실, 사회 기술 부족으로 건전한 여가 활동을 하지 못하는 데서 비롯된 무료함 등의 '사회적 스트레스'를 심하게 느끼고 있었다.

물론 이러한 사회적 스트레스는 정도의 차이는 있겠지만, 현대인이라면 누구든지 겪는 문제다. 결코 연쇄살인의 변명이나 동기가 될 수는 없다. 다만 앞에서 살펴본 심리, 성격 등 개인적 문제와 결합하면서 상승 작용을 일으키는 촉매 역할을 하는 것으로 보인다.

④ 촉발 요인

심각한 심리적 성격적 문제를 가진 사람이 거듭되는 좌절과 실패, 거절 등 스트레스 환경에 노출된다고 해서 다 연쇄살인을 저지르지는 않는다. 내면적 문제를 '화약', 스트레스 환경을 '뇌관'이라고 한다면 '불'이 붙거나 '방아쇠'가 당겨져야 폭발하거나 발사되어 파괴를 하고 인명을 살상한다. 이처럼 촉발 요인(triggering event)이 명백한 연쇄살인이 있는가하면 그렇지 않은 연쇄살인도 있다. 연쇄살인을 계획하게 만드는 촉발 요인이 있는가 하면 순간적으로 살인하게 만드는 촉발 요인이 있다.

유영철의 경우 교도소에 날아든 아내의 이혼 통고를 촉발 요인으로 볼 수 있고, 김대두의 경우 교도소 출소 직후에 만났던 사람들의 적대적인 눈길과 냉대가 촉발 요인이었다고 할 수 있다. 정두영의 경우는 돈을 벌기 위해 강도를 계획했다가 현장에서 마주치는 피해자에게서 도전이나 무시 등을 느낄 때 분노가 폭발해 무자비한 살인 폭력을 휘둘러댔다. 연쇄살인 조직 지존파를 이끈 김기환은 당시 언론에 대대적으로 보도된 입시 부정 등 가진 자들의 부정부패가 촉발 요인이었다고 주장했다.

외국에서는 영화나 소설, 텔레비전 같은 미디어가 촉발 요인이었다고 주장하는 사례들이 있어 미디어 규제 논란이 불거지기도 했다. 분명한 것은 촉발 요인은 연쇄살인의 '동기'나 '원인'이 아니라는 점이다. 다만 준비된 폭약을 터뜨린 방아쇠에 불과하다. 당시 그 사건이나 경험이 없었다 하더라도 언제든 다른 사건이 불을 당길 수 있는 것이다. 흔히 연쇄 살인 사건이 발생하면 범인의 입만 쫓아 '빈부 격차', '유전무죄, 무전유죄의 불공평한 세상', '여성들의 타락' 등 사회적 병리 현상 때문이라고 떠드는 게 부질없는 거짓말인 이유다.

물론 뇌관이 박힌 화약덩어리가 돌아다닌다 하더라도 불이나 방아쇠를 모두 없앤다면 안전하지 않느냐는 우문을 던질 수도 있겠으나 화약은 태양열로도 폭발한다. 가급적 불을 당길 만한 요소들을 없애려는 노력을 기울여야 하는 건 당연하지만 말이다.

5 자유 의지

화약과 심지가 합쳐져도 물속에 빠져 영원한 불발탄이 되거나 광산이나 건설 현장에서 유용한 발파 도구가 되기도 한다. 콘크리트 지하 창고에 불이 나서 피해 없이 그냥 터져버리기도 하고, 영원히 터지지 않은 채 부패와 풍화 작용에 의해 사라져버리기도 한다. 아주 극히 일부만이 테러 등 범죄에 사용된다. 다이너마이트를 발명한 노벨이 세계적 권위를 인정받는 평화상 제정의 주인공이듯이 건설이냐 파괴냐, 공익이냐 범죄냐를 결정짓는 것은 '칼이냐 붓이냐', '설탕이냐 화약이냐'가 아니라 결국 인간의 '의지'와 '선택'이다.

선천적인 뇌기능 장애, 어린 시절의 충격적 경험, 그리고 지속되는 실패와 좌절 등 사회적 스트레스가 연쇄살인의 원인은 아니다. 힘들고 어려운 문제들을 해결하려는 의지 대신 칼과 도끼를 마구 휘둘러댐으로써 회피하는 '쉽고 비겁한 방법'을 선택한 연쇄살인범의 자유 의지가 결정적 요인이요 궁극적인 원인이다.

연쇄살인에는 나비효과(Butterfly Effect)[32]가 적용된다는 주장이 있다. 내가 뱉은 말 한 마디가 식당 종업원의 기분을 상하게 하고, 기분 나빠진 종업원이 동료에게 화를 내고, 그 동료가 집에 돌아가 가정 폭력으로 분풀이를 하고, 매 맞는 엄마를 보고 충격 받은 아이가 자라 연쇄살인범이 된다는 식이다. 하지만 원래 나비효과는 결정론이 아니다. 최초의 작은 사건이 여러 복잡한 경로를 걸

---

32) 나비효과(Butterfly Effect): "북경에서 나비가 날갯짓을 하면 뉴욕에서 태풍이 불 수도 있다"는 이론이다. 시스템의 초기단계에서 아주 작은 차이가 나중에는 점점 증폭되어서 거대한 차이를 불러일으킬 수 있다는 '복잡계(chaos system)에서의 초기성 민감도'를 설명하기 위한 가상의 예다. 원래 '중국에서 나비가 날갯짓을 했을 경우와 안 했을 경우의 그 작은 초기 조건의 차이가 복잡한 과정을 거쳐 나중에는 태풍이 있고 없는 정도의 거대한 변화를 일으킬 수도 있다'는 의미로 제시되었으나 최근에는 '나비의 날갯짓 같은 조그마한 일이 태풍 같은 큰 일을 만들어낸다'는 의미로 단순화 내지 과장되어 회자되고 있다.

쳐 큰 문제를 일으킬 수도 있고 그 반대가 될 수도 있는 등 미리 예견할 수 없는 것이 자연이고 사회라는 것이다.

우리 모두가 더 좋은 사회를 만들자는 반성을 하고 노력을 촉발하기 위해 '연쇄살인 나비효과론'을 주장하는 것은 상관없지만, 연쇄살인의 책임은 '우리 모두에게 있다'라는 식으로 문제를 희석하고 책임을 분산하여 '연쇄살인범을 연민의 시선으로 바라보자'는 주장으로 이어져서는 안 된다. 연쇄살인 나비효과론은 오히려 피해자들에게 우리 사회 구성원 모두가 빚을 지고 있다는 인식으로 이어지는 것이 더 바람직하다.

사리 분별과 선악 구분을 못하는 중증 정신질환자나 어린아이의 범죄는 아무리 심각한 결과를 초래하더라도 처벌하지 않는다. 책임을 물을 수 없기 때문이다. 하지만 연쇄살인범은 또렷한 의식을 가지고, 자신이 하는 행동이 무엇이며 피해자에게 어떠한 결과를 야기하는지 명확히 알고 행동한다. 경찰 수사망에 걸려들지 않기 위해 증거를 인멸하고 탐색과 정찰까지 행하면서.

물론 연쇄살인의 피해를 예방하고 줄이기 위해 연쇄살인범들에게서 나타나는 선천적 문제, 어린 시절의 충격, 환경적 스트레스 요인들에 대해 연구하고 해결책을 찾아나가는 노력은 계속되어야 한다. 하지만 연쇄살인을 저지르느냐 저지르지 않느냐의 선택은 오직 그 사람의 자유 의지에 맡겨져 있다는 사실을 잊어서는 안 되며 연쇄살인범에 대한 낭만적이고 동정적인 시선은 또 다른 연쇄살인을 부를 수 있다는 사실도 결코 간과해서는 안 된다.

제5절 연쇄살인범의 프로필

영화나 드라마, 소설 등의 '허구 문학(fiction)'에서 보여주는 연쇄살인범의 모습은 사실과 크게 다른 경우가 많다. 유영철이 즐겨 보았다는 영화 <공공의 적>[33]에 나오는 돈 많고 지능적인 펀드매니저 연쇄살인범이나, 신비로운 미모의 여성 연쇄살인범을 내세운 영화 <텔 미 썸딩>[34]은 전혀 현실성이 없다.

---

33) 강우석 감독, 설경구·이성재 주연, 2002년 작.
34) 장윤현 감독, 심은하·한석규 주연, 1999년 작.

외국 영화도 마찬가지다. <양들의 침묵(The silence of the Lamb)>[35], <한니발(Hannibal)>[36], <레드 드래곤(Red Dragon)>[37] 등에 등장하는 천재 정신과 의사 한니발 렉터 같은 연쇄살인범은 현실에서 찾아볼 수 없다. 물론 1890년대 고문실까지 고 여성들을 유인해 잔인하게 고문하고 살해한 미국 최초의 연쇄살인범 홈즈(H. Holmes)도 의사였고, 최근 영국에서 환자들에게 치명적인 주사를 놓아 연쇄살해한 의사도 있었지만 극히 예외적인 경우이며, 이들은 직업이 의사일 뿐 현실에 적응하지 못하고 실패한 이상 성격자들이라는 점에서 한니발 렉터와는 전혀 다르다.

사건 담당 형사에게 개인적으로 도전하고 예고 살인을 하는 <왓처(The Watcher)>[38]의 키아누 리브스, <본 콜렉터(The Bone Collector)>[39]의 기술자, <카피 캣(Copy Cat)>[40]이나 <세븐(Seven)>[41]의 다재다능한 범인 역시 현실 속의 연쇄살인범과는 전혀 닮지 않았다. 동료를 함정에 빠뜨리며 지능적으로 살인을 계속하는 <제니퍼 연쇄살인(Jennifer Eight)>[42]의 경찰관 역시 그렇다. 반면 연쇄살인범을 지나치게 동물적인 괴물로 묘사한 <칼리포니아(Kalifornia)>[43] 역시 비현실적이기는 마찬가지다.

이러한 비현실적인 연쇄살인범의 이미지는 언론에서 미해결 사건의 범인을

---

35) 조나단 드미(Jonathan Demme) 감독, 조디 포스터(Jodi Foster) · 앤서니 홉킨스(Anthony Hopkins) 주연, 1991년 작.
36) 리들리 스코트(Ridley Scott) 감독, 앤서니 홉킨스(Anthony Hopkins) · 줄리안 무어(Julianne moore) 주연, 2001년 작.
37) 브레트 래트너(Brett Ratner) 감독, 앤서니 홉킨스(Anthony Hopkins) · 랠프 피네스(Ralph Fiennes) 주연, 2002년 작.
38) 조 찰바닉(Joe Charbanic) 감독, 제임스 스페이더(James Spader) · 키아누 리브스(Keanu Reeves) 주연, 2000년 작.
39) 필립 노이스(Phillip Noyce) 감독, 덴젤 워싱턴(Denzel Washington) · 안젤리나 졸리(Angelina Jolie) 주연, 1999년 작.
40) 존 아미엘(Jon Amiel) 감독, 시고니 위버(Sigourney Weaer) · 홀리 헌터(Holly Hunter) 주연, 1995년 작.
41) 데이빗 핀처(David Fincher) 감독, 브래드 피트(Brad Pitt) · 모건 프리먼(Morgan Freeman) 주연, 1995년 작.
42) 브루스 로빈슨(Bruce Robinson) 감독, 앤디 가르시아(Andy Garcia) · 우마 서먼(Uma thurman) 주연, 1992년 작.
43) 도미닉 세나(Dominic Sena) 감독, 브래드 피트(Brad Pitt) · 줄리엣 루이스(Juliette Lewis) · 데이빗 듀코브니(David Duchovny) 주연, 1993년 작.

묘사하는 데 사용되면서 일반 대중에게는 현실 속의 연쇄살인범처럼 오인되기도 한다. 이런 오해의 부작용으로 연쇄살인범에 대한 지나친 공포가 확산되거나 여론의 압력으로 인해 수사 방향에 혼선을 초래하는 문제가 야기되기도 한다.

그러면 현실 속의 연쇄살인 범은 어떤 사람들일까? 연쇄살인범들에 대한 분석과 위에서 살펴본 연쇄살인범을 만드는 심리적 요인들로부터 연쇄살인범의 일반적인 모습을 다음과 같이 추정해낼 수 있다.

1. 일정한 직업이 없거나, 있다 하더라도 인정받거나 우수한 실적을 나타내지 못한다.
2. 연령대는 20대 후반~40대 후반일 가능성이 높다.
3. 드물게 여성도 있지만 대개는 남성이다.
4. 결혼하지 않았거나 결혼에 실패한 독신일 가능성이 높다.
5. 평소 속을 잘 드러내지 않고 조용한 편으로 눈에 띄지 않는다.
6. 간혹 아무것도 아닌 일로 자신을 무시한다고 화를 내거나 싸늘하게 돌변하여 주위를 놀라게 한다.
7. 사는 곳이나 개인 물건 등을 남에게 보여주지 않는 등 사생활을 철저히 감춘다.
8. 진지하게 대화하거나 남의 말을 잘 들으려 하지 않아 친하게 지내는 사람이 없다.
9. 때로 멍하게 공상에 잠기거나 다른 세상 사람처럼 느껴진다.
10. 과묵하고 반항적인 모습이 때로는 매력적으로 보이기도 한다.
11. 이성 관계에 서투르면서도 좋아하는 사람에게는 집착이 심하고 지나칠 정도로 잘 해준다.
12. 이성 관계에서 마음을 나누려 하지 않고 일방적인 애정 표현으로 상대방에게 부담을 준다.
13. 부담스러워서 헤어지려고 하면 감정이 폭발하여 폭력을 휘두르거나 섬뜩할 정도로 차가워진다.
14. 좋아하는 일이나 취미, 대상에는 대단한 집중력과 인내심을 보인다.
15. 폭력이나 절도, 성범죄 등의 전과자 있거나 이런 사건과 관련해서 경찰 조사를 받은 적이 있다.
16. 거짓말을 아주 능숙하게 한다.

물론 이러한 프로필에 모두 해당되는 연쇄살인범이 있는가 하면 일부는 적용되지 않는 연쇄살인범도 있고, 위 프로필의 상당 부분이 해당되는 사람 중에도 살인이나 폭력, 범죄와는 전혀 관계없는 사람들도 있다.

정신적 문제가 심각하고 충동적인 살인을 무계획적으로 저지르는 연쇄살인 범은 위의 프로필보다는 훨씬 정서적으로 불안정하고 일상생활 중에 폭력성과 가학성이 좀더 가시적으로 드러나기도 한다. 또한 성폭력이 수반되는 연쇄살인 범과 그렇지 않은 경우 등 범행 양상에 따라서도 프로필은 달라진다. 다만 대개의 연쇄살인범은 영화처럼 특출하거나 괴물 같은 존재가 아니라 우리 주변에 있어도 눈여겨보지 않으면 잘 드러나지 않는 사람들이며, 눈에 보이는 특징보다는 눈에 보이지 않는 내면의 문제가 심각하다는 사실을 분명히 인식해야 할 것이다.

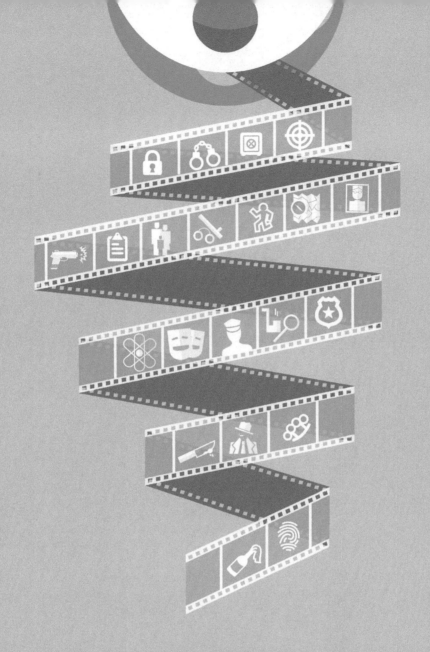

CHAPTER 04

연쇄 성범죄와 범죄심리

CHAPTER 04

연쇄 성범죄와 범죄심리

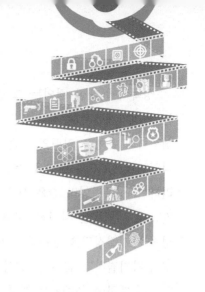

성폭력의 개관

① 성폭력의 개관

1) 성폭력의 정의

성폭력에 대한 개념을 일의적으로 정의하기는 어렵다. 여기서는 법적 개념과 여성주의적 입장에서 성폭력의 개념을 대비하여 정의하고자 한다. 먼저 법적 개념에서 보면, 현행법에서 규정하고 있는 성폭력의 유형들은 형법, 아동복지법, 경범죄처벌법, 특정범죄 가중처벌법 등에 관한 법률에 강간, 강간추행, 인신매매, 음란물 제조·판매, 음란행위, 아내구타, 아동학대, 성기노출 등 서로 다른 여러 가지 형태의 성폭력범죄가 포함되어 있다. 그러나 이러한 개념은 성폭력 형태에 대해서 정도의 차이를 문제시 하지 않고 그 행위가 성립되는지 않는지를 따지는 질적인 접근만을 할 뿐이기 때문에 많은 성폭력의 개념을 법적 개념에서 규정된 성폭력의 유형 외에 음란전화, 성적 희롱, 욕설, 가벼운 추행, 그리고 남성이 여성을 통제하기 위한 그 밖의 행위들과 아내강간 등도 성폭력의 범주에 넣고 있으며 각각의 유형을 분리하여 파악하는 것이 아니라 여러 형태의 성폭력을 서로 연결하여 연속성상에서 파악하고 있다.

성폭력에 대한 정의는 그 중심을 법적 개념에서 제기하는 '정조의 문제'보다는 여성학계에서 주장하는 '성적 자기 결정권의 문제'로 접근하는 것이 다양한 성폭력의 유형을 일련의 연속성상에서 파악할 수 있고, 보다 직접적이고도 적극적인 권리 보호의 방안을 주장할 수 있으리라 본다. 따라서 성폭력의 개념을 정리하면, 성폭력이라 함은 성을 매개로 이루어지는 유형, 무형의 강제력의 행사를 말한다. 여기에는 사회적, 신체적으로 우월한 지위를 이용한 남성이 여성에 대한 성적 자기결정권을 침해하는 행위뿐 아니라 동성 간에 이루어지는 어느 일방의 성적 자기결정의 침해 및 양성의 교섭관계가 상시적으로 있는 가정 내에서 어느 일방에 대하여 행해지는 부부 강간도 포함된다고 할 것이다(구수경, 2003: 89).

미국의 경우는 성범죄를 구체적으로 구분하여 설명하고 있다(이수정 외, 2006: 224-225). 전국적인 범죄피해자조사기관인 NCVS는 성범죄를 강간과 성폭력으로 구분하고 있는데, 강간은 폭력적인 성교 또는 성교의 시도가 있는 경우로 정의하고, 성폭력은 강간 또는 강간시도 이외의 성범죄를 지칭하는 용어로 사용된다. FBI의 범죄보고서인 UCR은 성범죄를 강압적인 강간과 성범죄로 구분하고, 강압적인 강간은 여성의 의지에 반하여 여성에게 폭력적이고 강제적인 성교를 하는 행위로서 완전한 성교뿐 아니라 성교의 시도도 범죄로 인정하고 있다. 성범죄는 정조나 체면, 도덕성 등에 반하여 법적인 강간과 구강성교나 항문성교 등을 포함한 남색(sodomy)도 포함하고 있다. 수사기관의 기록을 기초하여 전국적인 범죄사건조사를 하는 NIBRS는 성범죄를 좀 더 구체적으로 세분화하여 정의하고 있는데, 강압적인 강간, 미성년자 의제 강간, 강업적인 남색, 도구를 사용한 성폭행, 강제적인 애무, 근친상간으로 구분하여 정의하고 있다.

성폭력은 강간, 윤간, 강도강간뿐 아니라 성추행, 언어적 희롱, 음란전화, 성기노출, 어린이 성추행, 아내강간 등 상대방의 의사의 반하여 성적 행위로 모든 신체적·언어적·정신적 폭력을 포괄하는 광범위한 개념이다. '상대방의 의사에 반한다' 함은 원치 않거나 거부하는 행위를 상대방에게 계속하거나 강요한다는 말이다. 따라서 상대방으로 하여금 성폭력에 대한 막연한 불안감이나 공포감을 조성할 뿐만 아니라 그것으로 인한 행동제약을 유발시키는 것도 간접적인 성폭력이라 할 수 있을 것이다.

성폭력에서 특히 관심의 초점이 되는 것이 강간이다. 일반적으로 강간이란 성적인 방법으로 표현되는 폭력과 치욕의 행위를 말한다. 강간이란 성 자체가 목적이라기보다는 성이란 방법을 통해 힘을 과시코자 또는 분노를 풀고자 하는 기도이니, 이것이 여자가 귀한 지역에서 많이 발생하지 않는다는 것을 보아도 알 수 있다. 법적 견지에서는 음경이 질구에 도달한 것에서부터 강간으로 간주되며, 이때 음경의 완전 발기여부나 사정여부는 관계가 없다. 그리고 행위 시에 있어서 일반적으로 피해자가 괴로움을 당하면 당할수록 공격자의 성적 흥분은 이에 비례하여 고조되기 때문에 강간범에게서는 성적 가학증이 그 주요동기가 된다. 하지만 늘 그런 것은 아니다. 더러는 행위의 결과로 강간범이 성욕을 상실하는 경우도 많기 때문이다.

2) 역사적 맥락에서 본 성폭력

표 4-1 성폭력의 역사적 개념변화

시 기	성폭력의 실제	담 론
1970년대 ~ 1980년대 후반	산업화의 수단이자 결과로서의 집단적 성폭력(섹스관광, 공권력에 의한 여성노동자의 성적 통제 등)	성폭력은 아직 사회문제로 간주되지 않음(정정이데올로기가 강력하게 지지됨. 피해를 감추려는 경향이 있고, 신고율이 낮음)
1980년대 후반 ~ 1990년대 초반	근대화의 결과로서의 성폭력(개별화된 '진짜강간', 개인가해자에 의한 개별화된 성폭력)	성폭력이 사회문제로 간주되기 시작(정절이데올로기가 도전받기 시작, 여전히 피해를 숨기는 경향이 있지만 신고가 증가하기 시작)
1990년대 후반 ~ 현재까지	위험사회의 징후로서 좀 더 미묘한 유형의 성폭력 등장(성희롱, 스토킹, 사이버성폭력 등)	성폭력을 인권침해, 성적 자기결정권으로 규정(신고율 증가와 피해여성의 권리 주장, 여성단체에 의한 집단적 대응, 부부강간의 문제 논의)

※출처: 심영희. "위험사회와 성폭력", 『계간 사상』, 1998년 가을호 재구성.

2 성폭력에 대한 학설과 성범죄자의 유형

1) 성폭력에 대한 학설

성폭력은 이름 자체가 명명하고 있듯이 폭력을 수반하고 있으며 이는 권력적 성향을 가지고 있다 할 것이다. 권력과 폭력의 관계 속에서 성폭력을 폭력범 죄로서 규정함으로써 탈성화(脫性化)시킬 것을 주장하는 푸코의 입장과 폭력의 맥락뿐만 아니라 성적행위의 맥락에서 이해해야 할 것을 놓치지 않는 급진적 여성주의 내 입장 모두, 성폭력의 연구와 원인에 대한 설명으로 폭력과 권력의 문제를 언급하고 있다.

성폭력을 폭력뿐 아니라 성적 행위의 맥락에서 이해하고자 하는 입장은 성 폭력에 대한 보다 구체적인 분석과 대안들을 제공한다. 이들은 성폭력을 가부 장제하 성의 지배를 목적으로 이용되는 도구라고 보며, 여성과 남성의 섹슈얼 리티의 맥락에서 성폭력을 파악한다. 법에서 강간과 성교 사이의 구분은 여성 이 원하지 않음을 알면서도 남성이 강제적으로 행하는 것을 의미한다. 그러나 여성과 남성은 서로가 원하는 것을 제대로 알지 못하게끔 사회화되었다. 이처 럼 여성과 남성의 불리한 위치 체계 자체가 왜곡된 의사소통과 관련될 뿐만 아 니라 직장 내 성희롱, 가정폭력, 성폭력 등을 발생시킨다는 것이다.

남성 지배에 있어 일반적인 형태의 신체적·성적폭력 및 강제의 역할로 성 폭력은 강간 이외의 아내강간, 근친강간, 성희롱, 포르노매춘, 가정폭력 등 모든 형태의 여성학대를 포함한다. 결국 성폭력은 권력의 수단이 되는 비가시적인 것으로 다양해져감에 따라 보다 간접적이고 미묘한 형태의 수단으로 행해지고 있다는 것이다. 우리나라의 경우에도 역사적 맥락에 따라 성폭력의 변화양상을 살펴볼 수 있다. 보통 남자들은 가끔 속으로 자기가 강간하는 장면을 상상은 하 면서도 행동으로 옮기지 않는데 왜 범인들은 이를 행동화하는가에 의문을 품어 이들에게 어떤 독특한 심리적 원인이 있지 않겠느냐는 견지에서 서로 약간씩 중첩된다.

① 유혹설

"모든 강간은 사실은 화간(和姦)이다"라고 주장하는 설이다. "가만히 있으면 누가 달려들겠느냐, 피해자가 꼬리를 치고 유혹을 했으니 그리 되었지"라는 입 장이다. 우리나라 속설에도 과부 빗장 지르지 않고 잔다는 말도 있듯이 일응 수 긍이 가는 것처럼 보인다. 매스컴을 통해 대전·충남지역을 중심으로 발바리(성 범죄)의 사건이 연일 보도되는 데도 불구하고 밤늦게 홀로 어두운 그곳 뚝길을 산보하는 여성들의 뇌리에는 무엇이 있겠는가라는 것이다. 그러나 이 설은 대다수의 지지를 받지 못하며, 특히 여성운동가들로부터는 호된 질타를 받고 있다.

② 정신질환설

성범죄자의 30~80%가 정신장애자라는 조사보고가 있다시피 강간범 역시 이 범주에 해당하므로 이들에게는 심한 정신장애가 있을 것 같다는 설이다. 여기에 대한 최근의 연구보고는 69명의 강간범을 정신 감정한 결과를 토대로 한 미국 아이오와 대학교 정신과 Henn 등에 의한 것이 있는데 강간범의 48%는 반사회적 성격, 21%는 기타 성격장애, 11.9%는 정신분열병, 4.3%는 약물, 알코올 의존, 2.9%는 기질성 뇌증후군, 2.9%는 정신지체로 진단이 내려졌다는 것이다. 그리고 범인의 9%에서만 별다른 정신질환이 없다는 판정이 나왔다. 요컨대 정신병 환자가 강간범에 많을 것이라는 추측과는 전혀 틀린, 오히려 적은 숫자를 나타내더라는 것이 이들의 결론이다.

③ 공격대체설

범인은 실은 두려워하는 대상이 따로 있어서 늘 복수하고픈 심정을 지니고 있는데, 대개 그 대상이란 다른 남자이다. 그러나 이러한 복수심에 찬 공격성을 직접 그 대상에게 표출시킬 수가 없으므로 만만한 여자에게 이를 대체시켜 풀어버리는 것으로, 이 경우 피해자는 분풀이의 도구가 된다는 것이다. 이 설은 전쟁시에 일어나는 강간 사태를 놓고 보면 딱 들어맞는 점이 많다. 이는 이들 승전병사들이 과거에 정신병을 앓았거나 범죄를 저지른 경력이 없었는데도 강간을 범하는 예가 너무나 많기 때문이다. 이들 승전군의 강간행위 결과로 드디어 적국의 사기가 떨어진다. 반면 승전군은 쌓였던 공격성을 마음껏 풀 수 있어 따라서 적과 전쟁에 대한 공포심이 줄며, 승전군 남자간의 유대가 더욱 공고해지고, 우리는 힘을 가졌다는 생각에 더욱 자신만만해진다는 것이다.

④ 분노표시설

최근 대도시에서 급격히 증가한 강간범죄가 사회적으로 큰 문제가 된 대다가 여권운동의 거센 물결을 타고 강간에 대한 사회적·정신의학적 연구는 1970년대 중엽에 활발해졌던 것이 미국의 배경이다. 이중 대표적인 것이 미국 보스턴의 여류사법정신의학자 Groth 등(1977)이 한 것으로, 이들은 보스턴 지역의 강간범 133명과 피해여성 92명을 대상으로 강간범 심리를 조사하여 강간이란 성 자체가 목적이기보다는 성이란 방법을 통하여 힘을 과시하거나 분노를 풀려는 기도라는 발표를 하였는데 현재 이 설명이 크게 인정을 받고 있다. Groth 등은 강간을 권력형 강간과 분노형 강간의 둘로 나누었는데, 엄밀히는 모든 예에서 이 두 가지가 다 있기는 하나 그 중 어느 하나가 두드러진다는 것이다.

2) 성범죄자의 유형

성범죄자에 대한 유형은 다양한 기준에 의해 분류되고 있다. 그 가운데 상당히 많은 연구에서는 강간동기를 기준으로 성범죄자의 유형을 폭력 지향형 성범죄자(power assertive rapist), 폭력 강화형 성범죄자(power reassurance rapist), 분노 보복형 성범죄자(anger retaliation rapist), 분노 가학형(sadistic rapist)으로 분류하고 있다. FBI의 경우에도 위와 같은 기준으로 성범죄자를 구분하고 있다. 따라서 이 연구의 성격을 고려하여 성범죄자의 유형을 강간동기를 중심으로 구분하여 설명하려고 한다.[44]

① 폭력 지향형 성범죄자(power assertive rapist)

폭력 지향형 성범죄자는 성적인 공격을 남성다움, 주인의식, 지배력의 표현이라 인식하는 성범죄자로서 이들에게는 단지 성행위보다 일종의 약탈을 위한 폭력적 행위로 인식을 한다(Holmes & Holmes, 2002: 144-156). 성범죄 사건 중에서 많은 부분이 폭력 지향형 성범죄이다. 이는 전체의 과반수 이상을 점하는 유형으로 이들 범인이 노리는 것은 자신의 힘, 남성다움, 정복, 우월, 지배, 성적인 매력을 과시하기 위한 목적이다. 특히 성범죄 행위시 나타나는 공격성은 피해자의 복종을 확보하기 위한 것이며, 성범죄자들은 피해 여성이 처음에는 반항하다가 뒤에 가면 굴복하여 기쁘게 응할 줄로 기대한다(Holmes & Holmes, 2002: 153).

폭력 지향형 성범죄자의 개인적 특성에서 찾아볼 수 있는 것은 가정에 문제

---

44) 성범죄 유형을 강간동기로 구분한 대표 연구물 중 Groth, Burgess, Holmstrom은 133명의 성범죄자와 92명의 피해자를 대상으로 한 공동연구를 통하여 성범죄에 결정적인 영향을 주는 것은 폭력, 분노, 그리고 성욕이라고 결론지었다. 이들은 성범죄자를 폭력 지향형, 폭력 강화형, 분노 보복형, 분노 가학형 등의 네 가지 유형으로 구분하고 있다. 이 연구에서도 위와 같은 4가지 유형으로 구분하여 설명한다.

가 많으며, 결혼생활도 원만하지 못하다는 것이다. 외모와 복장에 많은 관심을 가지고 있으며, 신사적인 태도로 여성에게 접근을 한다. 특히 술집, 클럽 같은 곳에서 피해자를 주로 물색한다. 주변 사람들은 이들을 여자를 유혹하려고 궁리하는 사람으로 기억하는 경우가 많다. 남성적인 이미지를 과시하기 위하여 목소리가 크고 떠들썩하지만 매너가 좋은 사람으로 행동을 한다. 폭력 지향형 성범죄자는 전통적으로 남성적인 직업에 종사하고 있을 수 있다(허경미, 2008: 57).

이들의 공격은 언어적 폭력과 신체적 폭력 등 다양한 폭력 형태로 나타난다. 이 유형의 성범죄자는 피해자에게 갖가지 성적 행위를 요구한다. 이들에게 성교는 포식자로서의 약탈적 본능을 충족시키는 행위와 같이 자기의 주체성을 증명함으로써 자신 속에 있는 열등감을 부정하려고 안간힘을 쓴다. 따라서 범행 수법이 유사하며 동일한 피해자에게 수회에 걸친 범행을 한다(Ressler & Douglas, 2004).

폭력 지향형 강간범은 일반적으로 부인 혹은 연인과 같은 일정한 섹스 파트너를 가지고 있지만 성에 대한 충동을 느끼며, 성범죄시 피해자에 대한 폭행은 피해자의 순종을 강요하는 수단으로 행해진다. 폭력 지향형 성범죄자는 그의 충동을 거의 억제하지 못하므로 성격진단시 반사회적 성격장애나 정신병질환자로 분류될 수 있다(허경미, 2008: 58).

한편 이 유형의 성범죄자는 이 연구에서 여성에 대한 폭력 지향성과 관련하여 성역할 고정관념의 하위변수인 남성 우월주의와 관련된다. 또한 술집에서 여자를 유혹하거나, 술에 취한 여성을 유혹하는 유형으로서 강간통념의 하위변수인 피해자 행동에 대한 오해의 모형과 관련된다.

② **폭력 강화형 성범죄자**(power reassurance rapist)

폭력 강화형 성범죄자는 낮은 자존감, 패배 의식으로 인해 활동이 적어지며, 이러한 소극적인 특성으로 인해 최소한의 사회적 능력을 유지할 뿐이며, 대부분의 시간을 성인잡지를 보며 지낸다. 또한 이런 특성은 무능력과도 연결되는데 경제적 문제 때문에 싱글이며 부모와 동거하는 경우가 많다. 그러나 소극적이고 적은 활동으로 인해 주변사람들에게는 오히려 꾸준하고 신뢰성 있는 직원으로 비추어 지기도 한다. 또한 낮은 교육수준과 가깝게 지내는 친구가 없다는 특징이 있다(Knight & Prentky. 1987: 403－426).

폭력 강화형 성범죄자의 신체적 특징은 외모나 체격에서 남성다움을 찾아보기 어렵다는 점이다. 따라서 폭력 강화형 성범죄자가 여성과 사회적·성적으로 교제하고 싶지만 왜소한 신체적 조건 때문에 자신감이 결여된 특성을 보이기도 한다.

폭력 강화형 성범죄자는 심리적 특성과 신체적인 특성으로 인해 자신의 남성성을 확인하려는 욕구가 매우 강한 자들이지만 현실적으로 불가능한 요소가 많기 때문에 그만큼 성행위에 대한 환상(sexual fantasies)에 사로잡히게 된다. 이러한 까닭 때문에 이들을 '비이기적 강간범(unselfish rapiest)', 보상형 강간범(compensatory rapist)'이라고 불리기도 한다. 폭력 강화형 성범죄자에게 성범죄의 기본적 목적은 성적인 행동을 통하여 그 자신의 지위를 고양시키는 것이다. 그는 평상시 자신을 사회의 낙오자라고 생각하고 있었지만 성행위를 통해 피해자를 자신의 통제 하에 둠으로써 자신이 중요한 사람이라는 것을 스스로 믿고 싶어 한다(Douglas & Olshaker, 1995).

폭력 강화형 성범죄자는 환상 때문에 자신이 여성을 성범죄를 하고 있음에도 불구하고 마치 상대방을 배려하고 있다고 착각을 하기도 한다. 또한 성범죄 시에 여성들로 하여금 스스로 옷을 벗게 하고 이를 통하여 피해자인 여성도 섹스를 즐긴다는 혼자만의 환상을 부추기게 된다. 이들은 피해자들이 성적 강간 행위를 즐긴다는 가정 하에 범행을 저지르므로 성행위 도중 피해자들에게 음란한 표현을 하도록 하거나 자신이 행하기도 한다. 또한 이들은 정신병질적인 성적 다양성을 보이는 데 복장도착, 노출증, 관음증, 성욕도착이나 과도한 자위행위 등의 모습을 보인다(허경미, 2008: 59-60). 이러한 환상의 핵심은 사실을 왜곡하여 지각하는 것으로 피해자가 강간당하는 것을 즐길 것이며 아마도 자기와 성적 유희에 빠질 거라고 생각하는데 있다. 만약 피해자가 자신의 환상대로 움직이지 않거나 이를 거부하고 무시한다고 생각되면 피해자에게 큰 위협을 가해 살해하는 경우도 발생한다(김상균, 2007).

폭력 강화형 성범죄자는 그와 동일한 연령 집단과 동일한 인종 집단 내에서 피해자를 고르는 경향이 있고, 그가 걸어서 돌아다니기 때문에 종종 주변 이웃 또는 그의 직장 근처에서 피해자를 고른다. 일반적으로 강간범은 비교적 적은 폭력으로 시작하지만, 범죄가 지속되면서 폭력성이 증가될 수 있다(Holmes & Holmes, 2002: 146).

이러한 유형의 성범죄는 가해자들이 그들의 남성다움에 대한 불안을 해소하기 위하여 범행을 저지르게 되는 경우이다. 그러나 범행 이후에도 불안이 해소되지 않고 더 깊어지면, 또다시 강간을 저지르게 되는 등 반복적으로 범행을 하게 된다. 주로 이런 유형의 강간범들은 범행 전에 미리 범행계획을 치밀하게 세우고 피해자를 물색하여 피해자를 유혹 내지 유인하여 강간을 저지르는 계획적인 범행을 하는 특성을 보인다(Hazelwood & Burgess, 2001).

이 연구에서는 폭력 강화형 성범죄자의 유형에서 나타나는 주요 특징과 관련하여 인구사회학적 특성에서 부모와의 동거 여부, 직업, 소득 정도 등에 대해 접근을 한다. 또한 이 연구의 주요 목적인 성의식과 관련하여 강간통념에 대해 접근이 가능하다. 즉 성범죄자의 강간통념 중 '피해자는 강간을 당하고 싶어 한다' 등의 여성 행동에 대한 오해의 모형과 관련된다.

③ 분노 보복형 성범죄자(anger retaliation rapist)

분노 보복형 성범죄자는 자신이 다른 여성에게 직·간접적으로 피해를 당했던 부당한 행위에 대해 보복하려는데 주요 목적이 있다. 이들은 부모 한쪽 혹은 양쪽으로부터 성적으로 학대를 받은 경험이 있고, 부모가 이혼하는 경우도 많다. 양육 형태는 입양되어 위탁가정에서 양육된 경우가 많은데, 어머니 혼자 혹은 여성 혼자 아이를 돌보는 집에서 성장한 특징이 있다. 분노 보복형 성범죄자는 그 자신을 체력적으로 강건하고, 남성적이라고 생각하므로 육체적 활동이 많은 스포츠를 즐기는 특성이 있다. 결혼을 하지만 남성적인 이미지를 강화하기 위하여 다양한 혼외정사를 즐기는 경우도 있다.

주변 사람들은 이들에 대해 성질이 급하고, 폭력적 기질을 가지고 있다고 평가할 수 있다. 이들은 강간에 대한 통제 불가능한 충동을 가지고 있는 것으로 보이며, 자신의 부인이나 모친 또는 기타 여성들과의 일련의 경험으로 여성에 대한 증오감을 가지며, 이러한 증오감이 분노감을 촉발시키고, 분노에 대한 보복적 행위가 강간의 형태로 나타나는 것으로 보인다(Holmes & Holmes, 2002: 148). 이런 주요 특징은 이 연구에서 인구사회학적 특성의 모형이 된다(허경미, 2008:

60 – 61).

분노 보복형 성범죄자는 주로 자신의 집 근처에서 강간을 저지르는 경향을 보인다. 이는 강간이 우발적으로 행해지고 비계획적으로 행해지기 때문이다.

이들에게 강간은 성적 행위가 아니라 주로 분노의 표현이며, 강간시 폭력을 행사하는 것은 피해자를 해치려는 의도가 강하다. 강간 과정에서 나타나는 폭력은 언어적 공격부터 신체적 공격에 이르기까지 다양하며, 피해자에게 상당히 음란한 말을 내뱉고 종종 피해자들의 옷을 찢기도 하며, 주먹과 발을 포함해서 닥치는 대로 흉기를 사용하여 피해자를 폭행한다.

이들은 피해자를 폭행하여 저항불능하게 만든 다음 피해자에게 언어적 폭력을 퍼붓는데 이는 자신의 성적 흥분을 고양시키는 동시에 피해자에게 공포와 두려움을 주기 위한 것이다. 이들은 피해자에게 항문섹스나 오럴섹스를 하거나 얼굴에 사정을 하기도 한다. 이들은 피해자로 같은 연령대 내지 약간 나이 많은 여성을 자신의 집 근처에서 주로 차를 타고 다니면서 대상을 찾는다. 이들은 범행 후 더 이상 피해자를 접촉하고자 노력하지 않는다(허경미, 2008: 63 – 64).

④ 분노 가학형(sadistic rapist)

분노 가학형 성범죄자는 가장 위험한 강간범으로 강간의 목적은 성적으로 공격적인 환상을 표현하는 것이라 할 수 있다. 이들은 대부분 반사회적 성격장애를 보이고 있으며, 일상생활에서도 상당히 공격적인 양상을 보인다. 이들은 공격과 폭력을 에로틱한 것으로 인식하고 있다. 분노 가학형 성범죄자는 다양한 사회적 특징을 보이고 있다. 대표적으로 편부모 가정 하에서 자랐고, 대다수가 아동기에 신체적 학대를 겪었으며, 많은 수가 성적 일탈 현상을 보이는 가정에서 양육되었다는 특징을 지니고 있다. 또한 분노 가학형 성범죄자는 관음증, 난잡한 성교, 과도한 자위행위와 같은 유년기 성적 병리 증세의 이력을 가지고 있다(Kenney & More, 1994: 96).

전형적인 분노 가학형 성범죄자는 결혼을 했고 주변에서는 그를 가정적이고 좋은 남편으로 인정한다. 상당수는 범죄율이 낮은 중산층 거주지역에 살며, 성공한 사람으로 인정을 받으며, 평균 이상의 교육을 받았으며, 전문직에 종사하고 있는 경우도 있다.

분노 가학형 성범죄자는 지적이며, 전과가 거의 없는 경우가 많다. 그는 매우 치밀하게 성범죄를 준비하며, 일정지역에서 범행을 행하였더라도 평소 그가 가진 지역의 평판 등으로 용의선상에서 배제될 수 있다. 즉 전과가 없고, 학식이 풍부하며, 사회적으로 인정을 받으며, 뚜렷한 증거를 찾기 힘든 점 등이 경찰의 수사를 피해가게 하는 것이다(Holmes & Holmes, 2002: 151).

분노 가학형 성범죄자에게 있어서 성범죄는 폭력을 표현하는 하나의 수단이다. 따라서 체포되지 않는다면, 이들은 궁극적으로 피해자들을 살해하기 시작한다.

분노 가학형 성범죄자는 강박적인 성격(compulsive personality)을 보인다. 이 요소는 프로파일링 과정에 있어서 특히 중요하다. 이들의 외모 및 차량은 잘 정리되어 있고 깨끗하며, 항상 최적의 상태를 유지하고 있다. 이들은 피해자 선정을 신중하게 하며, 눈에 안 띄는 장소로 이동시킨다. 이들은 집 주변보다 먼 장소까지 가서 피해자들을 선택하는 데 평균적으로 3마일 정도를 돌아다니며, 이들 중 절반은 자신의 집 주변에서 범행을 하다가 체포되기도 한다. 이들은 피해자들에게 극히 불경스럽고 모욕적인 언어로 그가 앞으로 무엇을 할 것인지를 설명하기도 하고, 피해자들을 폭행하는 동안 그의 부인 또는 어머니 등의 다른 이름으로 부르도록 한다(Holmes & Holmes, 1998: 120). 이 유형에서 나타나는 행위는 이 연구에서 인구사회학적 특성에서 살펴 볼 수 있다.

⑤ 남성성 재확인형

남성성 재확인형(power-reassurance rapists)은 여성에게 자신이 남성임을 과시하기 위해 강간하는 자들이다. 실제 이들은 외모나 체격에서 남성다움을 찾아보기 어렵다. 그만큼 왜소한 경우가 많다. 여성을 지배하는 통제력을 느끼고 싶어하지만 사회적·성적으로 여성들과 교제하는데 있어 자신감이 매우 결여된 사람들이다. 자신의 남성성을 확인하려는 욕구가 매우 강한 자들로 성행위에 대한 환상에 사로잡힌 사람들이다. Douglas와 Olshaker는 이들은 '비이기적 강간범(unselfish rapists)'이라 부르고 있다. 즉, 자신이 여성을 욕보이고 있음에도 불구하고 마치 상대방을 배려하고 있다고 착각한 듯한 모습을 보이기 때문이다(Palermo & Farkas, 2001).

이들은 강간시에 여성들로 하여금 스스로 옷을 벗게 하고 이를 통하여 피해자인 여성도 섹스를 즐긴다는 혼자만의 환상을 부추기게 된다. 이들은 매우 외로운 자들로 실제 여성과의 사귐이나 성행위에 자신이 없기 때문에 성에 대한 환상에 지배되어 있다. 환상의 핵심은 사실을 왜곡하여 지각하는 것으로 피해자가 강간당하는 것을 즐길 것이며 아마도 자기와 성적 유희에 빠질 거라고 생각하는데 있다. 만약 피해자가 자신의 환상대로 움직이지 않거나 이를 거부하고 무시한다고 생각되면 피해자에게 큰 위협을 가해 살해하는 경우가 많다. 이러한 유형의 강간은 가해자들이 그들의 남성다움에 대한 불안을 해소하기 위하여 범행을 저지르게 되는 경우이다. 그러나 범행 이후에도 불안이 해소되지 않고 더 깊어지면, 또다시 강간을 저지르게 되는 등 반복적으로 범행을 하게 된다. 주로 이런 유형의 강간범들은 범행 전에 미리 범행 계획을 치밀하게 세우고 피해자를 물색하여 피해자를 유혹 내지 유인하여 강간을 저지르는 계획적인 범행을 하는 특성을 보인다.

이들 중에는 심각한 자위행위, 노출증, 음란전화, 복장도착증, 패티시즘 등을 포함한 다양한 성적 일탈(sexual deviance)의 경험을 갖고 있다. 따라서 강간을 한 후에 환상을 재현하기 위한 방편으로 피해자의 속옷이나 사진 등 개인적인 의미가 있는 물품을 범죄의 기념품으로 갖고 가는 경우가 많고(Hazelwood, 1987; 이수정 외 2006), 성적 유희를 위한 환상시스템의 작동으로 살해 후에 사체훼손을 한다.

⑥ 사이코패스형

비교적 많은 강간범들이 반사회적 성격장애(antisocial personality disorder)를 갖고 있다고 한다.[45] 반사회적 성격장애자는 사이코패스와 같은 성격특성을 가지고 있음에는 틀림없지만 스트레스에 대한 반응을 반사회적으로 할 뿐으로 이를 사이코패스와 같은 위험한 성범죄자라고 부르지는 않는다. 따라서 반사회적

---

45) DSM−Ⅳ(the Diagnostic and Statistical Manual−Ⅳ)에 의하면 반사회적 성격장애는 다른 사람의 권리를 무시하고 침해하는 광범위한 행동양상을 보이는 자로 법규를 자주 위반하며 자신의 이익이나 쾌락을 얻기 위해 거짓말을 반복하고 충동적이며 자주 폭력을 행사하는 자들이다. 반사회적 성격장애는 불안장애, 우울장애, 물질관련장애, 신체화장애, 그리고 병적 도박과 기타 충동조절장애를 동반하는 경우가 많다. 이 장애의 진단을 받기 위해서는 적어도 연령이 18세 이상이어야 한다.

성격장애자와 사이코패스는 엄격한 면에서 구별된다. 사이코패스는 반사회적 성격을 실제로 표출하는 자('real' actor)로 자기중심적(self-centered)이고, 냉담(callous)하며, 가차 없는(remorseless) 사람으로 양심의 제지를 받지 않고 타인에 대한 배려나 동정심이 심각히 훼손된 자들이다. 이들은 '도덕적 백치(moral imbecility)'라 불리거나 '타고난 강간범(born savages)'이라고 한다. FBI 행동과학 연구소에서는 연쇄 강간 후 살인하는 연쇄살인범에 이런 유형이 많다고 하면서 이들의 성적 공격행동은 매우 이기적이고 충동적으로 행동하며 피해자에게 과도한 폭력을 행사한다고 한다. 즉, 피해자의 입장을 전혀 고려하지 않고 피해자들과의 어떠한 의사소통 및 교류도 시도하지 않는 자들로 성범죄 프로파일링의 목적으로 접수된 사건들 중에서 두 번째로 많이 관찰되는 유형이라고 한다.

⑦ 권력형

권력형(Power-assertive rapist)은 자신의 우월성, 우세, 통제를 매개로 하여 성적인 범죄행위를 저지르는 자를 말한다. 성폭력 사건 중에서 많은 부분이 권력형 성폭력이다. 이는 전체의 과반수 이상을 점하는 유형으로 이들 범인이 노리는 것은 자신의 힘, 남성다움, 정복, 우월 지배 등 성적인 매력을 과시하기 위한 목적이다. 범인들은 상대방이 처음에는 반항하다가 뒤에 가면 굴복하여 기쁘게 응할 줄로 기대한다. 이들은 상대방을 납치하고 또 묶기도 한다.

이들은 자기의 주체성, 정력과 힘, 지배성을 증명함으로써 자신 속에 있는 열등감, 왜소감을 부정하려고 안간힘을 쓰며 그래서 자주 같은 범행을 저지른다. 이들의 성범죄의 주기는 일정하지 않고 산발적이다. 이들은 성범죄의 대상으로 동년배 또는 연하의 여성인 경우가 많으며, 클럽이나, 술집 같은 곳에서 피해자를 물색한 후에 매너 좋은 신사적인 태도로 피해자의 환심을 산 후에 범행을 저지른다. 이 유형은 데이트 강간의 일 유형으로 이해할 수 있다. 실제의 범행시 이들은 발기상태를 유지하는 데 문제가 있을 수 있으며(impotence), 사정을 너무 빨리하는 조루증이나 늦게하는 지루증의 문제를 겪는 것이 대부분이고, 그런 것 없이 성교를 치루더라도 원하던 성적 만족은 얻지 못한다. 사후 피해자를 검사해 볼 때 대개의 경우 질 내에서 살아 있는 정자를 발견치 못하며, 신체에 상처도 별로 없다.

강간시 이들 범인은 피해자에게 성감이 어떻냐? 평소 당신의 성생활은 어떠했느냐? 이름은? 등과 같은 질문을 자주 던진다. 그래서 피해자는 이런 경우 처음에는 대항 거부하는 자위책을 섣불리 쓴다. 피해자들은 뒤에 이들 범인이 되돌아오지 않을까 몹시 겁을 내며, 행위시 강제였긴 하지만 그와의 대화에 응했던 자신을 몹시 분해하고 수치스럽게 여긴다. 이런 유형의 강간범은 사춘기 때 정상적인 이성애의 발달을 경험하지 못하였고, 노출증이니 관음증, 동성애와 같은 비정상적인 성적 경험을 많이 한 사람이라고 알려져 있다. 이들의 자신의 비정상적인 성적활동에 대하여 죄의식을 느끼고 수줍어하기도 하고, 여성에 대한 정상적인 이성관계를 형성하지 못하는 경우도 있다. 하지만 이들은 일상적인 사회생활에 특별한 문제를 보이지 않기 때문에 전형적인 강간범으로 보이지 않는다.

⑧ 분노치환형

분노치환형(displaced anger rapists)은 대체로 범죄자가 증오하는 사람과 비슷한 외모나 분위기가 있는 사람을 선택하여 강간을 하는 자들이다. 공격패턴은 일정한 패턴은 없으나 상당히 폭력적이고, 주로 신체적 학대를 목적으로 피해자를 공격하고, 이들은 본인이 중요하게 여기는 어떤 여성에 대한 분노를 느끼고, 공격 후에 분노가 감소하면서 긴장감이 점차 사라진다. 다시 말해 이들은 자신이 늘 분노하고 두려워하는 대상이 따로 있으며, 복수하고 싶은 심정을 항상 지니고 있다. 그래서 이들은 다른 대상을 공격하고 난 후에 어느 정도 분노가 해소될 수 있지만 그러나 결국 분노가 다시 생겨나고 문제의 원인인 여자들을 향해 분노를 표출하지 않으면 극도의 긴장감에 시달리므로 이를 해소하고자 연쇄적으로 범행을 한다.

얼굴모습, 키, 체중, 옷차림새, 몸가짐 등의 여러 면에서 자신이 이전에 분노를 느꼈던 여성과 비슷한 사람을 피해자로 선택한다. 이들은 여성에게 분노감을 가지고 있으며, 여성들을 처벌하고 모욕감을 주기 위한 방편으로 섹스를 활용한다. 과거 자신에게 큰 모욕감을 준 여성들인 어머니, 아내, 애인 등과 비슷한 여성들을 공격하는데 물리적 폭력을 곧바로 사용함으로써, 피해자를 굴복시켜 피해자가 방어할 기회조차 없는 경우가 많다. 폭력을 가하는 동안 피해자가 모욕감을 견디면 그치는 경향이 있으나 반항하면 잔인한 살인에 이르기도 한다.[46] 이들은 성장기에 계모 등으로부터 모진 학대나 배신감, 어머니로부터의 유기, 애인으로부터의 실연 등의 경험을 갖고 있고, 과거의 여성들과 비슷한 자를 공격의 대상으로 삼는다는 점에서 특이하다.

⑨ 강간충동형

강간충동형은 많은 경우 충동조절장애(impulse-control disorder)를 갖고 있는 사람들이다.[47] 강간충동형은 충동조절장애자라고 할 수 있다. 물질의존이나 이상성욕도 여기에 해당한다. 이상성욕에 의한 강간범죄자가 바로 강간충동형이다. 이 유형은 다양한 성적 일탈을 경험한 전력이 있고, 이들의 모든 생각과 관심의 초점은 변태성욕적인 환상 속에서 강제적인 성행위를 통한 자신의 성욕충족에 맞추어져 있다. 집요할 정도로 섹스에 몰입해 있다는 점에서 성적인 강간범(sexual rapist)이라 부른다.

이들의 파트너나 피해자는 낯선 사람이 대부분이다. 강간범이 강제로 성관계를 갖고 싶다는 충동에 사로잡히면, 이런 충동을 억제하거나 다른 방법으로는 해소하지 못하여 긴장하고 불안해하다가 강간을 함으로써 긴장과 불안을 해소하고 만족감과 안도감을 느낀다. 그러나 이내 강간충동이 일어나 연속적으로 강간에 몰입한다. 이들은 거의 매일 강간만을 생각하거나 강간대상을 물색하기에 강간범죄의 상습범이 되고 강간을 거듭할수록 수법이 대담해지며, 강간 후에 절도나 강도를 하기도 한다. 그러나 주목적은 강간이기 때문에 절도나 강도의 목적으로 침입 후 성충동을 느끼거나 신고를 저지할 목적으로 강간하는 유

---

46) 이들은 스스로가 참을성이 있다고 느낀다. 따라서 자신들은 분노에 대한 과잉통제형이라고 한다. 분노를 느끼면서도 그것을 겉으로 표현하지 않는 사람들은 적절한 상황적 요인에 의해 순간적으로 억압된 감정을 표출하기 쉽다. 즉, 분노에 대한 과잉통제형이 오히려 도발적인 상황에서 분노를 공격행동으로 바로 연결되기 쉽다는 것이다. 즉, 분노를 유발하는 요인이 있을 때는 분노가 한층 강해지며(anger→rage), 이 때 이를 참지 못하고 범행을 저지른다. 분노를 조절하는 힘이 매우 약하다는 점이다.

47) 충동조절장애는 본인에게는 물론 다른 사람에게 해가 될 수 있는 행동에 대한 충동이나 욕망 또는 유혹을 이겨내지 못하는 것이 특징이다. 이들은 어떤 행동을 수행하기 전에 긴장감이나 각성상태가 고조되는 것을 느끼고, 행동을 취할 때 기쁨이나 만족감 또는 안도감을 경험한다. 그러나 행동을 하고 난 다음에는 크게 후회를 하기도 하고, 자책을 하기도 하며 죄의식을 느낀다. 이런 충동조절장애에는 간헐적인 폭발성 장애, 병적도박, 병적방화, 발모광 및 달리 불류되지 않는 충동조절장애가 있다.

형과는 판이하게 다르다.

⑩ 성도착증형

성도착증은 보통사람과 달리 비정상적인 대상 또는 방법으로 성적 만족을 추구하려는 성적 장애이다. 성적 장애에 대한 ICD-10의 분류에 의하면 복장도착증, 여성물건애, 노출증, 관음증, 소아기호증, 가학증, 피학증 등이 있다. 이러한 성적 장애가 전부 성폭력과 연결되는 것은 아니지만 성폭력을 상대의 의사에 반하는 일체의 성적 강제력의 행사라고 광의로 해석한다면 성도착증은 성폭력과 관련지을 수 있다. 또 이외에도 청음증 즉 청각과 후각, 촉각 등을 통하여 성적 흥분을 추구하는 것도 성도착의 개념에 포함되어야 할 것으로 보이며(천정환, 2006: 400-401), 포르노그라피 등 성적 흥분을 추구하기 위하여 비디오 또는 인터넷을 지나치게 자주 이용하는 것도 성도착의 개념에 포함되어야 할 것으로 판단된다.

성도착적인 행태로서 어린이를 상대로 성적 만족을 추구하는 소아기호형이 있다.

Cohen Seghorn 및 Calmas는 가해자의 심리적 프로파일을 설명하기 위해 아동 성폭력범을 3가지로 분류하였다. 고착형 소아기호증(pedophile fixated type), 퇴행형 소아기호증(pedophile regressed type) 및 공격형 소아기호증(pedophile aggressed type)이 그것이다. 이 중에서 매우 위험한 유형이 공격형인데, 이들은 아이들을 공격함으로써 성적 흥분을 느끼게 되는 사람들로 아동과 폭력적이거나 가학적인 성행위를 즐기다. 대부분의 소아기호증은 아이를 귀여워하는 것이 많고 유인이나 위협의 방법으로 아동을 성폭행하는 것이 일반적이기 때문에 공격형은 매우 드물다. 아동성폭력에 대한 연구로 유명한 Groth는 그의 후기 연구에서 소아기호증을 고착형과 퇴행형으로 나누고 이들의 공통적인 특성을 밝혀내고 있다. 그에 따르면 아동 성폭력범들은 ① 수동적이고 복종적이다. ② 고립, 타인과의 분리, 자기소외와 같은 감정이 강하다. ③ 공허함, 불안정, 우울 같은 감정상태에 자주 빠진다. ④ 이성과의 성관계에서 좌절 경험이 많고, 자신감이 없으며 의기소침하다. ⑤ 내적인 불안감을 자기 자신의 미성숙을 상징하는 아동과의 성관계로 대치하는 경향이 강하다고 한다.

심각한 어린이 성폭행은 고착형과 공격형이 혼합된 상태이다. 성적 취향이 완전히 아동에게 고착되어 있으며, 남아나 여아나 모두 피해 대상이 될 수 있다. 이들의 성적공격은 공격형과 마찬가지로 매우 위험하고 잔인하다. 아동에게 이상성욕을 경험하는 자들로 성적 환상이 있고, 이를 실제의 행위에서 표출하고자 하는 자들로 매우 드물게 보이는 유형이라고 한다.

⑪ 성적 장애형

성적 장애는 심리적·기질적 이유 또는 복합적인 이유로 파트너와 원활한 성행위를 가질 수 없는 일체의 경우를 말한다. ICD-10에서 성장애의 유형으로 성욕결핍 또는 상실증, 성적 혐오, 절정감 부전, 조루증, 성충동과다증이나 기질적 장애 등을 포함하고 있다. 성 장애는 특히 개인에게 심리적 좌절감과 패배감을 심어주고, 성적 콤플렉스를 형성하게 하여 성적 파트너 내지 어떤 대상에 대하여 성적 폭력이나 성적인 유형이 아닌 다른 방법으로 폭력이나 살인과 같은 것으로 나타날 수 있다. 성장애가 범죄와 관련될 수 있는 것은 성적 혐오증이나 조루증, 발기부전 등이며, 성적 살인이나 연쇄성범죄자의 대부분이 성적 장애를 가지고 있는 경우가 많다.

⑫ 음락살인형

이 유형은 연쇄음락살인자(serial lust killer)에 의한 강간으로 FBI는 이들의 범행이 매우 특징적임을 설명하고 있다. 이들은 성적 만족을 위해 상당기간 동안 세심한 주의를 기울여 피해자를 선택하고 강간현장도 매우 기괴하고 정상적인 성행위의 패턴과는 판이하게 다르다고 한다.[48] 피해자에 대한 완벽한 통제를 바탕으로 가학적인 쾌락을 즐기는 자들이다. 이들은 강간, 계간을 하면서 성기에 대한 훼손이 극심할 정도로 지나치다. 피해자를 목 조르고 찌르면서 쾌감을 느낀다. 목을 잘라놓은 시체하고 성행위를 하기도 한다. 이렇게 파괴를 해놓고는 이를 원상태로 되돌기 위해 다시 꿰매어 놓기도 한다. 환상을 자극하거나 살해하기 위한 도구들인 포르노테이프, 망치, 칼, 톱, 술 등이 현장에 즐비하다. 즉, 이들의 범행은 파괴외 원상복구라는 상징적인 요소들이 혼합된 모습을 보인다. 이들은 범행 시에 스스로가 짐승이라는 생각에 사로잡히기도 하고 자

---

48) 화성연쇄살인사건에서도 피해여성의 질내에 복숭아씨를 집어넣는 등 성적패턴이 상당히 기괴하고 가학적이었다.

신이 아닌 마치 다른 사람의 행동으로 생각하기도 한다. 음락살인의 변형된 형태로서 시체애호증(Neocrophilia)을 들 수 있다. 이는 성관련 살인과는 약간의 차이가 있는데 성적 살인이 과격하고 가학적인 성적 행위를 통한 살인을 한다면, 시체애호증은 죽은 시체에 대하여 성적 각성(흥분)을 경험하고 있는 자로서 시체를 대상으로 성행위를 하는 자를 말한다. 이는 이미 사망한 사체나 죽어 가는 사람을 보면서 성교를 하거나 자위를 함으로써 성적 쾌감을 느끼는 자이다.

⑬ Canter의 유형

칸터는 성범죄자의 범행현장의 행동요소와 폭력의 정도를 토대로 인신공격적 폭력, 물리적 폭력, 성적인 폭력의 정도에 따라 성범죄의 유형을 4가지로 유형화하였다.

첫째, 적대적 유형은 피해자에게 성적 대답을 요구하고, 피해자를 모독하고, 항문성교나 구강성교를 강요하는 형을 말하며, 둘째, 통제유형은 피해자와의 면식관계 암시, 피해자 포박, 피해자 눈가림, 재갈사용, 무기를 사용하는 형을 말한다. 셋째, 도구적 유형에는 피해자의 소유물로 인식하고 물건을 훔치거나 금품을 요구하는 형을 말하고, 넷째, 관계지향적 유형은 피해자에 대한 칭찬과 피해자와의 면식관계를 암시, 피해자 신분을 알아내기 위한 세부사항을 확인하고, 피해자에 대한 구강성교, 피해자에게 키스, 범죄자가 성에 관련하여 말하는 유형 등으로 유형화하였다.

3) 성범죄자의 지리적 유형

레슬러 등은 성범죄자의 유형을 지리공간적 패턴에 따라 유형화하였다. 레슬러 등은 질서형과 무질서형으로 구분하였고, 헤이즐우드 등은 성범죄를 의식행위형과 우발적·충동적으로 범행을 하는 충동형, 이글러는 범행장소를 빈번히 옮기면서 범죄를 하는 이동형과 일정한 장소를 선정하고 범행하는 정태형으로 구분하였다. 이외에도 홈즈 등은 치고빠지기형과 주둔형, 힉키는 여행형과 특정장소형, 뉴턴은 유목형과 지역거주형 등 이글러와 유사한 분류를 하였다. 칸터는 범행장소를 움직이면서 통근자들처럼 범행을 하는 통근형과 약탈자처럼 무차별적으로 성범죄대상을 찾는 약탈형 등이 있다.

| 표 4-2 | 성범죄자의 지리적 유형 |

학 자	지리적 이동성	지리적 안정성
Ressler 등(1998)	질서형(Organized)	무질서형(Disorganized)
Hazelwood & Warren(2000)	의식행위형(Ritualistic)	충동형(Impulsive)
Eggler(1990)	이동형(Megamobile)	정태형(Megastat)
Holmes & De Burger(1988)	치고빠지기형 (Geographically transient)	주둔형 (Geographically stable)
Hickey(1991)	여행형 (Traveling or mobile)	특정장소형 (Local and place-specific)
Newton(1993)	유목형(Nomadic)	지역거주형(Territorial)
Canter & Larkin(1993)	통근형(Commuter)	약탈형(Marauder)
Rossmo(2000)	밀렵꾼형(Poacher)	사냥꾼형(Hunter), 덫사냥꾼형(Trapper)

제2절　성범죄자의 범죄심리

　　성범죄자 대부분은 죄의식을 느끼지 못하거나 피해자의 고통에 둔감하고, 아예 피해자의 존재 자체를 인정하지 않는다. 이는 그들이 자신의 행동을 '성폭력'이 아니라 '성관계'로 인식하고 있거나 정상적인 남성 행동의 일부로 보고 있기 때문이다. 이와 같은 태도는 성폭력범이라는 낙인에서 벗어나기 위해 자신의 행동이 잘못된 것임을 알면서도 부정하는 것일 수도 있지만, 실제로 그렇게 믿고 있는 경우가 많다(변혜정, 2006: 328). 성범죄의 범죄심리에 관한 연구가 부족한 현 상태에서 기본적인 범죄심리라고 할 수 있는 강간통념, 성폭력 용인도, 성역할 고정관념에 대해 살펴 보도록 한다.

　　강간통념은 성(sexualization)의 과정으로 성차별과 여성에 대한 폭력의 합리화, 이중적인 성 규범 등 다양한 요인들로 인해 개인들에게 내면화 되어 나타난 것이다. 그리고 강간통념은 성범죄의 책임을 여성과 같은 피해자에게 돌리고 피해자의 피해는 당연한 결과라고 믿도록 한다(Mulliken, 2005).

강간통념은 성범죄에 대한 변명과 합리화를 제공하며 성폭력을 문화적으로 학습하게 하는 요인이 된다. 이러한 강간통념은 사회 전반에 걸쳐 영향을 미치며 사회 구성원들에게 성에 대한 기준점을 제시한다(Komorosky & Dawna, 2003: 56). 또한 심리 저변에 형성되어 있는 성폭력 용인도를 중심으로 상대방에게 자신의 성적 관심을 표시한다. 또한 개인의 심리 기저에 형성된 성에 대한 자신만의 고정관념을 중심으로 행동하게 된다. 즉 성역할에 대한 고정관념을 중심으로 성차별적인 행위를 하거나 상대에 대한 이중적인 성윤리 등이 나타난다.

사회의 구성원들은 사회화 과정, 특히 성사회화 과정을 통하여 남성과 여성의 비대칭적 성문화를 포함하는 성차별, 성폭력 등을 자연스러운 것으로 인식하게 된다. 이러한 인식과정에는 강간통념뿐만 아니라 성폭력 용인도, 성역할 고정관념의 과정도 포함된다.

앞에서 이 연구는 성범죄자의 강간통념, 성역할 고정관념 및 성폭력 용인도와의 관계 및 일반인과의 차이를 검증하는 것이라고 그 목적을 밝혔다. 따라서 이 절에서는 성범죄자의 성의식[49]으로서 강간통념, 성폭력 용인도 및 성역할 고정관념에 대해 살펴보고자 한다.

① 강간통념

강간통념(rape myth)이란 강간을 미화하는 관념으로서 성범죄를 정당화하고 합리화하는 심리적 기제를 말한다(허경미, 2005: 117−118). 주로 강간 등과 같이 성범죄와 관련된 개념에 대해 일반인들이 알고 있는 잘못된 인식으로, 여성을 피해 대상자로 하는 강간에 영향을 주는 다양한 요인 중의 하나이다(Mateescu, 2008: 6). 이런 강간통념은 남성이 여성에게 성범죄를 당연시 하여 성범죄의 가

---

49) 성의식은 인간의 심리적인 측면을 다룬 것으로서 연구 주제에 따라 다양하게 논의될 수 있다. 예를 들어 자아존중감, 공감능력, 친밀감 등을 들 수 있다. 이 연구에서는 성의식을 강간통념, 성폭력 용인도, 성역할 고정관념으로 한정하였다. 성범죄자의 성의식을 더 확대할 수 있지만, 가장 보편적으로 지지받는 세 가지 요소로 성의식을 제한한 것이다. 따라서 성범죄자의 성의식과 관련된 자아존중감, 공감능력 등은 향후 연구주제로 남겨두기로 한다.

능성을 제고시키는 기능적 역할을 한다.

우리 주변의 만연된 강간통념은 성폭력 행위를 남성의 본능으로 합리화하고, 성범죄의 책임을 피해자 여성에게 전가시키는 기능을 한다. 타인의 신체와 자유를 침해하는 폭력행위인 강간통념이 우리 사회에 만연된 원인은 현 사회의 모순적인 이념 체계를 반영한 것으로서 여성에 대한 폭력을 묵인하고, 성에 관한 남성과 여성의 불평등한 권리를 지지하며, 사회의 모든 부분에서 여성이 주로 피해자이고 약자가 되는 상황에 익숙해져있기 때문이다(이석재, 1999).

강간통념은 성범죄의 책임을 여성과 같은 피해자에게 돌리고 피해자의 피해는 당연한 결과라고 믿도록 한다. 강간통념은 가부장적 그리고 성폭력에 대한 변명과 합리화를 제공하며 성폭력을 문화적으로 학습하게 하는 요인이 된다(LaVerdiere, 2005). 즉, 사회의 구성원들은 사회화 과정, 특히 성 사회화 과정을 통하여 남성과 여성의 비대칭적 성문화를 포함하는 성차별, 성폭력 등을 자연스러운 것으로 인식하며 이를 기초로 폭력과 성차별을 함축하는 강간에 대한 통념도 자연스럽게 인식하게 되는 것이다(박정, 2008: 525).

강간에 대한 통념은, 강간에 대한 정확한 지식과 학술적 연구가 보편화되지 못한 현 상황에서, 일반인이 강간을 이해하는 방식일 뿐 아니라 강간에 대한 정보 제공의 기능까지 담당하는 사회적 산물이다. 그러므로 이것은 강간을 보는 그 사회의 시각이라고 할 수 있다. 현재 존재하는 강간에 대한 통념들은 성(sexuality)에 대한 남성 위주의 시각과 폭력행위의 허용 경향 등 현 사회의 모순적 이념체계를 반영하고 있다(이석재, 1999).

강간통념을 내면화하고 있다고 해서 남성 모두 성범죄자가 되는 것은 아니며, 이러한 믿음이 직접적으로 성범죄를 유발했다고 단언할 수는 없다. 그러나 적어도 '피해자도 즐긴다'라는 생각은 가해자에게 죄의식을 없애 주고 오히려 피해자를 비난하는 논리를 제공하며 성범죄를 부인하게 한다는 점에서, 일부 남성이 성범죄를 저지르는 데 필요한 직접적인 동기는 아니더라도 정당화 구실을 제공한다고 볼 수 있다(Snyder, 2008).

1950년대에 Wolfgang은 범죄의 피해자 촉발(victim precipitation)이라는 용어를 사용한 이래 피해자학적 관점에서 다양한 유형의 범죄에 원용되어 왔다. 성범죄의 경우에 피해자가 처음에 말이나 몸짓 등으로 성적 관계를 동의하고 나서 행위 직전에 거부했다는 이유에서 성범죄의 피해자를 부분적으로 비난하는 계기가 되고 있다(Curtis, 1974: 594-605). 그런데 이러한 논쟁의 기저에는 성범죄에 대한 잘못된 인식 또는 성범죄에 대한 잘못된 통념이 깔려 있음을 알 수 있다.

우선 남성은 통제할 수 없는 성적 욕구를 가지고 있기 때문에 여성이 남성의 성욕을 자극했다면 그로 인한 성범죄의 남성 책임은 없다는 인식이다. 그러나 대부분의 성범죄가 폭력을 수반하고 있고 계획된 것이라는 사실을 고려한다면 성범죄가 남성의 통제할 수 없는 성욕에 의해 무의식적으로 이루어졌으며, 따라서 단순한 성적행위에 지나지 않는다는 주장은 옳지 않다. 성범죄에 대한 또 하나의 잘못된 통념은 여성의 피학음란증에 관한 주장이다. 성범죄를 통한 고통과 학대라는 메조키즘적 경험을 통해서 쾌락을 얻기 때문에 성범죄는 피해자에게 즐거움을 주는 일종의 피해자 없는 범죄(victimless crime)라는 시각이다.[50] (이윤호, 2008: 97)

피해자학적 관점에서 이 연구와 관련된 주요 특성[51]은 범죄에의 노출(exposure to crime), 표적의 매력성(target attractiveness)을 들 수 있다.

범죄에의 노출은 개인의 범죄에 대한 취약성(vulnerability)을 나타내는 것이라고 할 수 있다. 늦은 밤 시간과 같이 위험한 시간에 위험한 지역에 처한 사람은 당연히 성범죄의 위험성에 더 많이 노출되어 있는 것이다. 이처럼 범죄에의 노출은 대체로 개인의 일상적 활동(routine activity)과 생활양식(life-style)에 기인하는 바가 크다(Cohen & Sampson 1989: 378-400). 상대적으로 위험성이 높은 야간에 위험성 많은 장소 등에서 많이 노출되는 사람일수록 범죄에 그만큼 많이 노출되는 것이고 따라서 범죄피해의 위험성도 높아지는 것이다(Kennedy & Forde, 1990: 137-151).

표적 매력성(target attractiveness)의 경우 범죄에 있어서 특정 표적이 범죄자에게 상징적 가치가 있기 때문에 선택된다는 논리에 기초하고 있다. 범죄의 표

---

50) 그러나 성에 관한 모든 것이 부끄러운 것이며 그들에게 책임을 추궁하는 사회에서는 있을 수 있을지 모르나 성이 개방된 사회에서는 믿기 어려운 가설일 수밖에 없다.

51) 일반적으로 피해자학에서 공통적으로 제시하는 주요 특성은 범죄와의 근접성(proximity to crime), 범죄에의 노출(exposure to crime), 표적의 매력성(target attractiveness), 보호능력(guardianship)이라고 할 수 있다. 먼저, 범죄와의 근접성과 노출이다.

적으로서의 매력은 이처럼 가치뿐만 아니라 물리적 저항이 적을수록 매력적인 표적이라고 할 수 있다. 그래서 범죄피해의 구조적-선택모형에 의하면, 표적의 결정시 중요한 것은 표적과 관련된 상이한 가치와 주관적 유용성이라고 한다 (John and John, 1988: 1102-1118, Terrance, Michael, and David, 1991: 1685-1686).

성범죄가 피해자에 의해 촉발되어 피해자에게 책임이 있다는 것은 생활양식 -노출이론(lifestyle-exposure theories)을 통해 살펴 볼 수 있다.

범죄피해에 대한 체계적 이론 중 하나인 생활양식-노출이론[52]의 기본적 가설은 범죄피해의 가능성은 피해자의 개인적 생활양식의 차이에 기인한다는 것이다. 모든 사람은 그 생활환경에 따라 범죄피해의 위험이 높은 상황·지역· 시간에 노출되는 정도가 다르기 때문에 범죄피해에 대한 위험부담 또한 다르게 된다. 개인의 다양한 일상적 활동과 생활양식이 그 사람의 범죄피해위험성을 결정하는 중요한 요인이 된다는 것이다(Elizabeth, 2007). 생활양식에 따라 그 사람의 위험성의 노출 정도가 결정되며 생활양식에 따라 유사한 상황에 있는 다른 사람들과의 접촉을 유발시켜서 위험성에의 노출 정도가 달라, 그에 따라 위험성도 달라진다는 것이다. 외부에서 보내는 시간과 하는 일이 많아지면 성범죄자와 접촉할 가능성이 높아진다는 것이다(Leslie & Forde, 1990: 137-151).

또한 성범죄가 피해자에 의해 촉발되어 피해자에게 책임이 있다는 것은 일상활동이론을 통해서도 살펴 볼 수 있다. 일상활동이론(routine activity theory)은 Cohen과 Felson에 의해 주장된 이론으로서 위에서 기술한 생활양식-노출이론과 유사점이 있다. 일상활동이론과 생활양식-노출이론은 관습적 사회에 있어서 일상활동이나 생활양식의 유형이 범죄를 위한 기회구조를 어떻게 제공하는가를 강조한다(Cohen & Felson, 1979: 588-608). 이러한 점에서 가해자중심의 전통적 범죄학에서 범죄의 사회생리나 개인적 범죄피해를 이해하기 위해 강조되던 범죄자의 동기, 그리고 기타 범인성 관점들의 중요성은 이 두 이론에서 아주 가볍게 여겨지고 있다. 이렇게 볼 때, 두 이론은 매일 매일의 일상생활유형에 따라 범죄기회가 달라진다고 보는 확장된 의미의 "범죄기회"이론에 속한다고

---

52) 처음에 사회계층별 폭력범죄에 대한 피해위험성의 차이를 밝히기 위해 제안되었다. 그러나 점차로 재산범죄까지도 확대되었고 더 나아가 보다 정교한 표적선택과정(target selection process)이론의 기초를 제공하게 되었다.

할 수 있다(Cohen, 1981: 138－164). 그러나 두 이론은 사용하는 용어와 설명하고자 하는 대상을 달리하고 있다. 일상활동이론이 원래 시간의 흐름에 따라 범죄율의 변화를 설명하기 위한 것이었던 반면, 생활양식－노출이론은 사회적 계층에 따른 범죄피해 위험성의 차이를 설명하기 위한 것이었기 때문에 이 점이 기본적인 차이라고 할 수 있다(Mierer & Miethe.: 470).

1970년대 초반 펜실베니아에서 진행된 성범죄에 대한 연구에서 전체 강간 사건 중 19%가 피해자에 의해 성범죄가 발생했다고 하여 피해자 유발 이론(victim precipitation)을 뒷받침하고 있다. 그 이유는 피해여성이 다른 여성에 비해 성적으로 개방되었거나 평소 행동에 대해 주위의 평이 좋지 않은 여성, 또는 그 여성의 옷차림과 행동 등이 남성들로 하여금 충동성을 유발하게 했다는 것이다. 그러나 이 주장은 인간의 성행위에 대한 모욕이자 인간에 대한 존엄성을 해하는 발상이라는 페미니스트들의 비난을 받게 된다. 더욱이 이러한 강간에 대한 신화(myth of rape)는 강간범이 범행을 합리화하고 범행을 늘리는 요인이 되었을 것이라는 주장도 있다(Ewolt, Monson, & Kanghinrichsen, 2001: 1175－1182). 이는 피해자가 강간을 촉발했다는 피해자 비난적 시각은 강간범죄에 대한 기술이라기 보다 여성에 대한 잘못된 성역할 고정관념과 문화적 전통에 기초한 남성들의 편협적인 시각이라고 할 수 있다(LeGrand, 1973: 929－930).

성범죄가 어떤 상황이건 여성이 성범죄에 대해 피해자임에는 틀림 없다. 성범죄는 처음부터 피해자인 여성이 가해자인 남성보다 강하지 않다는 점에서 피해자 촉진과 그로 인한 비난 보다는 가해자에 대한 책임과 피해자에 대한 옹호가 더 적절한 인식이라고 할 수 있다(이윤호, 2008: 97).

강간은 다른 범죄의 피해자보다 훨씬 더 많은 비난을 받는 경향이 있다(Gelles, 1979: 121). 강간피해자는 자신이 입은 옷이나, 문을 잠그지 않은 것, 술을 마신 것, 밤늦게 버스를 기다리는 것, 남의 차를 얻어 타는 행위 때문에 비난을 받는다. 물론 잠재적 피해자가 자신의 피해 위험을 증가시키는 상황을 인식하는 것은 중요하다.

피해자의 옷차림의 노출이 많을수록 피해자 비난으로 이어질 가능성이 높다. 또한 피해자와 가해자의 관계나 그 여성 피해자의 피해자 비난으로 이어질 가능성이 높다(Whatley, 1996: 81-95). 이것이 갖는 함의는 일부 여성은 피해를 당할 만하며, 따라서 그들은 엄밀한 의미에서 강간피해자라고 볼 수 없다는 것이다. 이런 여성은 자신이 누구와 성관계를 맺어야 하는지 결정할 수 있는 권리를 상실한다. '여성은 섹시하지만 조신하고, 매력적이어야 하지만 도발적이어서는 안 된다'라는 말도 안 되는 생각이다(Gordon & Riger, 1989: 53).

한편 왜 피해자가 자신의 피해에 비난을 받아야 하는가에 대한 설명은 Lerner (1965)의 '공정한 세상 가설(just-world hypothesis)'에서 찾을 수 있다. 이 가설은 대부분 사람이 자신이 한 만큼을 받는다고 믿고 싶어 한다는 것을 의미한다 (Karmen, 1984). 따라서 우리는 어떤 사람에게 불행이 찾아왔다고 들을 때 그들이 그런 피해를 자초하는 행동을 하지 않았나 하는 점을 묻곤 한다. 이렇게 함으로써 우리는 편안함을 유지하게 된다. 즉 '나에게 이런 일은 일어나지 않을 것이다. 왜냐하면 나는 그런 행동을 안 했으니까', 예를 들어 어떤 사람이 암에 걸렸다고 하면 우리는 먼저 '그가 담배를 피웠나요?'라고 묻는다. 흡연이 암을 유발한다는 것을 알고 있기 때문에 이런 질문은 그럴 듯하게 들린다. 일부 가해자들이 자신의 행동이 성폭력이었음을 인정하더라도, 이들 대부분은 자신은 '정상적인' 남자라고 주장하며 전형적인 성폭력범의 정체성을 거부한다. 자신은 지극히 정상적인 보통 남자이지만 일시적으로 실수한 것뿐이라는 것이다. 이들이 자신의 행동을 변명하는 방식은 친구나 선배, 술에 그 책임을 돌리는 것이다. 이러한 변명들의 공통점은 모두 '남성의 성욕은 억제할 수 없이 강하다'는 암묵적인 통념에 의해 뒷받침되고 있다는 점이다. 우리 사회에서는 성폭력 가해자에게 관용적인 태도를 보이기도 한다. 남자들의 성욕은 억제할 수 없으며, 특히 술을 마셨을 경우 이에 대한 억제력이 약해진다는 사회적인 통념은 훌륭한 변명이 된다(Gildner, 2005: 65).

② 성폭력 용인도

성폭력 용인도는 성범죄자와 일반인들이 성폭력에 대해 허용할 수 있는 범위를 설정하기 위한 것이다[53]. 이는 개인의 성적 표현이 사회적으로 어느 정도

---

53) 비록 성범죄자가 성범죄에 대한 태도에 대해 잘못된 것인 줄은 알고 있었지만 그렇게까지 큰 문제

관용할 수 있는지 규제되어야 할 범위를 예측케 한다. 즉 성범죄에 대해 얼마나 심각하게 받아들여 어느 정도 허용할 수 있는지에 대한 정도에 관한 것이다(김은경, 2000). 또한, 성범죄에 대해 사람들이 지니고 있는 마음의 자세, 양태라고 할 수 있다. 성폭력 용인도는 말과 무관한 것은 아니며, 이와 관련하여 가치관, 성격의 관계 또한 살펴 볼 수 있겠다.

태도, 가치관, 성격은 모두 내적인 특성으로서 행동에 대한 어느 정도의 예견력을 지니고 있지만, 그 구별이 모호하게 사용되기도 한다. 그러나 성격이 성장과정에서 획득되는 것이며 유전적인 인자에 의해 영향을 받아 결정되는 것으로서 특정 대상과 무관하게 개인의 성향으로 존재한다는 점에서 구별된다고 볼 수 있다(Gildner, 2005: 56-61). 그러나 가치관과 태도는 그 구분이 모호하다. 이 둘 다 후천적으로 획득되는 공통점을 가지고 있지만, 태도는 대상이 특정의 것으로 규정되어 있어 그 영향력이 태도 대상에 관한 것으로 국한되지만 가치관은 일반적인 준거체계로서 다양한 대상에 대한 판단의 근거를 제공하는 역할을 한다. 가치관은 태도보다 추상적이며, 태도를 포용하는 것으로서 가치관을 알면 그 사람이 가지고 있는 특정대상에 대한 태도를 예상할 수 있다.

성범죄 가해자들은 강간이란 낯선 사람에 의해 어두운 밤길에서 발생하는 것이며, 물리적인 폭력이 동반되어야 한다는 통념을 내면화하고 있다. 따라서 가시적인 폭력이 없거나 피해자의 적극적인 저항이 없으면 동의한 것으로 간주한다. 그러나 강간의 목적을 이루기 위해 반드시 신체적인 폭력이 필요한 것은 아니다. 많은 경우 성폭력은 상대방이 저항할 수 없는 상황을 만들어 계획적으로 이루어진다(Hiatt, 2008: 123). 예를 들어, 일부러 술에 취해 의사 표현을 제대로 할 수 없는 상황을 이용한다. 또한 물리적인 폭력을 사용하지 않더라도 피해자는 어두운 밤이라는 상황에서 심리적 공포를 느낄 수 있다(변혜정, 2006: 331). 따라서 이성과의 관계에서 남성위주의 성역할에 대한 스크립트(scripts)를 가지고 있는 남자는 그렇지 않은 남자보다 성폭력을 행사할 가능성이 높다(Muehlenhard & Linton, 1987: 124).

가 될 줄은 몰랐다고 하며 혼란스러워하는 경우도 있을 수 있을 것이다. 이러한 혼란스러움은 이들이 공식적인 성교육을 비롯하여 어디에서도 이러한 행동이 잘못되었다는 것을 배운 적이 없기 때문이다.

우리 주변의 만연된 강간통념은 성폭력 행위를 남성의 본능으로 합리화하고, 성범죄의 책임을 피해자 여성에게 전가시키는 기능을 한다.[54] 타인의 신체와 자유를 침해하는 폭력행위를 이런 식으로 관대하게 해석하는 것은 현 사회가 여성에 대한 폭력을 묵인하고 성에 관한 남성과 여성의 불평등한 권리를 지지하기 때문이다. 또한 사회 모든 부분에서 피해자는 주로 여성이며 사회적으로 약자로서 비춰지는 상황에 익숙해져있기 때문으로 보인다. 이러한 사실들은 성이 남성 위주로 간주되고 성폭력에 대한 허용성 등과 같은 현실 사회의 모순적인 것을 보여주는 것이다(Jones & Bryant, 1998: 132-134).

성범죄는 폭력·협박을 동반한 성적인 행위를 의미한다. 성폭력에 대한 태도는 상대방의 동의 없이 행하는 행위로서 구성요건은 폭력의 정도에 따라 각 유형별로 구분되어 있다. 우리 형법의 경우 강간이라는 죄명과 관련하여 폭행, 협박에 의해 상대방의 반항을 곤란하게 하고 부녀를 간음하는 것을 의미한다. 또한 강간은 폭행과 협박으로 간음─성기 중심적인 성적인 행위를 한 것으로, 상대방이 동의한 것이 아니므로 성적인 자유를 침해한 것이다. 즉 강간당하지 않을 자유란 동의하지 않는 상태에서 강제적으로 성행위를 하지 않을 자유를 의미한다(박옥임·도미향·류도희·박애선·백경숙·성정현·이규미·이영석, 2004).

여기에서 강제라고 하는 것은 상대방의 원하지 않음의 의미를 포함하고 있으며 동의 여부가 기준이 된다. 따라서 강간죄가 성립하기 위해서는 먼저 제1요소로서 폭행과 협박이, 제2요소로서 반항을 곤란하게 할 정도가 되어야 한다.

강간에 대한 통념과 관련하여 성범죄의 경우 폭력이 동반되는 경우와 그렇지 않은 경우로 구분될 수 있다. 일반적으로 상대방이 그렇게 하지 않기를 바라는 행동을 신체적 폭력이나 언어적, 심리적 폭력을 통해 상대방에게 피해를 입히는 것이다. 이러한 행동은 "의도적으로 타인에게 극심한 신체적 상해를 주려는 시도"로서 이는 폭력행동과 일치된다. 성범죄에 있어서 폭력을 포함하는 전

---

54) 2005년 5월 대구 여성의 전화에 따르면 지난 4월부터 약 2개월간 대구지역 12개 중·고등학교 재학생 1천 500여 명을 대상으로 성에 대한 통념 등 성의식에 대해 조사한 결과, 58.2%가 '여자들의 야한 옷차림과 행동이 성폭력을 유발한다'고 답했다. 또 학생 중 38.2%는 '남성의 성충동은 본능적이어서 자제하기 어렵다'고 말했으며, '여자가 순결을 지키는 것은 당연하다'는 응답이 64.1%로 남자의 순결 의무를 당연시하는 의견 52%보다 많았다. 한겨레 인터넷 신문(2005. 5. 29)

체적인 입장에서, 성범죄의 공격을 폭행으로 보아 "상대방을 해치거나 상처를 입히려는 의도를 가진 모든 행동"이라고 하였다(Susan, 1987: 57–87). 한편, 위에서 살펴 본 성폭력 범죄에서 폭력의 범주와 협박의 범주는 법률적인 구분론이다. 이 연구는 성범죄자에 대한 심리학적 접근이므로 범죄학적 접근이 필요하다. 따라서 성범죄가 발생 가능한 범주의 구체적인 행동을 제시하여 성폭력 용인도를 살펴 보았다. 심영희·윤성은·박선미·조정희의 연구(1990)와 최인섭·김성인(1997)의 연구에서 우리 사회의 성폭력이 어느 정도로 확산되어 있는가를 측정하기 위해 8가지 유형으로 사용되었던 각 case를 행위별로 설정하면 언어적 성폭력, 물리적 성폭력, 정신적 성폭력으로 구분할 수 있다.[55]

첫째는 언어적 성폭력이다. 언어적 성폭력의 대표적인 사례는 성적 희롱이다. 성적 희롱이란 남성이 말이나 몸짓으로 여성들에게 성적인 내용을 담은 희롱을 하는 것으로 직접적인 신체적 접촉은 없었지만 상대방에게 성적인 수취심을 갖게 하는 성폭력이라고 할 수 있다(심영희 외 5인, 1990: 8). 성적 희롱의 대표적인 사례는 욕설이나 비방, 거친 언어로 이성을 공격하는 행위, 상대를 성적으로 모욕하거나 음담패설로 수치심을 자극하는 행위, 원치 않는 사람에게 일부러 포르노나 야한 사진을 보여주는 행위, 원치 않는 사람에게 일방적으로 성적 대화를 요구하는 행위와 관련되는 것이다.

둘째는 물리적 성폭력이다. 물리적 성폭력은 실제 성추행 또는 강간으로 명명할 수 있는 것으로 신체적인 접촉을 통해 성적으로 가해지는 폭력에 대한 내용이다. 물리적 성폭력의 경우 원치 않는 사람의 가슴 등을 만지거나, 여자에게 몸을 밀착시키는 행위, 원치 않는 사람에게 구타 또는 협박으로 성교를 강요하는 행위, 연인 간에 여자의 'NO'를 무시하고 남자가 강제로 성교하는 행위, 원치 않는 아내에게 남편이 강제적으로 성교하는 행위, 미성년자에게 돈을 주고 성교하는 행위, 일방적으로 좋아하는 사람을 집요하게 뒤쫓아 다니면서 구애하는 행위, 상대가 싫다는 데도 일방적으로 전화, 선물 등을 계속해서 보내는 행위, 헤어지기 원하는 상대에게 헤어지면 좋지 않을 것이라고 협박하는 행위로 구분하였다.

---

55) 김은경(2000)의 연구에서는 성폭력 허용 검사지에서 성폭력을 3가지 하위영역으로 3가지 하위영역인 언어적 성폭력, 물리적 성폭력, 정신적 성폭력을 구분하였다.

셋째로 정신적 성폭력이다. 정신적 성폭력의 대표적으로 예로서 스토킹과 같은 행위들로 정신적인 압력을 통해 성적으로 가해지는 폭력에 대한 것이다. 상대가 싫다는 데에도 일방적으로 전화·선물 등을 계속해서 보내는 행위, 일방적으로 좋아하는 사람을 집요하게 뒤쫓아 다니면서 구애하는 행위, 헤어지기 원하는 상대에게 헤어지면 좋지 않을 것이라고 협박하는 행위 등은 정신적 성폭력의 구체적인 사례이다.

우리 사회에 통용되고 있는 성폭력에 대한 신념은 폭력행위를 남성의 본능으로서 합리화하고, 성폭력 범죄의 책임을 피해자 여성에게 전가시키는 결과를 가져온다. 성폭력에 대한 강간 통념들은 사회적 진공상태에서 생겨난 것이 아니라 그 사회의 성문화나 여성에 대한 지각, 여성의 일반적인 지위, 폭력에 대한 반응양식 등 다양한 사회·문화적 요소들과 관련해서 형성된 것이다(김선영, 1989: 124).[56]

성폭력 사건의 지각에 영향을 미치는 요인의 연구는 성폭력 예방과 대처를 위한 기초자료 마련을 위해 의미 있는 일이라 할 수 있다(김복태, 2001: 224).

성폭력 용인도는 성폭력 행동에 대한 주요 예측변인으로 활용할 수 있다. 이는 태도-의도-행동 인과모델에 부합되어 지는 것으로(Ajzen & Fishbein, 1977: 221), 성폭력을 예방하기 위해서는 성에 대한 태도에 먼저 초점을 맞출 필요가 있다는 것이다. 성폭력 용인도는 강간통념과 함께 인지적 왜곡을 나타내는 개념으로 성폭력의 예측 요인으로 다루어져 왔다(Allen, 1995: 243). 성폭력 용인도에 대한 측정법은 의미적 변별 또는 범주화를 통하여 대상에 대한 태도를 묻기 때문에 응답자의 임상관리에 대한 염려 없이 편견, 고정관념, 그리고 내집단 편향 등을 측정할 수 있게 만들어 준다. 이러한 측정법은 구체적으로 간접적 측정법이라고 한다(Fazio & Olson, 2003). 외국에서는 이 측정법을 사용하여 인종 등에 대한 편견을 측정하는데 적용하며, 흡연자와 음주자의 양가적 태도를 측정하는데 사용 하고 있다(Swanson, Rudman, & Greenwald, 2001: 114).

정신적 성폭력에 대한 태도의 측정을 암묵적 태도(implicit attitude)라고도 한

---

56) 김선영(1989)의 연구는 성폭력에 대한 태도와 관련된 선행 연구가 거의 없는 실정에서, 한국사회의 실태를 밝혔다는 의미를 가진다. 그러나 그녀의 연구 이후에 10년이 지난 현재도 성폭력에 대한 태도와 관련된 연구가 희박한 실정이다.

다. 따라서 성폭력에 대한 간접적 태도 측정법과 암묵적 태도 측정이 가능하다면, 이를 이용하여 성범죄와 관련된 다양한 사회 현상을 목격하게 한 후 그 결과를 분석하여 어떠한 영향을 끼치는 지에 대해 새롭게 조명해 볼 수 있는 것이다. 이러한 측정법은 사회심리학 분야에서 널리 사용되고 있다(Fazio & Olson, 2003: 299). 성폭력 용인도는 성폭력 행동의 주요 예측변인으로 활용되기도 한다(Yost & Zurbriggen, 2006: 221; Malamuth, Addison, & Koss, 2000: 45). 이는 태도－의도－행동 인과모델에 부합하는 것으로, 성폭력을 예방하기 위해서는 성에 대한 태도에 먼저 초점을 맞출 필요가 있음을 의미한다(Ajzen & Fishbein, 1977: 221).

③ 성역할 고정관념

성역할(role of gender)[57]이란 개인의 성에 따라 사회적으로 기대되어 지고 주어지는 역할의 특성이라고 의미하며, 고정관념(stereotype)이란 특정 사안에 대하여 일정한 방향으로 사고하고 판단하는 성향을 말한다(Romani, 2002: 19). 따라서 성역할 고정관념이란 성별에 따른 신체적, 심리적 또는 행위적 특성이 남녀 사이에 존재하는 뚜렷한 차이에 기인하는 것으로 내재화되어 남자와 여자의 역할에 대해 획일적으로 규정하는 인식과 태도를 의미한다(우리사회문화학회, 2004: 8-9).

일반적으로 성역할 고정관념에 대한 논쟁은 페미니즘에서 제기되어 남성과 여성의 사회적 성(gender)으로서의 역할에 대한 관심을 모았다. 따라서 여기에서는 페미니즘적 입장에서 주장하는 성역할 고정관념에 대해 언급하기로 한다. 왜냐하면 이 연구가 여성을 피해자로 하는 성범죄자의 성의식을 파악하는 것이기 때문이다.

그런데 성역할 고정관념은 전통적으로 답습해 온 보수주의와 관련이 있다.

---

57) 남성과 여성의 차이는 섹스(sex)와 젠더(gender) 두 가지로 구분할 수 있다. 섹스의 차이는 신체, 근육, 호르몬, 생식기관 등 생물학적 차이이다. 반면에 젠더(gender)의 차이는 사회로부터 부여 받은 사회적 역할과 관련이 있다. 대부분의 남성과 여성의 차이는 사회에 의해 결정되기 때문에 젠더의 차이라고 보아야 한다. 또한 이런 차이는 사회에서 발생한 것이므로 결과론적으로 사회적 입장의 해결책이 제시되어야 한다.

우리 사회에서 성에 대한 보수주의적 견해는 전통적 도덕주의와 관련된 유교에 기반을 두고 있다. 유교에서는 남성과 여성에 대해 생물학적 차이를 본질적인 것으로 보는데, 남성은 성적으로 우월한 존재로, 여성은 성적으로 지배당해야 하는 존재로 위계화 한다는 것이다(심영희 외 5인, 1996). 이런 전제는 남성다움은 성적으로 강하다는 것을 발휘하는 것이고, 여성다움은 정절을 지키며 가족과 혈통을 유지하고 자식을 양육한다는 논리를 전개한다. 또한 여성의 성적 권리를 무시하고 여성을 모성에만 국한시키며 정당화 한다.

우리 사회는 이런 규범을 당연시하고 정상적인 것으로 오랫동안 인식해 오고 있다. 보수주의 입장은 남성과 여성을 이중적인 성규범에 적용하게 한다. 이러한 경향은 여성을 성경험의 유무에 따라 성적으로 조신한 여성과 문란한 여성으로 이분화하는 통제기제를 통해 오늘날까지 우리의 성문화에 많은 영향을 미치고 있다(변혜정, 2006, 1999: 27-28). 이 연구에서도 전통적 성역할이 성범죄와 관련이 있음을 근간으로 일반인과 차이가 있음을 전제로 연구를 진행하였다.

성범죄를 페미니즘 관점으로 접근하면 공통적으로 성폭력 자체보다는 이것을 가능하게 하는 남성 중심의 사회적 조건에 주목한다. 가부장적 억압이 이데올로기와 같은 사회 문화적 요인에 기반하고 있다는 관점을 취하는 이들은 사회적 성역할과 성(sexuality)의 사회적 구성에 이데올로기가 특히 중요한 기여를 한다고 강조한다. 여성의 정조와 순결을 강조하는 이데올로기, 남성과 여성에게 차별적으로 적용되는 남성 우월적인 이중적 성윤리, 성폭력 피해를 피해자의 부주의나 책임으로 몰아가는 통념 등이 대표적인 것들이다. 특히 성폭력을 여성에 대한 남성의 통제를 유지하기 위한 하나의 수단으로 본다(Komorosky, 2003: 2).

페미니즘적 입장에서 전통적인 성역할은 가부장적 사회에서 남성과 여성을 이분법적 구분에서 시작하고, 남성과 여성의 관계는 지배관계라는 것이다. 남성에 의한 여성지배는 여자의 섹슈얼리티와 관련되는 일종의 사회제도와 현상에서 유래하는 것으로 보고 있다(Adamec and Adamec, 1981; Barry, 1979; Brownmiller, 1975; Rigerand Gordon, 1981; Russell, 1984; Sanday, 1981). 여성이 단순히 성적인 소유물로 간주되는 사회에서 성범죄는 더 많이 발생한다는 것이다. 이런 사회에서 남성은 권력이나 힘 등을 강조하고, 위협과 무력 등을 사용하여 성적인 권리를 행사하고자 한다. 이는 강간과 같은 성범죄가 전통적인 성역할 특성(traditional gender-role attitudes)에 기인한 것이라고 보고 있다(Burt, 1980; Check and Malamuth,1983; Cherry, 1982; Russell, 1975; Weis and Borges, 1977). 따라서, 이러한 관점은 공격성, 남성 우월주의와 같은 남성성(masculinity) 표현과 연관된 규범들이 남성들로 하여금 여성을 성적인 대상으로 인식하고 행동으로 옮기는 것이다(Mateescu, 2008: 16). 성범죄와 관련하여 여성에 대한 수동성, 의존성의 사회화는 여성을 피해자로 키워내는 원인과 역할을 담당하고 있다고 할 수 있다(Bondi, 2007: 13-14, Klein, 1984: 3, Joaane, 2009: 11-12). 이에 대해 페미니즘적 접근을 하면 다음과 같다.

첫째, 자유주의적 페미니즘 모델(libertarian feminist model)에 의하면 기존의 관습적, 법적 제한이 여성의 사회진출과 성공을 가로막아 여성은 남성에 대한 종속의 원인으로 본다. 이들은 성, 특히 여성의 성에 대한 억압으로 특징지어지는 것으로 보고 있어 성적인 해방이 자유주의적 페미니즘의 핵심적 요소로 보고 있다(Wills, 1982: 3-21).

둘째, 성역할 고정관념에 대해 사회주의적 페미니즘(socialist feminist model)[58]은 전통적인 성역할, 남성우월주의, 여성에 대한 순결 등이 내면화된 결과 성범죄의 원인으로 보고 있다(이윤호, 2008: 199). 사회주의적 페미니즘에서는 여성차별을 기준으로 가부장제를 낳고 유지하는 주요 기제라고 주장한다(허혜경·박인숙, 2005: 63-64). 아래에서는 남성 우월주의, 여성에 대한 순결로 구분하여

---

[58] 따라서 사회주의 페미니즘 이론은 자본주의와 가부장제가 어떻게 결합되어 여성 억압을 낳는지를 탐구하게 된다. 여기에서 다양한 모색들이 이루어지고 있지만, 크게 두 가지로 나눌 수 있다. 하나 이 자본주의와 가부장제를 일단 분리한 후 나중에 결합하는 방식이다. 두 체제는 서로 다른 이해관계에 기초를 둔 별개의 사회관계로 파악되며, 이것을 이중체제론(dualsystems theory)이라고 한다. 대표적인 논자로는 Mitchell, hartman 등을 들 수 있다. 다른 하나는 이중체제론에 대한 비판으로 제기된 입장으로, 가부장제와 자본주의가 별개가 아니라 함께 하나의 체제를 구성한다고 본다. 즉 이 두 가지는 본디 결부되어 있거나 동일한 논리에 기초를 둔다는 것이다. 이 입장을 통합 체제론(unified-systems theory)이라고 하는데, young과 Eisenstein이 대표적인 논자이다(허혜경·박인숙, 2005: 63-64). 이 밖에도 소외 개념을 통해서 여성이 현재 겪는 억압이 자본주의적 남성지배 형태에서 비롯된다는 점을 밝히려는 Zagger의 시도 등 다양한 입장이 나오고 있다. 특히 최근에는 가부장제의 단일한 물적 기초를 찾는 시도 자체를 비판하는 사람들도 있다. 이들은 가부장제란 다양한 기초와 구조들을 바탕으로 한 것이라는 다원론적 주장을 편다.

살펴본다.

남성들은 여성보다 우월하다는 것을 과시하고자 성적인 폭력까지 행사한다는 것이다. 남성다움을 과시하는 경쟁의 대상으로서 여성을 대하는 시각도 성범죄의 숨겨진 문화를 조장하는 것으로 알려지고 있다. 경쟁사회에 있어서 남성의 소유물인 한 여성을 소유하기 위한 경쟁에 남성이 가담하지 않을 수 없으며, 이러한 경쟁의식이 남성으로 하여금 여성에 대한 성적 폭력까지도 쉽게 행사할 수 있게 한다는 것이다(Thio, 1983: 144). 공사의 성별분업에 의한 사회적 불평들은 여성들로 하여 위력에 의한 성범죄 피해자가 되기 쉽게 할 뿐만 아니라, 남성들이 여성을 무력화하고 비하된 존재로 파악시켜 자신들의 권력욕과 지배욕의 충족수단으로 사용하게 유도한다(Dinnerstein, 1977). 남성우월주의는 남성들에게 있어 성경험은 남자로서의 존재 방식을 인정받고 확인하는 과정이다. 성담론을 또래 집단 속에서 성경험을 드러내는 것은 남성적 자아를 인정받는 중요한 계기가 된다(변혜정, 2006: 400).

셋째, 남성우월주의 보다 더욱 강한 개념으로 여성을 위한 억압적인 접근도 있다. 혁신[59]적 페미니즘(radical feminism)에 따르면, 남성적 지배가 모든 사회제도에 팽배한데 그 근원은 여성성에 대한 남성의 통제에서 출발하는 것으로 보고 있다. 성을 단순히 남성우월성의 징표로 간주하지 않고 여성 억압의 근본으로 보는 것이다. 이들은 여성을 여성의 재생산 능력이나 성적인 능력이라는 견지에서 성적인 존재로 규정을 한다. 여성의 성은 남성의 욕구를 자극시키는 능력으로 개념화되고 있다(이윤호, 2008: 197-198).

이데올로기란 개인적 차원의 편견과 선입견이 특정집단의 공통 이해관계로서 결집 및 확대되어 사회구조적인 원리로 자리 잡은 것이다. 이에 성 이데올로기는 특정성의 집단적 이해관계가 사회 전체의 이해관계로 확산하여 자리 잡은 사회구조적 원리로서, 기존의 성생활체계를 강화하고 재생산 및 유지하는 기제로 작용하고 있다(우리사회문화학회, 2004: 15). 여성은 사랑과 성을 일치시키도록 기대되고 이에 어긋나는 행동을 하면 즉시 정숙치 못한 여자라는 낙인을 받게 된다(Gildner, 2005: 32). 뿐만 아니라 남성은 성 관계에서도 능력을 과시하고 승

---

59) '혁신' 대신에 '급진'이라는 단어를 사용하기도 한다.

리하고 성공해야 한다는 압박을 받고 있지만 여성은 정절을 지키고 좋은 평판을 유지해야 하므로 남녀 간에 목적의 합일점을 찾기란 어렵다. Russell(1975)은 이러한 남녀에 대한 이중규범 하에서는 강간이 발생하는 것이 오히려 당연한 것으로 보고 있다. 성범죄 가해자들은 남녀의 성적 행동에 대해 이중적인 윤리기준을 가지고 있다. 여성에 대한 성적 대상화는 성적 행동을 기준으로 여성을 등급화하는 것으로 연결된다(Andersen & Collins, 2007: 85).

여성의 등급화는 여성을 구분하는 기준으로서 성적인 유희 대상인 여성과 결혼 상대인 여성을 구분한다. 이러한 구분은 남성과 여성을 차별적으로 대한다는 것을 알 수 있다. 여성의 성적 적극성은 부정적인 평가를 받는 반면, 남성의 성적 적극성은 정반대의 평가 기준을 갖는다. 연구 대상들에게 남성적 정체성은 상당 부분 성적 명성에 의존한다. 여성의 섹슈얼리티를 규정하는 용어들은 주로 경멸적이고 비하적인 것이라면, 남성의 섹슈얼리티는 그것의 반대 급부로 존재한다(변혜정, 2006: 339-340).

우리나라의 여성학자들은 대체로 성폭력의 원인을 남성 중심의 가부장제, 성차별적인 고정관념, 남성은 선천적으로 성욕을 억제하기 어렵다는 편견과 우리사회의 이중적 성윤리와 성윤리 교육의 부재, 향락, 폭력문화의 범람으로 진단하고 있다(김원홍 외, 2000). 또한 남성과 여성의 성역할이 불평등하고 비대칭적으로 구조화된 사회, 소위 가부장제적 사회문화의 특성이 성폭력 발생의 주요 원인이라고 주장한다. 즉 남성과 여성이 뚜렷하게 서로 다른 역할을 수행하고 있는 사회, 즉 남성은 강인한 체력과 적극적인 성격으로 주로 사회에서 일을 수행하고, 여성은 수동적이고 섬세한 성격으로 가정의 일을 담당하고 있는 사회에서는 상대적으로 성폭력이 빈번히 일어나는 반면, 남성과 여성 간의 역할분리가 엄격하지 않고 가정과 사회에서 일을 공동으로 수행하는 사회에서는 성폭력 발생률이 상대적으로 낮다는 것이다. 성폭력 문제는 분명, 구조화된 성별 불평등 및 이중적 성문화의 특성에서 기인하는 바가 크다. 흔히 이러한 배경적 맥락을 페미니즘에서는 "가부장적인 성문화"로 규정하고, 따라서 성폭력 문제의 해결을 가부장제적 성문화의 변화에서 찾아야 한다고 본다(김은경, 2000: 29-30).

제3절 연쇄 성범죄의 심리분석

1 연쇄 성범죄의 정의

최근에 대전과 서울 남부권을 중심으로 연쇄 성범죄 사건이 발생하여 사회적 문제를 야기한 바 있다. 흔히 방송매체에서는 이를 '발바리'라는 이름으로 명명하여 보도하고 있지만 학문적으로 연쇄강간을 정의하는 것이 쉽지만은 않다. 우리나라에서는 '연쇄강간'이란 용어가 '연쇄살인'과 마찬가지로 실무상 통용되고 있다. 그러나 학문적으로는 연쇄강간이라는 말을 찾아보기는 쉽지 않다. 많은 문헌들에서 연쇄살인은 'serial murder', 혹은 'serial Killing'을 일컫는 전문용어이지만, 연쇄강간에 대해서는 'serial rape', 'serial sexual assault'라는 말은 거의 사용하지 않는다. 연쇄강간과 비슷한 말로 'highly dangerous sex crime' 혹은 'recidivistic sexual offence' 등을 쓰고 있다. 연쇄강간이 연쇄살인과 비슷한 맥락에서 다루어지고 있다는 점에 착안하여 이를 정의하면, 연쇄강간은 연쇄적으로 세 건 이상의 사건에서 2명 혹은 그 이상을 대상으로 강간한 범죄로 정의할 수 있다. 연쇄강간에 대한 정의는 연쇄살인과 연속살인과의 구별과 마찬가지로 범죄수사실무상 용의자의 프로파일링분석과 수사의 방향을 설정하는 데 대단히 중요하다.

2 연쇄강간범의 행동특성

연쇄강간범에 대한 이해의 선결조건은 이들의 범행동기를 비교적 정확히 알아내는 데 있다. 범행동기를 추정하기 위해서는 범죄자에 대한 행동의 분석과 범죄자의 생활사에 대한 분석이 매우 필요하다. 인간의 행동은 자극으로 동기가 형성되어 동기에 기해서 행동으로 표출되기 때문이다. 즉, 자극→동기→행동이라는 도식이 성립하기 때문이다. 따라서 동기를 알기 위해서는 역으로 표출된 행동을 분석할 필요가 있으며, 동기가 형성된 배경이나 요인(자극)을 알기 위해서는 개인의 발달사를 조사해야 하기 때문이다. 따라서 범죄자의 범행분석, 피해자의 진술분석, 범죄자의 성격 검사 및 범죄자의 생활사를 분석하고 연구할 필요가 있다.

① 피해자의 선택과 접근방식

사람들은 대개 어떤 일을 하기로 작정하면 가장 편리하고 효율적인 행동방식을 선택한다. 범죄자라고 해서 이 점은 예외가 아닌 듯하다. 강간범들도 자신이 활용하기에 가장 적합한 방법으로 피해자를 선택하고 접근, 유인하여 범행을 했다고 추정할 수 있다. 강간범들이 선택하는 피해자는 잘 아는 사람, 몇 번 만난 사람, 가족이나 상하관계, 전혀 모르는 사람 등으로 분류할 수 있다. 누구를 선택했는지가 매우 중요하다.

범죄가 발생하기 전에 전화나 메모를 받았는지, 집안이나 차에 침입흔적이 있었는지, 배회하거나 엿보는 사람이 있었는지, 감시당하거나 미행을 당한 느낌을 받은 적이 있는지 등으로 피해자의 선택여부를 알 수 있다. 미리 범행대상을 선정한 강간범들은 주거침입, 배회하기, 엿보기, 여성물건 절도 등으로 피해자 주변을 기웃거린 흔적을 볼 수 있다. 또 접근방식은 속임수(con), 급습(blitz), 기습(surprise) 등으로 분류할 수 있다. 속임수는 피해자에게 도움을 청하거나 길을 묻는 등의 구실을 대며 접근하는 방법이다. 급습은 강간범들이 피해자를 유인할 때 직접적이고 즉각적으로 신체에 상해를 입히는 방법으로 접근하는 것을 말한다. 재갈을 물리거나, 눈을 가리거나 손발을 묶는 등의 방법이다. 기습은 강간범이 차의 뒷좌석에 숨어 있거나 벽 뒤에 숨어서 피해자를 기다리다가 갑자기 피해자를 위협하는 방식이다.

② 피해자의 제압과 유지

범죄자가 피해자를 제압한 후 이를 어떻게 계속 유지했는가 하는 점도 범행동기를 추정하기 위해 매우 중요하다. Hazelwood와 Warren은 강간범의 제압과 유지 방법을 범죄자의 출현, 위협, 흉기, 폭력이라는 네 가지를 들고 있다. 단지 범죄자가 출현하기만해서 피해자가 제압되는 경우가 있는데 이는 평소 가해자의 잔인한 성격과 행동을 피해자가 미리 경험한 경우에 해당되는 경우가 많다. 위협은 언어적 위협을 말하는 것으로 위협적인 언어에서 범행동기의 단서를 찾을 수 있다. 흉기는 강간범들이 피해자를 제압하고 이를 유지하는데 자주 활용하는 것으로 흉기를 내보인 시점, 피해자가 흉기를 봤는지 여부, 범죄자가 준비한 것인지, 범죄현장에 있는 것을 사용한 것인지, 흉기로 피해자에게 신체적 상해를 입혔는지 등에 관한 것을 파악하는 것이 매우 중요하다. 강간사건에서 폭력을 사용하는 것과 사용된 폭력의 수준은 범행동기를 결정하는데 매우 중요한 요인이기 때문에 폭력의 양, 수준 및 폭력이 사용된 시점, 폭력이 사용되기 전·중·후의 범인의 태도가 결정되어야 한다.

③ 성적 문제

연쇄강간범이 발기불능이나 조루 등의 성적 기능부전이 있었는지에 대한 이해가 매우 중요하다. 연쇄강간범들에게 성적인 문제가 있는 경우가 종종 발견되고 이 때문에 자신의 남성성을 확인하고자 몇 차례나 성행위를 시도하는 경우도 있다. 강간도중에 발생한 성행위의 유형은 강간의 동기를 파악하는데 매우 중요한 것이다. 예를 들어, 강제력을 사용하여 항문성교를 했을 때 강간범이 그의 환상을 실현하기 위한 것인지, 동성애의 가능성이 추정되는지, 성적 실험 차원에서 행한 것인지, 피해자를 비하하고 굴욕감을 주기 위한 방편인지 혹은 이전에 범죄전과와 관련된 것인지를 생각해 볼 수 있다.

환상으로 진단할 수 있는 것은 보통의 키스, 포옹, 구강성교(cunnilingus)를 하는 데, 이때는 최소한의 폭력을 사용하고 비위협적인 언어 즉, 미안함을 표시하거나 칭찬을 하는 등의 말을 한다. 펠라치오60)가 발생한 경우는 항문성교를 진행되는 경우가 있다. 실험으로 진단할 수 있는 것은 범죄자는 피해자와 신체 접촉을 다소 강하게 하며, 모욕적인 언사로 피해자를 비하한다. 전형적인 것은 도구를 사용하거나 다양한 체위를 시도 혹은 반복하거나 항문성교 이전 혹은 이후 펠라치오가 이어진다.

④ 언어적 또는 비언어적 행동

피해자들의 특정행동을 이끌기 위한 접근으로서 보통 이를 DAIS(Do As I Say)전략이라고 한다(이웅혁, 2006). 강간범들은 강간 도중에 피해자에게 여러 가지 말을 하는 것으로 알려져 있다. 피해자들에게 관심을 표하거나 사죄를 하는 경우도 있고, 자신과 피해자 간의 관계적 환상을 암시하는 표현도 있으며, 피해자를 비하, 모욕, 위협하는 등의 장황한 말로 자신의 분노를 표현하는 경우도

---

60) 펠라치오(Fellatio)(Blow job, 구음(口淫), 흡경(吸莖)이라고도 함)는 입술이나 혀로 남성의 성기를 애무하는 것을 말하며 구강성교의 한 종류이다. 보통 여성이 행하며 남성이 행하는 경우도 있다.

있다. 특히 범죄자가 사용하는 형용사에 유의할 필요가 있는데, 예를 들면 "너는 아름답다"−칭찬, "조용히 해, 나쁜 년"−적대감, "내가 너를 해치지는 않을 거야"−동조나 걱정 등이다(전대양, 2005).

강간범은 강간 상황에서 자신의 행위를 강화시키는 특정 단어나 말을 피해자에게 강요하는 경우가 종종 있다. 예를 들어, "사랑해요", "같이 자고 싶어요.", "남편보다 낫군요."와 같은 말들을 요구하는 것은 강간범의 애정과 자아확립 욕구를 암시한다.

피해자에게 간청하거나 소리를 지르라고 요구하는 강간범은 사디즘적 경향이 강하고 피해자에게 대한 통제감과 우월감을 즐기고 있음을 의미한다. 피해자에게 자기 경멸적인 말을 하게 하는 것은 분노와 적대감을 표시하는 것이다.

③ 연쇄강간범의 성격

성범죄자에 대한 그들의 건강염려증, 우울증, 히스테리, 반사회성, 남성특징−여성특징, 편집증, 강박증, 정신분열증, 정조증, 내외향성 등과 관련된 성격특징을 면밀히 조사할 필요가 있다. 예를 들어, MMPI 검사라면 위에서 제시한 하위척도에서 높은 점수를 받은 척도 순으로 1차 분석을 할 필요가 있다. 이 1차 분석을 통하여 대체적인 성격특징을 파악한 후 가장 높은 점수를 받은 척도 세 개 혹은 그 이상을 추출하여 정밀분석을 하는 것이 좋다. 성범죄자들이 가장 높은 점수를 받는 척도는 대체로 분열성과 편집증 및 히스테리성이라고 한다(전대양, 2005).

성범죄자의 일반적인 성격특성은 열등감과 불안정감이 심하고, 자신감과 자존심이 결여되어 있으며, 적절한 방어기제가 결여되어 스트레스 상황에서 공상과 백일몽으로 철수하는 경향이 있다는 것이다. 다른 사람과 정서적으로 관계를 맺지 못하여 타인과의 깊은 관계를 회피한다. 사회적 기술이 부족하고 혼자 있을 때 가장 안정감을 느낀다. 대부분의 성범죄자들이 특정의 성격장애(예, 경계선적 성격장애, 반사회적 성격장애 등)를 갖고 있는 경우가 드문데 비해, 연쇄강간범의 경우 이러한 성격장애가 수반되는 경우가 많은 것으로 알려지고 있다. 특히 일부 연쇄성범죄자들 중에는 자기거부적 태도를 보이고(Tanay, 1969), 자아존중감이 대단히 낮다는 보고가 있으며(Baumeister et al., 1996), Seidman 등(1994)은 성범죄자들이 일반 범죄자들보다 고독감을 더 많이 느끼고, 친밀감에 대한 경험이 부족하다고 하였다.

④ 연쇄강간범의 생애

범행과 관련된 가해자의 발달론은 현재의 그가 어떤 사람이고 범행의 동기가 무엇인지를 보다 명확하게 해준다. 가해자의 발달론은 사례연구적 입장에서 그의 인격·성장과정·사회생활·범죄경력·범행방법 등과 같은 여러 가지 측면들을 종합적으로 분석하여 범죄와 범죄자에 대한 보다 깊이 있는 정보를 수집하여 이를 분석함으로써 범행동기를 더욱 분명히 밝히기 위함이다.

이를 위해 개인정보·가정환경·개인적 발달력·생활스타일·행동관찰 등이 필요하다. 개인정보에서는 이름·출생지·생년월일·주소·연령·직업·학력·혈액형·전과·병력관계 등에 대한 정보를 수집해야 한다. 가정환경은 성장환경의 특성·부모 및 형제관계·부모의 양육방식·결혼 여부 등이다. 개인적 발달력은 출생 및 어린 시절의 성장과 발달과정·건강상태·아동기의 가족관계·학력 및 학교생활 적응도·결혼여부와 초기 성경험·성적문제와 적응력·생활적응력 등이다. 생활스타일은 주거환경·범행 전 직업·각종 스트레스 등이다. 행동관찰은 면담 시의 협조성·면담자와의 라포(rapport)형성 능력·개인정보 진술태도·긴장감이나 자신감의 표출정도·습관 등을 광범위하게 조사해야 한다.

위의 여러 정보 중 중요한 것은 어린 시절의 부모의 양육방식과 성장과정, 학력 및 학교생활 적응 정도, 직업 및 직업 적응 정도, 최초의 성경험, 성경험 대상 및 성의식 등이다. 연쇄살인범이나 연쇄강간범과 같은 강력범들은 하루아침에 만들어지는 것이 아니라 어린 시절부터 독특한 특징을 갖는다고 한다. 살인이나 강간의 전조가 되는 행동을 어린 시절부터 하며 이런 행동의 계속성이 발달사적 측면에서 오랜 시간 동안 존재하고 발전되어 온 것이라고 한다. 이러한 견해로 미루어 본다면 연쇄강간범들은 어린 시절에 고통스러운 경험을 갖고 있으며, 열악한 성장환경 속에서 자라나거나 장기간 아동학대 및 방임이나 심리적 학대상태에 방치되는 경우가 많다는 것이다. 이들은 어린 시절부터 불공

평한 처벌을 받은 경험이 많고 학대상태에서 자라 인성이 비뚤어져 있는 경우가 많은데 이것은 아버지나 어머니의 양육태도 및 어린 시절의 가정 분위기와 깊은 관련이 있다고 한다.

① 연쇄강간범의 범행주기

재범의 분류는 주로 동종재범과 이종재범, 다종재범으로 구분하여 볼 수 있다. 연구자들은 성범죄자의 재범률이 다른 범죄보다 높다고 한다(Pentky et al. 1997).

Pentky(1997) 등의 추적연구에서 추적 후 1년 동안의 재범률이 9%, 5년 동안의 추적에서는 19%, 10년간의 추적에서는 무려 26%까지 재범률이 상승하게 되고 25년간의 추적에서는 재범률이 39%까지 급격히 상승한다고 하였다. 또한 Hanson과 Bussiere(1998)의 연구에서는 61개의 성범죄 재범률에 대한 연구결과를 2차적으로 분석해본 결과, 강간범의 경우 18.9%, 아동성추행범인 경우 12.9%의 재범률을 각각 보고하였다. 우리나라의 경우에는 강간범의 약 60% 정도가 전과를 가지고 있으며, 동종재범자는 전체 전과자 약 12.5% 정도이며, 성범죄 후에 성범죄를 다시 저지르는 동종재범의 비율은 출소 후 1개월 이내가 8.8%, 3개월 이내가 6%, 6개월 이내가 12.8%, 1년 이내가 16.8%, 2년 이내가 16.7%, 3년 이내가 12.2%, 3년 초과는 36.2%의 비율을 보이고 있었다. 이 자료를 보면 우리나라의 강간사건의 경우에 동종재범의 주기가 상당히 짧고 빈번히 발생하고 있음을 알 수 있다.

성범죄의 재발에 영향을 주는 요인으로는 가해자의 인구사회학적 특성, 인지적 특성, 최초의 성범죄연령 등과 관련이 있다는 것이 공통적인 의견이다(Hanson & Bussiere, 1998; Hanson & Harris, 1998). 먼저 인구통계학적 특성에는 저연령, 미혼상태, 실직, 부모와의 유대관계가 약한 경우 재범률이 높았고, 인지적 측면에서는 자책감이 적거나 범죄통제능력의 부족한 경우에 재범률이 높았고, 다른 사람에 대한 성적 관심과 호기심이 높은 경우에 재범률이 높았다.

② 가학·피학성 음란증적 경향

가학·피학성 음란 행동은 개인적 현상과 후의 범죄행동 사이에서 발견될 수 있는 강한 직접적 연결 범위 중 하나이다. 이러한 욕망에서 요구되어지는 행동적 특성은 범죄가 자연적으로 발생하는 그러한 방법 내에서 대처가 필요하다.

가학증과 피학증은 성적 만족감과 개인적 힘의 만족이 고통의 생산과 밀접한 관련이 있다. 가학증의 경우, 이러한 만족은 다른 사람들에게 고통을 가함으로써 얻고, 반면 피학증은 스스로 고통을 받는 가운데 느낀다. 이러한 행동 경향은 둘 다 고통의 목적이 통제와 지배감을 쉽게 얻기 위한 것이다. 가학증적 행동의 경우 이것은 자신의 행동으로 인해 다른 사람의 힘 없고 고통과 모욕을 당하는 것을 보면서 얻고 피학증적 행동의 경우 지배의 느낌이 개인에게 가해지는 고통을 자해하고 이겨낼 수 있다는 만족에서 나온다.

이러한 행동은 다른 사람을 통제하고 강등시킴으로써 그의 삶을 만족스럽게 살기를 요구한다. 가학증적 행동은 개인이 다른 사람에게 자신의 영역을 확장시킬 수 있음을 의미한다. 그리고 피학증적 행동은 더 우월한 힘과 그것에 의해서 자신이 다른 무엇 혹은 누군가의 확대된 영역으로 바뀌어 들어갈 수 있음으로 그에게 자신의 정체성을 상실할 수 있게 한다. 이 두 현상에서 다른 사람을 완벽하게 통제하려는 욕구가 가학·피학증자들의 삶에 중요 요지가 된다.

가학·피학증자들에게 다른 사람들과의 친밀감은 강한 위협을 일으킨다. 반대로 완벽한 통제감은 안전을 느끼게 한다. 그들은 다른 사람들로부터 고립되고자 한다. 그들은 다른 사람들을 조정하기를 원하고 한편 개인적인 만족은 얻지 못한다. 그래서 그들은 다른 사람들과의 관계에서 친밀감보다는 통제를 택한다. 다른 사람을 통제하는 것은 그가 완벽한 힘을 가지고 있다는 것이 보여지고 명확하며 반복적으로 증명되는 것이다. 이것이 피해자들에게 고통을 주고 잔인한 모욕, 자존심 상하는 행동을 하게 한다. 이러한 경험을 하는 것이 그를 안심시키고 피해자에게 힘을 가함으로써 그가 완전한 힘이 있고 지배자임을 느끼게 한다. 이러한 안도감 없으면 가학·피학증자들은 무기력해지며 삶의 의욕을 잃고 힘이 없음을 느낀다.

다음의 사례 연구는 범죄 과정 동안 가학·피학증자 행동에 대해 설명해 준다.

육체적 성적으로 학대를 받아온 28살의 미혼남자는 21살의 미혼녀를 만났다. 그들은 비록 형식적이긴 했으나 몇 주간 동거 생활을 했다. 어느 날 그 남자는 그녀에게 성 관계를 요구했고 그녀는 거절했다. 그 남자는 "어떻든 인생이 무엇이길래(What's a life anyway?)"라고 생각하며 망치를 들고 와 그녀의 머리와 어깨를 26차례나 내리쳤다. 그는 질내 삽입을 시도했지만 성공하지 못했다. 그러나 그는 항문성교를 시도했고 사정을 했다. 그리고 그녀의 얼굴을 향해 사정을 했다. 그의 행동이 완전히 끝난 후에 그는 냉정함을 느끼고 스스로를 묶었다. 그는 경찰에 전화했고, 자신이 어디에 있는지를 말했다. 처음에 경찰이 주소를 오해했기 때문에 그 근접지역으로 갔었다. 그 남자는 체포될 때 까지 그곳에 있었고 나중에 인터뷰를 할 때 처음에 잘못된 주소로 간 경찰관을 비웃었다. 불법적인 행동과 관련하여 힘을 바탕으로 하는 행동과 성을 바탕으로 하는 행동 사이의 관련성을 살펴보는 가장 유용한 방법은 성에 기초한 행동과 힘에 기초한 행동 둘 다를 고려해 두는 것이다.

개인적은 목표달성을 위해 하나를 선택할 여지를 두는 것처럼 욕망을 성취하기 위한 활동에 대한 방해물이 나타나면 하나를 다른 것으로 대처할 가능성이 있다. 힘을 바탕으로 하는 행동은 피해자를 통제하고 폭력을 사용함으로써 자극적인 느낌과 신비한 느낌을 느낀다. 그리고 그 행위의 완성과 함께 결과적으로는 긴장완화를 느끼게 되는 것이다. 이와 비슷하게 성을 바탕으로 하는 행위 또한 성적 자극에서 기인하는 욕구의 자극을 느끼게 되고 성행위 자체를 통한 육체적·정신적 쾌락의 느낌과 함께 성교의 절정의 결과로서 긴장완화를 느끼게 되는 것이다. 두 가지 상황의 행위는 감정적 패턴의 차이는 있지만 둘 다 자기표현의 수단으로서 제공되어지는 것이다.

특별한 발달상의 제한이 있거나 더 좋아하는 행위가 원하는 결말에 이르지 못하게 하는 상황이 주어졌을 때 그것들은 서로 대치될 수 있다. 예를 들어, 성행위를 위해서 출발하는 행동이 사정의 결과를 이르게 하지 못할 경우(개인적으로는 성교불능인) 폭력을 사용함으로써 성적인 욕구는 폭력적인 욕구로 바뀔 수 있고 성적 방해물을 폭력으로 효과적으로 보충함으로써 긴장완화에 이를 수 있는 것이다. 즉, 통제와 폭력은 장상적인 성행위로 사정이 불가능한 개인의 결함을 극복할 수 있도록 할 것이고 그 결과 그가 성적 만족감을 느끼고 사정행위를 할 수 있도록 할 것이다. 위의 범죄는 폭력을 기초로 하는 행위가 섹스의 마지막 행위로 사용될 수 있음을 보여주었다.

③ 연쇄 성범죄피해자 심리분석

급성기 성폭력 피해자에게 보여지는 정신증세를 다음에 열거한다. 성폭력피해는 사건 중, 사건 직후에 많은 피해자가 사람을 멀리하는 체험, 곤혹상태, 착란, 감각의 변화, 몸 상태의 변화(이인체험), 터널시야, 직접적인 해리체험을 경험한다. 이와 같은 급성의 해리반응을 「외상 주변기의 해리(peritraumatic dissociation)」라고 부르고 있다. 해리란, 심신이 대처할 수 없는 상태가 일어났을 때에, 지각·감정·기억·자아 등의 일부가 떨어져 나가는 듯한 정신적인 작용을 이른다.

살아남아야 될 필요성이 있을 때에는, 공포·추위·아픔 등의 감정·감각은 느끼지 않게 된다는 것은 비교적 잘 알려진 체험이다. 자기 자신의 신체로부터 마음이 떨어져 나가는 듯한 느낌을 가질 때도 있다. 피해현장을 자기 몸 밖에서 보았다는 피해자도 흔하지 않지만, 무서운 장면에 있어서의 반응으로서는 결코 이상한 일이 아니다. 또 반드시 외워져 있는 그 장면의 기억이 훗날이 되어서는 회상이 되지 않기도 하고 반대로 화면이 재생된 듯한 자세한 기억이 나오는 경우도 있다. 이와 같은 현상이 어떻게 일어나는가, 생물학적 레벨에서는 명확하지 못한 점이 많다.

성폭력 피해자의 경우, 「외상 주변기의 해리」의 취급은 특히 중요하다. 왜냐하면, 사건의 상태에서 이미 해리 발생했다는 것은 적지 않고 그것이 사건의 중심에 있는 피해자 인지의 행동에 영향을 주기도 하고 범죄수사의 과정에 영향을 끼치기도 하고 2차 피해의 원인이 되어지는 경우도 허다하기 때문이다. 피해자는 그것에 인지하는 경우도 있고 인지하지 못하는 경우도 있다. 초면에 만난 사람의 해리를 발견하는 것은 쉬운 일이 아니나 해리의 증상의 유·무를 물어보는 것은 필요하다. 이상하게 냉정하게 보이기도 하고 멍청하게 있을 경우에도 주의가 필요하다.

성폭력 피해는 범죄피해 가운데에도 가장 PTSD 발생률이 높은 것으로 알려져 있다. 조사결과 성폭력 피해자가 받는 심리적 충격은 크고 마음의 상처는 깊다고 한다. 성폭력 피해자의 지원은 범죄피해자의 지원활동 중 대표적인 것이다. 성폭력 피해의 비율은 일반인이 알고 있는 것보다 또한 경찰통계보다 더 많다고 여겨진다. 그리고 아직까지도 성범죄피해자의 신고율은 많이 낮다. 그러나 경찰에 신고제출 건수도 사회구성원의의 인식변화, 피해에 대한 지식보급 등에 의하여 증대되어지고 있다고 생각된다. 강간의 피해 경험은 결코 흔한 것이 아니고 또 남성의 성폭력 피해도 은폐되기 쉬우나 항상 존재하고 있다. 급성기의 성폭력 피해자에게서 발견하기 쉬운 정신증상을 열거하면 다음과 같다.

비현실감	성폭력이 발생하고 있는 지금의 상황이 현실이 아니라고 하는 느낌, 내 일이 아니라는 느낌 등을 말한다.
시간감각의 변용	갑자기 시간이 슬로우 모션 비디오를 보는 것과 같은 느낌을 받는 일도 있고 사건의 길이를 현실과는 달리 인식하게 되는 경우도 있다.
감각 · 감정의 마비	「도중에서 아픔을 느끼지 못하게 되었다.」고 하는 마비가 잘 보고된다. 또, 감정의 마비도 자주 볼 수 있는 것으로서 분노 · 공포의 감정이 없어졌다라고 하는 경우가 많다. 기타 인지능력이 저하되는 것이 아니기 때문에 완전히 냉정한 것처럼 보이고 증상으로서는 발견되기 어렵다. 범죄수사에 관계되는 경찰관 다수가 이와 같은 감정마비 상태에 있는 피해자를 경험하고 있는 것 같다. 자기가 가해자에 대한 분노를 갖고 있지 않다는 것을 자각하고 그로 인해 자책감을 강하게 느끼는 피해자도 있다.
이인체험	자기 마음이 자기 몸에서 떨어져 있는 것을 느끼는 체험. 「또 다른 한 사람의 자기가 자기를 보고 있는 것을 느꼈다.」 등을 표현하고 있다. 해리성 동일성 장애(다중인격성 장애)와 같이 만성적이고 지속적이 아니다. 「관찰하는 자기」의 해리는 결코 신기한 현상이 아니고, 성폭력 피해자의 임상에서 자주 보는 경험인 것이다.

성폭력 피해자의 경우 「외상 주변기의 해리」의 취급은 특히 중요하다. 상술 한 바와 같이 성폭력피해자의 심리는 언뜻 보기에 정확히 파악되지 않는 증상이 일어나기 때문에도 주위 또는 본인에게도 오해를 일으키기가 쉽다. 성폭력피해자를 다루는 형사사법기관이나 주변사람들의 주의가 필요하다. 영어의 traumatology는 그다지 진귀한 말이 아니게 되어간다. 심리적 외상을 연구하는 학문이라는 말이다. 범죄심리학과 traumatology은 범죄피해자라는 공통의 대상을 가지고 있다. 바꾸어 말하면, 범죄피해자의 심리를 연구하는 경우에는 심리적 외상과 관련된 지식은 필수이다. 또, 역사적으로 보면 피해자학을 포함한 광의의 범죄학, 또 traumatology를 포함한 정신의학, 또 임상심리학은 미국에 있어서 1960년대부터 시민권운동으로 시작된 변혁의 물결에 결정적인 영향

을 받은 것도 공통된 말이다. 범죄심리학과 외상학의 연관은 그뿐만이 아니다. 범죄의 피해자와 심리적 외상의 관계도 깊다. 흉악범죄의 가해자는 피학대체험 또는 심리적 외상체험을 가진 자가 많다는 것은 알려져 온 일이다. 또 피해를 받은 자뿐만 아니라 스스로 가해행위를 행하면서 그것이 스스로 심리적 외상을 경험하게 되는 자도 있다. 복잡한 양상을 정리하는 것은 어려운 일이나 적어도 범죄피해자와 traumatology 혹은 사법과 traumatology의 연관은 정신의학, 임상심리학의 하위분야 가운데에서도 특별한 관계에 있는 것이라고 할 수 있을 것이다.

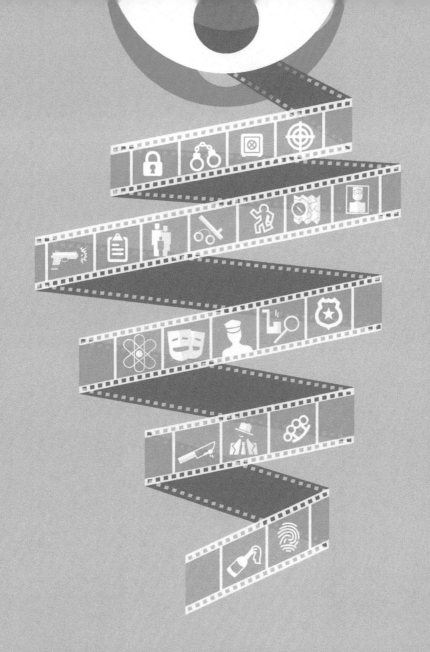

CHAPTER 05

연쇄 방화범죄와 범죄심리

CHAPTER 05

연쇄 방화범죄와 범죄심리

❶ 방화범의 일반적인 특징

　방화범이란 고의로 화재를 일으켜 공중의 생명이나 신체, 재산 등에 위험을 주는 범죄로써 우리나라의 경우 살인강도, 강간 등과 함께 강력범죄의 범주에 포함되고 있다(최인섭·진수연, 1993). 미국의 경우에도 방화범죄의 심각성과 증가율에 주목하여 1970년대부터 방화범죄를 제1종범죄로 분류하여 관련기관에서 각별한 관심을 보이고 있으며 연구를 통해서 방화의 예방과 대응책 마련에 부심하고 있다.

　방화범죄의 일반적인 특징에는 단독범행이 많다는 점과, 주로 야간에 많이 발생한다는 점, 휘발유, 석유, 신나 등의 방화보조물을 사용한다는 점, 피해범위가 넓고 주로 인명을 대상으로 하고, 계절이나 주기와 상관없이 발생한다는 점과 연령의 분포가 대단히 넓다는 점이다. 즉, 청소년에서부터 노인에 이르기까지 방화범의 연령층이 넓고 여성의 비율도 상당히 높다는 점이 일반적인 특징이라고 할 수 있다. 또한 경찰청 방화범죄 담당자에 의하면 최근 노상 주차 차량, 상가, 주택가 골목, 건물 계단 적치물, 쓰레기 등에 방화하는 사례가 증가하고 있으며 옥외의 적치물, 쓰레기 등에 방화하는 범인의 경우 정신이상자가 많다고 한다.

2 연쇄방화의 정의

연쇄방화는 반복적으로 불을 지르는 것을 말하는데, 보통 3회 이상 반복적으로 방화를 하는 것을 말한다(박철현, 2004). 연쇄방화의 정의도 연쇄살인과 마찬가지로 일의적으로 정의하기는 어렵지만 실무적으로나 학문적인 연구를 위해서 연쇄방화의 정의는 도움이 된다. 일반적으로 연쇄방화의 정의는 방화범이 스릴이나 흥분, 희열 등을 얻기 위해 3회 이상 어느 정도의 시간적 간격을 두고 방화를 하며, 각각의 방화간격 사이에 특이한 심리적 냉각기(cooling off period)를 가지면서 저지르는 방화라고 정의하는 것이 타당할 것이다. 방화의 다양한 형태를 설명하기 위해 몇 가지 용어가 더 사용되는데 일반적으로 널리 사용되는 용어로는 불을 놓은 횟수와 정도에 따라 single(단일), double(이중), triple(3중), mass(다중), spree(연속), serial(연쇄)의 구별을 하고 이들 각각의 방화 사이에 존재할 수 있는 심리적 냉각기의 개념이 연쇄살인과 연속살인을 구분지을 때와 마찬가지로 사용되었다.

표 5-1 방화의 횟수와 성격에 따른 분류

형태	single	double	triple	mass	spree	serial
방화 횟수	1	2	3	3회 이상	3회 이상	3회 이상
범행의 수	1	1	1	1	1	3번 이상
범행장소의 수	1	1	1	1	3곳 이상	3곳 이상
냉각기	없음	없음	없음	없음	없음	있음

제2절 연쇄방화범의 심리·행동 분석

미국 FBI 소속의 ABIS(Arson and Bombling Investigative Service Subunit: 방화와 폭발물범죄 수사반)에서는 1990-92년 미국에서 발생한 1,474건의 방화사건기록 분석 및 10여 개 교도소에 수감 중인 83명의 방화범들을 대상으로 한 면담조사를 통해 연쇄방화범과 사건들에 대한 특징들을 밝혀내었다.

1 연쇄방화범의 특성

대부분의 연쇄방화범들은 백인이며(82%), 남성이고(94%), 27세 이하의 젊은 사람들이었다. 연쇄방화범들의 대략적인 개인 이력을 살펴보면 대개 가난하였고 개인적 인간관계가 상당히 불안한 상태였다. 연쇄방화범들의 평균적인 교육 수준은 90%가 고졸 이하였다. 방화범들은 군 복무에 있어서도 문제를 드러내었는데 연쇄방화범 중 오직 1/7 정도만이 별 탈없이 전역하였고 성적 선호에 있어서도 25% 정도가 동성애이거나 혹은 양성애적 경향을 가지고 있었다.

2 연쇄방화범의 경력

연구로 밝혀진 것 중 중요한 것으로는 방화범들의 범죄경력이었다. 전체의 87%가 이전에 중죄로 인하여 구속된 적이 있었고 67%는 복합적인 중범죄 경력을 보여주었다. 또 특이할 만한 이력이라면 상당수의 연쇄방화범들이 이전에 다양한 수용시설에서 지낸 사실이 있다는 것이다. 83명의 방화범이 전체 횟수 637회이었으며 서로 다른 수용시설을 거쳤다. 그 수용시설들은 고아원에서 교도소까지를 망라한다. 보고된 모든 경우가 다 이런 수용시설을 거친 것은 아니지만 전체적인 비율이 매우 높다는데 의미가 있으며 정상적인 가정에서 성장하지 못했다는 것이 특징으로 파악된다.

또한 교도소나 감호소에서 보냈다는 사실은 그들의 범죄적인 이력을 보여준다. 전체의 83%가 257개 소의 정신 감호소에 있었다는 사실은 그들의 정신적인 불안정성의 문제를 대변한다고 볼 수 있다. 약 50%의 연쇄방화범들이 이전에 정신건강상의 문제를 드러내었다고 보고되었다. 그들의 자살시도를 한 경력이 많다는 사실은 흥미 있는 부분인데 25% 정도가 적어도 한번은 자살시도를 한 적이 있다고 보고되었다.

이들 연쇄방화범들 중 1/3 정도만이 비교적 안정된 직업을 가지고 있었으나 그들마저도 전문직에 종사하는 사람은 없었고 대부분의 경우 가정생활이 불안정하였고 약 58% 정도만이 친부모 밑에서 자랐으며 약 11%는 재혼한 부모 밑에서 자라거나 혹은 양부모 밑에서 자랐다. 4%가 홀아버지, 13%가 홀어머니 밑에서 성장하였고 9% 정도가 대리가정에서 자랐고 나머지 6%는 다른 친척 밑에서 자랐다. 연쇄방화범들은 그들의 어머니 혹은 아버지와 냉랭하거나 적대적인, 혹은 공격적인 관계를 유지하였다.

3 연쇄방화범의 방화경력

연령과 방화와의 관계를 다룬 데이터는 여러 가지 면에서 흥미롭다. 조사대상인 1,474건의 방화 중 59%가 18세 이전에 행해지고 80%가 30세 전에 행해졌다. 43%가 14세에서 18세 사이에 행해졌다는 것이 특히 흥미롭다. 35명의 방화범이 14세에서 16세 사이에 평균 9.1회의 방화를 하였고 17세와 18세 사이에는 34명의 방화범이 평균 9회의 방화를 하였다. 반면에 19세에서 21세까지의 방화범은 4.2회의 불을 놓았다. 전체적으로 14세에서 16세, 17세에서 18세 사이에 300건이나 다른 시기를 앞질렀다.

19세에서 21세 사이에는 방화범의 수가 100명에도 이르지 못하였다.

그러나 이와 같은 연령별 방화행위의 감소는 그 이후의 나이에까지 연결되지는 않는다. 30세 또는 그 이상 나이의 방화자들은 그보다 젊은 방화자들에 비해 더 많은 불을 지르는 것으로 밝혀지고 있다. 13명이 30세에서 35세 사이에 있는 반면에 34명은 41세에서 50세 사이이다. 전체적으로 결론은 명백하다. 19세가 방화범들에 있어서 하나의 전환점이 되고 있는 셈이다. 또한 그 나이 이후에도 방화를 저지르는 범죄적 방화범들은 오히려 더 많은 방화를 하고 있는 것이다.

범죄 현황분석에 따르면 방화범죄의 해결률은 전국적으로 1982년에서 1991년 사이에 단지 18%에 지나지 않았다. 이 수치는 여타 범죄에 비해 연쇄방화범에 의한 방화의 해결률이 낮음을 보여준다. 연구에 따르면 연쇄방화범의 기동성은 비교적 떨어지는 것으로 나타났다. 대개(약 61%)가 방화를 위해 도보로 이동하였고 70%가 자신의 거주지 주변 3km 범위 이내에서 범죄를 저질렀다. 거의 모든 방화가 연쇄방화범 주변에서 발생하였다고 보면 된다. 차를 소유한 경우는 거의 없으며 자신의 이웃에게 방화를 저지른다.

대부분의 연쇄방화범이 수사관의 끈질긴 노력에 의해 검거되지만 15% 정도는 스스로 자백하기 위해 경찰서를 찾기도 한다. 자신의 정체를 숨기려 노력하는 경우는 드물다. 대부분이 스스로 방화행위에 대한 책임을 느끼고 유죄를 호소한다. 그들은 자신의 범행이 끝내 밝혀지지 않을 것이라 믿지 않는 경향이 뚜렷하다. 이와 같은 발견들은 연쇄 방화행위가 강박관념 하에서 자연스럽게 행해졌다는 사실을 추측케 한다.

④ 연쇄방화범의 범행행태

연쇄방화범들이 방화대상에 접근하는 방법으로 가장 흔한 것은 정문으로 들어가는 것으로 38%를 차지하였다. 19%는 창문으로, 그리고 16%는 대상에 접근하기 위해 복잡한 도구를 사용하였다. 공범이 있는 연쇄방화행위는 20%를 차지하였다. 공범이 있었다고 응답한 16명의 연쇄방화범 중 14명이 남성공범, 1명이 여성공범, 그리고 한 명이 남녀공범을 가지고 있었다. 거의 대부분이 불을 지르는데 단순한 도구를 이용했다.

불이 잘 붙는 가솔린을 가장 흔한 연소재로 썼으며 성냥이나 라이터로 불을 붙였다. 방화에 특별히 만든 도구를 쓰는 경우는 거의 없다. 약 반 정도가 현장에 물건을 두고 오며 이중에는 중요한 증거가 될 수 있는 것도 있다. 1/4이 불을 내기 전에 제거한다. 불을 지른 후에 1/3 정도의 연쇄방화범은 그 자리에 남아 불타는 광경을 지켜본다. 1/4 정도는 대개 다른 지역으로 이동하였으며 이동 후에 불을 진화하는 작업을 지켜보았다. 약 반이 넘는 수가 그 장소로 되돌아왔으며 1분 정도 있다가 그 장소에 되돌아오는 행위는 1주일 후에 돌아오는 행위와 그 빈도가 비슷하였으나 97% 정도는 24시간 이내에 범행 장소를 돌아본다. 주거 시설을 대상으로 하는 방화는 11% 정도였고, 사업체는 18%, 기타의 대상이 차지하는 비율은 전체 1.450건의 방화 가운데 15% 정도였다.

전체적으로 시설물 방화는 전체의 43%로 집계되었다. 자동차 대상 방화는 전체의 16%였다. 시설물이나 교통수단 외의 대상이 차지하는 비율은 41%에 이르렀다. 대다수의 연쇄방화범은 한 지역에 1개의 불을 놓는다. 그러나 같은 장소에 불을 놓기 위해 되돌아오는 경우도 더러 있다. 방화범의 반 정도가 범행 전에 술을 마시고 26% 정도는 범행 당시에는 그와 다른 종류의 술을 마신다고 보고되고 있다. 연쇄 방화범의 1/3 정도는 방화행위가 계속되어감에 따라 약물의 사용량이 현격히 증가하였다.

1 연쇄방화범의 유형분석

연쇄방화에 대한 연구는 생각만큼 많지 않다. 그 이유는 연쇄방화사건이 양적으로 많지 않을 뿐 아니라 방화범에 대한 심도 있는 질적 연구가 쉽지 않기 때문일 것이다. 특히 우리나라의 경우 방화범에 대한 연구는 주로 공식적인 통계자료를 활용한 실태분석의 수준에 머물러 있는 실정이다. 여기서는 외국학자들의 연구결과를 간략히 살펴보고자 한다.

먼저 루이스와 야넬(Lewis & Yarnell, 1951)은 재산상 이득을 목적으로 한 방화범을 제외한 모든 방화범들을 ① 동기에 의한 방화범(Motivated Firesetters), ② 방화광(Pyromaniacs), ③ 의용소방대형(Volunteer Fireman), ④ 영웅심리형(Would-Be-Heros), ⑤ 부랑자형(Vagrants) ⑥ 정신이상자(Psychotics)로 구분하였다.

또 하임즈 및 라이저(Kaufman, Heims and Reiser, 1961)는 30명의 남자 방화범들을 상대로 조사한 겨로가 이들 중 22명이 '정신이상' 혹은 '정상과 정신이상의 경계선상'에 있다는 것과 성심리학적 성장과정상 '구강기(oral stage of psycho-sexual development)'에 머물러 있다는 것을 발견했다. 이는 병적 방화범들이 신경증적 증상을 나타내며 '남근기(phallic-stage)'에 머물러 있음을 시사하는 연구결과이다.

그리고 로스타인(Rothstein, 1963)은 8명의 소년방화범들에 대한 심리검사를 한 결과 이들이 '경계선상의정신질환(borderline-psychotic)그룹'과 '격정적신경증(impulsive-neurotic)그룹'으로 양분된다는 것을 발견 하였다. 경계선상의 정신질환 그룹에 속한 5명 중 1명은 현실감을 상실한 정신분열증 환자로 자아 발달의 최저단계에 속해 있었는데 심한 애정, 영양 및 안전감 결핍 증세를 나타내었다.

비교적 최근의 연구인 사카임과 오스본(Sakheim & Osborn, 1986)은 방화범을 6개의 집단으로 나누었는데, 즉, ①호기심 또는 우연에 의한 방화범, ② 도움을 갈구하는 방화범, ③ 관심을 끌고자 하는 방화범, ④ 영웅이 되고자 하는 방화범, ⑤ 흥분이나 성적만족을 추구하는 청소년 방화범, ⑥ 정신병적 방화범으로 구분하였다.

② 동기에 의한 방화범죄의 유형분석

표에서 보는 바와 같이 동기에 의한 방화의 유형은 ① 경제적 이익을 목적하는 방화, ② 범죄은폐의 목적으로 하는 방화, ③ 원한과 복수의 동기로 방화하는 유형, ④사회적 불만과 스릴을 추구할 목적으로 하는 방화, ⑤ 방화광에 의한 방화, ⑥ 직업적 보상을 노리고 하는 방화 등으로 구분할 수 있다. 특히 최근에는 범죄은폐를 목적으로 방화를 하는 경우가 빈번하게 발생하고 있으며, 정신적으로 문제가 있는 등 심리정신적 장애자가 하는 방화도 발생하고 있는 것으로 보인다.

특히 흥미를 끄는 유형은 직업적 보상을 동기로 한 방화이다. 이 유형은 우리나라에서는 많이 발견되고 있지 않지만 소방직업 종사자나 그 주변인 또는 건물 관리인 등 화재를 막고 화재에 대응하여야 할 사람이 관련 직업의 처우 등 현실에 대한 불만이나 화재예방정책의 문제점들을 널리 알리거나 관계자들에게 주의를 환기시키기 위해 행하는 방화, 언론 등의 관심을 끌기 위해 연쇄적 또는 반복적으로 방화하는 경향이 있다.

표 5-2 동기에 따른 방화범죄의 유형

동기, 목적	대 상	특 색
경제적 이익	보험가입 주택, 건물, 상품, 차량 등	거액, 최근 또는 중복 보험가입, 돈이 궁한 상태
범죄은폐	범죄장소(건물, 차량 등), 사무실, 서류 장부 등	변사체, 중요금품, 중요서류, 장부
원한, 복수, 미움	특정인소유, 거주 또는 관계 장소, 물품	원한관계, 경쟁관계, 장애인, 동성연애자, 외국인 등
스릴, 장난, 사회불만	불특정대상: 야산, 방치물품, 건물 등	어린이, 실업자, 사회불만표출자, 손쉽게 방화할 수 있는 장소, 모방범, 연쇄방화, 반복
방화광(pyromania)	불특정대상: 야산, 방치물품, 건물 등	심리, 정신장애, 마약, 알코올 중독 등, 연쇄, 반복
직업적 보상	소방서 인근, 순찰선 내 건물, 소방상 문제 포지한 대상 등	소방직업 종사자 또는 주변인, 경비원 등, 언론관심대상, 연쇄, 반복

3 FBI의 방화범 유형분석

미국의 FBI에서는 2,611건의 방화를 저지른 83명의 중방화범에 대한 조사에 기초하여 방화범의 유형을 손괴형 방화범, 보복형 방화범, 흥분추구형 방화범, 범죄은폐형 방화범. 이익추구형 방화범, 정신이상형 방화범, 혼합형 방화범으로 구분하였다(박철현, 2004).

먼저 손괴형 방화범이란 다른 사람의 재물을 손상시키기 위해 불을 지르는 방화범을 말한다. 주로 청소년들이 장난삼아 불을 지르는 경우가 대부분이며, 주로 학교시설이나 방치된 건물, 농작물 등이 그 대상이다. FBI에 의하면 전체 방화범의 약 7%가 이 유형에 속한다고 한다. 이들은 주로 걸어 다니면서 방화를 하며, 보통 자신의 거주지로부터 가까운 곳에 범행을 한다.

둘째, 보복형 방화범은 과거에 있었던 어떤 불쾌한 사건에 대한 복수로서 불을 저지르는 사람들로서 전체의 약 40%를 차지한다고 한다. 보복의 유형에는 개인적인 보복에서 집단적인 보복, 제도적, 사회적인 보복 등 다양하다고 한다.

셋째, 흥분추구형 방화범은 스릴을 추구하거나 다른 사람들의 인정이나 관심을 끌기 위해 방화를 하는 사람들로서 전체의 약 30%가 이 유형에 속한다. 이 유형의 방화범은 불이 난 후에 급박한 상황에서 느낄 수 있는 흥분과 스릴을 갈구하는 사람들로서 내면적으로 성적인 문제가 내재되어 있을 개연성이 많다. 흥분추구형은 범행의 횟수가 늘어날수록 스릴을 더 느끼기 위해서 더 큰 대상에 대해 방화를 하는 경향이 있다.

넷째, 범죄은폐형 방화범은 횡령, 침입절도, 강도, 살인 등의 사건을 은폐하고 증거를 없애거나 위장할 목적으로 이차적인 행동으로서 방화를 한다. 전체 방화범의 5%가 이 유형에 속한다.

다섯째, 이익추구형 방화범은 주로 금전적인 이득을 추구하기 위해 방화를 하는 사람들이다. 이 유형은 주로 보험금을 노리거나 공장운영이 어려워 보험금을 타낼 목적으로 방화를 하거나 심지어 부모 내지 배우자 등 가족들의 이름으로 보험을 가입한 후에 보험금을 타낼 목적으로 교통사고를 내거나 살해하는 등의 수법으로 방화를 하는 자들도 이 유형에 속한다.

여섯째, 정신이상형은 정서적 또는 심리적인 문제를 가지고 있는 사람들이 방화를 하는 정신장애자에 의한 방화가 여기에 속한다. 전체 방화의 약 6%가 여기에 속한다. 마지막으로 혼합형방화범은 한두 가지의 뚜렷한 이유로 방화를 하기보다는 특정할 수 없는 다양한 범죄동기에 의해 방화를 하는 사람들로서 전체의 약 6%가 이 유형에 속한다.

④ FBI의 이분법적 유형분석

FBI는 자신의 행동과학부에서 연쇄살인범에 대한 이분법적 분류방법인 체계적 범죄와 비체계적 범죄로 구분하는 것을 연쇄방화범에도 적용하여 구분하고 있다. 체계적 방화범의 경우 자동타이머와 같은 일정한 시간이 지난 후에 자동적으로 불이 날 수 있는 장치(도구)를 가지고 다니면서 치밀한 계획 하에 방화를 하는 자를 말한다. 이들은 범행현장에 증거를 남기지 않기 위해 노력하며, 방화대상물에 접근할 때도 지문이나 족적을 남기지 않으며, 계획적이고 조직적으로 방화를 한다. 이에 비해 비체계적 방화범은 우연한 기회에 우발적으로 성냥이나 담배, 휘발유와 같은 일반적인 방화촉매제를 이용하며, 범행현장에 지문이나 족적 등과 같은 증거를 남기는 경우가 많다.

Harris와 Rise(1996)의 분류에 의하면 이들은 정신장애인의 방화행위에 맞추어 4가지 유형으로 정신장애인 방화범을 분류하였다.

첫째, 정신병자(psychotics)형이다. 정신장애인 방화 중 가장 높은 비율을 차지하는 유형으로써 이들의 방화 동기는 주로 환각적이다. 방화경험이나 범죄 또는 공격행동경험도 별로 없다. 대개 정신분열증으로 진단되며 알코올 문제를 가진 경우는 드물다.

둘째, 비자기주장자(unassertives)형이다. 이들은 어릴 때나 나이 들어서 공격경험이 없으며, 주변에 범죄자도 없고, 지능도 비교적 높고, 직장 고용경력도 비교적 양호한 등, 다른 유형에 비해서 가장 나은 과거 경험을 지니고 있다. 다만 자기주장성이 매우 낮고 이들의 방화 동기는 주로 복수나 분노 때문이다. 대구 지하철 방화범은 이 범주와 가장 유사한 특징을 지닌 것으로 판단된다.

셋째, 중다 방화범(multi-firesetters)형이다. 이들은 최악의 아동기 경험을 지나고 있다. 불안정한 가정 출신이며, 학교 적응력도 떨어지고, 공격성도 높다.

범죄경력은 없더라도 어릴 때부터 불장난을 많이 했다. 지능이 평균 이하이며, 학교성적도 저조하다. 그리고 본인이나 부모가 정신치료를 받은 경험이 있다. 주로 낮에 방화하며, 모든 유형 중에서 재범률이 가장 높고 다른 종류의 공격을 할 가능성도 높다. 이들 중에는 분노와 복수를 위해 방화하는 자가 있는가 하면 흥분이나 주의를 끌기 위해서 방화하는 자들도 있다.

넷째, 범죄자(criminals)형이다. 이들은 공격 등과 같은 범죄경력이 많다. 부모로부터 학대받거나 버림받은 경우가 많으며, 대체로 성격장애로 진단된다. 주로 야간에 방화하며 방화사실을 잘 고백하지 않는다. 또한 다른 유형에 비해서 자기주장성이 더 높다.

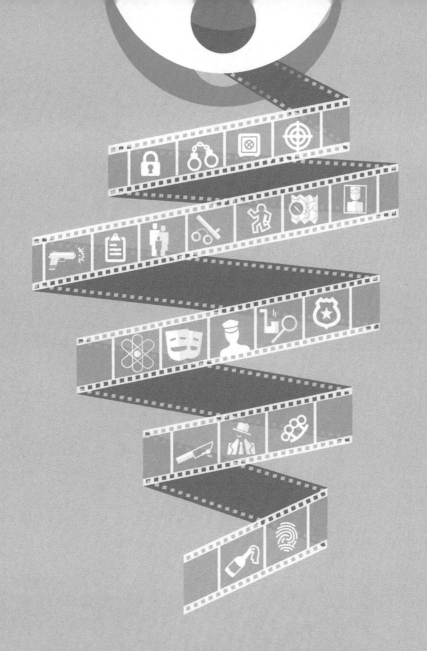

CHAPTER 06

주요 연쇄살인의 역사

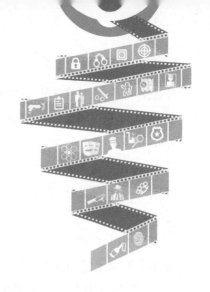

CHAPTER 06

주요 연쇄살인의 역사

제1절 한국의 연쇄 사건

앞에서 살펴본 연쇄살인의 의의와 여러 조건들의 분석을 종합해서 '한국의 연쇄살인'을 정의해보자면, '일반적으로 납득할 수 있는 살인의 동기나 계산 없이, 살인에 이르는 흥분 상태가 소멸될 정도의 시간적 공백을 두고, 2회 이상 살인을 저지르는 행위'다. 이러한 정의는 그동안 연쇄살인을 둘러싸고 제기된 논의들과 한국에서 발생한 다수의 살인 사건들을 근거로 한 것이다. 연쇄살인의 정의에 부합하는 '한국의 연쇄살인'을 다음과 같이 자세히 분석하고자 한다.

1 한국 최초의 연쇄살인범 - 이판능(李判能)

과연 우리나라 최초의 연쇄살인 사건은 언제 발생했을까? 왕조와 전쟁 중심의 역사와 기록의 한계로 인해 조선, 고려, 삼국시대, 단군조선까지 거슬러 올라가 최초의 연쇄살인 사례를 찾는 것은 불가능하다. 물론 ≪무원록≫[61] 등 살인

---

61) 조선 세종의 명으로 최치운(崔致雲) 등이 편찬한 법의학서. 원(元)나라 왕여(王與)가 편찬한 ≪무원록≫의 중간본을 참작, 주해를 더하고 음훈(音訓)을 붙여 편찬한 것이다. 이 책의 주요 내용은 상권에 시장식(屍張式)·시장례(屍帳例) 등 17항목, 하권에 검복총설(檢覆總說)·험법(驗法) 등 주로 시체 검안에 관한 법규와 원나라의 검험판례문으로 되어 있다. 특히 하권에는 시상변별(屍像辯別)에 관한 사안들이 자세히 열거되어 있다. 특히 삼검(三檢) 제도가 엄격히 규정되어 있다. 초검(初檢)과

사건을 다룬 조선시대의 기록이 있으나 주로 사인감별(死因鑑別) 등 법의학 기술 위주로 구성되었으며, 연쇄살인 사건이 발생했다 하더라도 수사 기술이 부족하여 '호환(虎患)', '마마(媽媽)' 등 자연이나 신의 저주로 치부되었을 가능성도 있다. 따라서 충격적인 범죄 등 중요한 사건과 사고를 거의 빠짐없이 기록하는 언론 매체가 등장한 구한말 이후 근대에서 최초의 연쇄살인 사건을 찾아야 할 것이다.

동일범이 여러 명을 살해한 사건이 우리나라 신문에 최초로 보도된 것은 1921년에 '조선인 이판능이 일본 도쿄에서 17명을 살해한 사건'이라고 할 수 있다. 일제 치하였던 당시 상황의 특성상 민족 감정까지 불러일으켰던 이판능 사건은 유영철 사건만큼이나 주목을 받았는데, 이후 여러 명을 살해한 사건이 발생하면 '제2의 이판능 사건'[62], '제3의 이판능 사건' 등으로 부를 정도였다.

이판능은 1921년 당시 점령국인 일본 제국의 수도 도쿄에서 시 전기국 소속 전차의 차장(운전수)이었다. 조선인의 신분으로 관공서의 정규 기능직이었던 걸 보면 보통 이상의 지능과 학력을 가졌음에 틀림없다. 당시 처자식까지 있는 스물여섯 살의 가장이었던 이판능은 1921년 6월 2일 새벽, 칼을 휘둘러 같은 집에 살던 일본인 가족을 처참하게 살해한 이후 집을 나와 돌아다니며 주로 조선인과 일본인 노동자들이었던 이웃 주민들을 닥치는 대로 살해하다가 일본 경찰에 붙잡혔다.

사건의 전말은 이렇다. 전날 저녁, 당시만 해도 귀하던 수건 3장이 없어져 이를 애타게 찾던 이판능은 같은 집에 사는 일본인을 의심하여 따지다가 오히려 일본인과 나중에 합세한 그의 아내에게 폭행을 당한다. 이판능은 너무나 분한 나머지 경찰서로 달려가 절도 및 폭행죄로 고소하려고 했지만 조선인을 업신여긴 일본 순사가 이를 제대로 처리해주지 않자 평소에 무시당하고 차별받은

복검(覆檢)은 의무적이고, 초검관과 복검관의 의견이 일치되지 않거나 검험에 의혹이 있을 때는 3검(三檢)을 실시하여 최후 판결을 내린다. 사건에 따라서는 4사 내지 5사(五査), 6사(六査)를 거치거나 국왕에게 직소(直訴)할 수도 있다. 후일이 책은 중국과 일본에도 유포되었다.

62) 1992년 음력 단오날 오후 6시경, 황해도 수안군의 한 작은 마을에서 스물아홉 살의 언어장애자(당시 신문 표현으로 '귀먹고 벙어리') 김원희가 술에 취해 양손에 도끼와 낫을 들고 돌아다니며 닥치는 대로 휘둘러 4명을 살해하고 2명에게 중상을 입히고 암소와 황소 3마리를 죽인 사건이 발생하자 각 신문에서는 이를 '제2의 이판능 사건'이라고 불렀다.

서러움까지 북받쳐 올랐다. 자려고 누워도 잠이 오기는커녕 억울하고 분한 생각만 끓어올라 결국은 부엌칼을 찾아들고 옆방 일본인 가족의 침실로 건너갔다. 잔뜩 흥분한 상태에서 닥치는 대로 찔러 가족을 다 죽이고는 그 칼을 들고 집을 나와 이리저리 돌아다니며 아무나 찌르다가 검거된 것이었다.

일본 재판부는 사건 자체가 전례 없이 충격적이었을 뿐만 아니라, 피의자 이판능의 가족과 친지들이 고용한 일본의 변호사가 '정신 착란에 의한 행동이므로 법적인 책임을 물을 수 없다'며 무죄를 주장하고 나섰기 때문에 당대 최고의 정신과 의사(당시 제국대학교 교수 미야케 코우이치 박사)에게 심층적인 정신 감정을 해달라고 의뢰하여 감정 결과가 나올 때까지 공판을 4개월이나 연기시키기도 했다. 미야케 박사가 법정에 제출한 정신 감정 보고서는 이판능이 옆방의 일본인 가족을 살해했을 때는 의식이 있었으나 추가 살인을 할 때는 이성을 잃고 몽롱한 상태였다고 결론지었다. 이 감정 보고서에 따라 재판부는 이판능이 자신의 행동에 책임을 져야 하고 재판을 받을 능력이 충분하다고 판단하여 공판을 개정했다.

재판부는 자칫 사건이 민족 감정을 자극해 식민 통치에 지장을 초래하지 않을까 하는 부담이 컸던 것으로 보인다. 점령국에 와서 막노동을 하며 핍박과 설움을 당하던 조선인들이 공판정에 몰려들며 관심을 보이고, 조선 신문에서도 범행 동기가 일본인 이웃의 폭행과 일본 경찰의 무시와 차별이었음을 주장하며 억울한 눈물을 흘리는 이판능에게 연일 동정적인 보도를 했던 것이다. 여러 차례 공판 기일을 변경해가며 1년을 넘게 끌던 재판은 범행 당시 이판능의 정신 감정을 실시한 미야케 박사와 검찰측의 견해가 극명하게 대립해 다시 제3의 전문가에게 정신 감정을 의뢰하는 등 신중에 신중을 거듭했다.

결국 1심판결에서 무기 징역을 선고받은 이판능은 항소를 했고 사건 발생 2년 6개월 만인 1923년 12월 17일 항소심 선고 공판에서 징역 7년 6개월이라는 엄청난 감형을 받았다. 17명을 무참히 살해한 살인범에게 내려진 형량으로는 지금의 시각으로나 당시의 기준으로나 그야말로 파격이라 하지 않을 수 없다.

그렇다면 이판능을 '우리나라 최초의 연쇄살인범'이라고 할 수 있을까? 아니다. 17명이나 살해하긴 했지만 앞서 내려진 연쇄살인의 정의와 달리 살인 사건 사이에 심리적 단절, 즉 '냉각기'가 전혀 없었기 때문이다. 시간과 장소를 달리하며 여러 명을 살해했지만 모든 행동이 한 번의 심리적 흥분 상태 안에서 행해진 '일련의 연속된 행위'였다. 전형적인 '연속살인(spree murder)'이라고 해야 할 것이다.

설사 연쇄살인의 범주에 넣는다 하더라도 '한국 최초'라기보다는 '일본 최초(전례가 없다면)'라고 해야 옳다. 비록 조선인이었지만 일본에서 살인이 행해졌고 살인의 원인, 동기와 정황, 촉발 요인 등을 모두 일본 사회에서 제공했기 때문이다. 그렇다면 누가 '우리나라 최초의 연쇄살인범'일까?

② 변태성욕 살인범 - 이관규(李寬珪)

우리나라에서 '연쇄살인'에 해당하는 사건이 발생했다는 사실이 처음으로 알려진 것은 1929년[63]이다. 일제 식민 지배가 한창이던 그해 여름 한 달 간격으로 남자 어린이 2명이 같은 수법으로 '성폭행 후 살해'당하는 사건이 연이어 발생한 것이다. 첫 사건은 6월 2일, 경기도 고양군 벽제면 대자리 산 속에서 소를 풀어 꼴을 먹이던 열한 살짜리 목동이 성폭행(당시 신문 표현으로는 '계간(鷄姦)을 한 후')을 당하고 목 졸려 숨진 시체로 발견되었다. 그리고 한 달 후인 7월 12일에는 영등포 주택가에서 아홉 살짜리 남자 어린이가 유괴되어 동네 뒷산에서 역시 성폭행 당한 후 목 졸려 숨진 시체로 발견되었다.

범행 수법과 피해 대상이 워낙 독특하여 동일범의 소행임을 확신한 경찰은 범행 장소 주변에서의 탐문 수사를 통해 목격자를 확보하고 남자 어린이를 대상으로 한 변태성욕 사례를 전국적으로 집중 조사하기 시작했다. 남자 어린이 연쇄 성폭행 살인 사건은 비록 경기도 일원에서 발생했지만 조선8도의 모든 부모들을 공포에 빠뜨렸다.

범인이 검거된 것은 사건 발생 후 1년 반이 지난 1931년 2월, 범죄 현장에

---

63) 앞에서 밝힌 것처럼 최초로 발생한 연쇄살인이 언제인지는 알 수 없다. 그렇기 때문에 연쇄살인이 발생했다는 사실이 '최초로 알려진' 것이 언제이고 어떤 사건이었는가가 중요하다. 이 사건과 같은 시기에 발생한 소위 '백백교 사건'은 사이비 종교 교주와 그 하수인들에 의한 다수의 신도 살해 사건으로 종교적, 조직적 특성을 감안하여 연쇄살인의 범주에는 포함시키지 않기로 한다. 이후에라도 1929년 이전의 연쇄살인 기록이 발견되면 '한국 최초의 연쇄살인'은 변경되어야 할 것이다.

서 멀리 떨어진 충북 진천이었다. "꼬리가 길면 밟힌다"는 말처럼 남자 어린이들을 대상으로 한 성추행으로 여러 번 붙잡힌 전과가 있는 진천 출신의 이관규(39세)가 범행 이후 종적을 감추자 경기도 경찰부(오늘날의 경기지방경찰청)는 이관규를 전국에 지명 수배했던 것이다. 1년이 넘게 객지를 떠돌며 경찰의 검거망을 피해 다니던 이관규는 더 이상 버티지 못하고 결국 진천 집으로 숨어들었고, 이 사실을 곧 진천경찰서 형사의 귀에 들어왔다. 집에 있다가 급습한 형사대에 체포된 이관규는 곧 범행 일체를 자백했다.

'소아기호증적 성범죄자(pedophile)'인 이관규는 결혼하여 아이가 다섯이나 있는데도 여자를 기피하여 가까이 하지 않다가, 30대 후반에 이르러 남자 어린이에 대한 동성애적 소아기호증이 드러나기 시작하여 2건의 연쇄살인을 포함한 남아 성폭행을 수십 번이나 했다고 털어 놓았다. 이관규는 앞에서 살펴본 2000년대의 아동 살해범 최인구와 달리 성인 여자에게는 성욕을 느끼지 못하고 오직 남자 어린이에게만 성충동을 느끼는 '폐쇄형 소아기호증'이었다. 또한 소아기호증이 표면화되어 성추행을 하기 전에는 도박 충동을 참지 못해 상습도박죄로 여러 번 형사처벌을 받았다.

사소한 꾸지람에도 도끼를 휘두르며 아버지를 위협하고 집안 기물이나 기둥을 내리찍는 등 포악한 성격에다, 충동이나 분노 등 감정 조절과 사회성에 심각한 문제가 있는 '성격이상자'로 보이는데, 어린 시절의 학대 피해 등 더 자세한 기록이 없어 원인을 확인할 수는 없다. 다만 이관규가 연쇄살인을 저지른 1920년대 중반에서 30년대 초 당시에는 유독 30~40대 '변태성욕자'와 '성격이상자'의 엽기적인 범죄 행위가 많이 발생했던 것으로 보아 개인적 문제 말고도 사회적 요인이 작용한 것으로 보인다. 당시의 대표적인 엽기 사건들을 다룬 언론 보도 내용을 간략히 살펴보자.

- 1923년 12월 30일. 강원도 춘천: 양평의 한 절에 소속된 승려 취화상(醉和尙)이 춘천으로 와 술을 먹고 만취 상태에서 잡자던 동네 남자의 목을 칼로 찔러 살해한 후 배를 가르고 간을 씹어먹다가 이웃 사람에게 들키나 칼을 휘두르며 난동을 부리던 끝에 체포된 사건 발생.

- 1924년 2월 5일. 평안남도 진남포: 두 살짜리 아이의 목을 자르고 머리를 깨서 골(뇌, 腦)을 꺼낸 후 팔다리와 생식기를 잘라 살해한 사건 발생.
- 1924년 5월 11일. 여성들의 나체만 훔쳐보며 돌아다니던 변태성욕자에게 징역 4개월형 언도.
- 1925년 6월 11일. 동성인 남자 상사의 용모에 취해 단도로 찌르고 성추행하려 한 변태성욕자 체포.
- 1926년 5월 8일. 여자를 마구 구타한 후 그 상처와 피를 보며 쾌락을 느끼던 '부자변태성욕광(父子變態性慾狂)' 체포.
- 1926년 9월 4일. 변태성욕 강도 검거.
- 1927년 3월 6일. 경북 영천군: 양웅생(25세)이란 자가 아이의 생간을 먹으면 병이 낫는다는 말을 듣고 산에서 나무를 하던 열두 살짜리 남자 어린이를 잔인하게 살해하고 생간을 꺼내먹다 적발되어 체포.
- 1930년 4월 12일. 소학교 훈도(訓導)가[64] 학생에게 변태적 성추행을 하다가 적발.
- 1931년 10월 16일. 함안에서 변태성욕자 체포.

당시에 엽기적인 범죄가 하도 많이 발생하고 사회적 관심의 대상이 되다 보니 1927년 4월에는 ≪변태심리(變態心理)≫라는 잡지가 발간되기에 이르렀다. 이 잡지는 특별한 위인(偉人)이나 광인(狂人), 혹은 엽기적인 범죄를 저지른 자의 특수한 심리 상태와 당시 문제가 되던 '신경쇠약'에 대한 이론과 사례 등을 모았는데, 잡지를 출간하던 출판사의 이름도 '변태심리사(變態心理社)'였다. 한국 최초의 연쇄살인이라고 할 수 있는 이관규의 남자 어린이 성폭행 살인 사건 발생 전후에 유독 엽기적인 이상 범죄들이 많이 발생했다는 점은 주목할 필요가 있다.

주로 20대 후반에서 30대 후반 사이의 남자들이 범행을 저질렀다는 점을 감안하면 이들이 수태, 출생, 성장했던 19세기 말에서 20세기 초의 조선 사회가 외세의 침략과 왕조의 몰락, 일제 침략과 항쟁이라는 극심한 혼란에 빠져 있었다는 사실을 떠올리지 않을 수 없다. 이러한 사회적 혼란은 사회 전반적인 불안 심리를 불러일으키고 도덕과 윤리 등 사회 규범의 무력화로 인한 아노미

---

64) 소학교(小學校)는 일제시대 초기에 초등학교를 일컫는 용어였고 훈도(訓導)는 그 교원, 즉 교사(教師)의 당시 명칭이었다.

(anomie)현상으로 이어진다. 따라서 유소년기에 규범을 준수하고 타인을 배려하는 '긍정적 사회화' 대신 남을 탓하고 인명을 경시하는 '부정적 사회화'가 쉽게 이루어진다. 위생 상태가 좋지 않은 곳에서 콜레라, 티푸스, 결핵, 에이즈 같은 전염병균이 만들어지듯이 사회 규범이 붕괴되고 반사회적 분위기가 팽배하면 연쇄살인범이 나타난다고 볼 수 있다.

이러한 현상은 이후 한국 사회에도 그대로 적용되어, 일제 말기의 혼란과 한국전쟁의 참상을 겪은 지 20~30년이 지난 1970년대에 다시 각종 특이 범죄들과 함께 연쇄살인이 고개를 들고 나타난다. 1970년대 이후의 연쇄살인에 대해서는 뒤에서 자세히 살펴보겠다.

③ 김대두 사건

생년월일	1949년 10월 11일
사망	1979년 12월 28일
희생자 수	17명
범행지역	전라남도, 경기도, 서울
범행기간	1975년 8월 13일 ~ 1975년 10월 7일
체포	1975년
처벌	사형

김대두의 몽타주와 검거 당시사진

1975년 8월 13일부터 10월 7일까지 55일 동안 전라남도 광산군에서 마을 주민 안종현(63세)을 살해한 것을 비롯하여, 무안군, 경기도 평택시, 서울 등지로 9차례를 걸쳐 모두 17명을 살해한 혐의를 받았다. 평택군 사건현장은 평택의 외딴 초가 안에서 할머니(71세)와 손자 둘(7세, 5세)이 둔기로 가격을 당해 머리와 안면부가 거의 함몰된 채 숨진 상태로 발견됐으며, 손녀(11세)는 집에서 150미터 떨어진 야산에서 손과 발이 나무에 묶이고 얼굴에는 보자기가 씌워져 있었다. 손녀 역시 온 몸에 둔기로 난타당해 살해되었고 범행에 사용된 장도리는 나무손잡이가 부러져 떨어져 나간채 발견되었다. 양주군 사건 현장 역시 평창 사건과 유사하게 피해자들을 둔기로 난타한 흔적이 발견되었고 칼로 추정되는 도구에 마구 찔려 피살된 모습이었다. 시홍군 사건현장은 20대 후반의 아기 엄마는 발가벗겨진 채 강간당한 후 둔기로 무수히 가격당하고 칼로 여러 차례 찔려 살해당했고 생후 3개월짜리 갓난 아기는 흉기로 얻어맞은데다 발로 짓밟혀 내장이 다 손상된 상태로 사망했다.

수원 사건현장은 피해자인 30대 부부가 집에 있다가 남편은 집에서 둔기와 칼에 여러 차례 가격당하고 찔려 살해당했고, 아내는 집에서 멀리 떨어진 야산까지 끌려가 알몸으로 양손이 묶인채 둔기와 칼에 무수히 공격당한 모습으로 발견되었다. 1975년 10월 7일 서울에서는 피해자의 피가 묻은 청바지를 세탁소에 맡겼다가 이를 수상하게 여긴 세탁소 주인 하근배(26세)의 신고로 검거되었다.

그리고 연쇄 살인범 김대두는 체포되었을 때 현장검증에서 자신이 경기도 일대에서 일가족 단위로 4차례나 살해했다고 주장하였다. 그 이후 1976년 12월에 사형 선고를 받고, 독실한 기독교 신자가 되었지만 결국 12월 28일 사형에 집행되었다.

〈김대두의 현장검증장면과 검거당시의 모습〉

④ 우범곤 사건(우범곤 순경)

생년월일	1955년 11월 5일
출생지	부산
피해자수	95명(사망 62명, 중상 33명)
범죄 특성	우발적인 범행
범행 국가	대한민국
범행 기간	1982년 4월 26일

1) 범죄 동기

우범곤 순경(1955년 11월 5일 부산 출생, 당시 27세)은 당시 서울 청와대에서 근무하기도 하였으나, 인사 과정에서 의령군으로 좌천되었고, 동거녀 전말순 씨(당시 27세)와의 사이가 몹시 좋지 않았다. 당시 경찰은 평소 술버릇이 나빴던 우순경이 동거녀와 말다툼을 벌인 뒤 흥분 상태에서 우발적인 범행을 저지른 것으로 결론지었다

2) 사건 일지

1982년 4월 26일 오후 7시 30분경에 예비군 무기고에서 카빈소총 2정, 실탄 129발, 수류탄 6발을 들고 나왔다. 우 순경은 우선 우체국에서 일하던 전화교환원을 살해하여 외부와의 통신을 두절시킨 후, 궁류면 내 4개 마을을 돌아다니며 전깃불이 켜진 집을 찾아다니며, 총을 쏘고 수류탄을 터뜨렸다. 자정이 지나자 우순경은 총기 난사를 멈추고 평촌리 서인수 씨 집에 들어가 일가족 5명을 깨운 뒤, 4월 27일 새벽 5시경 수류탄 2발을 터뜨려 자폭했다. 이 사건으로 주민 62명이 사망하는 참혹한 사태가 벌어졌으며, 33명이 중경상을 입었다.

이 사건으로 당시 내무부 장관이었던 서정화가 자진 사임하고, 당시 근무지를 이탈했던 의령서장 등 3명의 경찰관과 방위병 3명이 구속됐다. 우순경 사건은 '짧은 시간에 가장 사람을 많이 죽인 단독 살인범'으로 세계 기네스북에 등재되어 있다. 한편 당시 의령경찰서장은 직무유기죄로 기소되었으나 법원은 주관적으로 직무를 버린다는 인식이 없고 객관적으로는 직무 또는 직장을 벗어나는 행위가 없다고 보고 무죄판결을 선고했다.

〈당시의 사건을 담은 신문기사〉　　　〈단체 장례행렬 사진〉

5 지존파 사건

출생지 및 생년월일	김기환(전남 영광, 68.3.10), 강동은(전남 영광, 73.10.27), 김현양(전남 영광, 72.5.8), 문상록(전남 영광, 71.12.22), 백병옥(강원 원주, 74.5.21), 강문섭(전북 부안, 74.3.15), 나경숙(충남 금산, 71.2.20)	 
희생자수	5명	
범죄특성	납치살해, 납치강간살해	
범행지역	전남 영광, 대전 유성 등	
범행기간	1993년 7월~1994년 9월 21일	
체포	1994년 9월 21일	
처벌	사형(이경숙 제외),이경숙은 징역 4년, 집해유예 4년	

1) 배 경

　　지존파, 즉 마스칸의 조직원들은 대부분 교육 수준이 낮았고, 노동 현장을 전전하다가 살인 계획을 세워 의기투합하였다. 이들의 진술에 의하면 이들은 야타족과 부유 계층들을 매우 증오하였고, 야타족과 부유층들을 대상으로 살인을 계획하였다고 한다. 그러던 중 1993년 4월 김기환이 학교후배 강동은(당시

22세)과 교도소 동기 문상록(당시 23세) 등을 포섭하여 지존파, 즉 마스칸을 조직하게 되었는데 당시 이들의 강령은 아래와 같았다.

> 1. 우리는 부자들을 증오한다.
> 2. 각자 10억씩을 모을 때까지 이 범행을 계속한다.
> 3. 배반자는 처형한다.
> 4. 여자는 어머니도 믿지 말라

2) 사건 일지

1993년 4월 김기환은 강동은, 김현양, 송봉우, 강문섭, 백병옥 등을 포섭하여 '지존파'라는 조직을 조직하고 현대백화점 고객명단을 입수하여 범행대상으로 삼았다. 1993년 살인 예행연습을 하기위해 7월 길가던 한 20대 여인을 윤간한 뒤 목졸라 살해했다. 그 해 8월에는 조직을 이탈한 송봉우를 살해했다. 1994년 9월 8일 이종원과 그의 애인인 이 모(당시 27세) 여인을 납치하여 이종원을 9월 10일 살해하였고, 사흘 후 중소기업의 기업가였던 소윤오 부부를 납치하여 돈을 갈취한 후 9월 15일에 살해했다.

그 후 두목 김기환이 납치해 온 한 여성의 처분을 두고 조직원 내에서 내분이 일어났고, 이 틈을 타 극적으로 탈출한 한 여성이 경찰에 신고함으로써 지존파 6명 전원이 1994년 9월 21일에 체포되면서 일단락되었다. 지존파 일당이 검거된 일을 국가 기록원에서는 다음과 같이 표기하고 있다. 이 사건에서 그들에게 인질로 잡혀있던 20대 여성의 목숨을 건 탈출과 제보가 있었기 때문이다. 1994년 6월 두목 김기환이 10대 소녀를 성폭행한 혐의로 ○○경찰서 형사들에게 검거되었는데, ○○경찰서를 다이너마이트로 폭파하여 보복하겠다는 생각으로 이를 조작하다가 일당 중 한 명인 김현양이 손을 다치자 범인들은 이 여성에게 김현양을 병원에 데려가 치료받도록 했다. 피해 여성은 이 틈을 타 도주하여 ○○경찰서 형사계에 신고를 하였다. 경찰은 피해자 이모양으로부터 탈출 시 가지고 온 범인들의 휴대폰과 메시지에 적힌 전화번호 등으로 아지트의 위치를 확인하여 일당 6명을 검거하였다. 체포되었을 때까지 반성이 없었으며, 살인의 이유를 불평등한 사회 모순이라며 사회로 돌리고 자신들의 가치 전도 현상을 정당화하려 했다.

체포 직후에는 모두 진심으로 회개하였고 진술에도 매우 협조적인 태도를 보였다. 그 해 10월 31일 재판 결과 이틀 전에 가담한 이경숙을 제외한 지존파 6명 전원에게 사형이 선고되었고 항소심과 상고심에서도 사형이 확정되어 1995년 11월 2일에 사형이 집행되었다. 이경숙은 정상참작이 작용하여 징역 3년에 집행유예 4년으로 일단락되었다.

6 온보현 사건

출생과 거주지	전북 김제에서 1957년 10월 5일 출생, 서울에서 택시기사생활	
희생자수	6명(2명 살해, 4명 강간 및 납치)	
범죄특성	납치 강간 및 살해	
범행기간	1994년 9월	
체포	1994년 9월 27일	
처벌	사형	

1차 범행. 강동구에서 택시를 기다리던 젊은 여성을 발견하여 택시에 태운 뒤 흉기로 위협하며 학생증을 빼앗은 후 경기도 이천에 차를 세운 후 야산으로 가려고 문을 연 찰나 여성이 살려달라는 몸부림을 하며 도주하기 시작했다. 출근시간이 가까워 진터라 잡힐지도 모른다는 불안감에 그대로 도주하였다.

2차 범행. 며칠 은둔 후 송파구에서 귀가하던 중년여성을 택시에 태운 뒤 역시 인적이 없는 곳에 차를 세운 후 저번의 실패를 떠올리며 테이프로 입을 봉하고 하체를 묶은 후 강간함. 온보현은 자신이 파놓은 구덩이 옆에서 피해자를 또 다시 강간하고 생매장하기 위해 구덩이 속으로 밀어 넣었다. 그리고 삽과 도구들을 가지러 온보현이 택시로 이동하는 순간 피해자는 젖 먹던 힘을 다하여 탈출에 성공함. 탈출과정 중 근처에서 작업 중이던 인부들의 도움을 받아 경찰이 출동하고 수색이 이루어짐.

3차 범행. 서울 구로구에서 홀로 택시를 기다리던 또 다른 젊은 여성피해자(21세)를 택시로 납치함. 그 후 한적한 길가에 차를 세우고 피해자를 흉기로 위협하여 강간함. 또한 피해자의 소지품을 뒤져 현금을 탈취 후 도망 못 가게 다시 테이프로 묶은 뒤 야산으로 끌고 가 나무에 피해자를 묶어 놓고 또 다른 범행 대상을 찾아 나섬.

범죄자 온보현의 이러한 태도는 범죄를 너무 쉽게 인식한 결과이며, 당시 나무에 묶여있었던 여성은 어두운 산에서 죽음을 느끼며 혼신의 힘을 다해 묶인 끈을 느슨하게 하여 탈출에 성공하곤 인근 경찰서로 가서 자세한 내용을 전달하게 된다.

4차 범행. 서울 서초구에서 또 다른 피해자(26세)를 택시에 태운 후 3차 범행의 장소로 이동하게 되었지만 그 전의 피해자가 보이지 않자 분노를 느낀 온보현은 지금의 피해자를 거칠게 폭력한 후 강간을 하고는 삽으로 피해자의 얼굴을 가격한 후 살인을 한다.

5차 범행. 강동구에서 19세의 소녀가 택시에 탔지만 고분고분 말도 잘 듣고 차분한 소녀에게 나쁜 인상을 주기 싫어 안락한 침실이 있는 곳에서 강간을 한 후 소녀를 차에 태워 집까지 데려다주는 행동을 하였다.

6차 범행. 송파구에서 24세의 젊은 여성을 택시에 태운 후 길가에 차를 세우고 위협하려는 순간 피해자가 강하게 저항을 하였고 화가 난 온보현은 흉기로 피해자를 마구 찔러 살인을 또 다시 저질렀다. 그리곤 도로변 지하통로에 시체를 유기했다. 이 6차 범행과정에서 온보현은 상처를 입었고 이때서부터 언론에 크게 알려지면서 온보현의 심경 변화가 일어났다.

경찰의 수사망이 좁혀오자 본인이 작성하던 살인 수첩에 회의감을 느끼기 시작한다. 마침내 당시 전국을 떠들썩하게 한 지존파사건을 해결한 서초경찰서에 자수함으로써 온보현사건은 막을 내린다.

7 정두영 사건

출생	1968년 12월, 부산 출신
희생자 수	17명(사망 9명, 중상 8명)
범죄 특성	주로 부유층만을 대상으로 둔기를 이용해서 살해
범행 기간	1996년 6월 ~ 2000년 4월
체포	2000년 4월 12일
처벌	부산고법에서 사형 확정

1) 성장과정

정두영은 68년 부산에서 3남 1녀 중 막내로 태어났지만 2세 때 아버지가 숨지고 어머니가 재혼하자 삼촌집에 맡겨졌다. 이후 5세 때부터 형제들과 함께 보육원에서 생활하다 15세 때인 83년 11월부터 특수절도죄 등으로 소년원을 들락거리기 시작했다.

17세 때인 86년 5월 부산의 한 초등학교에 침입해 도둑질을 하다 교무주임에게 흉기를 휘두르기도 했다. 이어 같은 해 6월 부산 수영구 망미동에서 범행대상을 물색하던 중 방범대원 김모씨(43세)가 불심검문을 하자 골목길로 유인해 살해, 12년 동안 수감생활을 했다.

정씨는 수감생활 동안 고졸검정고시에 합격하기도 했지만 98년 6월 출소한지 4개월 만에 특수절도죄로 다시 교도소로 갔다. 그 후 출소한 뒤에도 불과 2개월만인 5월 가정집을 털다 잡혔다. 그러나 이번엔 불구속 처리되어 풀려나자 한 달도 지나지 않아 부산고등검사장 관사 옆 저택에 침입 부녀자를 살해했다. 이때부터 10개월간 정씨가 저지른 범죄행각은 '불우한 환경과 사회적 소외감이 범죄를 불러왔다'는 식의 해석으로는 도저히 이해할 수 없는 잔혹성을 보여준다.

2) 사건일지

1999년 6월 2일 부산 서구 부민동의 부유층 주택가에서 혼자 집을 지키던 가정부 이모씨를 머리와 얼굴 부위가 거의 으스러질 정도로 잔혹하게 가격한 후 사망에 이르게 하였다. 당시 피해자의 집이 부산고등검찰청장 관사의 옆집이라는 사실이 화제가 되어 수사에 참고로 하였으나 후일 우연한 일로 밝혀졌다.

1999년 9월 15일 부산 서구 동대신동 고급빌라촌에서 금품을 훔치면서 역시 가정부를 잔혹하게 폭행하여 사망에 이르게 하였다.

1999년 10월 21일 울산광역시 남구의 고급 주택에서 어머니(53세)와 아들(24세)을 둔기로 수십 차례 강타하여 사망에 이르게 하였다. 이 사건을 통해 경찰에서는 일반 강도 살인에서는 볼 수 없는 '과다 공격'에 대해 주목하였으나 부산에서 발생한 이전의 사건들과의 연관성은 전혀 검토되지 않았다.

2000년 3월 11일 부산 서구 서대신동 고급 주택에서 두 명의 여성을 야구방망이로 때려 살해하였으나 또 한 명의 여성이 아기가 있다며 살려달라고 호소하자 중상만을 입히고 '아기 잘 키워, 신고하면 죽인다'라는 말과 함께 이불을 덮어씌운 후 살려준다. 경찰에서는 이 생존자의 진술을 토대로 2, 30대 나이에 키가 작고 왜소한 용의자의 몽타주를 작성에 전국 경찰에 수배한다.

2000년 4월 8일 부산 동래구 모 철강회사 정진태(76세) 회장의 집에서 정 회장과 가정부를 칼로 찔러 살해하고 정 회장의 친척인 김 할머니를 주먹과 발로 마구 때려 실신시키고는 사망한 것으로 착각하여 현금과 수표 2,430만원을 훔쳐 달아났으나 김 할머니는 출동한 경찰에 의해 병원에 응급 후송된 후 목숨을 건지고 이후 천안에서 잡힌 정두영을 직접 대면하여 부산, 경남 지역 연쇄살인 사건의 범인임을 지목하여 일체의 범행에 대한 정두영의 자백을 이끌어낸다.

1심은 2000년 7월 21일, 부산지방법원은 강도살인 등의 혐의로 구속기소된 정두영에게 유죄를 모두 인정하여 사형을 선고했고, 장물취득 등의 혐의로 구속기소된 그의 형 정부영과 또 다른 공동 정범 김종준에게 징역 1년 6개월을 각각 선고했다. 피고인들은 이에 불복하여 부산고등법원에 항소장을 제출했다. 2심은 2000년 11월 30일, 부산고등법원은 이들에 대한 항소심 선고 공판에서 항소를 기각하고 정두영에게 사형, 정부영과 김종준에게 징역 1년 6개월을 선고한 원심을 유지했다. 정두영은 대법원에 상고하지 않아 사형이 확정되어 현재 부산 구치소에서 복역 중이다.

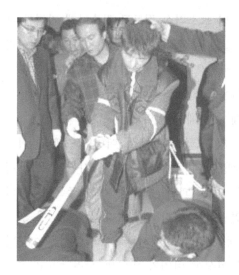

〈살인범 정두영과 현장검증 장면〉

8 김해선 사건

출생	1969년 5월 9일, 전북 고창 출신		
희생자수	3명		
범죄특성	미성년자들만 골라 강간 및 살해		
범행지	전라북도 고창		
범행기간	2000년 10월 ~ 2000년 12월		
체포	2000년 12월 20일		
처벌	대법원에서 사형 확정	김해선의 몽타주와 실제모습	

　2000년 10월 25일, 첫 번째 희생자인 정 양(11세 초등학교 5학년)은 단짝 친구와 문구점에서 강아지 인형을 산 뒤 집으로 돌아오던 중 실종됐다. 정 양은 실종 반나절 만에 마지막으로 목격된 도로에서 150여 미터 떨어진 산 속에서 싸늘한 시신으로 발견됐다. 아이의 사체는 양지바른 무덤 위에 십자가 모양으

로 반듯하게 눕혀져 있었다. 며칠 뒤 피해자가 범인의 손이나 사물로 성추행을 당한 뒤 목 졸려 숨진 것이라는 국과수의 부검결과가 발표됐다.

같은 해 12월 19일, 수업을 마치고 귀가하던 중고생 남매가 실종됐다. 남매가 사라진 뒤 반나절 만인 다음날 아침 9시 20분 경, 피해자의 집에서 불과 300여 미터 떨어진 풀밭에서 중학교 1학년인 남동생 박 군이 목이 졸려 숨진 채 발견됐다. 박 군의 사체는 목도리로 눈을 가린 상태였고, 시신의 목에는 노란 노끈이 단단히 매듭지어져 있었다.

누나인 박은미 양의 주검은 남동생의 시신과 500여 미터 떨어진 야산에서 발견됐다. 주검의 상태는 목과 다리, 가슴, 배, 음부 등 온 몸이 칼에 찔리거나 벤 상처투성이였고 강간당한 징후가 뚜렷했다. 더구나 스타킹 위 오른쪽 허벅지 안쪽의 얇은 살덩이가 예리한 흉기로 어른 손바닥 크기만큼 도려내진 상태였다.

첫 번째 살인사건이 벌어진 지 56일 만이자 박 양 남매가 시신으로 발견된 바로 다음날 수사팀은 목격자의 결정적 제보에 의해 김해선을 검거하고 그로부터 범행일체를 자백 받았다.

〈노끈과 스타킹을 이용하여 나무에 결박한 모습〉

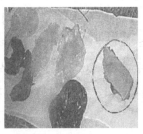
〈김해선의 집 앞 도랑에서 발견된 비닐봉지와 그 안에 있던 살점〉

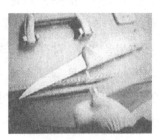
〈김해선의 방 장롱에서 나온 범행도구〉

출생	1970년 4월 18일, 전북 고창
범행지	서울
희생자수	20명
범죄특성	주로 부자 노인 및 여성 둔기 살해
범행기간	2003년 9월 24일 ~ 2004년 7월 18일
체포	2004년 7월 18일
처벌	사형선고

1) 성장 과정

전라북도 고창에서 노동일을 하는 부모 사이에 3남 1녀 중 삼남으로 태어난 유영철은 중학교 1학년인 14살 때 아버지가 지병인 정신분열성 간질환으로 사망하자 홀어머니 밑에서 성장했다. 서울에서 중학교를 졸업한 뒤 공업고등학교 2학년을 다니던 중 절도사건으로 소년원에 수감되어 학업을 중단하고 떠돌이 생활을 했다. 유씨는 21살 때인 1991년 마사지 안마사인 황모씨와 결혼, 11살 된 아들까지 두었으나 이후 14차례 특수절도 및 성폭력 등으로 형사입건되는 등 11년을 전국 각지 교도소에서 보내 사회와 철저히 격리되었다. 2000년 3월 특수절도 등으로 교도소에 수감 중 2002년 5월께 부인이 이혼소송을 제기하여 일방적으로 이혼당했으며 이후 말을 하지 않고 대인기피 현상을 보였던 것으로 알려졌다.

2) 사건 일지

2003년 9월 11일 교도소를 출소한 유영철은 13일 후 서울 강남구 신사동에서 명예교수 이은옥(72세)과 부인 이덕(67세)을 살해했으며, 그해 10월에는 9일에 종로구 구기동에서 강은순(82세) 등 일가족 3명을, 16일에 강남구 삼성동에서 유준희(60세)를 살해했다. 2003년 11월 18일 화요일에는 종로구 혜화동에서 김종석(87세) 등 2명을 살해했고, 2004년 4월에 노점상 안재선(44세)을 살해하고 시신을 월미도에 버렸다. 이에 앞서 2004년 3월부터 그해 7월까지는 마포구 노고산동의 한 오피스텔에서 한숙자, 고선희, 우주연, 김미영, 임미연(27세) 등 2004년 한 해 동안 여성 11명을 살해하여 서울 각지에서 주로 부유층 노인 또는 출장마사지사 여성 등 총 21명을 살해한 혐의를 받았다.

한편 유영철은 2004년 7월 18일 체포되었는데 현장검증에서 26명을 살해하였다고 주장하였다. 이후 8월 13일 구속 기소되어 이문동 살인사건을 제외한 20명 살인범죄의 유죄가 인정되었으나 유영철은 대법원 상고 공판에서 형사처벌법 위반에 따라 성폭력범죄, 강간살인, 1급살인, 과실치사혐의에 의거에 따라 12월 13일 사형 선고를 받고, 2005년 6월 9일 대법원은 유영철에 대한 원심을 확정하였다. 이후에 이문동 살인 사건의 진범이 다른 연쇄살인범인 정남규라는 사실이 밝혀졌다. 유영철에 대한 사형은 아직까지도 집행되지 않고 있으며, 현재 대한민국은 가장 최근인 1997년 12월 30일에 김영삼 전 대통령의 임기 중 23명의 사형을 집행한 이후로도 10년간 사형이 집행되지 않아 2007년 12월 30일 실질적 사형 폐지 국가로 간주되고 있다. 유영철은 미국의 잡지 '라이프지'에서 연쇄 살인범 31위에 선정되었다.

〈유형철이 미군헌병뱃지로 위조한
경찰신분증과 지갑〉

〈유형철의 범행도구인 망치〉

⑩ 정남규 사건

생일	1969년 3월 1일	
사망	2009년 11월 22일(40세) '자살'	
희생자수	33명(사망 13명 중상 20명)	
범죄특성	주로 부자 노인 및 여성 둔기 살해	
범행기간	2004년 1월 14일 ~ 2006년 4월 22일	
체포	2006년 4월 22일	
처벌	사형선고	

2004년 1월, 경기도 부천시에서 초등학생 윤기현(11세)과 임영규(10세)를 납치 성폭행한 뒤 살해한 것을 비롯하여, 경기도와 서울특별시 일대(주로 서남부지역)를 돌아다니며 심야에 귀가하는 여성들을 무차별적으로 살해하거나 거주지에 침입하여 살인과 방화를 함께 저지르는 등 연쇄살인 행각을 벌였다. 2006년 4월 22일에 남성과의 싸움으로 경찰에 의해 체포되었으며, 자백에 의해 유영철이 저질렀다고 주장했던 이문동 살인사건의 진범임이 밝혀졌다.

2006년 6월 7일에 구속 기소되어, 9월 21일에 정남규는 살인 등의 혐의로 사형을 선고받았고, 2007년 4월 12일 대법원에서 사형이 확정되어 서울구치소에 수감되었다. 그러나 2009년 11월 21일 오후, 구치소 독방에서 목을 매 자살을 기도한 것을 교도소 근무자가 발견하여 병원으로 옮겼으나, 다음날 새벽 사망했다.

비공식적인 통계지만, 서남부 연쇄살인 사건은 21명의 여성을 유인해 살해 암매장한 유영철 사건에 이어 역대 살인 사건 상 세 번째로 많은 피해자를 낳은 사건이다.

서울 서남부 연쇄 살인사건은 첫 사건 발생일인 2004년 2월 26일부터 약 5개월 동안 서울특별시 관악구, 구로구, 동작구, 영등포구 등 서울특별시 서남부 일대를 중심으로 일어난 살인사건으로 총 4건의 사건으로 3명이 사망하고 1명이 부상을 입었다.

연쇄 살인범 정남규는 침투가 쉬운 서민층 주택을 범행대상으로 삼았다.

서울 강남구 등 부유층이 사는 곳엔 CCTV가 많이 설치돼 있어, CCTV가 없는 신길동이나 봉천동, 시흥동 등을 범행장소로 택했던 것이다.

경찰은 정남규를 '전형적인 묻지마 범죄' 유형으로 분류하고 있다.

검거 당시 정씨를 조사했던 한 경찰관은 "조사실에 단둘이 정남규와 마주하고 있는데 한여름에도 서늘한 기운이 느껴졌다"고 치를 떨기도 했다는 후문이다.

검거된 직후 정남규는 경찰 조사 과정에서 범행을 저지른 뒤 만족감을 느꼈다고 진술해 충격을 줬다. 영등포경찰서 관계자는 당시 사건 브리핑에서 "범행 당시에 큰 죄책감을 느끼지 않은 것으로 보이고 범행을 저지른 뒤에는 만족감을 느꼈다는 내용의 진술을 하고 있다"고 말했다. 또, 정남규는 범죄 수법을 바꾸는 등 지능적인 모습을 보이기도 했다.

정남규를 검거했던 前 양재호 영등포경찰서 형사과장은 "처음에는 칼을 사용하다가 둔기로 바꾼 이유는 범행 방법을 달리하면서 수사를 하는데 혼선을 주기 위해서라고 진술하고 있다"고 당시 밝혔다.

정남규는 범행에 쓰인 흉기와 둔기들을 미리 구입하거나 공사장 등에서 훔치는 등 범행을 치밀하게 준비해 왔던 것으로 드러났다. 그러나 정남규의 흉악한 범죄와 달리 그는 일상에서는 가족과의 대화를 기피할 정도로 무기력했었다고 한다.

⑪ 강호순

출생	1969년 10월 10일, 충남 서천
범행지	경기도 서남부
범죄특성	연쇄살인(여성강간, 보복폭행 살해, 현주건조물방화치사)
희생자수	8명(노래방도우미, 주부, 회사원, 여대생 등)
처벌	사형
결혼횟수	4번

1) 성장 과정

강호순은 기록 상 1970년 3월 1일 충청남도 서천에서 태어난 것으로 되어 있지만 실제로는 1969년 10월 10일 출생이며 5남매 중 셋째다. 서천에서 초·중등학교를 다닌 뒤 1989년 충청남도 부여군 소재 농업고등학교를 졸업하고 부사관으로 군에 입대했던 강호순은 군복무시 절도죄로 불명예 제대하기도 했다. 강호순은 1992년부터 2005년 사이 네 번 결혼을 해서 아들 셋이 있다. 22살 때 결혼한 첫째 부인과의 사이에 16살과 14살 난 두 아들을 얻었고, 두 번째 부인이 낳은 막내(8세)가 있다. 1998년 경 첫째 부인과 헤어진 강호순은 두 아들을 데리고 화성시 비봉면 양노 2리로 이사왔다. 1년 뒤에는 둘째 부인과 재혼하였으며, 2년 여를 더 살다가 둘째 부인이 임신할 무렵 다른 곳으로 이사를 떠났다. 그가 살던 곳은 첫 번째 살해 피해자가 암매장된 곳에서 2km가량 떨어진 곳이다. 2005년에는 자신의 집에 화재가 나 네 번째 부인과 장모가 숨졌다. 당시 경찰은 3일간의 수사 끝에 단순화재로 결론냈다. 그러나 유가족의 재수사 의뢰로 6개월간 재수사를 하였지만, 특별히 새로운 사실을 밝히지 못하고 수사를 종결하였다. 2009년의 수사본부는 이 사건 역시 강호순의 방화사건일 가능성이 있다고 보고, 원점에서 재수사하기로 결정하였다. 또한 일부 언론들도 사건 당시 강호순의 행동에 의심점이 많음을 지적하고 있다.

2) 사건 일지

▲ 2005년 10월 30일 = 경기 안산시 상록구 본오동 장모집에서 유류로 방화해 전처와 장모 살인.(본인 혐의 부인) 전처 명의로 든 4개 보험에서 2007년 4월, 4억 8천만원 수령.

▲ 2006년 9월 7일 = 강원 정선군 정선읍 애산 1리 애산 2교 입구에서 걸어서 출근하던 정선군청 여직원 윤모(당시 23세) 씨 차량으로 납치해 성폭행한 뒤 목졸라 살해. 영월군 영월읍 일명 '삼옥재' 13번 군도 옆 동강변 절벽 아래에 시신 유기.

▲ 2006년 12월 14일 = 경기 군포시 산본동 노래방에서 배모(당시 45세) 씨 차량으로 납치해 성관계 가진 뒤 넥타이로 목졸라 살해. 화성시 비봉면 비봉IC 인근 39번 국도변에 암매장.

▲ 2006년 12월 24일 = 경기 수원시 장안구 화서동 노래방에서 박모(당시 36세)씨 차량으로 납치해 스타킹으로 목졸라 살해. 안산시 상록구 사사동 야산에 암매장.

▲ 2007년 1월 3일 = 경기 화성시 신남동 버스정류장에서 박모(당시 52세)씨 차량으로 납치해 성폭행 후 스타킹으로 목졸라 살해. 화성시 비봉면 삼화리 야산에 암매장.

▲ 2007년 1월 6일 = 경기 안양시 동안구 관양동 노래방에서 만난 중국동포 김모(당시 37세) 씨 유인해 여관에서 성관계 맺은 뒤 차량으로 이동해 넥타이로 목졸라 살해. 화성시 마도면 고모리 공터 경사면에 암매장. 공터는 복토 후 L골프장으로 조성됨.

▲ 2007년 1월 7일 = 경기 수원시 권선구 금곡동 버스정류장에서 여대생 연모(당시 20세) 씨 차량으로 납치해 성폭행한 뒤 타이츠로 목졸라 살해. 수원시 권선구 구운동 황구지천변에 암매장.

▲ 2007년 5월 8일 = 경기 안산시 상록구 사사동 야산에 암매장된 세 번째 사건 희생자 박 씨 시신 발견.

▲ 2008년 11월 9일 = 경기 수원시 권선구 당수동 버스정류장에서 김모(48세) 씨 차량으로 납치해 스타킹으로 목졸라 살해. 안산시 성포동 야산에 암매장.

▲ 2008년 12월 19일 = 군포시 대야미동 군포보건소 앞 버스정류장에서 여대생 A(21세) 씨 차량으로 납치해 스타킹으로 목졸라 살해. 화성시 매송면 원리 공터에 암매장.

▲ 2009년 1월 22일 = 강호순 여대생 A 씨사건 용의 차량(에쿠스) CCTV에 찍혀 1차 경찰 조사.

▲ 2009년 1월 24일 = 경찰, 증거인멸 위해 에쿠스와 무쏘승용차 불태운 강호순을 유력 용의자로 지목해 긴급체포.

▲ 2009년 1월 25일 = 강호순 A씨 살해 자백. 화성시 매송면 원리 공터에서 A씨 시신 발굴.

▲ 2009년 1월 26일 = 경찰, 강호순 구속.

▲ 2009년 1월 29일 = 강호순의 수원 당수동 축사 레베로트럭에서 압수한

강호순 점퍼에서 7번째 피살자 김씨 혈흔 발견해 유전자 검출.

▲ 2009년 1월 30일 = 강호순, 경기서남부 실종 부녀자 7명 살해 자백. 골프장에 암매장된 김 씨 외에 나머지 시신 4구 발굴.

▲ 2009년 2월 3~11일 = 경찰, 검찰에 강호순과 7건의 살인사건 차례로 송치.

▲ 2009년 2월 7~8일 = 골프장에 암매장된 중국동포 김 씨 시신 발굴 실패.

▲ 2009년 2월 9일 = 검찰, 장모 집 방화살인 의혹사건 재수사. 이후 방화살인 혐의 확인.

▲ 2009년 2월 17일 = 강호순, 검찰 조사에서 정선군청 여직원 윤 씨 살해 추가 자백.

▲ 2009년 2월 18일 = 강원 영월 동강변 절벽에서 윤 씨 추정 유골 발견.

▲ 2009년 2월 22일 = 검찰, 강호순 7명 연쇄살인과 장모 집 방화살인 혐의 등으로 구속기소. 정선군청 여직원 윤 씨 살해사건은 경찰 송치받아 병합 예정

제2절 외국의 연쇄 사건

1 해럴드 시프먼 사건

출신지와 신분	영국, 의사	
희생자 수	약 215명	
범행지	영국 맨체스터	
범행 기간	1975년 ~ 2000년 1월	
체포	2000년 1월	
처벌	종신형을 받고 복역 중 자살	

영국을 충격에 빠뜨린 연쇄살인 의사 해럴드 시프먼이 살해한 환자가 23년간 최소한 215명에 달한다고 이 사건을 조사한 위원회는 발표하였다. 조사위는

시프먼이 죽였을 것으로 의심할 수 있는 환자 45명을 포함하면 희생자가 최대 260명에 이를 수도 있을 것으로 추정했다. 이에 따라 '죽음의 의사'로 불리는 시프먼은 20세기 최악의 연쇄살인광으로 기록되게 됐다.

지난 20세기에 가장 많은 희생자를 낸 연쇄살인광 중 한 명으로 손꼽히는 시프먼은 수련의 생활을 시작하던 1975년부터 살인행각을 저지르기 시작, 주로 모르핀을 여성환자들에게 과다 투여하는 방법으로 2000년 1월 붙잡히기 전까지 자신의 환자 215명을 살해했다고 한다. 그는 구속돼 종신형을 선고받기 전까지 20여 년 동안 영국 맨체스터 부근의 하이드 마을에서 존경받는 의사로 살아왔다고 한다.

② 사상 최악의 연쇄 식인 살인마, 제프리 다머(Jeffrey Dahmer)

출신지	미국	
희생자 수	17명	
범행지	미국 위스콘시	
체포	1991년 7월	
처벌	957년형 복역 중 살해당함	

1991년 7월 미국을 비롯해 세상을 깜짝 놀라게한 엽기적인 연쇄살인마 제프리 다머는 공식적인 기록(유죄로 판결 받은 것)만 하더라도 그 희생자가 무려 17명이나 된다. (대부분 흑인이나 하층 이민자 집안의 젊은이들이었다.)

다머는 어린 시절 부모에게 버림받고 입양돼 길러졌다. 입양 부모는 선량한 소시민이었으며, 친부모는 끝내 찾지 못한 것으로 알려져 있다.

말하자면 그는 선천적으로 타고난 살인마였던 셈이다. 동성애자였던 그는 주로 게이바에서 살해 대상을 물색했다. 돈을 미끼로 자신의 아지트로 희생자를 끌어들여 약에 취하게 한 후 목을 졸라 살해했다.

일반적인 연쇄살인범의 경우 희생자가 공포에 떨며 약자가 되어 살려달라고 말하는 것에서 희열을 느끼는데 반해 제프리는 희생자를 살해한 후 시체를 처리하는 과정에서 희열을 느낀 특이한 케이스이다. (그는 희생자들을 폴라로이드 카메라로 찍어 보관했다.)

〈제프리 다머의 희생자들〉

그는 무척이나 잔혹하고 다양한 방법으로 젊은이들을 살해한 것으로 유명한데, 약에 취한 사람의 머리에 구멍을 뚫어 그곳에 염산을 부어 죽인 경우도 있었다.

그는 희생자를 시간하거나 시체 위에서 자위를 하는 등 변태 성욕자의 모습을 보이기도 했으며 시체를 기괴한 자세를 취하게 한 후 폴라로이드 사진을 찍기도 했으며, 머리를 잘라 냉장고에 보관하거나 냄비에 끓여 두개골만을 채취하여 전시했다. 그가 인육을 먹는 것은 매우 일상적인 일이었다.

그는 살해하기 위해 자신의 방에 감금했던 소년이 탈출했을 당시 유려한 말솜씨로 경찰의 손에서 소년을 빼내오기도 했다. 이렇듯 지극히 정상적이며 논리적인 모습을 보인 그는 재판 당시 자신이 '비정상'으로 판결을 내리게 하려

했으나 여러 가지 정황을 들어 결국 15차례의 유죄판결을 받아 957년형을 선고 받는다. 재판을 받은 위스컨시에는 사형제도가 없었다. 그는 1994년 11월 감옥에서 흑인들에게 살해당한다.

③ 게리 리언 리지웨이 사건

출신	미국 위싱턴	
희생자 수	약 48명	
범행 국가.지역	미국 시애틀	
범행 기간	1982년 ~ 1984년. 90년과 98년에도 살인을 했다고 진술	
체포	2001년 11월	48건의 1급살인 사건에 대해 유죄 를 인정한 용의자 게리 리지웨이 가 5일 시애틀 법원 법정으로 들 어서고 있다. <로이터 뉴시스>
처벌	종신형	

1980년대 미국 워싱턴주 일대에서 발생한 이른바 '그린리버 연쇄살인'의 용의자로 기소된 게리 리언 리지웨이(54세)가 법정에서 48건의 살인을 저질렀음을 자백했다. 리지웨이는 2003년 11월 5일 시애틀에서 열린 재판에서 사형을 면하는 조건으로 기소 내용을 모두 인정했다. 미국 역사상 최악의 연쇄살인범으로 기록되고 있다. 리지웨이가 살해한 피해자들 대부분은 매춘여성으로 검찰은 리지웨이가 이들에 대한 증오로 범행을 저질렀다고 밝혔다. 그는 또 아들의 사진을 보여 주며 피해자들을 안심시킨 뒤 성관계를 갖고 이들을 살해했으며 사체를 시애틀 남부 그린리버 강변에 주로 유기했다고 검찰은 설명했다. 검찰에 따르면 트럭 공장의 도색공으로 일하던 리지웨이는 1982~84년 사이 48건의 살인을 저지른 것으로 나타났지만 리지웨이는 90년과 98년에도 살인을 했다고 진술했으며 정확한 숫자를 기억하지 못하고 있는 것으로 알려졌다. 리지웨이는 이날 재판정에서 무표정한 모습으로 검찰의 심문에 응했으며 방청하던 피해자 가족 일부는 울음을 터뜨리거나 검찰의 형량 감경 방침에 항의하기도 했다.

리지웨이는 84년 처음 용의자로 지목됐으며 수사관들은 87년에 그의 집에서 타액까지 채취했지만 당시에는 DNA 대조 기술이 개발되지 않아 증거를 확보하지 못했다. 그러나 수사관들은 2001년 11월 말 DNA 대조기술을 이용해 희생자들의 몸에서 채취한 DNA와 그의 타액 DNA가 일치하는 것을 확인하고 그를 체포, 기소했다.

4 어린이 유괴 살인마, 알프레드 피쉬(Albert Fish)

출신	미국
희생자 수	7명
범행 국가,지역	미국
범행 기간	1870년 ~ 1935년
체포	1935년
처벌	1936년 사형당함

1870-1936년. 미국을 떠들썩하게 했던 어린이 연쇄 살인범. 그는 총 7명의 아이들을 살해했으며 그중 일부를 먹기도 한 것으로 알려졌다. 그는 정신병이 있는 가계에서 태어나 고아원에서 길러졌다. 고아원에선 끔찍할 정도로 폭행을 당하며 자랐는데, 그는 당시 맞는 것을 즐겼다고 한다. (그는 극심한 자학 증세가 있는 정신병자였다.)

미국 이곳저곳을 떠돌며 페인트 공으로 일하던 그는 결혼을 하고 6명의 아이까지 낳았다. 가정을 꾸린 뒤 그의 자학증세는 더욱 극심해지기 시작 급기야 아이들을 납치해 살해하고 그들의 사체를 먹기에 이른다. (그는 가죽 혁대에 못을 꽂아 아이들을 때렸는데, 인육을 보다 연하게 만들기 위함이었다고 증언했다.)

알프레드 피쉬의 희생자 중
한명인 그레이스 버드(당시 10세)

그는 그레이스를 살해하고 잡아먹은 뒤, 그녀의 부모에게 편지를 보내 그 과정을 소상히 설명했다. 그는 1935년 체포돼 재판을 받는다. 당시 그는 정신병으로 사형을 면하려 했지만, 법원에선 이를 받아들이지 않았고, 1936년 전기의자에서 생을 마친다.

알프레드는 죽음의 순간을 즐겼던 것으로 알려졌다. 그는 전기의자에 앉게 돼 더할 수 없는 스릴과 희열을 느낀다고 했으며, 전기의자에 자신을 묶을 때 간수들을 도와주기도 했다.

⑤ 루이스 가라비토 사건

출신	콜롬비아	
희생자 수	189명	
범행 국가, 지역	콜롬비아	
범행 기간	1991년 ~ 1996년	
처벌	835년형을 선고받고 복역중	

1991년부터 1996까지 5년간 189명의 어린이를 살해한 혐의로 2005년 5월 835년형을 선고받고 현재 보고타 감옥에서 복역 중이다. 5년간 전국을 떠돌며 어린아이에게 돈을 주겠다거나 먹을 것을 사주겠다고 유인하여 살해한 사실을 자백했으며 피해자들은 주로 남자아이들이며 공통점은 나이 8-16세 가난한 집의 어린이들로 곱상한 외모를 갖고 있다는 것이다. 콜롬비아 경찰은 가라비토 94년부터 올해까지 어린이들이 실종된 60개 마을에 출현한 사실을 알아냈다. 가라비토는 어린 시절 성적 학대를 당한 것으로 알려졌으며 검찰 수사진과 범죄심리학자들은 이같은 경험이 범행과 연관이 있을 것으로 보고 있다.

6 페드로 로페스 사건

출신	에콰도르	
희생자 수	57명	
범행 국가,지역	에콰도르, 콜롬비아, 페루	
범행 기간	~ 1978년	
체포	1978년	
처벌	종신형	

'안데스의 괴물'이란 별명을 지니고 있으며 지난 1980년 57명의 어린이를 성폭행, 살해한 혐의로 유죄판결을 받았다. 당시 실제로는 300명 이상을 살해했을 것으로 의심받았다.

페드로 로페스는 일단 곱상한 어린남자애들을 사탕을 준다든가 돈을 주겠다는 말들로 유인해서 산속자신의 소굴로 끌고 간 후 일단은 묶어서 지하에 가두어 둔 다음 소년들은 학대를 받은 후 마지막에 이 괴물의 먹이가 되었다. 고문이라면 소년들이 살아있는 상태에서 눈알을 뽑아낸다든지 열손가락을 도끼로 토막 내거나 발가락을 토막 냈고 모든 피해자의 혀를 식칼로 도려냈다고 한다.

7 웨스트 부부 사건

출신	영국 머치마클과 데본	
희생자 수	12명	
범행 국가,지역	영국	
범행 기간	1970년~1986년	
체포	1992년 8월 6일	
처벌	프레드릭: 자살, 로즈메리: 종신형	

1) 남편 프레드릭의 성장과정

프레드릭 웨스트는 1941년 런던에서 서쪽 200km 떨어진 머치마클(Much marcle)의 농부의 집에서 태어났다. 학교에서의 성적은 나빴고 형제는 6명이어서 15세 때부터 일을 해야 했는데 당시 그는 거의 문맹수준이었다.

16세 때 오토바이 사고를 내 양다리가 골절되고 1주간 의식불명상태에 빠지기도 하였다. 다리에는 다소의 장애가 남아 이후 절름거리게 된다. 1961년, 보석점에서 친구와 도둑질을 하다가 체포, 벌금형을 부과 받았다. 수개월 후, 13세의 소녀를 임신시켜 유죄를 선고받고도 전혀 반성의 빛은 보이지 않았다.

어린 소녀를 임신시킨 사건이 지역에서 큰 문제가 되어 그는 집에서 쫓겨나게 되었다. 그 후 건설현장에서 일하기 시작하지만 도둑질이나 13세의 소녀와 성교 등으로 해고, 재판에서 유죄선고를 받았다(당시 그의 나이 20세).

2) 부인 로즈메리의 성장과정

로즈메리는 1953년 영국 데본 출생으로 모친은 중증의 우울증, 부친은 정신분열증으로 가족에게 절대 복종을 요구하였으며 따르지 않으면 폭력을 휘둘렀다. 단순노동직을 전전하고 있었기 때문에 집안은 매우 가난하였다. 로즈메리의 오빠 앤드류에 의하면 부친 빌은 '침대에 들어가는 것이 늦다'라고 고함치며 물통으로 물을 끼얹거나 뜰의 흙을 의미 없이 아이들에게 파게하고 그것을 스스로 납득할 때까지 계속하게 했다. 또한 벨트나 봉으로 때리는 일도 일상적이었다고 한다.

3) 사건 일지

1970년 로즈메리는 딸 헤더(Heather West)를 출산하지만 프레드릭이 교도소에 있었기 때문에 가정은 곤궁하고 궁핍하였다고 한다. 주위의 사람들의 증언에 의하면 로즈메리는 사소한 일로 격노하고 감정조절이 안 되어 폭력을 휘둘렀다고 한다. 말다툼 끝에 프레드릭의 양자 샤맨(Charmaine)을 살해한다. 그런데 살해 직후 출소해 왔던 남편 프레드릭은 샤맨의 손발을 절단한 후 사체를 묻었다. 사체는 20년 후 석탄저장고의 지하에서 발견되게 된다. 부친 빌은 딸 로즈메리를 되찾기 위해 프레드릭의 트레일러 하우스(이동주택)를 방문하지만 로즈메리 본인이 귀가를 거부한다.

당시 양자를 살해한 약점 때문이었는지 자발적이었는지는 불명하다고 한다.

그 후 로즈메리는 매춘으로 생계를 유지하지만 프레드릭은 아내의 매춘행위를 들여다보는 것을 취미로 하였다고 한다.

샤맨(Charmaine)의 실종을 의심스럽게 생각하여 친모 레나가 찾아오자 프레드릭은 그녀를 살해하고 손발을 절단해 묻었다고 한다.

1972년 1월, 프레드릭과 로즈메리는 정식으로 혼인신고를 하고 6월에 둘째 아이 메이를 얻는다. 그 후 이 집에서는 젊은 여성이 차례차례 살해되는데 최초 희생자는 프레드릭의 딸 안나 마리(당시 8세이며, 로즈메리의 소생이 아님)였다. 프레드릭이 자신의 딸을 강간하는 동안 로즈메리는 몸을 누르고 있었다고 한다.

또한 캐롤 오웬(17세)이라는 아이 보는 여성을 고용하지만, 비정상적인 분위기를 느껴 그녀가 그만두려 하자 부부가 협력하여 강간하였다. 이 일로 경찰조사를 받은 프레드릭은 합의하였다고 주장이 받아들여져 벌금형 풀려나게 된다. 사이코패스 특유의 말솜씨의 덕을 본 것이라 할 수 있다.

캐롤 오웬은 얌전하게 있지 않으면 죽여서 묻어 버리겠다는 협박을 수차례 당했다고 한다. 후의 재판에서는 그녀의 증언이 중요한 증거가 된다. 이 때 프레드릭 31세, 로즈메리 19세였다. 프레드릭은 결국 아이 보는 사람으로 고용한 린다를 살해하고 손발을 절단한다.

1973년 8월 로즈메리는 아들을 출산하게 되고, 부부는 1973년 11월 캐롤(Carol Ann Copper, 15세)을 유괴하여 며칠에 걸쳐 성적 학대를 가한 후 목 졸라 죽인 후 매장한다. 또한 1973년 12월 27일에는 대학생 루시(Lucy Partington)를 유괴하여 역시 며칠에 걸쳐 성적 학대를 가한 후 교살해 묻었다. 사체를 자를 때 손을 다친 프레드릭은 병원에서 봉합치료를 받았다. 이 두 명의 납치여성은 프레드릭과 안면이 없었고, 경찰의 행방불명자 리스트에 올랐다.

또한 1974년 4월부터의 1년간에는 3명의 여성이 희생되었다. 유괴－성폭행－살해－사체절단－그리고 자택의 뜰에 묻는다는 수법은 일관되고 있었다. 희생된 여성 셜리(Shirley Hubbard, 15세)는 머리를 고무테이프로 감아 질식시켰다. 또 다른 희생자 죠아니타(Juanita Mott, 18세)는 양말이나 속옷(다른 희생자의 물건)을 끈 모양으로 이은 것을 입에 채워 질식시켰다고 한다. 이들은 줄을 천정의 대들보에 메어 질식시켰는데, 희생자의 고통에 성적 쾌락을 느끼는 '섹스 새디스트'의 전형적인 예라 할 수 있다. 프레드릭은 이러한 살인을 계속하면서 절도와 장물 매매를 반복하고 있었다.

1976년 프레드릭은 매춘부 셜리(Shirley Robinson, 18세)와 교제해 아이를 임신시킨다. 그 무렵 로즈메리도 흑인남성의 아이를 임신하고 있었다. 1977년 12월 타라를 출산한 로즈메리는 셜리가 프레드릭의 아이를 임신하고 있는 것에 화가나 그녀를 살해해 지하에 묻었다.

1978년 11월, 로즈메리는 4번째의 아이인 루이스를 출산한다. 이것으로 부부의 자녀는 6명이다. 프레드릭은 친딸 안나 마리를 임신시키지만 수란관 임신이었기 때문에 낙태시키기도 했다.

딸 안나 마리가 아버지 프레드릭으로부터의 성적 학대로부터 피하기 위해 남자친구와 사랑의 도피를 하자, 프레드릭은 헤더와 메이를 폭력으로 위협하고 학대하게 된다.

1980년 6월, 로즈메리가 출산(Barry). 1982년 4월, 딸 출산(Rosemary Junior), 1983년 7월에도 여아(Lucyanna)를 출산하지만, 이 두 명은 프레드릭의 아이가 아니었다(로즈마리는 매춘하고 있었으므로, 손님이었던 흑인이 아버지). 로즈메리는 사소한 일로 격노하여 자주 아이에게 폭력을 휘둘렀다.

1986년, 딸 헤더(87년 실종시에 16세)가 친구에게 자기 집에서의 성적 학대나 폭력에 대해 얘기한다. 그 친구가 자기 부모님에게 이 같은 일을 얘기하자 친구 부모는 웨스트부부에게 이러한 얘기가 나돌고 있다고 전한다. 웨스트부부는 그 자리에서 사실무근으로 일축하고 헤더를 살해해 시체를 해체하고 뒷마당에 묻어 버린다. 그 때, 뒷 마당을 아들 스테판에게 파게했다. 지인들이 헤더의 행방불명을 경찰에 신고 하지만, 웨스트 부부는 '최근에는 가출하는 소녀가 많다' '이름을 바꿔 매춘이라도 하고 있을 것이다'고 경찰에는 말했다고 한다. 한편 자기 딸 헤더는 약물남용자이며 레즈비언이라고 진술했다고 한다. 이들의 사체는 이 사건이 있은 7년 후에나 발견되었다.

데니스 닐센 사건

출신	영국 스코틀랜드, 1945년 11월 23일
희생자 수	약 15명 이상
범행 국가, 지역	영국 스코틀랜드
범행 기간	1978년 ~ 1983년
처벌	종신형

1) 성장과정

데니스 닐센은 어린 시절 싸이코패스의 징후를 보이지 않았다고 한다. 오히려 소년 시절에 동물을 잔인하게 대하는 것을 혐오하기까지 했다. 데니스 닐센의 사례를 연구한 전문가들은 그가 겪었던 어린 시절에 할아버지의 갑작스런 죽음이 그에게 시체애라는 증상에 영향을 준 것이라고 생각했다. 시체가 되어 드러누운 할아버지의 모습이 어린 닐센의 마음에 큰 인상을 남긴 것이라고 생각한 것이다. 여하간 데니스 닐센은 어릴 때 이미 변태적인 모습을 보였다. 10대 때 그는 거울 앞에 드러누워서 거울 속에 비친 자신이 시체인 척하며 자위를 했다. 1961년, 16세의 닐센은 군에 들어갔다. 그곳에서 주방 일을 배웠으며 날카로운 칼로 고기바르는 법을 배웠다. 이는 훗날 끔찍한 용도로 이 기술을 사용하는데 도움을 주었다고 한다.

2년 후 18세 사병을 사랑하게 되었다. 그의 남자친구는 그에게 만족을 주었는데, 옷을 벗은 채 죽은 척 해주었고 이는 그의 성욕을 채우는데 큰 도움이 되었다. 11년 뒤 제대한 닐센은 경찰관이 되었다. 하지만 그는 시체 안치실을 즐겼을 뿐, 경찰직이 적성에 맞지 않았다.

2) 사건 일지

남자친구들과의 관계가 단절된 이후에 자신의 기이한 의식이 시작되었다. 벌거벗은 자신의 몸을 송장처럼 색칠한 후 거울 앞에서 자위를 했다. 1978년, 그는 살아 있는 어느 누구와도 관계를 맺을 수 없었고, 생명이 없는 남자의 육체를 만지고, 통제하고 싶은 가학적 욕구가 극에 달했다.

1978년 12월 말, 닐센은 술집에서 10대 소년 한명을 유인하여 하룻밤을 즐기기 위해 그를 집에 데려왔다. 그리고 잠든 소년을 넥타이로 매고 머리를 물동이에 넣어 살해했다. 그리고 소년의 옷을 벗기고 목욕시켰으며 침대에 눕혔다. 이후 며칠 동안 시체를 새로운 애인인 듯 다루었다.

소년의 시체는 마룻바닥 안에 보관되었는데, 닐센은 이따금씩 시체를 꺼내 목욕시키고 시체 성애를 계속했다. 그는 무려 7개월이나 시체를 보관했고 나중에 집 뒤뜰에서 소각했다. 이후 5년 동안 그러한 목적으로 동거인을 14명이나 구해 죽여서 함께 생활했다. 잠자고 목욕을 시키고 성교를 했다. 사체와 함께 TV를 시청하기도 했다. 시체를 처리할 때가 되면 그는 오래된 도축 기술을 활용했다. 주방 칼로 시체를 토막낸 뒤 내장은 비닐봉지에 담고, 뼈에서 발라낸 살은 냄비에 끓였고, 몸통은 여행 가방에 쑤셔 넣었으며, 남은 유해는 뒤뜰에서 소각했다.

데니스 닐센의 범죄가 발각된 것은 그가 아파트 꼭대기 층으로 이사를 갔기 때문이다. 정원에 나갈 수 없게 된 닐센은 시체를 썰어서 변기에 버렸다. 이를 수리하러 온 배관공은 건물 배수관을 막은 것이 사람의 뼈와 썩어 들어가는 살인 것을 보고 기겁을 하고 경찰에 신고하게 된다. 닐센은 체포된 뒤 자신의 범행을 스스럼없이 털어놓았다. 왜 끔찍한 짓을 했냐고 물었을 때, 그는 "글쎄요 그게 즐겁다는 것 말고 다른 이유가 있을까요?"라고 했다고 한다.

9 피터 셔트클리프 사건

출생	영국 1946년생	
희생자 수	9명	
범행 국가, 지역	영국 요크셔	
범행 기간	1975년 10월 ~ 1978년	
체포	1981년	
처벌	종신형	

1975년 10월부터 1978년까지 영국의 요크셔 지방에서는 엽기적인 살인사건이 잇달아 발생하여 주민들을 공포에 떨게 했다. 불과 3년 동안에 9명의 젊은 여자들이 잔인하게 살해되었던 것이다. 피해자들 중 8명은 매춘부들로 밤중에 혼자 길을 가다가 망치로 뒤통수를 얻어맞고 복부나 국부가 난자된 시체로 발견되었다. 현장은 처참했다. 낭자한 핏자국과 짓이겨진 시체의 참혹한 모습에 형사들마저 진저리를 쳤다. 현장에는 즉시 감식반이 투입되었다. 그들은 면밀한 감식을 한 끝에 살인자가 피해자의 뒤에서 기습을 했다는 것을 알게 되었다. 살인마는 밤길을 혼자 걷는 여자의 뒤통수를 망치로 강타한 뒤에 복부와 국부를 난자했다. 흉기는 드라이버와 칼이었다. 기이한 일은 살인마가 여자들을 강간하지 않고 살해만 했다는 사실이었다. 형사들은 살인마가 오로지 살인에만 목적이 있다는 것을 알게 되었다.

영국 경찰은 베테랑 수사관들을 총동원하여 대대적으로 수사에 나섰다. 그러나 살인마의 꼬리는 잡히지 않았다. 영국 최대의 살인사건이라는 수식어가 붙으면서 요크셔의 살인마는 범행 행각을 거듭했다. 1975년에서 1978년까지 3년 동안 9명의 여자들이 밤길에 살해되었다. 이후에도 살인은 계속되어 그가 살해한 여자들은 모두 13명이나 되었다. 피해자들은 기이하게 매춘부들뿐이었다.

영국 경찰은 매춘부들을 주목했다. 유흥가의 매춘부를 상대로 한 집요한 수사가 계속되었다. 매춘부들을 찾아오는 남자들도 수사의 대상이 되었다. 경찰의 집요한 수사로 매춘부들은 수입이 크게 떨어졌다. 1981년 1월2일 영국 경찰은 요크셔주 세필드에 주차해 있는 차에 남녀가 앉아 있는 것을 발견했다. 여자는 한 눈에 매춘부라는 것을 알아볼 수 있을 정도로 화장이 진했고 옷차림이 선정적이었다. 세필드 경찰은 불심검문을 했다. 차에 있던 여자는 그 지역 매춘부였고 남자는 피터 셔트클리프라는 트럭운전수였다.

경찰은 차량 번호를 조회했다. 그가 운전하고 있던 차는 도난 차량이었다. 경찰은 그를 연행하려고 했다. 그러자 그는 소변이 보고 싶다고 말했다. 경찰이 멀리 떨어져 감시하는 가운데 피터 셔트클리프는 가솔린 탱크 옆에서 소변을 봤다. 이튿날 아침에 경찰은 가솔린 탱크 옆을 수색했다. 가솔린 탱크 옆에서 드라이버와 칼이 발견되었다. 발견된 드라이버와 칼에는 여전히 혈흔이 묻어 있었다. 경찰은 밤 세워 추궁했고 마침내 13명의 여자들을 살해했다고 자백했다. 드라이버와 칼에서 발견된 혈흔은 피해자의 혈흔과 일치했다.

피터 셔트클리프는 35세의 결혼한 남자였다. 그에게는 소니아라는 이름의 아내와 아이들도 있었다. 이웃 사람들은 그가 소심하고 내성적인 사람이라고 말했다. 아내와의 관계도 보통 사람들과 다를 바 없었다.

"왜 살인을 저질렀는가?" 검사가 그의 살인 동기를 물었다. "나는 공동묘지에서 무덤을 파는 일을 한 적이 있소", "그때 나는 묘비가 매춘부들을 죽이라고 하는 말을 들었소"라고 그는 음산하게 말했다. 변호사는 피터 셔트클리프를 정신병 환자로 몰고 가려고 했다. 그러나 배심원들은 그의 유죄를 인정했고 법원은 그에게 종신형을 선고했다.

⑩ 테드 번디 사건

출생	미국 시애틀 1946년	
희생자 수	300명	
범행 국가, 지역	미국	
범행 기간	1974년 ~ 1978년	
체포	1975년 8월 최초체포, 탈출 후 1979년 체포.	
처벌	사형(1989년)	

1) 성장과정

테드 번디는 1946년에 태어났다. 그는 미혼모였던 어머니가 요리사와 결혼을 하자 어머니를 유달리 증오했다. 요리사와 결혼한 어머니가 자신을 버렸다고 생각하고 내면에 어머니에 대한 증오를 키웠던 것으로 보여 진다. 그는 어머니에게서 버려져 할아버지와 할머니의 품속에서 자랐다. 그러나 그의 조부모는 테드 번디가 영리하고 착했기 때문에 유난히 귀여워했다. 그는 어린 시절 시애틀에서 자랐으나 성장하자 법률 공부를 하기 위해 솔크레이크 시로 이주했다. 겉으로는 조용하고 내성적인 성격이었으나 그의 마음 속 깊은 곳에는 이중인격, 혹은 다중인격체인 난폭한 '톰'이 존재하고 있었다. 테드 번디는 사형이 확정된 뒤에 '톰'이 범죄를 지시했다고 진술하기도 했다.

자신이 이중인격 혹은 다중인격이라고 주장하는 범죄자들은 자신의 범행을 합리화시키기 위해 또 다른 인격체가 저지른 범행을 자신은 인지하지 못했다고 주장하기도 한다. 그러나 많은 학자들이 대부분의 이중인격 혹은 다중인격 소유자들이 자기 안에 존재하는 인격체를 인지하고 있다고 주장한다.

테드 번디는 자라면서 대부분의 미국 청소년들처럼 다양한 성경험을 했다. 포르노잡지를 손에서 놓지 않았고 잡지 속의 모델들을 강간하고 살해하는 망상을 꿈꾸었다. 성인이 되기도 전에 여러 차례 소녀들과 성관계를 경험한다. 하지만 그는 고독감을 느끼곤 했다. 친구들을 만나는 것을 싫어하지는 않았으나 자기편에서 친구를 찾아다니지는 않았다. 그것은 여자에 대한 것도 마찬가지였다. 그는 여자를 만나고 성관계를 했으나 적극적이지는 않았다. 그는 섹스보다 폭력적인 일에 더 관심이 많았다. 테드 번디는 폭스바겐을 타고 다니며 여자들을 유혹했다. 그가 유혹한 대부분의 희생자들이 나이 어린 소녀들이라는 것은 그가 자신보다 약한 존재에 폭력적이라는 것을 증명한다.

2) 사건 일지

미국을 경악시킨 일련의 연쇄살인사건 중에 1970년대의 <테드 번디> 연쇄살인사건은 악명 높다. 자그마치 약 15명의 젊은 여자들을 닥치는 대로 강간한 뒤에 잔인하게 살해한 사건으로 테드 번디를 일약 전 세계적인 악명을 떨치게 한 살인마로 등장시켰다. 테드 번디는 잘생긴 청년으로 사건이 발생할 무렵 미국 솔크레이크 시(市)에서 법률가를 지망하고 있었다. 그가 이러한 살인사건을 저지르지 않았다면 촉망받는 변호사나 검사가 되었을지도 모를 일이었다. 테드 번디는 엘리트 청년으로 주위에 평판이 좋았고 머리도 수재였다. 겉으로 보기에 사교적이지는 않았으나 폭력적으로 보이지도 않고 그러한 일을 저지르지도 않았다.

테드 번디가 최초로 강간을 결심하게 된 것은 불이 켜진 방에서 젊은 여자가 옷을 벗는 것을 보면서 비롯되었다. 그는 관음증(觀淫症)을 즐겼다. 매일 같이 한 여자의 집 앞에서 서성거리며 그 여자가 옷을 벗는 것을 훔쳐보았다. 그는 여자가 옷을 갈아입는 것을 훔쳐보면서 자신이 여자를 강간하는 망상을 즐 겼다. 그리고 마침내 실행을 결심했다. 어느 날 그는 길에서 동전을 줍는 여자 의 머리를 곤봉으로 후려쳤다. 곤봉을 잘못 내리쳤기 때문에 여자는 쓰러지지 않고 날카로운 비명을 질렀다. 그는 깜짝 놀라서 뒤도 돌아보지 않고 달아났다. 실패했으나 그는 거기서 멈추지 않았다.

테드 번디의 첫 번째 살인대상은 워싱턴대학에 다니는 21세의 '린다 할리'라 는 여학생이었다. 그녀는 현관문을 열어놓고 있었다. 테드 번디는 그 집을 지나 다가 현관문을 통해 린다 할리가 거실에서 옷을 갈아입고 있는 것을 발견하고 안으로 들어가서 목을 졸랐다. 린다 할리는 맹렬하게 저항하면서 발버둥을 쳤 으나 이내 기절하고 말았다. 그는 여자를 자신의 폭스바겐에 태우고 조용한 곳 으로 가서 옷을 벗기고 성폭행했다. 린다 할리를 성폭행하고 살해하면서 그 여 자와는 한 마디도 나누지 않았다. 그는 린다 할리를 자신의 망상을 실행하는 도 구로만 생각한 것이다. 그렇기 때문에 사람을 죽였다는 양심 때문에 괴로워하 지도 않았다. 고귀한 생명체나 인격은 관심조차 없었다. 그는 성욕을 해소하고 폭력을 휘두르는 잔인한 짐승에 지나지 않았던 것이다.

이때부터 그의 강간과 살인은 계속되었다. 하루에 두 여자를 폭스바겐으로 유혹하여 납치한 적도 있었다. 한 여자를 납치한 뒤에 다른 여자를 납치하여 첫 번째 여자 앞에서 능욕한 뒤에 살해했다. 물론 두 여자는 다음날 새머니시 호숫 가에서 싸늘한 시체로 발견되었다.

테드 번디는 여러 가지 방법으로 여자들을 납치했다. 결말은 비슷했다. 대부 분 자신의 폭스바겐에 태워서 범행 장소로 이동하는 것이었다. 1974년에서 1975 년 8월까지 미국의 유타주에서는 약 8건의 강간살인사건이 발행했다. 경찰은 바 짝 긴장했고 미국은 공포에 떨었다. 유타주에 이어 워싱턴주에서도 섹스와 관련 된 연쇄살인사건이 잇달아 발생했다.

몇 번인가는 여자를 유혹하려는 순간에 기회를 놓친 적도 있었다. '캐롤 다 론치'라는 여성은 쇼핑센터에서 쇼핑을 하다가 잘생긴 청년의 유혹을 받았다. 그녀는 그의 폭스바겐까지 동행했다. 그러자 테드 번디가 수갑을 채우고 연장 으로 머리를 때리려고 했다. 캐롤 다론치는 비명을 지른 뒤에 수갑 찬 손으로 차문을 열고 달아났다.

1975년 8월, 희대의 살인마 테드 번디는 폭스바겐으로 젊은 여자를 유혹하다가 불심검문에 걸렸다. 그의 차에서 수갑, 칼, 마스크가 발견되는 바람에 체포되어 조사를 받게 되었다. 캐롤 다론치가 자신을 납치하려고 했다고 조사과정에서 증언까지 하여 번디는 기소되었다. 하지만 그는 변호사도 선임하지 않고 해박한 법률 지식으로 자신을 변호했다. 미국인들, 특히 배심원들은 그의 뛰어난 말솜씨에 감탄했다. 1978년 12월 30일 테드 번디는 교도소의 천장을 뚫고 탈출했다. 미국은 경악했으나 희대의 살인마 테드 번디는 검거되지 않았다.

1979년 1월 13일 번디는 따뜻한 남쪽 지방인 플로리다의 탤러해시에 나타났다. 그는 탤러해시의 여대생 기숙사에 침입하여 곤봉으로 4명의 여학생을 마구 구타했다. 한 여생을 구타하다가 옷을 벗긴 뒤에 능욕하고 이빨로 온 몸을 물어뜯었다. 다른 여학생은 손으로 목을 졸라 살해했다. 두 여학생은 숨졌으나 두 여학생은 간신히 목숨을 건졌다.

여학생 기숙사를 나온 테드 번디는 근방에 있는 다른 여학생의 집을 습격했다. 여학생이 비명을 지르려고 하자 곤봉으로 머리를 후려쳤다. 여학생은 두개골이 부서져 죽었다. 그때 전화벨이 울리는 바람에 테드 번디는 현장에서 달아났다.

테드 번디는 훔친 차를 가지고 다니다가 경찰에 체포되었다. 그는 매혹적인 말솜씨로 자신이 살인사건 현장에 있었던 것은 우연에 불과하다고 주장했으나 치과의사가 희생자의 둔부에 있는 이빨 자국과 테드 번디의 이빨 자국이 동일하다는 감정결과에 의해 유죄가 인정되고 사형이 선고되었다.

테드 번디는 1989년 전기의자로 사형이 집행되었다.

이 사건은 범인이 무지막지한 살인마가 아니라 법률에 해박한 수재이고 엘리트적인 청년이라는 사실에서 범죄의 새로운 양상이라고 볼 수 있다. 또한 법의학적으로 희생자의 둔부에 있는 치열을 채취하는데 성공한 것으로 지금으로서는 간단한 일이지만 당시로서는 상당히 어려운 과학수사결과였다고 볼 수 있다.

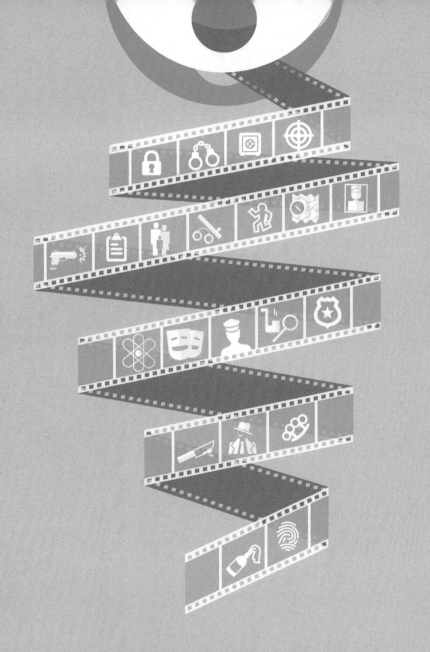

CHAPTER 07

실제사건의 범죄심리분석 사례

CHAPTER 07

실제사건의
범죄심리분석 사례

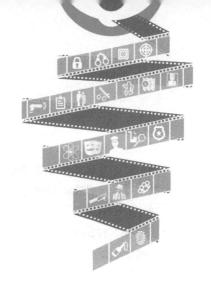

제1절　연쇄 성폭행 사건

1　사건 개요

　　1999. 11. 초순 18:00경 대구시 한 아파트 놀이터 뒤 공터에서 수업을 마치고 귀가하던 피해자(언니, 9세)를 유인하고 위협하여 성폭행하고, 2주 후 귀가하는 피해자를 집까지 따라가 그곳에 있던 피해자의 동생(7세)과 피해자를 차례로 성폭행하고, 2000. 1. 중순 15:00경과 2000. 2. 초순 13:00경 위 두 피해자들의 주거지로 전화를 걸어 부모가 없음을 확인한 후 찾아가 두 피해자를 차례로 성폭행 하는 등, 피의자는 수차례에 걸쳐 미성년자인 자매를 연속적으로 성폭행했으며, 1999. 12. 초순 14:00경 초등학교 놀이터에서 놀고 있던 또 다른 초등학생을 성폭행한 사건이다.

② 피의자 인적사항

나 이 : 만 36세
직 업 : 탱크로리 운전기사
학 력 : 국민학교 졸업
병 역 : 면제
신 장 : 172cm
혈액형 : B형

③ 피의자 성장 환경 및 성격

1) 성장환경

부모, 부인, 두 아들 그리고 2명의 누나와 남동생이 있으며, 현재는 부인과 두 아들이 함께 생활하고 있었다. 아버지는 목수 일을 하며, 한 달에 하루 정도만 일을 하고 나머지는 집에서 놀면서 가정을 돌보지 않았으며, 가정은 어머니가 식당 일을 해서 꾸려간다고 한다. 부모간의 관계 또한 엄마가 웃는 것을 보지 못했다고 기억할 정도로 사이가 나쁜 것으로 보인다. 피의자는 아버지가 가정에 신경을 쓰지 않고 어머니가 혼자서 고생하는 것을 보고 자란 탓에 아버지처럼 살지 않기 위해 무슨 일이든 열심히 하려고 했으며, 가정 형편이 어려워 자신이 학교 공부를 많이 하지 못했기 때문에 다른 애들을 이기려고 하루 5시간 이상 잠을 자지 않으며 열심히 살려고 노력했다고 한다. 검정고시를 통해 초등학교 졸업을 했으며, 석유배달을 5시부터 11시까지 약 10년간 하면서 중학교와 고등학교 검정고시를 보았지만 성공하지는 못했다고 한다. 공부를 하고 싶었는데 하지 못해서 공부에 대해 한이 맺혔으며, 석유배달을 하면서 검정고시를 보아 초등학교 졸업 자격만 얻었고, 석유배달을 10년 정도하고, 26세 때부터 화물차 운전을 2년간 했으며, 5년 전부터 탱크로리 운전을 하고 있었다.

아버지와는 의견이 항상 대립되는 양상을 보였으며 특히, 자신이 장만한 아파트를 처분해 동생의 사업자금을 대주는 등 가족 간의 불평등에 대해 불만이 많은 상태였고, 시골에다 땅을 장만해 장남인 자신이 부모에게는 식당을 내주고, 자신은 가축을 기르면서 버스 운전을 하려는 계획을 세웠으나 아버지의 반대로 실행하지 못하고 있는 상태였다.

어린 시절 동네 아저씨에게 약 1년 7개월간 성폭행을 당한 경험 때문에 심리적으로 위축되었고, 그로 인해 다른 사람과의 대인관계가 원만하지 못했다고 하며, 성폭행을 당할 때 벗어나려고 도망을 다녔지만, 부모가 늦게 들어온다는 사실을 알고 찾아오는 동네 아저씨에게 벗어날 수는 없었다고 한다.

몇 년 전 아버지가 작은아버지 등 친척들이 다 있는 자리에서 동생이 사업을 한다고 할 때 '애는 통이 커서 큰 애 보다 잘 살 거야'라고 하는 등 몇 차례에 걸쳐 동생과 자신을 비교하는 것에 화가 났으며, 동생이 사업이 어려워지자 자신에게 상의도 없이 아파트를 처분해 동생의 사업 자금을 대주었다는 것을 보고 상당히 화가 났다고 한다.

또한 피의자는 아파트를 자신이 장만하는 등 재산을 모으는 데 힘썼지만, 아버지는 '너 월급 얼마나 받냐?'라고 하면서 그 정도는 내가 나가서 2~3일만 벌어도 되는 정도밖에 안 된다고 하는 등 피의자를 비난하면서도 아버지 자신은 집안에 신경을 안 쓴 것을 보고 화가 났다고 한다.

피의자는 가정을 돌보지 않는 무관심한 아버지와 생계유지를 위해 늦게까지 장사를 하는 어머니를 보면서 자신은 아버지처럼 살지 않으려고 많은 노력을 했던 것으로 보이며, 동시에 자신이 공부를 하지 못했다는 것에 대해서 많은 열등의식(劣等意識)을 가지고 있는 것으로 보인다.

또한 다른 사람들이 있는 자리에서도 항상 동생과 자신을 비교하며 지나치게 동생만 편애하면서 자신과 가정을 돌보지도 않는 아버지, 생계유지에 급급한 어머니 등 이러한 환경 속에서는 심리적 보호가 부족하고 애정이 부족해 정서적 유대(情緒的 紐帶)가 없었으므로 도덕 발달의 결함 등으로 인해 생활 부적응, 현실감각의 장애 등이 일어났을 것으로 보인다.

그리고, 어린 시절의 동네 아저씨로부터의 성폭행은 심리적으로 위축되는 커다란 사건이었으며, 이로 인해 정신성욕적(精神性慾的)으로나 사회적으로 발육이 지연되게 되었으며, 피해의식(被害意識)이 심하며, 심각한 대인관계의 장애를 나타내고 자기주장을 떨어뜨리게 하는 원인이 되었을 것이다. 그리고 몇 년 전

발병한 당뇨병으로 인해 발기가 안 되는 등 성기능이 약화되어 성생활에 장애가 왔으며, 이런 여러 가지 요인으로 인해 소아성욕장애(小兒性慾障碍)가 발생하고, 회피성 인격장애(avoidant personality disorder)가 유발되었을 것으로 보인다.

2) 피의자의 성격

자신은 내향적인 성격을 가졌다고 한다. 한편, 피의자는 13세 때부터 이웃에 살면서 자신을 취업시켜준다고 유인한 40대 아저씨로부터 1년 7개월에 걸쳐 주 3~4회씩 항문성교를 하는 성폭행을 당했다고 한다. 이때부터 성격이 변화되어 사람이 없고 어두운 곳으로만 다니게 되고, 친구도 만나지 않았으며, 다른 사람이 말을 걸어오면 떨리고 다른 사람을 보면 '나한테 해코지하지 않을까'하는 피해의식에 사로 잡혔다고 한다. 또 다른 사람과 싸울 일이 있어도 자신이 참으며 자신을 내세우지 않고, 다른 사람으로부터 혹은 형제들로부터 피해를 당하지 않을까 걱정을 하게 되었다고 한다.

감정적 유대가 없는 피의자의 성장환경 그리고 어린 시절의 성폭행으로 인해 사회생활에서 주장성과 대인관계의 장애를 보이는 등 회피성 인격장애의 증후가 나타난다.

다른 사람 앞에 가서 라도 못하고 언어 구사가 논리적이지 못했고, 사람이 없고 어두운 곳으로만 다닌다고 하는 것으로 보아 심리사회적(心理社會的)으로 매우 위축되어 있고, 다름 사람이 말을 걸어오면 떨리고 다른 사람이 자신에게 해를 끼치지 않을까 의심을 하고 특히 형제간에도 해코지하지 않을까 의심을 하며, 친구를 사귀지 않는 등 대인관계의 장애를 나타내고, 다른 사람과 싸울 일이 있어도 자신이 참는다고 하는 것으로 보아 주장성이 낮은 모습을 보여 회피성 인격장애가 의심된다.

회피성 인격장애(Avoidant Personality Disorder) 진단기준

사회 활동의 제한, 부적절감, 그리고 부정적 평가에 대한 과민성 등이 성인기 초기에 시작되고, 여러 가지 상황에서 나타나며, 다음의 4개(또는 그 이상) 항목을 충족시켰을 때 진단을 내린다.

① 비난, 꾸중, 또는 거절이 두려워서 대인관계가 요구되는 직업 활동을 회피한다.

② 호감을 주고 있다는 확신이 서지 않으면 상대방과의 만남을 피한다.

③ 창피와 조롱을 당할까 두려워서 친밀한 관계를 제한한다.

④ 사회 상황에서 비난이나 버림받을 것이라는 생각에 사로잡혀 있다.

⑤ 자신의 부적절감 때문에 새로운 사람과 만날 때는 위축된다.

⑥ 스스로 사회적으로 무능하고, 개인적인 매력이 없으며 열등하다고 생각한다.

⑦ 쩔쩔매는 모습을 들킬까 봐 두려워서 새로운 일이나 활동을 시작하기를 꺼린다.

병력(病歷): 몇 년 전 당뇨가 발병하였고, 이로 인해 발기 부전 등의 성기능 장애(性機能 障碍)가 생겼으며, 이런 발기 부전에 기인해 심리적으로 위축되어 전반적인 생활에 문제가 나타난 것으로 보인다.

발기 부전으로 인해 부인과 정상적인 성관계를 하지 못했으며, 한 번은 고속도로에서 몸을 파는 여성과 성행위를 두 번에 걸쳐 시도해 보았지만 잘 되지 않았고, 오히려 몸 파는 여자로부터 '돈을 도로 줄 테니 보약이나 해 먹어라'라는 등의 모욕을 당하게 되어 심리적으로 더욱 위축되었다고 한다.

소아기호증(Pedophilia)

소아기호증의 변태성욕적 초점은 사춘기 이전에 소아(일반적으로 13세 이하)를 대상으로 하는 성행위이다. 이들은 16세 이상이거나 적어도 대상 소아보다 5년 이상 연상이어야 한다.

일반적으로 소아기호증이 있는 개인들은 특정한 연령 범위에 있는 소아들에게 끌린다고 보고한다. 남아를 선호하는 것과 여아를 선호하는 것 그리고 남아, 여아 모두에게 매력을 느끼는 유형으로 나뉘어진다. 여아를 선호하는 개인들은 대개 8~10세 소아를 선호하고, 남아를 선호하는 개인들은 대개 약간 나이든 소아를 선호한다. 피해자들은 여아가 남아보다 약간 더 많이 보고되고 있다.

이들은 소아에게만 성적 매력을 느끼는 경우(폐쇄적 유형)와 때로는 어른에게도 매력을 느끼는 경우(비폐쇄적 유형)가 있다. 소아에게 성적 충동을 자행하는 개인들은 소아를 벗기고 바라보며 노출시키거나, 소아가 있는 자리에서 자위행위를 하거나, 소아를 만지거나 애무하는 정도에 머물기도 한다. 그러나 어떤 개인들은 소아에게 남성 구강성교 또는 여성 구강성교를 행하거나 손가락, 이물질 남근을 소아의 질, 입, 항문에 넣으면서 그렇게 하기 위해 다양한 정도의 폭력을 사용한다. 이런 행동은 보통 소아들에게 교육적 가치가 있다거나 소아도 그런 행동으로부터 성적 쾌락을 얻을 것이라고 말하거나 상대방 소아가 흔히 볼 수 있는 성적 호기심을 자극하는 소아였다고 변명하거나 합리화한다.

소아기호증이 있는 일부 개인들은 소아에게 폭로하지 못하도록 위험하거나 소아의 모친의 신뢰를 얻거나 매혹적인 소아를 데리고 있는 여자와 결혼하거나 타인의 자녀를 유괴하는 등 소아에게 접근하는 지능적인 방법을 개발하기도 한다.

피의자는 당뇨에 기인한 발기 부전, 사회적·심리적 위축, 그리고 생활 스트레스 때문에 소아기호증(pedophilia)이 발병했을 것으로 보인다. 소아기호증의 분류 중 소아에게만 성적 매력을 느끼는 경우(폐쇄적 유형)와 때로는 어른에게도 매력을 느끼는 경우(비폐쇄적 유형)가 있는데, 피의자의 경우는 비폐형, 소아기호증으로 보인다.

4 범죄행동

1) 범행 동기

처음으로 피해자(언니)를 성폭행하게 된 동기는 범행하기 전 집안 문제로 처와 심하게 다투었고, 아버지 집에 다녀오는 길에 동생 문제 등 여러 문제로 심리적으로 복잡한 상태였다고 한다.

여러 가지 복잡한 문제 때문에 후배 집에 가려고 범행 장소를 지나기 직전에 자신을 성폭행했던 아저씨를 보았는데, 술에 취해서 뭐라고 말을 하는 것을 듣고 가서 확인해 보니 분명히 그 아저씨였으며 '저 자식 아직 죽지 않고 살아 있네'라고 생각을 하는 순간 피가 거꾸로 돌았지만 쫓아가서 폭행을 할 생각은 하지 못했다고 한다. 그래서 그냥 지나가는데, 초등학교 때 짝사랑하던 여성과 닮은 빨간 색 옷을 입은 아이가 눈에 띄어서 갑자기 성욕이 발동했고, '너 한번 안아보자' 그러면서 성기를 만졌으며, 그 후 사실 하고 싶은 마음은 없지만 짜증나는 일이나 신경 쓰이는 일 등 문제가 생겼을 때마다 아이들에게 찾아가면 모든 골치 아픈 것을 잊을 수 있고 편안해졌다고 한다.

피의자의 범행 동기는 크게 세 가지로 구분할 수 있다. 첫째는 자신의 복잡한 성적·심리적인 문제가 있었다는 것, 둘째는 초등학교 때 짝사랑했던 여성을 닮아서 성욕이 발동했다는 것 그리고, 셋째는 어린 시절 자신을 성폭행했던 가해자를 만났다는 것 등으로 구분할 수 있겠다. 이 세 가지 동기가 상호복합적으로 작용하여 소아성폭행이라는 범행을 일으켰던 것이다.

피의자는 자신의 어린 시절 성폭행 경험으로 심리사회적 위축 현상이 일어나 이후 자신의 삶에 있어서 '일반 성인은 자신에게 피해를 준다는 생각에 집착하게 되어 심리적 장벽을 세워놓고 항상 사람을 기피하게 되었고, 또 당뇨로 인한 발기부전, 어린 시절 성폭행을 경험한 대부분의 사람들이 성인이 되었을 때 자신이 성폭행의 가해자가 된다는 사실, 그리고 현재의 생활로부터 발생된 사회적·심리적 위축에 기인한 문제 등으로 인해 현실에서 벗어나고자 하는 심리적 퇴행(心理的 退行)이 이루어져 소아기호증(小兒嗜好症)이 발생한 것이라고 할 수 있겠다.

다음에 제시된 표에 따라 피의자는 퇴행된 소아기호증으로 분류할 수 있다. 피의자는 평소에 속상한 일이 있으면 '술을 마셔 보기도 했는데, 더 울화통이 터진다'고 했으며, 자신의 마음을 터놓고 하소연할 친구가 없었기 때문에 무작정 걸었으며, 아무 생각 없이 걷다보면 마음이 풀어졌었다고 한다. 즉, 자신에게 주어진 스트레스 상황을 직접적으로 해소하지 못하고 간접적으로 해소하는 양상을 보여주었고, 대인관계상의 문제점도 드러내 보였다. 이러한 사실은 피의자의 회피성 인경장애 증후나 소아기호증에 비추어 보았을 때, 피의자가 이와 유사한 스트레스 상황에 처하게 된 경우에 소아들을 상대로 또 다른 범죄를 저질렀을 가능성도 높은 것으로 보인다.

소아기호증의 분류

소아기호증은 성인이 청소년기 이후 이런 종류의 행동을 보인다면 고착화된 소아기호증으로 분류하고, 평소에는 성인 파트너를 좋아하지만, 최근 혹은 일시적으로 소아를 좋아하는 증상을 보인다면, 퇴행적 소아기호증으로 간주한다.

고착화된 소아기호증: 청소년기 때부터 훨씬 더 나이가 어린 소아에게 성적인 매력을 가지게 되는 것을 말한다. 이런 소아에 대한 성적 매력은 자신이 가지고 있는 다른 성적 경험이 어떤 것인지를 고려치 않고 자신의 생을 통해 일반적으로 나타나게 된다. 이 유형

의 범죄자들은 전형적인 동년배와의 사회화 패턴을 회피하는 경향이 있다. 이들은 성적유혹을 하거나 받을 수 있지만, 능동적으로 성적 요구를 추구하지는 않는다. 대부분의 강력한 죄의식, 수줍음, 양심의 가책 없이 소아와의 성경험을 편안해 하고 만족해하는 경향이 있으며, 자신은 일상생활에서 제한되고 부적절한 사람일 것이라는 두려움을 가지고 있다.

퇴행적 소아기호증은 원래 성적 만족을 위해 동료 또는 성인 파트너를 좋아하는 사람이다. 그러나 성적 만족의 대상으로서의 성인과 관계성에서 갈등이 일어났을 때 성적흥미 또는 욕망의 초점은 성인에게서 아동으로 대체된다. 신체적 · 성적 · 결혼적응적 · 재정적 · 직업적 혼란 등이 인간관계에서의 갈등과 동시에 일어날 수 있으며, 이런 요인이 아동과 성적연루를 촉진시키는 경향이 있다. 이들은 생활 스트레스에 대해 합리적으로 대처하는데 실패한 증후로써 충동적이고 무모한 행위로 소아를 성폭행하게 된다. 전형적으로 이들은 결혼했으며, 결혼 관계나 기타 대인관계 등에 위협을 받고 우울 상태와 통제력이 약화된 상태에서 성범죄를 저지르게 된다.

2) 범죄 대상 선정기준

심리적으로 복잡한 상태에서 초등학교 때 짝사랑하던 여성과 닮은 빨간 색상의를 입은 피해자(언니)를 보았을 때, 자신도 모르게 짝사랑하던 사람의 얼굴이 떠올라 성욕이 발동했고, 순간적으로 욕정을 못 이겨서 성폭행을 하게 되었다고 한다.

피의자가 짝사랑하던 여성과 닮았다고 판단한 것은 언니피해자이며, 동생피해자도 비슷하게 생겨 두 명 모두 차례로 성폭행하게 되었다고 한다.

한편, 피의자의 이상적인 여성상(理想的 女性像)은 머리가 길고 키가 크면서 통통하고, 코가 크고 입술이 도톰한 스타일이라고 하는데, 이런 모습은 현재의 어머니가 젊었을 때의 모습이라고 한다. 피의자는 피해자에게 '나 ○○ 삼촌인데, 전화번호 좀 알려줘'라고 하면서, 피해자가 알고 있는 또 다른 초등학생의 전화번호를 알아내는 수법을 사용하기도 하였다.

피의자가 초등학교 시절 짝사랑했던 여성의 모습을 떠올리고 비슷하게 생긴 언니피해자를 선택했다고는 하지만 그 모습은 자신의 이상적인 여성상 즉, 어머니가 젊었을 때의 모습과 동일했을 것으로 보이며, 소아기호증에 기인해 정신적으로 초등학교 시절로 되돌아갔을 뿐, 실제로 피의자가 이야기하는 짝사랑했던 여성과는 관련성이 낮을 것으로 보인다.

범행 수법 및 행동 양식은 첫 번째는 귀가하는 피해자(언니)를 몰래 따라가다 놀이터 옆 공터에서 '한 번 안아보자'며 강제로 끌어안고 손으로 성기를 만졌으며, 두 번째는 집으로 찾아가 피해자(언니) 혼자 있기에 문을 밀고 들어가서 피해자의 하의와 팬티를 벗기고 자신은 하의 바지 지퍼만 내리고 피해자를 안고 들어 올려서 피해자의 음부 부위에 자신의 성기를 비비다가 사정(射精)을 하고, 빨리 끝내고 나오려고 거실에서 성폭행을 했다고 하며, 이때 피해자 집 전화번호를 확인하여 알아놓았고, 세 번째는 피해자의 집에 전화를 하여 '엄마 있나?'라고 물어 부모가 없다는 것을 확인한 후 집으로 찾아가 언니와 동생 두 피해자를 번갈아 성폭행하고, 네 번째는 전화를 해 '아저씨인데 마지막으로 왔다'고 하면서 집으로 찾아 들어가 언니피해자를 먼저 성폭행했으나 사정을 하지 못해, 같은 방법으로 성폭행했다고 진술하고 있다.

제2절 연쇄 방화 사건

① 사건 개요

2000. 2. 24. 11:00경부터 같은 해 4. 18일까지 경기 부천시 ○○구 일대 주택가, 교회 등에 약 97여 회에 걸쳐 방화한 사건이다.

② 피의자 인적사항

나 이 : 만 38세
직 업 : 목사
학 력 : 신학대학원 졸업
병 역 : 의가사제대
전 과 : 절도 등 1범

③ 피의자 성장 환경 및 성격

1) 성장 환경

부모는 사망했으며, 2남 2녀 중 장남으로 현재는 처와 자녀 2명과 함께 생활하고 있다. 아버지는 군 특수부대 출신으로 가정을 잘 돌보지는 않았지만, 타인들로부터 존경을 받았으며, 특히 대통령으로부터 훈장을 받기도 했다고 한다. 아버지는 매우 엄격했고, 어머니는 자상한 편이었다고 한다. 지방에서 고등학교를 졸업한 후 군에 입대했고, 제대를 한 후 신학을 공부해서 전도사를 거쳐 현재의 장소에 개척교회를 설립했다고 한다.

피의자는 엄격한 아버지의 가정교육 영향으로 부모를 무서워하고 지나치게 높은 도덕수준을 강요받아 자발성이 결여되고 자신의 충동을 자제할 만한 능력을 상실하게 되고 조그만 잘못에 대해서도 자신을 지나치게 꾸짖는 습관이 형성되었다. 아이들의 행동을 지나치게 제지하면서 엄격하게 훈육시키면 그들이 성장해 가면서 부모에게 반항하고 부모가 받아들여지지 않는 외부세계의 가치체계에 전적으로 동조(同調)하면서 가정과는 멀어질 수가 있다.

비록 신학을 공부해서 목사가 되었고, 개척교회를 설립했으나 재정적 어려움 또는 신도 수에 대한 스트레스를 해소하는 방법으로서 자신도 모르게 방화를 선택한 것 같다.

2) 피의자의 성격

피의자의 성격은 내향적 경향이 강하고, 감정의 기복이 심하며, 싫증을 잘 내는 편이라고 한다. 90년식 승용차를 매일 세차를 하고, 매일 목욕을 하는 등 꼼꼼하고 깔끔하고 완벽을 추구하는 성향이라고 했다.

다른 사람에게 자신이 노출되는 것을 싫어하고, 또 노출되는 것에 두려움을 느끼는 등 대인관계에 어려움이 있다고 한다.

깔끔하고 완벽을 추구하는 성향은 아이들이 장난감을 어지럽힌다고 2번 걸쳐 아이들 장난감을 불에 태울 정도로 강박적 경향(強迫的 傾向)을 나타내고 있는 것으로 보인다. 한편으로 피의자 자신은 집 앞을 늘 청소하고 관리하는데 그곳에 쓰레기를 버리는 사람이 있어서 '밤에 지키다가 쓰레기 버리는 사람을 잡을까? 아니면 굉장히 깨끗한 것을 좋아하는데 쓰레기를 난지도에 버리면 오랫동안 썩어야 되니까 태워 버리면 없어지고 좋겠다.' 등의 생각을 하면서 방화가 시작되었다고 한다. 이런 현상은 어린 시절 지나치게 엄격한 교육과 높은 수준의 도덕을 강요받았기 때문에 그 내용들이 무의식에 억압(抑壓)되어 있다가 결벽증(潔癖症)으로 나타나게 된 것으로 보이며, 교호를 개척하고 6개월이 지나도 신도가 늘어나지 않는다는 것에 기인한 스트레스가 기폭제가 되어 방화를 하게 된 것 같다. 그리고 피의자의 진술에서는 질문의 요지에 맞지 않는 대답을 하는 등 횡설수설하는 경향이 있어 인지적 문제도 가지고 있는 것으로 보인다.

4 범죄 행동

1) 범행 동기

최초의 범죄는 절도였는데, 친구 형의 녹음기를 훔쳐 형사입건되어 집행유예를 받았으며, 방화와 관련한 최초 범죄는 언제 했는지 기억이 안 나며 쓰레기더미에 불을 지른 것 같다고 하는데, 그 이유는 더러운 것을 싫어하기 때문에 쓰레기를 불태워 깨끗하게 하고 싶었기 때문이라고 했다.

피의자는 처음에 자기 교회 앞에 쓰레기를 자꾸 버리니까 태우려고 불을 질렀으나 이러한 행위가 몇 번인가 반복되는 과정 속에서 불에 대한 의식의 변화가 본인도 모르게 일어나면서 방화충동을 느끼게 되어 방화를 한 것으로 생각된다. 방화충동은 갑자기 생긴 것이 아니라 지나치게 엄격한 가정교육으로 자신의 충동을 자제할 능력을 상실한 상태와 맞물려 절도로 집행유예를 선고받은 이후 또 죄를 지으면 실형을 살게 된다는 사실을 때문에 지나치게 의식적으로 죄를 짓지 않으려는 노력이 강박적 성향을 가지게 되었을 것으로 보인다. 한편, 교회 경영에서 생기는 재정적 스트레스가 복합적으로 작용되어 유발된 범죄일 것으로 판단된다.

피의자의 범행 동기는 몇 가지로 추론해 볼 수가 있겠다. 첫째, 피의자가 주장하는 것처럼 처음에 더러운 것을 없애기 위해 즉, 쓰레기를 태워 없애려고 단순히 불을 질렀으나 반복되는 과정 속에서 정서적 만족감을 느끼게 되고 따라서 방화충동이 계속해서 일어나므로 연쇄방화를 저지르게 된 것으로 보인다.

둘째, 자신의 교회 신도 수가 자신의 부인과 여동생 부부 그리고 아동 약 30여 명만 있으며, 재정적으로 한 달에 80여 만 원으로 교회를 운영하고 있다고 한다. 한 번은 '어떤 사람이 처음 찾아오고는 다시 오질 않았는데 조촐하고 보잘 것 없는 지하교회였기 때문에 실망을 하고 규모가 크고 좋은 교회로 갔을 것'이라고 생각했으며, 6개월 동안 한 명도 새로운 신도가 없었다는 것에 대한 자괴감과 재정적 스트레스도 방화 동기의 한 부분이 되었을 것으로 생각된다.

셋째, 피의자의 진술 중 '어느 교회 뒤편 쓰레기 더미에 불을 질렀는데, 이 불이 교회로 옮겨 붙어 전소되었고, 자신은 그 교회가 불타는 것을 지켜보았다'고 하는 것으로 보아, 작고 초라하고 지하에 있으면서 신도도 없는 교회와 크고 보기 좋은 교회와의 비교를 하면서 큰 교회에 대하여 무의식적으로 시기하는 분노반응에서 방화를 저질렀을 것으로 보인다.

방화에 대한 동기는 보복감 등 여러 가지 요인 있는 것으로 알려져 있으며, 이런 방화는 계획적인 행동일 뿐만 아니라 충동적 행동의 결과인 것으로 알려져 있다. 거부, 스트레스, 실패, 흥분 추구, 보복감 그리고 성적 부적당감 등이 병리학적 방화의 동기적 요인으로 설명된다. 방황의 동기가 이상적(理想的)이고, 부적당(不適當)한 것으로 나타난다고 할지라도 방화범의 관점에서는 다른 이유를 댈 것이라고 일반적으로 알려져 있는데, 이 피의자도 같은 경향을 나타냈다.

2) 방화를 선택한 이유

피의자의 심리 특성상 자신의 공격성을 표현하고 표출하는데 어려움을 갖고 있으므로 사람이 대상이 아닌 물질을 택하게 되었을 것이다. 또한 쓰레기에 불을 지르는 방화를 택하게 된 결정적 요인은 피의자 자신은 결벽증에 가까운 성격 소유자로 자신의 교회 앞에 버려지는 쓰레기를 태우는 방법으로 소각을 하였으나 이 소각되는 과정의 반복 속에서 불을 통해 정서적 만족을 얻게 되었고, 이 행위가 점차 강화(强化)되어 방화광(pyromania)이 된 것으로 보인다.

3) 범죄 대상 선정기준

피의자는 사전에 방화하기 위해 장소를 물색하지는 않았으며, 주로 쓰레기나 종이가 있는 곳에 불을 질렀고, 차를 타고 가다가 아무 장소에서나 하차하여 몇 군데 불을 질렀다고 한다.

피의자의 경우 방화 장소 선정 기준이 없다고 하나, 범죄분석적 측면에서 보았을 때, 피의자는 고등학교 때부터 신앙생활을 시작했고 교회에 봉사하는 일에 큰 기대감을 가지고 있었으며, 스스로 교회를 개척하고 난 후 현실적으로 자신의 기대에 못 미치자 불만이 쌓이기 시작하고, 결정적으로 교회로 찾아왔던 신도가 다시 오지 않자 불만이 극대화된 것으로 보인다. 또한 자신이 개척한 교회보다 큰 교회, 나아가 사회에 대한 내적 불만(內的 不滿)을 방화로써 우회적으로 표출한 것으로 보인다. 따라서 교회 건물 혹은 그 주변에 불을 많이 질렀는데, 이런 방화 범죄가 연속되면서 방화 당시의 두려움과 스릴을 동시에 느낄 수 있었을 것이고, 범행을 하는 동안에 어느 정도 흥분 상태를 경험하면서 이것이 습관화(習慣化)되어 연쇄 방화를 저질렀던 것으로 보인다.

특히 피의자가 주택가, 교회 건물, 건물 계단, 쓰레기 더미 등에 불을 질렀다는 것은 스스로 방화 충동(放火 衝動)에 이끌리기는 하지만 큰 피해가 예상되는 장소에 불을 지르지 못하는 심리적인 문제 즉, 자신감 부족과 대인관계 문제를 간접적으로 보여주는 것이라고 생각되며, 이런 문제는 심리적으로 강박증적 경향성으로 이어졌을 가능성도 있다.

4) 범행 도구 및 수법

1회용 라이터를 이용하여 주로 쓰레기 더미, 종이 등에 방화를 했고, 한번 방화를 시작하면 차를 타고 이동하면서 약 10분 간격으로 3~5곳에 방화했다고 한다.

피의자는 05:00경에 일어나 기도(祈禱) 등을 한 후 11:00~11:30경부터 방화를 시작하는데, 이때는 맨발에 슬리퍼를 신고, 체육복에 점퍼 차림이었다고 한다. 누구에게도 의심받을 수 있는 차림새가 아님에 주의를 기울일 필요가 있다.

⑤ 범죄 후 행동

1) 범행 직후 행동

불이 붙은 것으로 확인 후 신속하게 현장을 빠져나왔으며, 방화 후 현장에서

도피하기 전에 경찰차 혹은 소방차 소리가 들린다든지, 현장 주변에 사람들이 많이 모이면 현장에서 같이 불구경을 했다고 한다. 하루에 3~5건 이상의 방화를 한 후에는 집으로 귀가하여 평상시와 다름없이 생활을 했으며, 방화에 대한 죄의식(罪意識)이나 불안감(不安感)을 거의 느끼지 못했다고 한다. 2000. 4월경에 기름 배달원으로부터 연쇄방화범죄로 인하여 소방대원들의 고생한다는 말을 들으면서 자신의 범죄행위에 대한 약간의 죄책감을 느꼈다고 하나, 그 이후로도 피의자는 계속 범행을 저지른 것으로 보아 두려워하거나 긴장하지 않은 것으로 보인다.

2) 수사에 대한 처신

피의자는 자신이 검거되기 전까지 수사 중임을 몰랐다고 하지만, 범행 도중에 소방차나 경찰차와 마주친 점으로 미루어 보아, 경찰이 수사를 해도 자신을 추적하지 못하고 있다는데서 오는 스릴과 방화에서 오는 정서적 희열을 느끼면서 범행을 연속적으로 저질렀을 것으로 생각된다.

6 종합 분석

일반적으로 방화범들은 공격성을 표현하고 표출하는데 어려움을 갖고 있으므로 사람 대신 물질에 대한 범죄를 저지르며 또한 방화는 충동적이며 동시에 계획적인 행동이다. 피의자는 방화광으로서 방화에 대한 의식적인 동기가 없다는 점이 다른 방화범과 구별되며, 방화광(放火狂)은 방화에 대한 어떠한 물질적 이익을 얻지 못하며 단지 정서적 만족감을 얻기 위한 동기로 방화를 한다. 내적으로 어떤 무엇이 불을 지르도록 충동질하는데, 방화를 통해서 성적 긴장을 해소하고 분노를 해소한다.

피의자는 자신이 저지른 일에 대한 죄의식을 느끼지 못하고, 무감각하며, 사회성이 떨어지는 등 정신병질적 범죄자(精神病質的 犯罪者)의 특성을 보이고 있다. 피의자는 특별한 동기 없이 쓰레기 즉, 더러운 것을 보면 없애야 된다는 생각으로 불을 질렀다고 하지만 실제로 피의자의 무의식에서는 크고 좋고 신도가 많은 교회를 시기하는 분노, 지나치게 엄격한 가정교육으로 충동자제능력 상실, 성적인 문제 등이 복합되어 방화를 유발시킨 동기가 되었다고 생각된다.

방화광에 관해 지금까지의 연구결과를 살펴보면, '알 수 없는 충동'에 의해서 불을 지르는 경우가 많은 것으로 알려져 있는데, 본 사건은 어린 시절에 야뇨증(enuresis)이 심한 특징을 보이는데, 피의자는 그런 증세는 없었다고 한다. 그러나 군복무 중에 척추 부상으로 인하여 현재까지 약을 복용하고 있으며 결혼 후 성생활에도 문제가 있었던 것으로 나타났고, 오랫동안 억압된 성적 욕구불만을 방화로 해결했을 가능성도 있다.

쓰레기는 평소 자기 자신에 대한 불만, 큰 교회에 대한 불만의 대체물(代替物)로, 이것을 태우는 과정에서 욕구불만을 해소하고, 자신의 교회에는 신도가 없지만 자신이 불을 질렀을 때는 사람들이 모이고 소방차가 출동하는 것을 보고 자신의 힘으로 다른 사람들을 움직일 수 있다는 데에 희열을 느꼈을 가능성도 있다.

따라서 피의자는 병적 방화(pyromania) 성향을 가졌으며, 불을 지르고 싶은 충동, 불타는 것을 보고 싶은 충동을 억제할 능력이 반복적으로 상실되는 충동조절장애(衝動調節障碍)가 있는 것으로 보인다. 불에 대한 매혹을 뿌리칠 수 없고 불타는 것을 보고 싶어 하고 그래서 불을 지르고 싶은 충동을 억제할 수 없어 불 지르는 행동을 반복하는 것이 주요 증상이다. 이런 사람들은 불 지르기 전에는 긴장이 고조되고 불을 지르면서 쾌감과 긴장 완화를 경험한다. 비록 충동조절을 할 수 없지만, 불 지르는 일을 면밀하게 계획하는 것이 이런 범죄자들의 특징이다. 화재가 재산이나 인명에 얼마나 피해를 주는 지에 대해서는 무관심하고 오히려 그런 피해를 보는 것을 즐긴다. 알코올 중독, 섭식장애, 지능 부족, 만성적인 개인적 불만 등이 겹쳐져 있을 수도 있고, 불을 봄으로써 성적 흥분을 느낄 수도 있다.

제3절   연쇄 강간 사건

1 사건 개요

2000. 2. 3. 성폭력특별법으로 집행유예 2년을 선고받았던 피의자는 2000.

4. 25, 03:30경 서울 양천구 반지하방에 열려 있는 현관문으로 침입하여 세 명의 여성 피해자를 칼로 위협하면서 전기줄로 손발을 묶고 스카프로 눈을 가린 상태에서 하의를 벗기고, 면도칼로 음모를 깎은 후 3명의 피해자 중 2명을 성폭행하고, 사건 약 1주일 뒤 서울 양천구 옥탑방에 침입해서 잠자고 있던 두 명의 피해자의 음모를 가위로 깎은 후 이들을 강간한 사건이다(이 사건은 면담 과정에서 여죄를 자백한 것임).

2 피의자 인적사항

나　이 : 만 28세
직　업 : 회사원
학　력 : 대학교 전자공학과 졸업
병　역 : 육군 제대
전　과 : 성폭력 특별법 집행유예
신　장 : 170cm
혈액형 : O형

3 피의자 성장환경 및 성격

1) 성장 환경

　아버지(59세), 어머니(54세), 남동생과 여동생이 있다. 피의자는 부산에서 대학교를 졸업했으며, 범행 당시 서울에서 직장생활을 하며 동생과 함께 생활을 하고 있었다. 가정환경은 엄격한 가부장적인 분위기였으며, 어머니는 언제나 수동적 자세였으며, 어릴 때 잘못하면 아버지는 심하게 때리고, 가방에 책을 넣어 사람들이 왕래하는 곳에서 벌을 서기도 했으며, '엄마 밥줘'라고 했다가 엄마에게 반말한다고 개집에서 하루를 지낸 적이 있었는데, 이 때 친구들이 와서 놀리는 것이 어린 시절 기억 중 가장 마음이 아팠다고 한다. 자신이 벌을 받을 때 어머니는 말리지를 못하고 울기만 하시다가 아버지가 안 계실 때는 자신에게 잘 해주었다고 한다.

한 번은 피의자가 잘못을 저질러 아버지한테 막대기로 맞고 그 막대기로 자신의 목이 눌려 죽을 것 같아서 아버지를 발로 밀었는데, 반항한다고 많이 맞았을 때, 그 때는 '아버지가 아니다, 죽여 버리고 싶다'는 생각을 하고, 가출하고 싶었으나 어머니 생각과 용기가 없어서 그냥 참았다고 한다. 그리고 자신에게는 그렇게 엄격한 아버지가 막내에게는 그렇게 엄하시지 않으니까 차별대우를 받는다는 생각이 들었다고 한다.

중학교 2학년 때부터 친구와 함께 음란비디오를 보기 시작했으며, 비디오를 본 후 그 친구가 성기도 만져주고 구강성교도 해주었다고 한다. 음란비디오는 자주 보는 편이었으며, 친구와 2번 정도 동성애를 했다고 한다.

피의자는 너무 엄하고 일관성 없는 처벌을 하는 아버지와 함께 생활을 하면서 아버지에 대한 분노가 커졌으며, 직접적인 반항을 해 보았지만 더 심하게 처벌을 받는다는 사실을 알고부터는 자신의 모든 의사를 표현하지 않고 무조건 억압(抑壓)하여 내면화(內面化)시킨 결과, 피의자의 기본 성격이 되어 성인이 된 이후로도 자신의 생각을 표현하는 데 어려움이 많고 매우 소심한 성격의 소유자가 되었다.

중학교 시절부터 음란비디오를 보면서 동성애를 경험했고, 계속된 음란비디오에의 노출은 과도한 수음을 하게 되는 계기가 되었으며, 음란비디오에서 성과 관련된 책을 관심을 돌려보았지만, 다시 음란비디오를 보게 되었다고 한다. 심지어 고등학교 시절 음란비디오를 보고, 성욕을 참지 못해 그 당시 중학생이던 남동생을 강요하여 항문성교(肛門性交)를 하기도 하였으며, 이런 음란물에 대한 심한 노출은 현실의 삶 속에 여과 없이 그대로 반영되어 혼자 가는 여자가 있으면 가방을 메고 뛰어가다가 가슴을 만지고 도망을 가는 성추행을 하였으며, 고등학교 시절까지 이런 행동을 하면서 재미있다는 왜곡된 심리적 보상(心理的 報償)을 받게 되었다. 동성애의 경험과 가슴을 만지고 도망을 가는 성추행을 통해 왜곡된 성적 보상 학습은 강화(强化)되어 상습적 강간 범죄를 저지르게 되는 기초가 되었을 것이다.

지나치게 엄격한 아버지의 영향으로 어린 시절의 억압된 욕구와 음란물 중독증에 걸려 남동생까지 성폭행한 이런 경험들이 정상적인 성관계를 방해하는 강박증적 행동(强拍症的 行動)을 하게 되고, 이러한 강박증적 행동은 강간이라는 왜곡된 성행위를 통하여 만족을 얻게 되는 성적 이상 행동(性的 異常 行動)을 하게 된 것 같다.

2) 피의자의 성격

피의자는 자신의 성격을 고집이 센 편이며, 말이 많고 처음 만나면 외향적인데 오래 사귀다 보면 내성적인지 외향적인지 모르는 경우가 많다고 한다. 평소에 일하는 스타일은 완벽하게 하려고 하는데 그래야만 직성이 풀리고, 옷도 깔끔하게 입는 스타일이며, 머리는 하루에 두 번을 감고 샤워는 하루 한두 번을 꼭 하는데 스스로는 깔끔한 스타일은 아니라고 한다.

좋아하는 여성 스타일은 수수하고 고전적이고 머리가 길고 아담하고 작고, 살이 많이 찌지는 않은 통통한 여자를 좋아하며, 짧은 치마를 입는다든지, 가슴이 다 드러나 보이는 옷을 입고 화장을 진하게 하고 향수냄새를 풍기면서 거만하고, 남자 말하는데 끼어드는 여자들은 아주 싫어한다고 한다.

좋아하는 남자 스타일은 가식 없이 서로 욕을 해도 그냥 지나칠 수 있는 남자들이 좋다고 했으며, 인격적으로 가장 따르고 싶은 남성상은 예수라고 했다.

아버지가 엄한 가부장적 가정환경에서 성장한 탓에 여자다운 여자 즉, 수수하고 고전적이고 머리가 길고, 작고 통통한 여성에 대한 고정된 여성상을 가지고 있으며, 자신이 좋아하는 이러한 여성상은 아버지에게 처벌을 받을 때 말없이 자신을 돌보아 준 어머니에 대한 투사상(投射像)일 것이며, 자신이 싫어하는 스타일은 비디오나 영화에서 보았지만 자신이 다가가지 못하는 여성의 모습을 투사(projextion)한 것으로 보인다.

성격적으로 피의자는 강박성 인격장애(强拍性 人格障碍)를 가지고 있는 것으로 판단된다.

3) 성행동과 성적인 문제

피의자는 수음을 할 때 상상하는 여성은 조선시대의 여성상(女性像)이라고 하는데, 현실에 없고 상상할 수 있는 여성은 간음(姦淫)하는 것이 아니기 때문이라고 하며, 교회에서 간음을 하지 말아야 한다고 배웠으며, 이런 사고방식은 현실에서 강박적으로 성행위를 부정(denial)하는 행동으로 나타난다.

강박성 인격장애(Obsessive-Compulsive Personality Disorder)의 진단기준

정리정돈에 몰두하고, 완벽주의, 마음의 통제와 대인관계의 통제에 집착하는 광범위한 행동양식으로서, 이런 특징은 융통성, 개방성, 효율성의 상실이라는 대가를 치르게 한다. 성인기 초기에 시작되고 여러 상황에서 나타나며, 다음 가운데 4개(또는 그 이상) 항목을 충족시킨다.

① 사소한 세부사항, 규칙, 목록, 순서, 사건계획이나 형식에 집착하여, 일의 큰 흐름을 잃고 만다.

② 일의 완수를 방해하는 완벽주의를 보인다(예: 자신의 지나치게 엄격한 표준에 맞지 않기 때문에 계획을 마칠 수가 없다).

③ 여가 활동과 우정을 나눌 시간도 희생하고 지나치게 일과 생산성에만 몰두한다(분명한 경제적 필요성 때문이 아니다).

④ 도덕, 윤리 또는 가치문제에 있어서 지나치게 양심적이고, 고지식하며, 융통성이 없다(문화적 또는 종교적 배경에 의해서 설명되지 않는다).

⑤ 닳아빠지고 무가치한 물건을, 감상적인 가치조차 없을 때라도 버리지를 못한다.

⑥ 타인이 자신의 방식을 그대로 따르지 않으면 타인에게 일을 맡기거나 같이 일하기를 꺼려한다.

⑦ 자신과 타인 모두에게 인색하다. 돈은 미래의 재난에 대비해서 저축해야 한다고 생각한다.

⑧ 경직성과 완고함을 보인다.

한편, 피의자는 강박적으로 정상적 성행위에 대한 거부를 나타내는데, 동아리에서 만난 여자 후배가 애인 사이가 되었는데도 결혼 후에 성관계를 맺자고 한 약속 때문에 5년간 참았으며, 키스하거나 애무하는 행동까지는 했지만 성관계는 하지 않았다고 한다.

피의자는 여성의 스타킹과 패드를 보면 여자들이 사용하는 것이어서 특히 마음이 끌리고 이런 물건을 보면서 흥분을 잘하기 때문에 가지고 있다고 수음할 때 성적 상상을 위해 사용하기도 했다고 한다. 이는 여성의 스타킹과 패드에 대해 물품 음란증(fetishism)이 있는 것으로 보인다.

그리고 자신은 생각이 많은 편이라고 하며, 특히 전쟁에 관한 것과 영화에서

봤던 것을 다시 자신의 입장에서 상상하는 횟수가 많은 것으로 보인다. 전쟁과 관련해서, 영화 속 주인공으로 일본과 미국이 우리나라를 침략했는데, 이들이 추행을 하고, 사람도 죽이고 하길래 자신이 직접 영화 속 주인공이 되어서 다른 사람을 지휘해서 응징(膺懲)하는 내용의 상상을 하며, 폭력물 영화와 관련해서는 자신이 주인공으로 나타나서 다른 사람을 이기는 상상을 많이 한다고 한다.

한편, 어디로 정처 없이 멀리 떠나는 꿈을 많이 꾼다고 하며, 꿈속에서 자신이 평소에 사귀어보지 못한 스타일의 여자들을 추행하는 꿈도 꾸었다고 한다.

피의자의 이런 성향의 꿈은 억눌렸던 무의식의 내용이 의식이 잠든 밤에 꿈으로 나타난 것으로 보이며, 실제 현실의 생활은 남 앞에서 자기주장을 표현하지 못하는 내향적 사고형(內向的 思考型)으로 의식이 활동할 때는 억제(抑制)되었다고 의식이 쉬는 틈을 타서 꿈의 내용으로 나타나게 되는 현상이다.

성추행과 관련해서, 좋아하는 스타일의 여자가 지나가면 낮에는 별로 따라가고 싶지 않은데 밤만 되면 따라가고 싶어서 집 앞에까지 따가 갔다고 그냥 돌아오고, 쳐다보기만 하는 행동을 여러 번 했다고 한다.

물품 음란증(Fetishism)의 진단 기준

① 무생물적인 물건(즉 여성의 내의 등)을 중심으로 성적인 흥분을 강하게 일으키는 공상, 성적 충동, 성적 행동이 반복되며 적어도 6개월 이상 지속된다.

② 이러한 공상, 성적 충동, 성적 행위가 임상적으로 심각한 고통이나 사회적, 직업적, 또는 기타 중요한 기능 영역에서 장해를 초래한다.

③ 기호물이 옷 바꿔 입기에 사용되는 여성의 의류(복장도착증) 또는 촉감으로 성기를 자극하려는 기구(예: 진동기)에 국한되지 않았을 때 진단된다.

이런 피의자의 성과 관련된 경향성은 성행위에 대한 잘못된 인식을 가지고 있다는 것을 나타내며, 성격적으로 강박성 인격장애와 맞물리면서 성적 가학증(sexual sadism)과 물품 음란증(fetishism)의 증세를 보이는 거승로 나타났다. 피의자는 여성의 스타킹과 패드에 대한 물품 음란증(物品 淫亂症)이 있는 것으로 보인다.

성적 가학증(Sexual Sadism)의 진단기준

① 희생자의 심리적 또는 육체적 고통(굴욕을 포함)을 통하여 성적 흥분을 얻는 행위이다(가상적인 것이 아닌 실제적인). 이들은 가학적 상상으로 자극받게 되는데, 이런 상상은 성교나 자위행위 중에 자극되며 행동으로는 이행되지 않는다. 이러한 경우, 곧 닥쳐올 가학적 행위에 대한 예견으로 두려움에 떠는 희생자를 완전히 지배하고 있다는 가학적 공상이 개입되기도 한다. 일부는 가학적인 성적 충동에 동의하지 않는 상대에게 행한다.

이 모든 경우에 있어서 상대의 고통이 성적인 흥분을 일으킨다. 가학적 상상이나 행위는 희생자에 대한 가해자의 우월성을 상징하는 행동으로 행해진다. 가학적 행위에는 사지 구속, 눈가림, 손으로 더듬기, 손찌검, 채찍질, 꼬집기, 때리기, 불로 태우기, 전기쇼크, 자르기, 강간, 찌르기, 목조르기, 고문, 상해, 살인 등이 포함된다. 가학적 행위가 시작되는 연령은 다양하지만 대개 성인기 초기이다. 성적 가학증은 보통 만성적이다. 성적 가학적 행위가 동의하지 않는 상대에게 행해질 때 성적 가학증을 가진 개인이 체포될 때까지 반복된다. 이런 가학증 행위는 시간이 지날수록 강도가 높아지는 경향이 있다. 성적 가학증이 심할 때 특히 반사회적 인격장애를 동반할 때는 희생자에게 심한 손상을 입히거나 희생자를 살해한다. 성적 가학증은 성적 흥분을 강하게 일으키는 공상, 성적 충동, 성적 행동이 반복되며, 적어도 6개월 이상 지속되었을 때 진단된다.

② 이러한 공상, 성적 충동, 성적 행동이 임상적으로 심각한 고통이나 사회적, 직업적, 또는 다른 중요한 기능 영역에서 장해를 초래한다.

피의자는 강박성 인격장애를 가진 사람들이 나타내는 지배-피지배(支配-被支配)의 관계에 따른 행동을 나타냈는데, 이 장애를 가진 사람들은 이러한 관계를 설정해 놓고 상대방 앞에서 특히 자신의 상대적 위치에 신경을 쓰는 행동을 한다. 즉, 존경하는 권위자에게는 지나치게 복종하고, 존경하지 않는 권위자에게는 지나치게 반항한다. 이와 같은 경향에 맞춰 피의자 자신이 사랑하는 사람과 자신이 강간(强姦)한 사람을 지배-피지배 관계로 설명할 수 있다. 예를 들어, 지배 관계에 있는 자신의 애인에게는 성행위에 관해 엄격하게 제한하고 억제하고 통제된 행동을 해야 하지만, 피지배 관계에 있는 피해자들을 3명 혹은 2명씩 동시에 강간을 하는 행동을 보여 주었다. 간접적이긴 하지만 피의자의 이런 이중적 행동을 강박성 인격장애를 가진 사람들의 특징에 부합되는 것으로 보여진다.

④ 범죄행동

1) 범행동기

저녁만 되면 자신의 힘으로 제어(制御)할 수 없는 성충동(性衝動)이 불같이 이러나 온몸에 열이 나고 발이 뜨거워지면 찬물을 끼얹기도 하고, 집 밖으로 들락거리다가 억제가 될 경우에는 별다른 문제가 일어나지 않는데, 억제가 안 될 경우에는 온 동네를 돌아다니다가 혼자 가는 여자가 있으면 추행하고, 그렇지 않으면 여자들이 사는 집이라고 생각되는 집을 침입해서 강간하였다.

피의자 본인의 진술로는 특별한 동기 없이 여자들이 잠자는 모습이 궁금해서 침입하지만, 침입해서 불을 켰을 때 소리를 지르면 도망을 가려고 했으며, 이렇게 하는 이유는 짜릿한 기분을 느끼기 때문이라고 한다. 그러나 실제로 소리를 지르면 도망을 간 것이 아니라 여자들만 3명이 있었기 때문에 칼로 위협을 하고 이들을 동시에 성폭행했다. 결국 잠자는 모습을 보고 싶다는 것, 소리를 지르면 도망을 간 것 등은 부수적인 동기(動機)일 뿐이며, 성충동에 의한 성폭행이 가장 큰 범죄 동기였을 것으로 보여진다.

따라서 범죄 동기는 성충동에 의한 성폭행이라고 보여지며, 이러한 성충동은 어렸을 때부터 지나친 음란비디오와 음란 서적에의 노출 및 심취, 성적 가학증과 물품 음란증, 그리고 강박적 인격장애가 서로 맞물리면서, 기독교에서 강조하고 있는 간음이라는 단어에 너무 집착한 나머지 수음을 하면서도 조선시대 여인을 상상하는 등 현실과 거리가 먼 성적 사회화가 이루어진 것으로 보인다. 그리고 이런 경향성은 자신의 애인에게 조차 성행위를 하지 못하고 참아야 한다고 생각하는 등 성충동을 강박적으로 억제(抑制) 또는 억압(抑壓)하여 내재화(內在化)되었다가 범죄의 시점에서 폭발하는 충동이 제3자인 피해자들에게 발산(發散)된 것으로 보여진다.

피의자의 범죄 행동은 최초엔 음란비디오를 보고 친구와 동성애를 하고 또 남동생과 동성애를 하는 과정에서 시작하여, 지나가는 여자의 가슴을 만지고 도망가는 성추행으로 발전했으며, 급기야는 여자들만 사는 곳을 선택해 연속적인 강간을 저지르는 상태까지 이르렀다.

피의자는 이 사건으로 체포되기 전 길가는 여자를 집 앞까지 따라가 성추행을 한 것으로 집행유예 상태였는데, 회식자리에서 술을 마시고 '어떤 아저씨'를 따라갔는데, 집 앞에 와서 그 여자가 소리를 지르는 바람에 '아줌마였구나'라는 생각이 들었고 소리 질러서 머리를 한 대 때렸는데 그 아줌마는 가슴을 만졌다고 하는 것이 이해가 안 된다고 했다. 이런 피의자의 진술 중 '아저씨를 따라가다 보니까 나중에 아줌마였다' 또는 '자신은 소리질러서 머리만 때렸는데, 가슴을 만졌다고 한다' 등의 진술은 오히려 자신이 저지른 범죄 사실을 부정하고 자신은 잘못한 게 없다고 생각을 하는 강간범들이 자주 나타내는 부정(denial)의 무의식적 방어기제(無意識的 防御機制)가 발동한 것이라고 판단된다.

이와 같은 부정(denial)의 방어기제(defense mechanism)는 이 사건에서도 나타나는데, '제가 이런 강간을 했는지 안 했는지 잘 모르겠다', '이 일에 대해 잊어버리고 있다가 1주일이 지난 후에 생각이 났는데, 가서 사죄를 하고 싶었지만 그렇게 하지 못했다', '방충망을 내가 왜 뜯어 놨는지 몰랐는데, 나중에 생각해 보니까 도망가기 위해서인 것 같다' 등의 진술에서 잘 나타나고 있다.

피의자는 음란비디오를 보거나 여성 스타킹과 패드를 보면서 과도한 자위행위는 하였지만 실제 여성과의 성경험은 많지 않은 것으로 보이는데, 처음 성행위를 한 여성은 채팅에서 만났고 자신의 집으로 데리고 와서 성관계를 맺지만, 성기를 삽입하니까 그냥 사정을 했다고 하며 이때 그 여자는 괜찮다는 말을 했다고 한다. 이것과 관련해서 혼자 상상하면서 수음을 할 때는 잘 됐는데, 그 여자랑 직접 성관계를 할 때는 발기도 잘 안 되고 사정도 빨랐다고 말을 하는 것으로 보아, 정상적인 분위기에서는 강박성 인격장애(强拍性 人格障碍)로 인하여 정상적으로 성관계를 하지 못하는 것으로 판단된다.

범죄 대상의 선정 기준으로 첫째는, 자신이 좋아하는 스타일의 여성이 지나가면 뒤따라가는 것(성추행), 둘째는 여자들만 사는 집을 선택(강간)한 것으로 보인다. 침입 방법 및 경로는 강간 사건의 경우, 오토바이를 타고가다 쉽게 문을 열 수 있거나 문이 열려 있는 집이 있으면, 문으로 가 신발이 여자들만의 신발인지 남자 신발도 있는 지를 살펴서 여자 신발만 있을 때 침입을 하게 되며, 이때 집안이 깨끗한지, 냄새가 나는 지를 살펴서 남자가 함께 살 경우 집안이 지저분하고 담배 냄새 등이 나기 때문에 그런 집은 들어가지 않고, 깨끗하고 냄새가 나지 않는 집을 선택해 여자들만 산다는 판단을 한 후 침입하게 되었다고 한다.

범행 도구 및 수법은 피의자는 강간 범죄를 저지르면서 그 방법들은 자신이 비디오나 영화에서 본 것들이라고 말하는 것을 보아 비디오나 영화에서 본 범행 수법을 현실에서 실천하는 양상을 보여주었다.

첫째, 문이 열려 있을 때 신발, 정리정돈 상태, 냄새 등을 살펴 남자 혹은 여자가 사는 집인 지를 먼저 판단했다.

둘째, 여자들만 산다는 판단이 들면, 문을 열고 신발을 신은 채로 침입하면서 도주로를 확보해 두며, 위협수단으로 피해자 집의 칼을 들고 들어간다.

셋째, 침입 후 불을 켰을 때 피해자들이 소리를 지르자 칼로 위협을 했다.

넷째, 전기줄을 이용해 피해자들의 손과 발을 묶고, 스카프 등을 이용해 눈을 가렸다. 이 때 자신은 언제든지 도망을 갈 준비를 하고 있기 때문에 마스크 등으로 자신은 위장(僞裝)을 하지 않았다. 하지만 사투리를 사용해 자신의 말투를 바꿈으로써 피해자들에게 혼란을 주고자 했다.

다섯째, 세 명의 피해자들의 하의를 벗기고 손으로 성기를 만져보는 등의 행위에 대해 '왜 그랬냐'고 물어 보았을 때 '비디오나 영화에서 다 그렇게 하잖아요'라고 대답을 했으며, 통상적인 강간범들이 성기에의 성폭행을 벗어나서 구강성교(口腔性交) 등을 강요하듯이 구강성교와 항문성교(肛門性交)를 통해 피해자를 성폭행했다.

여섯째, 비디오에서 보았던 여성과 실제 여성을 비교해 보았을 때 실제 여성들은 시시해 보였다고 하며, 비디오에서 보았던 대로 성폭행을 하기 전 여성의 음모를 면도기로 깎았다. 자신은 '비디오에서 본 대로 했고, 더러워서 깎았다'고 하며 그렇게 하면 수치심 때문에 신고를 하지 않을 것이라고 생각했다고 한다. 사실 더러워서 깎았다기 보다는 이중적 수치심으로 인해 신고를 하지 못하도록 하려는 의도일 것이다.

범죄 행동 양식은 피의자는 어린 시절부터 음란비디오 및 음란 서적에 노출되면서 친구 및 남동생과 동성애를 경험하고 과도한 자위행위를 했으며, 비디오를 본 후 지나가는 여성을 성추행하고, 여성의 스타킹과 패드에 대한 물품 음란증의 증후를 보였으며, 이러한 성적 이상 행동을 통해 욕구를 충족시키는 과정에서 정상적인 성관계에서는 성적 만족을 느끼지 못하고 강간이라는 가학적 행동을 통해 성적 욕구를 충족시키게 된 것이다.

피의자는 강간범의 유형 중 보상적 강간범(報償的 强姦犯)일 것으로 보인다. 이들은 강력한 성적 각성(性的 覺醒)에 대한 반응으로 강간을 저지르는 범죄자들을 말하는데, 범죄를 저지르면서 공격적인 면은 별다른 특징을 보이지 않으며, 기초적인 동기는 성적인 자신감을 입증하기 위한 욕망이라고 한다. 이들은 극단적으로 수동적이며, 사회적으로 부적절한 경향이 있으며, 다른 사람이 보았을 때는 조용하고 수줍어하며, 순종적이고 멋진 남자로 보여진다. 이들은 내향적인 행동, 낮은 자아 존중감, 그리고 낮은 성취 욕구 수준 때문에 사회적으로 성공하지 못하는 경우가 많다고 한다. 피해자가 보통 낯선 사람이라고 할지라도, 보상적 강간범은 아마도 피해자를 자주 보았을 것이고, 피해자를 지켜보았을 것이며 피해자를 따라다녔을 것이다. 피해자가 이들을 적극적으로 거부(拒否)한다면 당황해서 도망칠 것이지만, 수동적으로 받아들인다면 큰 강제력 또는 폭력을 동원하지 않고 강간범죄를 저지르는 경향이 있다.

5 피해자 행동

범행당시 피해자 행동은 어떠한 저항 행동 없이 수동적으로 피의자가 요구하는 대로 따른 것으로 나타났지만, 피의자와 같은 유형의 강간범은 강한 저항(抵抗)을 했을 경우 달아나는 경향이 있기 때문에 저항 행동을 하는 것이 더 바람직했을 것으로 보인다. 특히 피의자가 구강성교를 요구했을 때 피해자가 입이 말라서 할 수 없다고 하자 피의자가 입으로 물을 전달해 주는 등의 행위를 한 것으로 보아 칼이라는 위협 수단이 있기는 했지만 피해자의 저항 행동이 너무 약했고 수동적이었던 것으로 보인다.

세 명의 피해자 중 한 명이 성폭행을 당하면서 울었는데, 피의자는 피해자의 이런 행위가 성관계를 가지면서 흥분해서 우는 것으로 착각하기도 했다. 이는 여성도 강간을 당하고 싶은 욕구가 있으며, 당하면서 결국은 성행위를 즐길 것이라고 오해하는 강간범들의 모습을 그대로 보여주는 것이었다.

⑥ 범죄 후 행동

자신은 범행 후 집으로 가서 잠을 잤다고 한다. 범죄에 관해서는 자신도 잊어버리고 있다가 1주일 정도 지나서 생각이 났으며, 찾아가서 사죄를 해야 하는데 그렇게 하지는 못했다고 한다. 세 명의 여성을 성폭행한 후 지금까지 내면화되어 있던 성충동을 억제하는 방법을 학습함으로써 약 1주일 후 또 다른 여성들을 성폭행하게 된다.

피의자는 평소 회사 일을 핑계로 고의로 새벽시간에 혼자 일하다 퇴근을 하는데, 이것은 그 시간에 혼자 다니는 여자를 성추행 하거나 또는 여자들만 사는 집을 탐색하여 강간하기 위한 피의자의 독특한 삶의 패턴이다.

⑦ 종합 분석

이 사건은 성(性)에 대한 잘못된 인식을 가지고 있으며, 강박성 인격장애, 성적 가학증(sexual sadism)과 물품 음란증(fetishism)의 증후를 보이는 피의자가 연속적으로 강간을 저지른 것이다.

피의자는 중학교 시절부터 음란비디오를 보면서 동성애를 경험했고, 계속된 음란비디오에의 노출은 과도한 자위행위를 하게 되는 계기가 되었으며, 이런 음란물에 대한 노출은 과도한 자위행위를 하게 되는 계기가 되었으며, 이런 음란물에 대한 노출은 비디오를 보고 여성의 가슴을 만지고 도망을 가는 성추행으로 발전하게 되었고, 나중에 더 큰 범죄인 강간을 저지르게 되는 기초가 되었을 것이다.

한편, 남동생과 성관계를 가지게 되었는데 심리적으로 이런 행동은 나중에도 성관계를 가지면 안 된다는 강박증적 행동을 하게 만드는 계기가 되었을 것으로 보이며, 음란비디오에 대한 노출과 동성애의 경험은 성과 관련된 개념이 잘못 형성되는 등 성적 사회화(性的 社會化)에 문제를 나타내게 된 것으로 보인다.

피의자는 여자들이 잠자는 모습이 궁금해서 그리고 불을 켰을 때 소리를 지르면 도망갈 때 짜릿한 느낌 때문에 침입을 했다고 하지만 이것은 부수적인 동기일 뿐이며, 성충동에 의한 성폭행이 가장 큰 범죄 동기였을 것으로 보여지며, 침입 후 피해자들이 여자들이라는 것을 알고 칼로 위협을 하고 손발을 묶은 후 성폭행을 했다. 그 이유는 지나친 음란비디오와 음란 서적에의 노출 및 심취, 성적 가학증과 물품 음란증, 그리고 강박적 인격장애가 서로 맞물리면서, 기독교에서 강조하고 있는 간음이라는 단어에 너무 집착한 나머지 수음을 하면서도 조선시대 여인을 상상하는 등 현실과 거리가 먼 성적 사회화가 이루어진 것으로 보인다. 이런 경향성은 자신의 애인에게조차 성행위를 하지 못하고 참아야 한다고 생각하는 등 성충동을 강박적으로 억제(抑制) 또는 억압(抑壓)하여 내재화(內在化)되었다가 범죄의 시점에서 폭발하는 등 충동이 제3자인 피해자들에게 발산(發散)된 것으로 보여지기 때문이다.

피의자의 범죄 행동은 최초엔 음란비디오를 보고 친구와 동성애를 하고 또 남동생과 동성애를 하는 과정에서 시작하여, 지나가는 여자의 가슴을 만지고 도망가는 성추행으로 발전했으며, 급기야는 여자들만 사는 곳을 선택해 연속적인 강간을 저지르는 상태까지 이르렀던 것으로 보인다.

제4절　존속살해 사건

1　사건 개요

2000. 5. 21 05:00경 경기 과천시 한 아파트에서 피의자는 술을 마시고 평소 자신을 인격적으로 무시하고 멸시하는 어머니를 망치로 머리를 때려 살해했고, 같은 날 09:00경 안방 침대에서 잠을 자고 있던 아버지를 같은 방법으로 살해했으며, 11:30경부터 다음 날 09:00경까지 사체를 어머니는 10등분하고 아버지는 11등분으로 손괴하여, 인근의 공원 쓰레기장, 전철역, 배수지, 빌딩 쓰레기장 등에 유기한 사건이다.

② 피의자 인적사항

나　이 : 만 23세
직　업 : 무직
학　력 : 대학교 2년 휴학
병　역 : 공군 제대
신　장 : 163cm
혈액형 : O형

③ 피의자 성장 환경 및 성격

1) 성장 환경

아버지(59세), 어머니(40세) 그리고 형(25세)이 한 명 있다.

피의자는 현재 살고 있는 지역에서 고등학교까지 다니고, 서울에 있는 대학교를 다니다 군 제대 후 휴학 중이었다.

① 아버지와의 관계

피의자의 아버지에 관해서 아버지는 군대서 예편하였으며, 직업군인이기 때문에 가족과 떨어져서 살 때가 많았고 한 두 달만에 집에 와도 용돈만 주고는 아무런 관심이 없으며, 잘못을 해도 꾸짖지도 않고, '차라리 딸을 낳았으면 좋았을 텐데, 태어날 때부터 너희들은 글러 먹었다'고 하는 등 자녀들을 못미더워 하였다고 한다.

특히, 아버지는 청소를 강조했는데 밖에 나갔다 안으로 들어가려면 바지를 다 털고 양말을 벗고 발을 닦아야만 들어가도록 허락해 주었고, 실내에서는 항상 실내화를 신어야만 하고, 한 두 달만에 집에 와서도 청소 상태를 검사할 정도로 결벽증적(潔癖症的)으로 청소를 강조하였다고 한다.

아버지는 밖에서 친구들을 만나면 애들처럼 장난도 치고 운동도 잘했는데, 집에만 들어오면 표정이 굳어지고 말도 안하고, 인사도 받지 않았다고 한다. 심지어 아버지가 집에 다니러 왔다가 갈 적에 버스터미널까지 가서 전송하면서 인사를 해도 뒤도 돌아보지도 않고 아무런 대답 없이 그냥 버스에 오른다고 했다.

한 번은 컬러 텔레비전을 샀는데, 뒤에 칼라 조정하는 나사가 없다고 아버지가 말했는데, 그 때 형은 자기가 안 그랬다고 하는 바람에 피의자가 겁이 나서 자신이 그랬다고 했더니 엄청나게 혼을 내셨다고 한다. 그런데 나중에 보니까 나사로 조정을 하는 것이 아니라 그냥 드라이버로 조정하는 것이었는데, 이런 사실을 아버지가 알았는데도 자신에게 미안하다는 말을 한 마디도 안 해서 '참 이상한 분'이라고 생각을 했다고 한다.

② 어머니와의 관계

피의자의 어머니에 관해서 어머니는 명문대를 졸업하고 신학대학원을 졸업했는데도, 매우 엄하고 이중적(二重的)이고 히스테리칼(hysterical)해서, 언제나 공부만을 강조하며, 자식에 대한 정이 없고 무관심했으며, 어머니가 제시한 기준에 못 미치면 언제나 혼났다고 한다. 어머니에게 너무 많이 혼이 나다보니까 '엄마라는 친근감보다는 검열관에게 건수 안 잡히고 어떻게 잘 지내나'라고 생각을 할 정도였으며, 항상 어렵고 두렵고 말도 못하는 상태였고, '어떻게 하면 안 걸리고 피해 다닐 수 있나' 생각을 했다고 한다. 한편 어머니는 가족, 친척이나 이웃에게 너무 이중적인 모습을 보여주었다고 한다.

어머니는 항상 공부만 강조했는데, '커서 뭐가 되려고 그러느냐'면서 항상 공부만 열심히 하라고 했고, 먹고 입는 것 보다 공부와 성적표에만 관심을 가졌고, 형이 성적이 떨어지면 그냥 넘어가면서 자신이 성적이 떨어지면 혼을 냈다고 한다. 자신은 글씨를 잘 못쓰는데 '이게 사람이 쓴 거냐'라고 하면서 공책을 집어던지고, 책에 낙서를 하면 머리털을 잡아끌고 나가고, 가방검사를 해서 동화책이 나오면 때리고, 형과 함께 팬티만 입혀서 베란다에 세워놓기도 했다고 한다. 중학교 3학년 때 중간고사 기간에 밤새워 공부를 하라고 하면서 어머니는 거실에서 책을 보면서 밤새워 지킨 적이 있는데, 피의자가 자신도 모르게 잠이 들었는데, 아침에 어머니가 이 사실을 알고 '잠을 자려면 말을 하고 자야지, 네가 그냥 자는 바람에 나는 밤새워서 책 봤잖아'라고 하면서 '너는 공부할 필요도 없다'고 혼내고 청소를 시킨 적이 있다고 한다. '공부도 못하면 병신 취급을 받으니까 애들한테도 이기려면 공부라도 잘해야 한다'고 공부만 하라고 해서 놀지도 못하고, 방학 때도 하루만 놀고 계속 공부를 했다고 하며, 공부를 하고 있으면 어머니가 와서 '몇 페이지 하고 있나' 봐 두었다가 잠시 후 '페이지가 많이 넘어가지 않았으면 공부하는 척만 한다'고 혼내기도 했다고 한다. 한 번은 형과 비교를 하는데, 중학교 3학년 때 성적표를 모아 놓고 '고등학교도 가지 못할 놈'이라고 혼내고, 유치원 때 시계 보는 법을 몰랐는데, 유치원도 가지 말고 시계 볼 수 있을 때까지 앉아 있으라고 했다고 한다. 피의자는 '다른 애들은 놀면서 공부해도 서울 의대도 가는데, 자신은 매일 앉아 있어도 서울대도 못 갔다'고 하소연하면서 책상 앞에 앉아 공부만 한다고 공부 잘하는 것이 아니라는 사실을 이야기했다.

자신은 중학교 2학년 이후 키가 크지 않았는데, 키가 크지 않는 것에 대해서 어머니는 한 번도 물어 보지도 않았다고 하며, 중학교 때 맨 뒤에 앉았다가 나중엔 제일 앞에 앉았고, 다른 친구들이 자신보다 머리 하나가 더 커졌는데, 그 친구들이 '너 병에 걸렸냐, 왜 키가 크지 않았느냐'라고 놀리면서 장난감처럼 가지고 놀았다고 하며, 어머니는 '너는 키가 작으니까 회사 생활이 힘들 거야'라고 하면서 변호사나 의사가 되라고 했다고 한다. 키도 안 크는데 형에게는 도시락을 가져다주고 자신에게는 안 가져다 주었다고 한다. 이에 대해 피의자는 제일 억울하고 섭섭한 것은 키가 크지 않았다는 사실이라고 하며, 어머니가 밥과 반찬을 제대로 해주지도 않고 자신에게 전혀 관심이 없어 키가 크지 않았으며, '자신의 키가 크면 다루기 힘드니까 오히려 조그맣게 있어서 통제(統制)하기 쉽게 만든 것이 아닌가'라는 생각을 할 정도로 자신의 콤플렉스를 부모의 탓으로 돌리는 경향이 나타났다. 중·고등학교 시절 키가 작아 왕따를 당했으며, 이때의 경험이 피의자 친구에게도 계속적인 악영향을 끼치게 되는 원인이 되었다.

어머니 친구분들 한테 전화가 오면 예의 바르게 받지 않는다고 혼내고, 어머니가 없을 때 전화가 오면 메모를 해두었다가 현관문이 열림과 동시에 보고를 해야만 괜찮지 조금만 지체해도 '엄마를 우습게 아니까 그런다', '정신을 못 차린다'고 하면서 '급한 전화였으면 어떻게 하느냐'라고 혼냈다고 한다.

피의자는 밥을 늦게 먹는 편인데, 항상 늦게 먹는다고 혼내면서 젓가락을 던져 유리창이 깨진 적도 있었다고 하며, 한 번은 음식을 입에 물고 서있으라고 한 적이 있고, 옆집에서 고기가 들어있는 부침개를 줬는데 어머니는 그것을 씹다가 고기를 싫어한다고 하면서 뱉어내어 받아먹으라고 했는데, 형은 싫다고 안 먹었지만 자신은 아무 말 하지 않고 받아먹었으며, 그렇게 하는 것은 우리를 생각해서 주는 것이 아니라 어머니 본인이 고기를 싫어하시니까 우리에게 어서 먹이는 것이었다고 한다. 자신은 맨 밥이라도 김치와 함께 실컷 먹고 싶은데, 몸에 좋다고 하면서 먹기 싫은 현미나 율무를 섞어서 밥을 하고 먹기 싫어서 늦게 먹으면 늦게 먹는다고 혼내고, 그런 밥을 지으면서 몸에 좋으니까 먹으라고는 했지만, 사실은 어머니의 몸이 좋지 않아서 그랬던 것 같다고 했다.

식사 후 밥상과 식탁을 치우지 않거나 시장에 다녀왔을 때 문소리 나는 것과 동시에 즉시 시장바구니를 받지 않으면 '내가 너희 식모냐, 내가 너희들을 뭘 믿고 키우는 지, 다른 집 애들(TV에서 소년 소녀 가장 애기가 소개되었을 때)은 밥하고 설거지하고 그러는데, 왜 너희들은 그렇게 못하냐'라고 혼내고, 밥 먹다가도 질문에 대답을 하지 못하면 일어나서 복창하라고 하는 등 항상 어머니는 두렵고 말도 쉽게 건넬 수 없는 어려운 존재였고, '어떻게 걸리지 않고 피해 다니나'라는 생각만 할 정도였다고 한다.

대학원까지 졸업하고, 교회에 열심히 다니면서도 인자하지 못하고 마음의 여유가 없고 히스테리칼하고, 위선자(僞善者)라는 생각이 들고, 상식이 통하지 않는 사람이며, 기독교인이라는 것이 믿어지지 않았다고 한다. 대학원에 다니는 동안 외할머니가 치매(癡呆)에 걸려서 거동이 불편하신 데도 3년간 아침 일찍 나가서 저녁 늦게 돌아오는 등 외할머니를 돌보지 않으면서도 '딸이 어머니를 모시고 있는 것만으로도 도리는 다한 것이다. 그래서 나는 자부심을 갖는다.' 말씀을 하신 적이 있다고 한다. 외할머니가 치매에 걸려서 정신이 없으시니까 '사탄아 물러가라'라고 밤중에 기도를 하기도 하고, 어머니는 마치 시어머니랑 싸우는 것처럼 할머니랑 싸우기도 했다고 한다. 그리고 형과 자신이 잘못을 했을 때 회개 기도를 하라고 하면서 형과 함께 엉엉 울면서 회개 기도를 하면 '한참 후에 용서는 할 수 없지만, 지겨워서 봐준다'라고 하면서 그만두라고 했다고 한다.

외할머니가 남에게 돈을 빌려주어 받지도 못했다고 욕하면서 외할머니는 원래 둔하고 사탕을 먹어서 틀니를 하고 계신다고 흉을 보시거나 어머니가 어릴 적에 외할머니가 동화책도 못 보게 하였으나 어머니 자신은 '우리 엄마를 잘 모셨다'고 동네에 자랑을 하고 다녔다고 한다.

어머니는 사회성(社會性)이 없고 다른 사람들을 불신(不信)하고, 피의자에에 '남을 믿지 말아라. 돈도 꾸어주지 말아라'라고 교육을 시켰다고 한다. 친척을 만나기 전에 '절대 약점을 잡히면 안되니까 무슨 말이든지 하지 말 것'이라고 하면서 교육을 하고, 쓸데없는 소리하지 말라고 하셨고, 형이 대학교를 중퇴했을 때도 친척들을 만나면 '그냥 대학교 다닌다'고 말하라고 하면서 '그래야 친척들이 우리를 우습게 여기지 않고, 약점 잡히지 않는다'고 했고, 형이 대학교 졸업하는 나이가 되니까 졸업해서 취직했다고 하는 등 이중인격자 같은 생각이 들었다고 한다.

자신의 생일을 잊어버리고 1주일이 지난 적이 있었는데, 그때 어머니는 케이크를 하나 사주면서 '이것도 봐주는 것이다'라고 했는데, 피의자가 부모 생일을 기억하지 못하면, '내가 이런 자식을 왜 키우나'라고 한 적이 있어서 부모 생일 때 선물을 사는 것은 축하하기 위한 것이 아니라 혼나지 않으려고 하는 것이었다고 한다. 고등학교 시절 아버지 생일 때 혁대를 사왔는데, 고급품이 아니라서 본 척도 안하고 '혁대 있는데 뭐하러 샀냐'고 했던 적이 있었는데, 자식으로서 아버지에게 축하하기 위한 것인데도 그런 말을 하는데, 사실 아버지가 자신의 생일을 기억이나 하는지 모르겠다고 하면서 어린이날이나 생일날 우리한테 선물도 사주지 않고, 우리가 당신들 생일을 기억하지 못하면 싫어했다고 한다. 올해 4월 달에 어머니 생일이 있었는데, 피의자는 돈을 모아서 화장품을 선물했지만 형은 오지도 않았는데, '그 놈은 자식도 아니다'라고 화를 냈고, '그 자식 뭐 기대할 것도 없다'고 욕을 하길래 피의자는 형이 안됐다고 생각을 했다고 한다. 그러면서 '만일 내가 형처럼 생일에 오지 않았으면 형과 똑같이 욕을 먹었을 것 같다'는 생각을 하기도 했다고 한다.

중학교 때 어머니한테 혼이 나고 '메탄올'을 주머니에 넣고 선생님 심부름을 간다고 하고 죽으려고 밖으로 나왔는데, 용기가 없어서 다시 집에 들어간 적이 있다고 했다. 이때는 가출 충동(家出 衝動)보다 '죽으면 된다'는 생각을 했다고 한다. 그런데 그 후 어머니가 텔레비전을 보다가도 갑자기 중학교 때 메탄올 먹고 죽으려고 했던 것이 생각나면 '너 이리와 봐'라고 불러서 혼내기도 했다고 한다.

③ 부모간의 관계

크게 싸우지는 않았지만, 부부관계는 원만하지 못했으며, 아버지는 안방을 쓰고, 어머니는 마루에서 잠을 자는 등 방을 따로 썼으며, 피의자는 의례 각 방을 쓰는 것이라고 생각했다고 하며, 부모가 서로 싸울 때는 서로 감정이 상해서 1주일 혹은 한 달 동안 서로 얼굴 마주치치 않고 말도 하지 않았다고 한다. 서로 싸운 후에 어머니는 '너희들만 아니면 끝나고 이혼했는데'라고 하기도 하고, 서로 빈정대고 서로 이해하지 못하는 상태였으며, 어머니는 아버지가 없으면 '어쩔 수 없이 산다'고 욕을 하고, 고모도 못 살고, 삼촌이 정신병원에 수용되어 있는 것을 말하면서 늘 친가 쪽 욕을 많이 했다고 한다.

④ 부모와 형간의 관계

형보다는 자신이 더 많이 혼났는데, 형은 어머니와 충돌하기도 했지만 자신은 어머니에게 절대 복종을 하면서도 비위를 맞추지 못해서 더 많이 혼이 났고, 성적이 떨어졌을 때도 형은 혼나지 않았지만 자신은 혼났다고 하면서 형도 '자신이 혼나지 않는 것만도 다행이기 때문에 자신을 챙겨줄 여유가 없었을 것'이라고 했다. 형과 자신이 똑같이 도시락을 가지고 가지 않았을 때, 형은 도시락을 갖다 주면서 자신의 도시락은 갖다 주지 않았다고 한다. 형이 아르바이트를 해서 청바지를 8만원 주고 샀는데, 처음 보는 바지라고 '너 미쳤냐, 정신이 있냐 없냐'라 하면서 화를 낸 적이 있고, 형이 군대에 있을 때 면회도 가고 많은 관심을 나타내었으나, 자신이 군에 있을 때는 편한 곳이니까 한 번도 면회를 오지 않았다고 한다. 형이 대학교 컴퓨터공학과를 다니다 문예창작과로 전과를 해서 졸업 후 작가가 되겠다고 하니까 '그러면 대학을 가지 마라, 꿈 같은 소리하지 마라'라고 하였으나, 형이 '그러면 내가 벌어서 다닌다'고 하면서 중퇴를 했고, 아버지는 고등학교만 나와도 잘 사는 사람도 있다면서 형을 무시했으며, 형이 '어떻게 되든 말든 상관 말라'고 하니까 '자식이 없는 셈친다'고 했다고 한다. 그래서 형은 집에서 나가 혼자 살게 되면서 지금의 직장을 구해 다니게 되었으며, 피의자가 제대하고 집으로 오니까 형이 없었는데, 부모님은 '그 도깨비 같은 놈이 없으니까 살 것 같다'고 했다고 한다.

형이 고등학교 때 부모와 많이 싸웠는데, 어머니가 형의 일기장 검사를 하고 는 '너는 왜 부모 욕을 하고 다니느냐'면서 혼냈고, 형이 아르바이트를 할 때 어머니가 통장을 관리했는데, 형이 번 돈인데도 어머니는 '너는 돈을 왜 그렇게 많이 썼냐'고 하시면서 혼냈다고 한다.

⑤ 부모와 친척·이웃 간의 관계

명절 때가 되어야 친척 한 번 볼까 말까한데, 사촌과 놀고 싶으나 아침에 큰 집으로 가서 12시 전에 돌아오는 등 친척들과 사이가 좋지 않았다고 한다.

이웃과도 사이가 좋지 않았고 서로 왕래도 거의 없었으며, 이웃은 '다 도둑 놈이니까' 돈도 꿔주지 말고, 남을 믿지 말라고 교육을 시켰기 때문에 자신이 사람을 못 믿고 불신하게 되었다고 생각하고 있었다.

⑥ 피의자와 친구간의 관계

자신은 친구가 별로 없는데, 중학교 이후 피의자는 키가 크지 않았고 친구들 은 '병에 걸려서 안 크냐'고 하면서 놀리고, 중학교 3학년부터 고등학교 때까 지 친구들이 가지고 노는 장난감이 되었다고 한다. 예를 들어, 덩치 큰애가 '똘 마니, 원숭이'라고 놀리면서 원숭이처럼 뛰어보라고 시키기도 하고 밥 먹을 때 도 원숭이라고 놀리기도 했는데, 화가 나면 상상 속에서 칼로 찔러 죽이기도 하 면서 울분을 달랬다. 친구들이 장난감처럼 놀리니까 친구는 사귈 필요가 없다 는 강한 신념을 가지게 되었으며, 어머니도 '누구누구는 공부를 잘 못하니까 사 귀지 말라', '남을 믿지 말라'고 하는 등 친구들을 믿지 못하도록 교육을 했으므 로 친구를 사귀는데 어려움을 겪게 된 것이다.

고등학교 때는 친구가 없었고, 대학 때는 PC통신동호회에 가입을 해서 사람 들을 사귀었지만, 깊게 사귀지는 못했다고 한다. 친구들이 마을버스를 타고 다 니는 길은 혹시 차안에서 서로 마주칠까봐 다른 길로 걸어 다녔으며, 도시관에 가면 친구들과 마주칠까봐 빈 강의실에서 공부하고, 거의 항상 혼자서 지냈다 고 한다. 친구들 사귀어서 친해지면 고등학교 때처럼 자신을 무시하고 농락할 것 같아서 고의로 깊게 사귀지도 않았다고 한다. PC통신동호회에서도 한 달 정 도 사귀다가 너무 친해지는 것 같으면 도망 다니고 피해 다녔다고 한다.

군대에서는 동기들과 친하게 지냈으면서도 제대 후 연락 한번 안 하고 지냈으며, 제대 후 군 선배 회사에서 2주간 열심히 일을 하니까 모처럼 주위 사람들에게 인정을 받았으나, 갑자기 내면에서 어떤 힘이 '너는 안 된다'고 하는 바람에 아무 말도 하지 않고 그냥 도망치듯 나왔다고 하면서 자신의 내면에 '친해지면 반대를 하게 만드는 어떤 무엇'이 들어있어서 자신을 망하게 하려고 하는 것 같았으며, 이 때문에 알고 지내던 사람 다 놓쳤고 이런 일들이 한스럽기도 했다면서, 피의자 스스로도 이해할 수 없는 일들이 자신의 내부와 사회생활에서 일어나고 있다고 했다.

자신의 문제를 해결해 보려고, 얘기할 대상으로 친구나 PC통신 게시판을 이용하고 싶은 마음은 있었지만 하지 못했고, 형과 이야기를 하려고 해도 거북해하고 이야기도 들어주지 않을 것 같은 걱정 때문에 말도 못했다고 한다.

피의자는 너무 무관심하고 깨끗함에 대한 결벽증적 경향을 가진 아버지와 자식들에게 너무 집착하고 과도한 처벌을 가하는 히스테리칼한 어머니 사이에서 항상 지나친 처벌위주(處罰爲主)의 가정환경에서 성장하면서 부모를 무서워하게 되었고, 자발성(自發性)이 결여되고 자신의 충동 자제 능력(衝動 自制 能力)을 상실하고 조그만 잘못에 의해서도 자신을 지나치게 꾸짖고 자책하는 습관이 형성된 것으로 보인다. 어머니하고 같이 살되 건전한 정서를 갖지 못하고 아이에게 무관심, 사랑과 적대의 상반적 경향(相反的 京鄕)을 동시에 나타내거나 일관성 없는 행동을 하는 어머니를 왜곡 모친(歪曲 母親)이라 하는데, 이러한 강한 정서 자극 조건에서 자란 사람은 정신분열증, 신경증, 우울증 경향이 되기 쉽다.

한편, 자신의 왜소함 때문에 친구들에게 놀림을 당하는 과정 속에서 매우 강력한 콤플렉스를 가지게 되었으며, 이 모든 문제가 부모의 양육 태도에 귀인(歸因)하는 경향이 있다.

따라서 성장환경에서 오는 문제와 개인적인 콤플렉스 때문에 전반적으로 친구나 부모에 대한 분노를 가졌고, 회피성 인격장애가 생기게 된 것으로 판단된다(회피성 인격장애: p. 45 참조). 피의자는 부모에 대한 분노를 적절하게 배출할 수 있는 출구를 찾지 못하고, 억압 또는 내면화함으로써 부모를 살해하고 사체를 토막내 유기할 정도의 극단적인 폭발을 가져온 것으로 보인다.

2) 피의자 성격

피의자는 자신의 성격을 굉장히 소심하고 내성적이고, 자신감이 없고, 사람들을 두려워 한다고 했다.

비디오는 대학교 시절부터 주로 할리우드 액션물과 공상과학 영화, 환타지 영화 등을 많이 보았다고 하며, 현실과 동떨어진 공상을 많이 하는 편인데, 영화를 본 후 상상을 시작해서 '영화는 이렇게 만드는 것이 좋겠다', '글 쓸 때는 이렇게 쓰면 사람들이 좋아하겠다' 등의 생각을 하며, 평소 꿈을 많이 꾸는데, 꿈의 내용은 쫓기다가 절벽에서 떨어지는 것, 영화에서 본 내용 등이 많았으며, 꿈속에서 오히려 일이 더 꼬이고 안 풀리는 것 같았다고 한다.

피의자는 신체적으로 왜소하기 때문에 친구들의 놀림을 받은 것에 기인한 심각한 신체 왜소 콤플렉스를 가지고 있고, 이와 관련해서 부모가 자신을 통제하기 위해서는 키가 크지 않도록 조치를 취한 것으로 판단할 정도로 원인을 부모의 탓으로 돌리는 귀인 현상을 보였다.

초등학교 3학년 때쯤 학교에서 준비물을 가져오라고 했는데, 어머니에게 밤늦게 말하는 바람에 '이렇게 늦게 말하면 어떻게 하냐, 네 맘대로 해'라고 하면서 집 밖에 세워 놓은 적이 있었다고 한다. 이때부터 피의자는 열쇠가 없으면 집에 들어오지 못할까봐 평생 동안 심부름으로 잠깐 밖으로 나가도 열쇠를 가지고 나가는 버릇이 생겼으며, 심지어 집 밖으로 나갔다가 열쇠를 안 가지고 나왔으면 다시 집으로 와서 열쇠를 가지고 가야만 안심이 된다고 했다.

피의자가 대학교 때 어머니 친구가 어머니를 찾는 전화가 왔었는데, 이 사실을 빨리 말하지 않았다고 혼이 나자 화가 나서 어머니에게 최초로 대들었는데 갑자기 손발이 저리고 쓰러질 것 같은 현상이 나타나서 어머니한테 말하니까 '그래 쓰러져서 기절하라'고 하였다고 한다.

피의자는 부모에 대한 살해 및 사체 손괴를 하는 과정에 대한 이야기를 하면서 극도의 불안에 기인한 틱장애(tic disorder)를 보였고, 대인관계 장애와 관련해서 자신 안에 다른 사람들과 사귀지 못하도록 하는 자멸장치 혹은 자폭장치가 있는 것 같다고 말하는 것으로 보아 대인장애와 관련된 망상(delusion)을 가지고 있는 것으로 보인다.

따라서 피의자는 어린 시절의 피해에 기인한 회피성 인격장애가 의심이 되고, 불안에 기인한 틱장애가 있는 것으로 보이며, 자신의 범죄 행위에 대해서는 자신 안에 외계이나 괴물이 들어 있어서 자신에게 그렇게 하도록 시킨 것 같다는 약간의 망상도 나타냈다. 또한 부모를 살해하고 사체를 토막내는 과정에서는 '무섭다는 생각보다 멍하고 아무 생각이 없었다'는 것으로 보아 어머니 친구로부터 전화 왔을 때 즉시 말을 전하지 않아 혼나면서 처음으로 대들었다가 '손발이 저리고 쓰러질 것 같은 현상'을 보였을 때 어머니가 오히려 쓰러질 테면 쓰러지라는 식의 무관심을 보인 적이 있다고 하는 것으로 보아, 처음의 대항으로 인한 불안(不安)이 공황발작(恐慌發作)을 일으켰던 것으로 보여지며, 이런 현상을 겪은 후 피의자는 오히려 저항 행동(抵抗 行動)을 하면 또다시 공황발작이 일어나 쓰러지거나 죽을 수 있다는 염려 때문에 저항을 하지 못하고 더욱 심한 억압 및 내면화 과정을 겪었을 것으로 보인다. 이런 공황발작은 갑작스럽고 극심한 염려감, 두려움, 공포감이 비정기적으로 일어나는 것으로서 곧 죽을 것 같은 느낌을 동반하는 경향이 있다. 이러한 발작이 있는 동안 숨이 가쁘고, 심계항진(心計亢進)이 있으며, 가슴의 통증이나 답답함, 질식할 것 같은 느낌, 그리고 미칠 것 같은 두려움이나 자신을 조절할 수 없을 것 같은 느낌, 그리고 미칠 것 같은 두려움이나 자신을 조절할 수 없을 것 같은 두려움 등의 증상이 나타난다고 한다.

　한편, 피의자는 틱장애를 보였는데, 이 장애는 자신의 부모를 살해한 것에 대한 자백을 한 후 나타나기 시작했다고 한다. 피의자가 보인 틱장애의 증후는 다음과 같다. ① 목에 힘을 주는 행동 ② 머리를 좌우로 젓고, 손으로 머리, 수염, 얼굴을 만지고, 옆머리를 긁는 행동 ③ 오른손 손가락 두 개로 턱을 두드리는 행동 ④ 손바닥으로 코를 비비고, 다리를 떠는 행동 ⑤ 말을 더듬는 행동 ⑥ 손가락을 모아 눈썹 사이를 두드리는 행동 ⑦ 손가락으로 코, 귀, 양 눈썹을 좌우로 긁거나 머리를 긁는 행동 ⑧ 귓불을 잡아 다니는 행동.

1) 범행 동기

회피성 인격장애 증후를 보이는 피의자는 부모로부터의 멸시, 친구들의 놀림에 의한 열등감(劣等感), 사회적인 불안(社會的 不安) 등이 내면화되었다가 사건 열흘 전 자신의 입장을 부모에게 토로(吐露)하자 부모가 이를 무시하고 비웃는 듯한 행동을 하자 외부로 표출되어 부모를 차례로 살해하고 그 사체를 손괴하는 범죄 행동을 한 것으로 보인다.

사건 열흘 전 어머니에게 피의자가 '키가 안 크고, 따돌림 받은 것을 아느냐, 그것 때문에 자신감이 없어 사회생활이 두려운 것을 아느냐'고 생애 두 번째로 항의를 한 적이 있었다고 한다. 이때 어머니는 '왜 이제 와서 그런 말을 하느냐, 그건 네 잘못이다. 소심하고 잘못하는 것은 다 네가 못나서 그런다'라고 면전에서 무시하고 멸시를 했으며, 3일 후 어머니가 아버지에게 그 사실을 얘기하자 아버지는 '친구도 사귀면서 밖에 나가서 다니고 그러지, 소심하고 키 작은 놈'이라고 하면서 약 1시간 동안 일방적으로 다그치자 피의자는 '아버지와는 아무 사이도 아니구나'라는 생각을 하게 되었으며, 어머니 역시 '우울증은 정신과 치료를 받아야 하며, 키는 키 크는 운동 기구를 사 줄테니까 네가 알아서 해보라'라고 하는 무성의한 말에 '부모도 아니구나'라는 생각을 했다고 한다.

평소 부모에게 조금도 저항을 하지 못했던 피의자는 자신의 입장을 부모에게 토로하면서 부모가 '미안하다'고 말하기를 기대했지만 오히려 무시하는 바람에 자신은 '짐짝이나 개 취급도 못 받고, 부모도 아니고, 자신을 해코지하고 파탄시키는 것 같아 절망감을 느끼게 되고, 부모에 대한 희망이 사라지는 느낌'을 받았다고 한다.

틱장애(Tic Disorder)의 진단기준

틱장애는 기간, 종류 및 발병 연령에 근거하여 t로 구별이 되는데, 일과성 틱장애(transieng tic disorder)는 틱이 4주 동안 지속되지만, 연속적으로 12개월 동안은 지속되지 않는다. 뚜렛장애(Tourett's disorder), 만성운동성 장애 또는 음성 틱장애(chronic motor or vocal tic disorder)는 모두 12개월 이상 지속되지만 뚜렛장애는 여러 가지 운동 틱과 적어도 1가지 음성 틱이 있다는 점으로 구별될 수 있다. 달리 분류되지 않는 틱장애(tic disorder not otherwise specified)는 임상적으로 현저히 양상이 4주보다 짧게 지속되고, 발병 연령이 18세 이상으로 나타나고, 단지 1가지 운동 틱과 1가지 음성 틱이 있는 특별한 경우에만 적절한 진단이 내려진다.

① 여러 가지 운동 틱과 또는 음성 틱(갑작스럽고, 빠르고, 반복적, 비율동적, 상동증적인 동작 또는 음성)

② 틱은 적어도 4주(일과성), 1년(뚜렛, 만성 운동 또는 음성) 동안 거의 날마다 하루에 몇 차례씩 일어나지만, 연속적으로 3개월(뚜렛, 만성 운동 또는 음성), 12개월(일과성) 이상 지속되지 않는다.

③ 장해는 사회적, 직업적, 또는 다른 중요한 기능 영역에서 심각한 고통이나 장해를 일으킨다.

④ 18세 이전에(뚜렛, 만성 운동 또는 일과성), 이후(달리 분류되지 않는)에 발병한다.

⑤ 장해는 물질(예: 자극제)이나 일반적인 의학적 상태(예: 헌팅턴 병 또는 바이러스성 뇌염)의 직접적인 생리적 효과로 인한 것이 아니다.

일반적으로 상동증적 운동은 더욱 힘이 있고 의도적인 것처럼 보이는 반면, 틱은 보다 불수의적인 성질이 있고 비율동적이다. 또한 틱은 강박적 행동과 구별되어야 하는데, 강박적 행동은 전형적으로 매우 복잡하고 강박적 사고에 반응하여 행동하거나 엄격하게 적용되는 규칙에 따라 행동한다. 반면에 틱은 전형적으로 보다 덜 복잡하고, 강박적 사고로부터 일어나는 불안을 완화시키려는 목적이 없다. 어떤 사람들은 강박장애와 틱장애의 두 증상을 모두 나타내므로, 두 진단이 모두 타당할 수 있다.

일부 음성 틱 또는 운동 틱은 정신분열증의 혼란된 행동이나 긴장증적 행동과 구별되어야 한다.

이 상황이 부모를 살해하게 되는 결정적인 사건으로 부모에 대한 분노가 폭발하는 기폭제로 작용을 했으며, 사건 당일 술을 마시고 '머리가 멍해지면서 이렇게 하면 다 끝내버리고 해방이다. 5분이면 다 끝난다'라는 생각에 자신의 방에 있던 망치로 어머니와 아버지를 살해했다고 한다.

이렇게 엄청난 일을 일으키자 평소의 극도로 소심한 성격이 역(逆)으로 극도로 대담해지면서, '범행을 은폐하고 사체를 조각내서 버리면 완전범죄가 되겠지,' '이렇게 했는데 뭘 못해'라는 생각으로 부모의 사체를 토막으로 손괴한 것이라고 한다.

피의자는 부모의 살해 과정이나 사체를 손괴하는 과정을 비교적 정확히 기억을 하고 있으면서도 '제가 사람을 그렇게 했다는 것이 믿어지지 않고, 왜 그랬는지 정말 제가 사람을 죽일 수 있었는지 그 이유를 모르겠고, 외계인이나 괴물이 저에게 시키는 것처럼 느껴졌고, 완전히 제가 아니고 제가 어떻게 했는지 모르겠다'라고 하면서 자신의 범행을 부정(denial)하는 무의식적 방어기제(無意識的 防御機制)를 나타냈으며, 외계인이나 괴물이나 자신에게 시켰다고 하는 망상(妄想)을 보이기도 했다.

범죄 대상 선정기준은 새벽 5시경 어머니를 먼저 망치로 머리를 때려 살해하고, 4시간 후인 9시경 아버지를 살해했다. 어머니를 먼저 살해한 이유는 자신들과 떨어져서 자주 보지 못했던 아버지로부터의 멸시보다는 같이 지내면서 자신을 구박하고 멸시하는 어머니에 대한 분노가 더 컸다고 판단을 했기 때문으로 보인다.

범행 도구 및 수법은 피의자는 망치로 살해를 하고, 칼, 가위, 줄톱 등으로 사체를 손괴했으며, 비닐봉지, 신문 그리고 쇼핑백 등을 이용해 토믹난 부분을 내다 버렸다.

첫째, 망치로 어머니를 먼저 살해하고 4시간 뒤 아버지를 살해했다. '군대를 제대했는데도 아버지가 자신을 무시하거나 때린다면 그냥 위협을 하려는 생각으로 그리고 그렇게 해야 자신에게 유리하고 안심이 된다'는 생각으로 99년 12월 말경 자신의 방에 망치를 갖다 두었다고 하며, 잠자는 피해자들의 머리를 가격해 살해했다.

둘째, '갈 때까지 갔다'는 생각과 '토막을 내서 버리면 완전범죄'라는 생각으로 부모의 사체를 목욕탕으로 옮긴 후 토막을 냈다. 이 때도 어머니를 먼저 토막을 냈으며, 어머니는 10조각내고, 아버지는 11조작으로 토막을 냈는데, 먼저 칼로 자르다가 뼈가 나오면 줄톱으로 뼈를 반 정도 쓸고 망치로 내리치는 방법 등을 사용해 절단을 했으며, 머리 부분은 맨 먼저 절단을 했다고 한다.

셋째, 절단을 한 후 장기 등은 오븐에 넣어 태워서 부피를 줄이려 했지만 타지는 않았고 색깔만 약간 변한 상태가 되었다고 한다.

넷째, 사체 조각을 하나 하나 신문지로 이중으로 싸고 테이프로 붙인 후 비닐봉지나 쇼핑백에 넣었다.

다섯째, 사체 조각들을 공원 쓰레기장, 전철역, 빌딩 쓰레기 하치장, 배수지 등에 나누어서 버렸다.

여섯째, 락스를 사다가 집안의 혈흔을 지웠고, 피가 튄 옷과 이불 등은 세탁을 했다.

⑤ 종합 분석

어렸을 때 어머니의 사랑을 받지 못하면 건전한 발달을 할 수 없다. 어머니를 떠나서 고아원 같은 시설에 수용된 어린이 또는 비록 가정에서 같이 살아도 어머니의 보살핌이 부족한 가정이라면 애정이 박탈된 것이나 다름없다. 어머니의 적절한 보살핌이란 반드시 어머니의 애정이나 자극만이 아니다. 여기에는 아버지와 다른 가족까지도 함께 생각할 수 있다.

어머니와 격리(隔離)된 것이 아니고 같이 생활은 하지만 어머니로부터 적절하고 바람직한 사랑이나 보살핌을 받지 못했을 때 부적응의 가능성은 더 많아진다. 어머니가 아이들에게 관심이 없다거나 심한 벌을 주는 것은 아이들의 긴장을 고조시키고, 반항적 행동을 부채질하며, 신체와 정서의 성장을 방해하며, 그리고 인지적 발달을 저해시키는 결과를 가져온다.

부모는 자녀에게 애정을 베풀지 않거나 아이들의 행동에 관심이 없거나 매섭고 일관성 없이 벌한다거나 아이들과 같이 보내는 시간이 없으며 그리고 아이들의 인격을 존중하지 않는 자녀 관계를 가지는 어머니의 대부분이 원만한 성장 과정을 겪지 못한 것으로 밝혀지고 있다. 자식에게 사랑을 주지 못하고 거절하는 부모는 자신이 부모로부터 거절당한 경험이 있고, 애정을 주고받지를 못했다는 사실이다. 사랑의 결핍은 전염병 같기도 하고 유전적 질병과도 같은 것이다.

피의자는 너무 무관심하고 깨끗함에 대한 결벽증적 경향을 가진 아버지와 너무 자식들에게 집착하고 애정이 없고 과도한 처벌을 가하는 히스테리컬한 어머니 사이에서 항상 보상(報償)은 없이 처벌 위주의 가정환경 속에서 성장했고, 이것이 부모에 대한 분노(憤怒)로 내면화(內面化)되었을 것이다. 부모에 대한 분노와 함께 자신이 왜소하기 때문에 친구들에게 놀림을 당하고, 그 놀림은 친구를 사귈 필요가 없다는 식의 강력한 콤플렉스는 대인관계 문제로 발전을 했을 것으로 보인다.

성장환경에서 오는 문제와 개인적인 콤플렉스는 전반적으로 친구나 부모에 대한 분노로 이어졌고, 이런 분노를 배출할 만한 합리적인 출구를 찾지 못한 채 극도로 억압(抑壓) 또는 내면화시켰고, 이런 경향은 회피성 인격장애의 증후를 나타낼 정도로 심화되었을 것으로 판단된다.

따라서 회피성 인격장애 증후를 보이는 피의자는 부모로부터의 멸시에 의한 분노, 친구들의 놀림에 의한 열등감, 사회적인 불안 등이 내면화되었다가 사건 열흘 전 자신의 입장을 부모에게 토로했을 때 부모가 이를 무시하고 비웃는 듯한 행동을 하자 억압되었던 분노가 술에 의해 억제 작용(抑制 作用)이 약화되면서 외부로 표출되어 부모를 차례로 살해하고 그 사체를 손괴하는 범죄 행동으로 이어진 것으로 보인다.

제5절　연쇄 강도강간살인 사건

① 사건 개요

교도소에서 알게 된 피의자 김○○, 구○○, 박○○, 이들은 출소 후 유흥비를 마련하기 위해 식칼과 테이프 등을 준비하고 가정집과 심야에 손님이 없는 카페 등에 침입하여 금품을 강취한 후 윤간하기로 공모하였다.

2000년 5월 7일 05:00경, 서울 서초구 소재 N카페에 손님으로 가장하여 침입하여 소지하고 있던 칼과 주방에 있던 칼을 이용해 카페 주인과 여종업원을 위협하여 카페 주인을 윤간하고 여종업원을 강간한 후 이들을 칼로 찔러 살해했다(이하 카페 강도강간살인사건이라 함).

6월 30일 03:00경 서울 동대문구 소재 B찻집에 침입하여 위와 동일한 수법으로 위협하다 찻집 주인을 살해하고 방안을 뒤져 현금을 강취한 후 증거를 없애기 위해 사망한 피해자의 옷을 벗기고 바닥과 탁자 등에 물을 뿌려 청소하여 지문과 족적 등을 없애고, 이후 여종업원을 강간한 사건이다(이하 찻집강도강간살인사건이라 함). 피의자들은 이 외에도 서울과 경기 일대, 충청도 지역 등에서 강도강간, 강도, 빈집털이 등 40여 회에 걸쳐 범행하였다.

2 피의자의 인적 사항

피의자들 중 박○○는 다른 사건으로 기소되어 복역 중이었으며, 구○○는 카페와 찻집의 강도강간살인사건에 대해 자신의 범행을 전면 부인하고 있기 때문에 면담을 하지 못해 분석 대상에서 제외되었다. 다음은 사건에 관해 자백한 김○○을 면담하고 분석한 결과이다.

나　이 : 26세
직　업 : 무직
학　력 : 중학교 중퇴
병　역 : 면제
체　중 : 67kg
신　장 : 165cm
혈액형 : A형
전　과 : 강도상해 등 5범

3 가정환경 및 성장 배경

아버지(76세)와 어머니(76세)가 생존해 있고 두 분 모두 농아자이며, 형과 누나가 각각 두 명, 그리고 여동생이 있다. 부모간 관계는 원만한 편이었고 성격이 좋긴 하지만 피의자의 부모가 농아자이기 때문에 집에 있으면 말이 안 통하고 답답하여 집에 있기가 싫었다고 한다. 어렸을 때부터 집이 가난한 것에 불만이 많았고, 중학교 때는 수업료를 제 때 내지 못한 것이 창피했었다고 한다. 공부도 하기 싫고 무조건 돈을 벌어야겠다는 생각에 중학교 1학년을 다니다가 중퇴하고 집을 나와 레스토랑이나 술집에서 서빙을 하거나 공장을 다니면서 돈을 벌어 생활했다. 이 때부터 친구들과 어울려 다니면서 오토바이를 절도하는 등 범죄를 저지르기 시작했다.

부모와 대화 단절, 중학교 1학년 중퇴 등으로 인하여 정상적인 교육을 받지 못했으며, 청소년 시기에 자아 정체성 확립에 필요한 초자아가 발달하지 못한 것으로 보인다. 부모가 농아라는 사실과 가난함에 대한 현실적 불만이 누적된 상태로, 집에 있으면 갑갑해서 집을 나와 친구들과 어울려 돌아다니며 범죄를 저지르면서 불만을 해소하는 방식을 학습했을 것으로 보인다. 범죄를 관련된 학습은 금전적·사회적 불만 해소를 통해 점차 강화되었고, 결국 절도에서 강도, 강도강간, 강도강간살인의 형태로 발전한 것으로 보인다.

한편, 가족들과의 관계에 대해서 피의자는 아무리 자기가 잘못을 하고 교도소에 들어갔다가 해도 새사람이 되어서 나오라는 편지 한 장 써주지 않았고 면회도 오지 않은 가족들이 원망스러웠는데 출소한 후에도 가족들을 만나지 않겠다고 다짐할 정도였다고 한다.

1) 공범들과의 관계

피의자가 강도상해사건으로 3년 6월형을 받아 대전교도소에 복역하던 중에 특수강도사건으로 들어온 구○○를 알게 되어 친하게 지냈다. 피의자의 가족들은 3년 6개월 동안에 한 번도 면회를 오지 않았으나 구○○는 4년 6월형을 받고도 가족들이 신경을 써주어 합의를 보고 가석방을 받아 먼저 출소했다고 한다. 피의자는 부모가 농아라서 면회를 오지 못한다고 생각하기는 했지만 다른 가족들도 한 번도 면회를 오지 않았으며, 그러나 먼저 출소한 구○○는 면회를 두 번이나 와서 '돈을 구해보고 있으니까 걱정하지 마라'고 하자, 구○○를 의지하게 되었고, 출소 후에도 그와 같이 생활하면서 빈집털이, 절도, 강도 등을 저지르게 되었다.

2) 성 격

피의자는 내향적 성향이 강하고, 다른 사람에게 자신을 내세우는 주장성과 자신감이 상당히 낮은 것으로 보이며, 자기 존중감도 낮은 것으로 판단된다. 이러한 성격은 자율적이며 능동적인 사고를 할 가능성보다는 수동적이고 배타적인 측면이 강조되어 자신의 문제를 직접적으로 해결하지 못하고 자기가 신뢰하는 타인에게 의존하는 성향이 매우 강하다. 피의자는 단독적으로 의사 결정을 한다든지 행동 수행을 하지 못하며, 자신의 욕구나 쾌락을 추구하는 충동을 즉각적으로 충족하려는 경향이 매우 강하고, 스스로 자신의 행동을 통제하지 못한다. 정서적으로 미숙한 상태이고, 잔인하게 범죄를 저지르고도 죄의식이나 불안을 전혀 느끼지 못하고 도덕성이 결여되어 있는 등 전체적으로 보았을 때 정신병질적 혹은 반사회성 성격장애가 있는 것으로 판단된다.

4 범죄 행동

1) 범행 모의 및 범행 대상 선정 기준

피의자들은 구체적으로 범행을 모의하는 것이 아니라 청주에서 각자에게 전화를 하여 만나 서울 혹은 천안 등 범행 장소를 정한 후 이동하였다고 한다. 특히, 이들은 고향인 충청도 일대에서는 피해자들이 알아볼 가능성이 더 높기 때문에 범죄를 저지르지 않기로 했다. 범행 대상 역시 미리 정하지 않았고 심야 시간대에 시내를 돌아다니다가 눈에 띄는 카페나 찻집에 들어가 범행을 저질렀다고 한다.

카페나 찻집 등 유흥업소를 범행 대상으로 했을 경우는 손님이 비교적 없는 심야 시간대에 들어가 다른 손님들이 없는 것을 확인한 후 범행을 저질렀으며, 가정집을 범행 대상으로 했을 때는 주로 낮 시간대에 출입문이나 부엌 창문, 베란다 등이 열린 집을 대상으로 하였다. 범죄 피해자들이 모두 여성이었는데, 이는 제압하기 쉽고 강간할 의도가 있었기 때문에 여성을 범행 대상으로 선정했을 가능성이 높다.

2) 범죄 수법

① 카페 강도강간살인사건

피의자들은 유흥비를 마련하기 위해 각자의 차를 타고 청주 톨게이트에서 만나 김○○와 구○○의 차는 톨게이트 부근에 세워두고 박○○의 차를 타고 서울에 올라왔다. 이들은 심야에 손님이 없는 카페에 들어가 강도를 하기로 공모했다. 카페에서 약 50m 정도 떨어진 지점에 주차한 뒤 카페에 들어가기 전에 종업원에게 손님이 있냐고 물어 범죄를 방해하는 타인이 없음을 확인한 후 손님을 가장하여 들어갔다. 피의자들은 여주인 그리고 종업원과 같이 술을 마시다가 칼을 꺼내 '소리치면 죽는다'고 협박하고 박○○은 여종업원을 강간하고 살해했으며, 구○○와 김○○는 여주인을 윤간하고 돈을 내놓으라고 협박하였으나 피의자의 팔을 붙잡고 살려달라고 하자 칼로 찔러 살해했다. 피의자들을 강간할 때 증거를 남기지 않기 위해 질외 사정을 했다. 강간하기 전에 수건을 가져다 놓고 사정하였으며, 이 수건은 범행을 마치고 나오면서 다른 증거가 될 만한 물건과 함께 가지고 나왔다. 피해자들을 살해한 후에는 증거를 없애기 위해 맥주병을 비롯해 만졌던 모든 것을 닦고, 바닥에 물을 뿌려 범죄현장을 깨끗이 청소하였으며, 카운터에서 수표와 현금을 가지고 범죄현장을 나왔다.

② 찻집 강도강간살인사건

박○○은 남양주에서 강도사건을 저지른 후 강취한 수표를 사용하다가 검거되었기 때문에 찻집 강도강간살인사건은 구○○와 김○○이 저질렀다고 할 수 있다.

카페 강도강간살인사건과 동일한 수법으로 침입한 후, 저항하는 주인을 칼로 찔러 살해하고, 순순히 자신들의 요구에 응하는 여종업원에게 '언니가 죽었다. 너도 말을 듣지 않으면 죽인다'고 위협하면서 구○○는 성기를 통해, 김○○는 항문을 통해 강간했다. 이때도 카페 강도강간살인사건과 동일하게 질외사정을 했다. 정액이 묻은 수건과 피해자가 입고 있던 옷가지, 이불, 만졌던 모든 것을 싸가지고 나오고, 지문과 족적을 없애기 위해 현장의 벽과 바닥, 탁자 등을 수세미를 이용하여 물청소를 했다. 사체에도 물을 뿌려 씻었으며, 사망한 피해자가 입었던 옷가지와 이불 등은 부엌에서 세탁을 했다. 만졌던 모든 것과 재떨이, 칼 등 증거가 될 만한 것들을 가지고 나와 차량 트렁크에 실었다. 종업원을 강간한 후에 뒷물을 하게 하여 질내 내용물을 빼내도록 하였다. 피의자의 옷에 피가 많이 묻어 있어 내실에 있던 주인의 옷으로 갈아입고, 김○○는 여종업원을 죽이자고 했으나 구○○가 살려두라고 해서 살해하지는 않았으며, 10분 이내에 밖으로 나오지 말고 신고하도록 하고 범죄현장을 빠져 나왔다.

피의자들의 범죄 유형을 보면, 강도를 한 후 강간을 저질렀는데 일반적으로 강간범의 유형[65]은 공격적 강간범, 보상적 강간범, 충동적 강간범, 성적·공격적 강간범으로 나눈다. 피의자들의 강간 특성을 고래해 볼 때 이들은 성적·공격적 강간범의 유형으로 보인다.

일반적으로 강간범의 유형을 위와 같이 나누기는 하지만 강간범들 자체가 정상적으로 성정체감이 형성되지 못한 특성이 있다. 이번 사건의 피의자들 역시 강도범죄를 저지르는 상황에서 윤간과 항문성교 등의 방법으로 강간을 했으며, 사체를 옆에 두고 강간을 하고, 심지어 임산부를 강간하기도 했는데 이러한 행위는 성도착증의 성향을 보여주는 것이다.

범행 도구로 피의자들은 계획적으로 범죄를 저지르기 위하여 식칼 혹은 과도를 소지하고 다니면서 피해자들을 위협하는데 이용했고, 식칼이나 과도 등이 없을 때는 범행 현장의 주방에 있는 식칼을 이용하여 피해자들이 돈이 없다고 하거나 반항하면 칼로 찔러 살해했다.

범행시 집안에 있는 수건을 이용하여 복면을 하거나 모자가 있으면 모자를 쓰기도 했으나 복면이나 모자를 미리 준비하지는 않았다. 돈을 내놓으라고 위

---

65) 강간범의 유형

공격적 강간범은 성적 감정이 없는 폭력적인 강간범으로 여성에게 피해를 입히고, 자존심을 상하게 하고, 평판을 떨어뜨리기 위해 강간행위를 하며, 강간범이 성적으로 흥분하지 않는다. 이런 유형의 강간범에게 저항하는 것은 더 많은 폭행을 유발하게 된다. 이들은 여성들을 적대적이고, 요구가 많고, 지조가 없다고 지각하며, 능동적이고 주장이 강하고, 독립적이라고 생각되는 여성을 강간 대상으로 선택하는 경향이 있다. 전형적으로 강간은 여성에 대해 그리고 그 여성의 행동에 대해 강간범이 격양되었거나 분노한 사건에 이어 발생한 **보상적 강간범**의 기본적인 강간 동기는 성적 자신감을 입증하기 위한 욕망이며, 이들에게 있어서 공격은 의미 있는 특징이 아니다. 이들은 극단적으로 수동적이며 사회적으로 부적절한 경향이 있다. 이들의 내향적인 행동, 낮은 자아존중감, 낮은 수준의 성취 욕구로 인하여 사회적으로 성공하지 못하는 경우가 많으며, 범죄는 사회적으로 적응하지 못한 부분에 대해 보상받기 위한 것이다.
충동적 강간범은 성적 특징도 공격적 특징도 보이지 않으며, 기회가 있을 때 순간적으로 강간을 하는 범죄자들이다. 이들은 보통 강도나 절도와 같은 다른 범죄를 저지르다가 부가적으로 강간을 한다. 최소한의 성적 감정을 가지고 성폭행을 하기도 하는데 오랫동안 강간 이외의 다른 범죄를 저질러왔을 가능성이 높다. **성적·공격적 강간범**은 성적 그리고 공격적 특징을 공유하고 있다. 이들은 여성들이 난폭하게 다루어지길 바라고 무의식적으로 강간당하기를 바라고, 남자에 의해 지배되고 통제되는 것을 즐긴다고 생각한다. 이런 점에서 성적·공격적 강간범은 피해자의 저항을 일종의 게임으로 여기며 저항하는 피해자가 실제로 강간을 원한다고 생각한다. 피해자를 잔인하게 강간하고 폭행하고 살인까지 하는 성적 가학증을 보이기도 하며 이를 통하여 극도의 만족감을 느낀다.

협하거나 강간할 때는 위협하기 위해 칼을 이용하기는 했지만 반항이 심하지 않은 경우 살해하지는 않았다.

피의자들은 모두 전과가 있었기 때문에 정액 검사를 하면 신원이 확인되는 것을 예측하고 강간할 때 항상 수건을 미리 준비하여 질외 사정을 한 후 수건을 수거하여 현장을 빠져 나왔으며, 피해자들에게 뒷물을 하여 질 내용물을 모두 빼내도록 하는 특성을 보였다.

범행 현장 조작은 카페와 찻집 강도강간살인사건에서 피의자들은 살인을 저지른 후에는 범행을 완벽하게 은폐할 목적으로 지문과 족적을 없애기 위해 약 2시간에 걸쳐 범행 현장의 벽과 탁자, 바닥 등을 수건이나 수세미 등을 이용하여 물청소를 했다. 찻집 강도살인사건에서는 심지어 피해자 사체의 옷을 벗긴 후 사체에도 물을 뿌려 씻었고, 피해자가 입고 있던 옷가지나 강간할 때 이용했던 이불, 재떨이, 담배꽁초 등 지문이 남을 것으로 추정되는 모든 것은 테이블보에 싸가지고 나온 후 고속도로 옆 야산에 버렸다.

이러한 범행 현장 조작은 범죄를 저지르는 순간 자신들의 얼굴을 본 피해자들을 살해하고 더 이상 증거가 남지 않도록 하기 위한 치밀한 행동이었다. 그 이면에는 자신들이 교도소에 수감된 전과가 있다는 것과 강도 등의 죄명으로도 몇 년씩 수감생활을 했는데 살인을 저질렀기 때문에 검거되면 장기 수감 혹은 극형을 선고받을 지도 모른다는 불안 의식에서 기인한 행동으로 보여진다.

5 피해자의 행동

피의자들은 40여 회에 걸쳐 범죄를 저질렀으며, 살인사건은 두 건이었다. 두 사건의 피해자들은 카페와 찻집의 여주인과 여종업원이었다. 두 사건 모두 여주인은 윤간을 당한 후 돈을 내놓으라는 요구에 심하게 저항하다가 살해되었다. 카페 여종업원은 심하게 저항하지는 않았지만 피의자들이 범행을 완벽하게 은폐할 목적으로 강간한 후 살해했으며, 찻집 여종업원은 윤간을 당했으나 저항을 하지 않아 살해되지는 않았다.

6 범죄 후 행동

카페 강도강간살인사건 후 피의자들은 박○○의 차를 타고 돌아다니다가 식당에서 식사를 한 후 범죄 현장에서 가져온 수표에 다름 사람이 이름을 이서하여 계산을 하고 청주로 내려오면서 고속도로 옆 야산에 증거물을 버린 후 각자 집으로 돌아갔다. 찻집 강도강간살인을 저지른 후 구○○는 증거물을 차에 싣고 천안으로, 그리고 김○○는 집으로 갔다. 이 사건 이후로 이들은 만나지 않았으며 전화로만 연락했다. 한편 피의자들이 찻집 강도강간살인사건을 저지르기 전, 남양주 등지의 빌라 등 가정집에 침입하여 강도강간을 저질렀는데, 피해자들의 저항이 심하지 않아서 살인은 하지 않았다. 피해자들의 신고로 수사가 진행되는 과정에서 피의자들이 피해자들로부터 가우치한 수표를 사용했기 때문에 공범 박○○이 검거되었다. 공범자들을 추적하는 과정에서 김○○의 애인과 가족 등을 상대로 주변 수사가 이루어지자 김○○는 형과 누나, 친척집 등을 돌아다니면서 숨어 지냈다. 주변 사람들이 자수를 권유했으나 피의자는 이번에 교도소에 들어가면 평생 수감생활을 할 것 같아 다른 나라로 가서 살고 싶다고 하는 등 검거되지 않기 위해 노력했다. TV방송 프로그램에서 공개수배가 된다는 말을 듣고 수원 여관방에서 TV방송을 보던 중 '내가 왜 이런 일을 저질렀나, 죽고 싶다'는 생각이 들었다고 한다. 방송을 본 이후 더욱 불안하여 혼자 있지 못했으며 여자 친구를 보러 청주에 다시 와 누나 집에서 은둔하다가 검거되었다.

7 종합 분석

피의자는 어린 시절 집이 가난하고 부모가 농아인 점 등이 불만이어서 학교에 가기 싫었고 집에 있기도 싫어 가출한 뒤 친구들과 어울려 다니면서 절도를 시작하게 되었으며, 수감생활 중에 다른 범죄자를 만나 범행을 모의하는 등 더 큰 범죄를 저지르는 범죄자로 발전하게 되었다. 피의자는 학교교육이나 가정교육을 통한 사회화가 정상적으로 이루어지지 못하여 정서적으로나 사회적으로 미숙하며, 교도소에 수감되어 힘든 생활을 할 당시 가족조차 자신을 외면했을 때 가족과 사회에 대한 불만이 높아졌을 가능성이 많다. 이런 자신을 이해해 주고 돈을 마련해 주는 구○○를 의지하게 되어 범죄를 공모하게 되었으며, 이 과정에서 초기에는 구○○의 지시에 따라 움직이는 경향을 보였지만 범죄가 계속 되면서 구○○는 검거에 대해 불안해하며 살인을 주저하고 치밀하게 증거를 없애려고 하는 반면 피의자는 피해자가 약간의 저항만 해도 살해하는 등 잔인해지는 경향을 보였고, 여러 지역을 이동해 가며 범죄를 저지르는 동안 점점 전문적인 범죄자가 된 것으로 보인다.

피의자들은 범죄 대상을 선택하는 과정에서도 제압하기 쉽다는 생각에 여성이 혼자 있는 가정과 카페 등을 선택하는 친밀함을 보였다. 또 여성을 선택함으로써 성적 욕구를 해소하고자 했으며, 범행 후에는 증거를 완벽하게 없애기 위해 강간 후 수건에 사정을 하고, 살인 후에는 현장 바닥이나 벽 등을 수세미를 이용하여 물청소를 한 다음 만졌던 모든 물건들을 가지고 나오는 등 치밀하게 현장을 조작하는 면을 보였다. 또한 피의자들은 상습적으로 강도강간을 저지르고 살인을 하고도 죄의식을 느끼지 못하고 범죄에 무감각했는데 이러한 특징을 종합해 볼때 이들은 전형적인 정신병질적 성격장애를 가지고 있음을 알 수 있다.

한편, 구○○는 몇 건의 범죄 중에서 어떤 것은 시인하고 어떤 것은 시인을 하지 않는 등 자기행위를 인정하지 않으려는 부정의 방어기제를 나타내고 있다. 이는 이미 몇 차례에 걸쳐 교도소 생활을 한 경험이 있기 때문에 검거되어 자백할 경우 극형도 가능하다고 판단하여 강도강간에 대해서는 시인하지만 살인혐의에 대해서는 강력히 부인하는 것으로 보인다.

이번 사건의 특징은 과거 어느 강력사건보다 피의자들의 검거에 대한 지나친 강박관념이 잔인성을 고조시킨 원인이 되어 피해자를 무참히 강간살해하고 범죄 현장을 청소까지 함으로써 완벽하게 현장을 조작했다는 것이다. 앞으로 유사범죄(현장 조작의 완벽함)가 발생했을 때 범인들의 행위 즉, 검거에 대한 병적으로 강박적인 행위를 이해하고 범죄를 분석할 수 있어야 된다고 생각한다.

1 사건 개요

2000년 3월 21일 01:30경 서울 양천구 ○○동, 며칠 간 미행하여 알아둔 피해자의 집으로 찾아가 기다리고 있다가 피해자가 출입문을 여는 순간 밀치고 들어가 소지하고 있던 등산용 칼로 위협하여 끈으로 손과 발을 묶고 현금과 금품을 강취한 후 강간하고, 아침까지 포르노 비디오 테이프 및 텔레비전을 보면서 피해자의 집에 머물다 도주하고(이하 1차 범죄)

8월 4일 06:00경 며칠간 미행하여 알아둔 피해자의 반지하방 방범창살을 준비해간 쇠톱으로 이틀에 걸쳐 잘라내고 침입하여 안방 문 뒤에 숨어 있다가 귀가하는 피해자를 등산용 칼로 위협하고 끈으로 양손을 묶고 강간한 후 아침까지 같이 있다가 도주하고(이하 2차 범죄)

8월 17일 04:00경 같은 방법으로 피해자의 집에 다시 침입하여 장롱 속에서 피해자의 귀가를 기다리고 있던 중 피해자와 같이 들어온 남자에게 발각되자 칼로 위협하는 과정에서 남자에게 상해를 입히고 도주한 사건이다(이하 3차 범죄).

2 피의자의 인적 사항

나　이 : 26세
직　업 : 무직
학　력 : 전문대 졸업
병　역 : 육군 제대
체　중 : 60kg
신　장 : 175cm
혈액형 : A형
전　과 : 폭력행위 등 1범

③ 피의자의 성장 환경 및 성격 형성 과정

1) 가정환경 및 성장 배경

아버지는 사망하고, 노동일을 하는 어머니(52세)와 함께 살고 있었으며, 피의자 위로 다섯 명의 형들이 있었다. 아버지는 시골에서 방앗간을 경영하다 피의자가 4살 때 사망했는데, 사망 당시 정신질환이 있어, 아버지 사망 후 큰 형과 이웃집 아저씨가 방앗간을 운영하다 실패하고 형은 상경해서 사업을 했다고 한다.

피의자는 초등학교 시절부터 중학교 때까지 육상선수로 운동을 하다가 어머니의 반대로 그만두었으며, 86년도에 서울로 이사 와서 공업고등학교를 다녔는데 그 당시는 성적이 상위권을 유지하는 등 별다른 애로사항 없이 학교를 다녔으며, 학비는 형들이 도와주었고, 특히 넷째형이 가까운 곳에 살면서 많은 도움을 주었다고 한다.

고등학교 졸업 후 군대가기 전까지 2년 정도 전자회사를 다녔으며, 제대한 다음 해에 전문대에 입학해서 전자제품 대리점을 하는 넷째형을 도와주면서 학비를 벌어 대학을 다녔다고 한다. 대학 1학년 때는 주간을 다녔는데 이때는 자신이 회사 다니면서 모은 돈으로 학비를 충당했고, 대학 2학년 때는 야간으로 바꿔서 낮에는 일하고 밤에는 공부를 했다고 한다.

피의자의 성장배경을 살펴보면, 아버지가 일찍 돌아가시고 어머니와 형들과 함께 어려운 가정환경에서 성장한 것을 제외하고는 큰 문제가 있어 보이지는 않는다. 중학교를 졸업한 상경해서 고등학교와 대학을 다니는 동안 별다른 문제없이 평범한 생활을 한 것으로 보인다. 군대에 있으면서 여자 친구를 사귀었다는 점 등을 보면 특히 여성과 관련된 범죄의 원인은 없었던 것으로 보인다.

군 제대한 후에는 대학에 들어가서 자신이 등록금을 벌어서 학교를 다닐 정도로 열심히 사는 모습을 보여 주었으나 대학을 졸업한 후 취직이 생각대로 되지 않았고, 그로 인해 정신적·경제적으로 스트레스를 받은 것으로 보인다. 피의자의 심리적·경제적인 압박감이 범행 동기를 제공했으며, 범행 도구를 준비하는 등 범죄를 계획하게 된 것으로 보인다.

2) 성 격

피의자는 성격에 대해 다소 내성적이고, 생각을 많이 하는 편이며, 다른 사람에게 하고 싶은 말을 다 하지 못하는 성격이라고 한다.

자신의 성격에 대해서 내성적이면서 다른 사람에게 하고 싶은 말을 다하지 못하는 성격이라고 기술하는 것으로 보아 대인관계 측면에서 어려움을 많이 나타냈을 것으로 생각되며, 자신감이 없기 때문에 자기 주장성도 낮았을 것으로 보인다. 사회생활과 직업적 측면에서는 사람들과의 접촉이 적은 직업을 택할 가능성이 높다. 수동적이고 배타적인 측면이 강하기 때문에 문제 상황에 직면했을 때 직접적으로 문제 해결을 하지 못하며, 현실에서 해결하지 못한 문제들을 상상 속에서 해결하고 내면화된 세계에 빠져 생활했을 가능성이 높다.

4 범죄 행동

1) 최초 범죄

1994년도에 폭력사건으로 입건된 적이 있었는데, 이 사건은 친구가 싸울 때 옆에서 말리기만 했는데 자신도 같이 때렸다고 하여 벌금을 물었다고 한다. 이 사건은 피의자의 범죄 행위와 별로 관련되지 않은 것으로 보인다.

2) 범행 동기

① 1차 범죄

피의자는 금년 2월에 대학을 졸업하고 취업을 하지 못한 상태에서 형들의 도움으로 생활하였다. 자신이 직접 돈을 벌어 보겠다는 의지가 결여된 사람으로 쉽게 돈을 벌 수 있는 방법만을 모색하던 중 결국 범죄를 택하게 된 것이다.

우선 범행에 필요한 도구(가방, 장갑, 마스크, 칼, 끈, 비디오 테이프 등)를 준비했으며, 밤늦은 시간까지 불이 꺼져 있는 집과 밤늦게 돌아다니는 독거여성을 범행을 대상으로 선택했다. 약 15일에 걸쳐 범행 계획을 마치고 거리에 나가 대상을 물색하던 중 새벽 2시경에 혼자 가는 여자를 발견하고 미행하여 집과 혼자 사는 지 확인했다. 계속해서 4~5일 정도 미행하여 확인한 후 범행을 실행하였다.

② 2차 범죄

1차 범죄를 저지른 후 강취한 돈은 약 20일 정도 지나서 다 써버리고, 다시는 범죄를 저지르지 말자는 생각으로 범행을 억제하여 1차 범죄와 2차 범죄 사이의 범행 간격(약 5개월)이 길었다. 1차 범죄를 저지른 후 경제적으로나 심리적으로 어려움이 계속되면서 한달 동안 취업을 하려고 노력했지만 마음에 드는 직장을 구하기 어려웠고, 결국 막노동까지 생각했지만 힘들 것 같은 생각에 미리 포기하고 몇 개월을 보냈다.

두 번째 범죄를 저지르게 된 동기는 휴가기간에 돈은 없지만 다른 사람처럼 놀러 가고 싶어 하던 중 7월 말경 친구들이 휴가를 가자고 하기에 돈이 필요해서 다시 범행 계획을 세우고 '이번 한 번만 하고 하지 말자', 지난번에 피해자가 신고를 안 했을 것이라는 확신감이 자신감으로 전이되어 '이번 한 번만 하자'는 생각으로 2차 범행을 하게 된다.

③ 3차 범죄

'2차 범죄를 저지른 후 집에 와서 가만히 생각해보다가 내가 속은 것 같다. 피해자의 통장을 안 뒤져보았는데, 혹시 현금은 없지만 통장에는 많은 돈이 있지 않았을까? 아무래도 속은 것 같아. 다시 가봐야겠다'는 생각에 3차 범죄를 저지르게 되었다고 한다. 2차 범죄를 저지르고 약 10일 후에 '지난번에 속았으니까 이번에는 속지 말아야 겠다'는 생각으로 3차 범행을 저지르게 된 것이다.

3) 범행 수법

① 1차 범죄

범행을 결심하고, 약 15일 정도 밤늦게 불이 꺼진 집과 새벽 시간대에 혼자 귀가하는 여인을 며칠 동안 미행하여 집과 독거 상태를 확인하고, 귀가시간에 맞춰 피해자 집 앞에서 기다리고 있다가 피해자가 문을 여는 순간 뒤따라 들어가 칼로 위협하고 준비해간 끈으로 손과 발을 결박한 다음 금품을 강취했다.

강도를 한 후 나가려고 하다가 피해자가 자신의 얼굴을 보았을 것 같고, 비록 피해자가 '소리지르지 않는다'라고 했지만 '혹시 신고하지 않을까'라는 생각에 신고를 하지 못하도록 TV나 비디오에서 본처럼 강간을 하게 되었다고 한다.

피해자의 하의를 벗기고, 상의 T셔츠를 걷어 올려 피해자의 얼굴이 보이지 않게 뒤집어씌우고 강간을 했다. 범행시 피의자의 복장은 마스크와 모자를 쓰고 칼을 오른손에 포르노 비디오 테이프와 끈 등이 들어있는 가방을 멘 상태였으며, 피해자를 강간할 때는 모자, 마스크를 벗고, 칼은 침대에 놓은 상태였다.

피의자는 피해자를 강간한 후 자신이 위장을 위해 썼던 마스크와 모자를 벗고, 칼도 내려놓은 상태에서 피해자와 얘기를 하면서 아침시간(09:00경)까지 같이 있었다. 강간한 후 피의자가 침대에 앉아있는 상태로 피해자에게 '씻어라. 그냥 깨끗하게 씻어라'라고 말했고, 피해자는 '알았다'고 하면서 나가서 씻고 들어온 다음 아침까지 같이 얘기를 했다고 한다.

다음은 피의자와 피해자가 나눈 주요 대화 내용을 요약한 것이다.
피의자 : 고향이 어디냐?
피해자 : ○ ○ ○
피의자 : 나이는?
피해자 : 26살.
피의자 : 돈은 많이 버냐?
피해자 : 많이 벌지 못한다.
피의자 : 직업은?
피해자 : 술집 다닌다.
피의자 : 혼자 사는데 올 사람이 있냐?
피해자 : 세놓은 사람들이 온다. 동생이 있는데 오늘은 오지 않을 것 같다..
피의자 : (동생이 오늘은 오지 않는구나 라고 생각하면서) 신고할거냐?
피해자 : 절대 신고는 안 한다.
피의자 : TV만 보니까 너무 조용하고 심심한데, 우리 내가 가지고 온 비디오
    (포르노 테이프)나 볼까?
피해자 : (비디오를 조금 보다가) 나는 이런 것 좋아하지 않는다.
피의자 : 그러면 비디오는 끄고, 배고픈데 뭐 먹을 게 있냐?
    (그래서 둘이서 콜라를 마셨다).
피해자 : 나는 속이 좋지 않아서 약을 먹어야 돼요
    (테이블 위에 있던많은 약 봉지에서 약을 꺼내 먹었다).
피의자 : 그렇게 속이 안 좋으면서 술을 많이 마시냐. 술 많이 마시지 마라.
피해자 : 예.
(중 략)

피해자 : 다른 방에 세들어 사람이 올 때 됐으니까, 갈 시간이 된 것 같은데요.

피의자 : 나중에 돈 부쳐줄게. 들어와서 미안하다.

(이하 생략)

② 2차 범죄

밤에 나가서 불꺼진 집을 약 5일 정도 찾아다니다가 새벽 3시경에 혼자 주택가로 들어가는 피해자를 발견하고 뒤따라가서 1차 범죄와 마찬가지로 혼자 사는 지를 확인했다. 다음날 같은 장소에서 피해자를 기다려 4시경에 들어오는 것을 확인하고 '이 여자는 밤에 일하는 여자다'로 판단하고 약 5일 동안 미행했다. 6일째 되던 날 피해자의 집을 살펴보고 '창문을 따고 들어가야겠다'는 생각에 그 다음날 쇠톱을 사서 새벽 1시경부터 쇠톱으로 방범창을 자르기 시작했는데 밤이라 소리도 크게 나고 누가 볼 것 같아 조심스럽게 절반 정도를 자르고 돌아왔다. 다음날 다시 피해자 집으로 가서 방범창 하나를 완전히 자른 후 자신이 들어갈 수 있는지 확인하고 다시 방범창살을 맞추어 놓은 후 다음날 가방을 챙겨서 들어갔다.

범행 당일 새벽 2시가 넘은 후에 방범창살을 빼내고 피해자의 방안에 들어가 문 뒤에 숨어서 피해자를 기다렸다고 한다. 이때는 위장도 하지 않은 채 있다가 4시가 넘어서 피해자가 들어오는 소리가 들리자 재빨리 모자, 마스크, 장갑으로 위장을 하고 손에 칼을 든 상태로 문 뒤에 숨어 있다가 피해자가 들어오는 순간 '조용히 해'라고 위협하면서 손을 묶으려 하자 피해자가 '묶지 않아도 된다. 나는 저항하지 않는다'라고 했으나 일단 피해자를 묶었다고 한다. 피해자를 묶는 과정에서 '나는 소리 안 지른다. 답답하다'라고 하기에 '대담한 여자구나'라고 생각하고 팔만 묶고, '돈 어디 있냐?'라고 하자 '나는 돈이 하나도 없는 거지다'라고 하기에 칼로 위협하면서 지갑을 뒤져보니까 지갑에 천원짜리 몇 장하고 만원이 있었다고 한다. 이때 피해자는 끼고 있던 반지라도 가져가라며 반지를 빼주었으며, 집안을 뒤져보았는데 실제로 돈이 없었다고 한다.

돈이 별로 없음을 확인하고 '너 어디 다니냐'고 물으니까 '술집에 다닌다'고 대답했고, 그 후 얘기하면서 TV를 보고 있다가 '내가 아무 것도 안 가져가지만 신고할 거지?'라고 묻자 '신고는 안 한다'고 했지만 혹시 신고할 수도 있으니까 강간했다고 한다.

피해자를 강간한 후 1차 범죄 때와 마찬가지로 TV를 보며 얘기하다 아침 8시경이 되었는데, 피해자가 '배고프고, 속도 아프니까 라면이라도 끓여 달라'고 하자 피의자가 어이없어 하는 사이 문 두드리는 소리가 나니까 피해자가 문을 열어주었는데, 변기를 고치러 온 사람이었다. 변기를 고치고 피해자가 5만원만 주라고 해서 피의자가 변기 수리비를 준 후 집으로 돌아왔다고 한다.

③ 3차 범죄

2차 범행시 쇠톱으로 잘라놓은 방범창살을 뜯어내고 새벽 2시경에 들어가서 피해자가 올 때까지 기다리고 있는데, 아침 6~7시경에 피해자가 어떤 남자와 함께 들어오는 순간 서로 깜짝 놀랐으나 피의자가 남자를 칼로 위협하고 도망을 나왔다고 한다. 피의자는 첫 범죄를 통해서 다음과 같은 경제적·심리적 보상을 얻음으로써 다시는 하지 않겠다는 맹세를 도외시하고 제2, 제3의 범죄를 실행하게 된 것이다.

첫 번째는 경제적인 보상이다. 경제적으로 어려움을 겪고 있던 피의자는 범죄를 통해 돈을 강취하여, 평소에 돈이 없어서 만나지 못했던 친구를 만나는 등 유흥비로 사용한 것으로 드러났다.

두 번째는 검거에 대한 두려움을 없애는 보상이었다. 즉, 피해자의 신고가 없었다는 것이다. 피해자의 신고를 막는 방법으로 피의자는 두 가지 방법을 선택했다. 하나는 강도 신고를 막기 위해 강간을 하는 것이었으며, 또 하나는 강간을 하고, 많은 시간 동안 피해자와 이야기를 하면서 피해자를 역으로 위로하고 인간적인 관계를 유지하려고 했다.

세 번째는 피해자를 강간한 후 피해자와 이야기를 하면서 자신의 사회적 관계를 유지하려는 대인관계적 보상이다. 피의자는 '술집에 다니는 여자들은 정에 굶주려 있으니까 얘기를 하면서 정을 주면 신고를 하지 않을 것이다'라고 말할 정도로 자신의 행위에 대해 정당성을 주장하기도 했다.

이런 보상은 비록 피의자가 내적으로는 다음부터 범죄를 저지르지 말자는 생각을 하게 했을지 모르지만, 현실적으로 1차 범죄를 저지르기 직전의 상태가 계속되자 또 다시 1차 범죄에서 얻었던 보상을 바탕으로 2차, 3차 범죄를 연속적으로 저지르게 된 것으로 보인다. 범죄의 수법적인 측면을 살펴보면, 다른 강도강간 범죄자에게서 찾아볼 수 없었던 특징적인 것이 세 가지가 있다.

첫 번째는 범행 현장에 포르노 비디오 테이프를 가지고 갔다는 것이다. 피의자는 포르노 비디오 테이프를 가져간 이유에 대해서 범행 20일 전쯤 산 것인데, '의도적으로 테이프를 가지고 간 것입니다. 같이 볼 수도 있고, 시간 때우기도 좋고, 제가 보면서 같이 즐기려고 그냥 가지고 갔고, 같이 보려고 그랬습니다'라고 했다.

두 번째는 강도강간을 저지른 후 서로 이야기를 하면서 아침까지 같이 있었다는 것이다. 피의자는 그 이유에 대해서 '심리적으로 바로 나오기도 그렇고, 옆집에 불도 켜져 있었고, 시간 가는 줄 모르고 있었습니다'라고 하면서 자신의 범행에 대해서 '미안하기도 하고 이야기함으로써 달래주려고 그랬습니다'라고 했다.

세 번째는 피해자의 집에 침입해서 피해자가 귀가할 때까지 몇 시간씩 기다렸다는 것이다. 특히 2차와 3차 범죄에서는 피해자 집에 미리 들어가서 피해자를 기다렸는데, 피의자는 그 이유가 지갑을 뺏기 위해서라고 했다. '집을 뒤져봐도 돈이 없었으나 지갑에는 분명히 돈이 있을 것이다'는 생각이 들어 지갑을 빼앗기 위해 기다리고 있었다고 했다.

이 세 가지 특징을 보았을 때 피의자는 주도면밀함을 보이는 체계적 범죄자인 것으로 보인다. 체계적 범죄자는 다음과 같이 설명된다. 체계적 범죄와 비체계적 범죄의 구분은 범죄 현장에 정신병적 증후들이 있느냐의 여부에 따른다. 범죄 현장에 정신병적 증후들이 있는 경우는 비체계적 범죄라고 부르고, 이런 정신병적 증후들이 없는 경우는 체계적 범죄라고 부른다. 물론 범죄 현장이 모두 두 가지로 양분되는 경우는 많지 않다. 대부분의 범죄 현장은 두 가지 특징을 동시에 보이는 혼합형이다.

피의자는 비디오나 영화를 보면서 피해자들을 쉽게 제압하는 방법, 신고를 막을 방법 등에 대해 계획을 세웠던 것으로 보인다. 범행 계획을 세우고 범죄 대상을 물색하고 범죄를 실행하는 전 과정에 있어서 철저함이 보인다.

구 분	체 계 형 범 죄	비 체 계 형 범 죄
특징적 구분	-정신병질적 성격, 반사회적 성격을 보여주는 것으로 범죄의 의도가 있는(범행계획) 범죄 현장과 범죄 용의자	-정신장애의 증거가 나타나 있는 범죄 현장과 범죄 용의자
범행 계획	-범행 계획은 환상에서 시작되었으며, 사건 몇 년 전부터 환상이 점점 발전	-범행 계획은 없고 정신병 때문에 범행을 저지름
적응성 및 이동성	-범죄시에도 긴급한 상황에 적응할 수 있는 능력이 있음: 차는 깨끗이 손질되었거나 사건 후 피해자의 차량을 이용	-걸어서 다니거나 대중교통 수단을 이용하는 경우가 많음 -차가 있다면 손질이 되지 않고 지저분한 상태일 것임
첫번째 범죄	-거주지, 근무지, 또는 일시적으로 머문 장소, 근처에서 범행 -직장에서 해고 등 스트레스를 받았을 때	-범죄 이전에 스트레스는 없고 정신병에 기인해 살인을 저지름
범죄 현장 특징	-범행 도구를 가지고 다님 -범행 후 범행도구 등 범행 흔적을 없애려는 노력 -범죄 현장을 조작해 수사 혼란 초래 -희생자의 소지품 등을 기념으로 가져감(나중에 환상 경험을 위해) -살인하기 전 강간 등 성범죄 자행	-범행 도구를 현장에서 구함 -범행 흔적을 없애려는 노력은 하지 않음 -기념물 대신 혼란스런 정신으로 인해 신체 일부, 머리카락, 옷가지 등을 가져감
범죄자 성격	-아버지가 일정한 직업을 가졌으며, 일관성 없는 처벌을 받는 가정에서 성장 -상처, 분노, 두려움을 외면화 -사회적으로 눈에 띄는 행동을 많이 함(학교나 사회에서 자주 싸움을 하는 등) -과잉 보상을 받으려는 경향과 우월감	-아버지 직업이 일정치 않고 어린 시절 가혹한 처벌을 받는, 알코올 중독자, 정신병을 가진 가족이 있는 가정 등에서 성장 -상처, 분노, 두려움을 내면화 -사회적 관계가 단절되어 있음 -지능은 낮고 열등의식을 가지고 있음
직업	-대부분이 안정적인 직업을 가짐	-거의 모두 직업을 가지고 있지 못함
피해자 특성	-범인을 모르는 낯선 사람(특정한 나이, 용모, 직업, 헤어스타일 등을 찾기 위해 미행) -희생자를 인격적으로 대해 줌(대화를 하는 것 등)	-쉽게 제압할 수 있는 희생자를 선택(노약자나 자신보다 힘이 약하다고 생각되는 사람 등) -희생자에 관해 관심이 없고 재빨리 실신시키거나 살인 후 훼손시켜 개성을 말살

4) 범죄 대상 선정 기준

범행을 결심하고 고민을 하다가 '낮에는 사람이 많으니까 위험하고, 남자는 무서우니까 빈집에 들어가자'고 생각했다. '밤 12시~1시에 불이 안 켜져 있는 집, 그런 집은 새벽에 일어나거나 늦게 들어오는 사람 아니면 새벽에 들어오는 사람이니까 그럼 집을 골라야 겠다'는 생각으로 범행 대상을 물색했다고 한다. 피의자는 이에 대해 '칼을 들고 강도할 정도로 대담하지 못했기 때문에 이런 방식을 선택했다'고 진술했다.

또한 며칠간의 미행을 통해 범행 대상이 혼자 사는 여자인지, 늦은 시간까지 일을 하는 사람인지, 범행의 위험성은 낮은지 등을 분석한 후 범행한 것으로 보인다. 피의자는 범죄의 구성 요건 즉, 인접성, 접근의 용이성, 성공의 가능성, 범행 시기 등에 대해 철저한 분석과 준비를 통해 완전범죄를 실현하려고 했던 것으로 보인다.

우선 대상을 물색하면 자신의 집에서 도보로 10분 이내의 거리에 있는 집을 물색했으며, 밤늦은 시간에 혼자 다니는 여성을 선택하고, 며칠간의 미행을 거쳐 범행을 하는 것으로 보아 접근의 용이성과 성공의 가능성을 높였으며, 밤늦은 시점을 범행 시간으로 선택하고, TV나 비디오를 보면서 범행 수법을 익혀 범죄의 탄로 위험성을 낮추었다.

5) 범행 도구

범행 도구로는 강방, 모자, 마스크, 칼, 장갑, 끈, 후레쉬 라이트, 포르노 테이프 등이다. 피의지자 다른 범죄자와는 달리 범행 도구로 포르노 테이프를 가지고 다니는 것은 특이하다. 비록 피의자는 일차적 목표가 돈이라고 하나 실질적인 목표는 강간이라는 생각이 든다. 강간을 통해서 얻어지는 성적 보상과 돈이라는 경제적 보상을 노린 범죄라고 생각된다.

5 피해자의 행동

1차 범죄에서 피해자는 불안해하지 않았으며 신고하지 않겠다고 말했다. 자신에게 강도와 강간을 저지른 범죄자와 많은 시간을 보면서 도주하거나 주위 알리려는 노력을 하지 않은 것으로 보인다. 2차 범죄 및 3차 범죄에서 피해자는 절대 신고하지 않겠다고 했으며, 피의자에게 술을 많이 마셨고 배가 고프니까 라면을 끓여달라고 할 정도로 경계심이 없는 행동을 했다. 특히 범죄 피해를 당한 후 아침에 변기 수리를 하러 온 사람에게 신고해 달라는 등의 부탁을 하지 않았을 뿐만 아니라 변기 수리비를 피의자에게 달라고 해서 지불하는 특이한 행동을 하기도 했다.

피의자가 저지른 연쇄강도강간에 있어서 1차 범죄 피해자나 2차 범죄 피해자 모두 신고를 하지 않았다는 것을 확인하고 범죄에 자신감을 가졌으며 2차 범죄를 저지르는 간접적인 동기를 부여한 것으로 보인다.

2차 피해자 역시 신고를 하지 않았으며 오히려 피의자에게 돈을 요구하는 등 이해하기 어려운 행동을 했는데, 이로 인해 피의자는 피해자에게 속았다는 생각이 들었고, 두 번째 침입을 하게 만든 요인이 되기도 했다.

6 범죄 후 행동

두 번에 걸쳐 강도강간을 한 후에 바로 집으로 와서 잠을 잤다. 피해자들이 신고를 하지 않을 것으로 확신했기 때문에 불안해하지는 않았다고 한다. 1차 범죄 때 약 80만원을 빼앗아 친구들을 만나서 술을 마시고 당구를 치는 등 약 20일 동안 유흥비로 전부 사용했다고 한다. 범죄 동기 부분에서 나타난 것처럼, 1차 범죄를 저지르고 나서 바로 2차 범죄를 저지르지 않았으나 시간이 지나면서 또 다시 범행 계획을 세워 1차 범죄보다는 더 철저하게 대상을 물색하고, 미리 방범창살을 쇠톱으로 자르고 침입해 피해자를 기다리는 대담함을 보였다. 피의자는 3차 범죄 중 피해자와 함께 들어온 남자를 위협하고 도주하는 과정에서 가지고 갔던 가방을 두고 나왔는데 그것이 단서가 되어 검거되었다.

7 종합 분석

인간에게는 누구나 범죄 성향이 있으나 그런 범죄 성향 차원이 보통 사람들에게는 평균에 머무르는 반면 범죄자들은 극단에 머무는 것 같다. 물론 보통 사람이라도 상황에 따라 평균 근처에 있던 범죄 성향이 극단으로 옮겨질 가능성도 있다. 그렇다면 어떤 사람은 범죄를 생각하는 것에 그치고, 어떤 사람은 그런 생각을 행동으로 옮겨서 범죄를 저지르는 것인가? 무엇이 범죄자가 되게끔 이끄는 것인가? 각자가 소유하고 있는 자아(id)의 여러 가지 기준과 성격적인 측면에 의해서 제시된 자극을 인지하고, 해석하고, 종합적으로 평가하는 과정에서 그 사람에게서 나타는 정서에 따라 범죄자가 되기도 하고 보통 사람으로 남아 있게 되기도 한다. 상황적으로 생긴 정서가 부정적인 측면을 가질 때 범죄 행동으로 옮겨질 가능성이 높으며, 이런 부정적 측면이 그 사람이 소유한 목표에 부응하면 범죄 행동을 하게 되는 것으로 보인다.

피의자의 경우 표면적으로는 경제적 어려움이 범행 동기인 것처럼 보이나 내면적 동기는 강간이라는 위협적 수단을 통하여 성적인 보상을 얻고 실업 상태에서 위축된 사회 활동을 장시간 피해자와 머물면서 보상받고자 하는 심리가 작용한 것 같다.

피의자의 경우 1차 범죄를 저지른 후 일단 경제적 보상과 성적인 보상을 얻게 되었고, 피해자들이 신고를 하지 않았다는 사실로 검거 위험에서 벗어나게 되는 보상을 얻음으로써 자신감을 갖게 되었고, 2차, 3차 연속적으로 범행을 하게 된 것이다.

이 사건은 범죄 수법적인 측면에서 다른 범죄자와 다른 특징적인 적이 세 가지가 있다. 첫 번째는 범행 현장에 포르노 비디오 테이프를 가지고 갔다는 것이다. 두 번째는 강도강간을 저지른 후 서로 이야기를 하면서 아침까지 같이 있었다는 것이다. 세 번째는 피해자의 집에 침입해서 피해자가 귀가하기까지 몇 시간씩 기다렸다는 것이다. 이상의 세 가지 특징에 비추어 보았을 때 피의자는 주도면밀함을 보이는 체계적 범죄자인 것으로 판단된다.

이상의 세 가지 특징과 더불어, 피해자들의 신고가 없었지만 만약 신고가 되었다고 하더라도 초범의 범행으로 판단하기에는 범죄 현장과 수법이 너무 대담하고 철저해서 수사 방향을 설정하는데 어려움이 있었을 것으로 보인다. 즉, 범죄 수법에 따라 초범이 저지른 범죄가 아니라 전과자가 저지른 범죄라고 판단하고 수사를 한다면 용의자 검거에 많은 어려움이 있었을 것이다.

이 범죄는 우리에게 범죄 현장과 범죄의 특징을 가지고 단편적으로 범죄를 추정하기 보다는 다각적이고 체계적인 범죄 분석을 해야 할 것이라는 교훈을 주고 있다.

연쇄 강간살인 사건

1 사건 개요

2000년 10월 25일 18:30경 전북 고창, 피의자는 혼자 귀가하던 피해자 정○
○(여, 11세)를 강간할 목적으로 납치하려 하다가 놀라 소리지르는 피해자의 목
을 감고 입을 막은 후 약 50미터 떨어진 밭으로 끌고 가 강간하려고 하였다. 그
러나 피해자가 이미 사망하여 옷을 모두 벗긴 다음 부근의 묘지 위에 피해자를
십자 모양으로 눕힌 뒤 도주했다(이하 초등학생 살인사건이라 함).

2000년 12월 19일 17:30경 강간을 목적으로 ○○고등학교 부근을 배회하던
중 귀가하던 피해자 남매 박○○(남, 12세), 박○○(여, 17세)를 발견하고 이들을
도로 밑 언덕 아래 밀어 넘어뜨린 후 남자 피해자를 목졸라 실신시킨 후 소지
하고 있던 노끈으로 목을 졸라 살해하고, 옆에 있던 노끈과 피해자의 스타킹을
이용하여 양손과 양다리를 소나무에 각각 묶은 다음 강간하고, 목과 사타구니,
배 부위를 칼로 찔러 사망케 한 후 허벅지 살을 도려내어 도주한 사건이다(이하
남매살인사건이라 함).

2 피의자의 인적 사항

```
학   력 : 중학교 중퇴
병   역 : 면제
  키    : 175cm
체   중 : 95kg
혈액형 : AB형
전   과 : 특수절도, 강간 등 7범
```

3 피의자의 성장 환경 및 성격 형성 과정

1) 가정환경 및 성장 배경

현재 아버지(63세, 농업)와 어머니(53세, 농업)가 생존해 있고, 2남 2녀 중 장남이다. 부모는 피의자가 초등학교 졸업할 때까지 정미소에서 일하다가 이후 농업에 종사하고 있다. 아버지는 성격이 매우 급한 편이며, 어렸을 때부터 이유 없이 심하게 구타를 했다고 한다. 예를 들어 초등학교 때 선생님이 연습장을 준비하라고 해서 연습장을 사서 아버지에게 보여주었는데, '글도 쓸 줄 모르는 녀석이 연습장을 샀다'며 옷을 벗기고 심하게 구타한 사실이 가장 기억에 남는다고 하며 지금까지도 아버지에 대한 감정이 매우 좋지 않다고 한다. 한편, 어머니는 매우 순종적이고 자상한 편이라고 한다.

중학교 2학년 때 어머니가 숨겨 둔 10만원을 가지고 가출하여 상경한 후 약 8년 동안 중국집과 한식 식당에서 종업원으로 일했다. 94년도에 부산에서 외항선을 타기 시작하여 약 5년간 외항선 식당에서 주방장으로 일했다.

피의자의 이성관계를 살펴보면, 93년도에 펜팔로 알게 된 여성과 6개월 정도 동거하다가 동거녀가 피의자를 강간죄로 고소했으나 집행유예로 풀려났다고 한다. 한편, 부산에서 알게 된 다방 종업원과 교제했는데, 99년 11월 외항선에서 내린 후 여자를 찾아갔으나 다른 남자를 만나는 사실을 알고 그 여자의 집에 가스 호스를 잘라 폭파시키려다가 이웃에게까지 피해를 입힐 것이 걱정되어 포기했다고 한다. 그 후 일자리를 찾지 못해 2000년 7월 중순경에 고향으로 내려와 범행을 저지르기 전가지 뚜렷한 직업 없이 부모의 농사일을 거들면서 생활하고 있었다.

가정의 분위기와 사회화 과정은 성격 형성 시기에 있는 청소년의 사고, 신념, 행동에 지대한 영향을 미친다. 사회화 과정에 가장 직접적인 큰 영향을 미치는 것은 바로 부모의 양육태도로 범죄와도 밀접한 관계가 있다. 부모의 양육태도가 거부적이고 증오적인 경우 자녀들로 하여금 대인관계에 있어서의 부적응, 신경증적 행동장애, 기타 사회 비행과 같은 부적응을 유발하며, 이러한 부모의 경우 특히 아동학대와 같은 가정폭력을 행사한다. 학대받은 아동들은 자기

부모들의 처벌을 한편으로는 정당화시키면서도 부모에 대한 분노와 증오심에 불타게 된다. 피의자는 일관성 없는 처벌 위주의 가정교육을 받은 것으로 보이며, 특히 술을 마신 후 어머니와 가족들에게 폭언과 구타를 일삼는 아버지에 대한 증오심이 피의자의 무의식에 내재되어 있다가 누적된 증오심을 부추기는 촉발요인이 작용했을 때 순간적으로 억제력을 상실하게 되어 범죄성을 드러내게 하는 것으로 보인다.

폭력성과 관련하여, 범죄자들의 부모는 보다 공격적이고 애정이 빈약한 경향이 있으며 특히 아버지가 무관심하고 폭력적인 경우 자녀가 범죄자가 될 확률이 높은 것으로 알려져 있다. 또한 성격 형성 시기에 규칙적으로 신체적 학대를 당한 아동은 그렇지 않은 아동에 비해 보다 폭력적인 성향을 나타낸다. 피의자의 경우, 아버지의 일관성 없는 심한 폭행은 피의자로 하여금 성격을 형성해 가는 과정에서 충동성을 억제하고 상황을 합리적으로 판단할 수 있는 능력을 저하시킨 것으로 보인다.

2) 성 격

피의자는 자신의 성격에 대해서 내성적이며 화가 나도 표출하지 않는 성격이라고 한다. 스트레스를 받거나 화가 났을 때는 술을 마시고 혼자 산에 올라가 잠을 자거나 무작정 걷는 습관이 있다고 한다. 평소 주량은 소주 3~4병 정도이고 4병 이상 마시면 다른 사람들에게 시비를 걸어 폭력을 행사하는 등의 행동을 하며, 순간적으로 감정이 폭발하면 억제할 수 없을 정도에 이른다고 한다.

피의자의 성격 발달과정을 살펴보면 피의자가 어린 시절부터 잠재적인 범죄자로 길러져 왔음을 알 수 있다. 정신장애 중의 하나인 품행장애[66]는 발달적 영속성을 나타내는 장애이다. 물론 품행장애를 가지고 있는 아동 모두가 성인기에 정신병질적 성격장애자가 되는 것은 아니지만, 정신병질적 성격 장애를

---

66) 품행장애 10세 이전에 품행장애와 주의결핍 및 과잉행동장애가 있는 자가 성인기에 반사회적 성격장애로 진행될 가능성이 높다. 소아 학대 또는 유기, 불안정하고 변덕스런 부모의 양육태도, 일관성 없는 가정교육 등에 품행장애가 반사회적 성격장애로 진행될 가능성이 높다. 품행장애의 행동 특징은 타인의 기본 권리를 침해하고, 그 나이라면 지켜야 할 사회규범 혹은 규칙을 위반하는 반복적이고 지속적인 행동양식이다. 품행장애의 특징적인 행동은 사람이나 동물을 학대, 재산 파괴, 사기 또는 절도, 규칙 위반 등이다.

가지고 있는 성인들의 대부분이 아동기 동안 품행장애를 가진 전력이 있는 것으로 알려져 있다. 피의자 역시 전형적인 정신병질적 성격장애자로서 아동기에 품행장애가 있었던 것으로 보인다. 피의자의 품행장애의 원인은 아버지의 거칠고 일관성 없는 역할과 거부에 기인된 부모-자식관계의 손상에서 찾아볼 수 있다. 피의자의 경우, 부모 역할의 붕괴에도 불구하고 긍정적인 학교 경험이 있었더라면 정상적인 발달경로로 되돌아올 수 있었을 것이다. 그러나 중학교를 조기 중퇴한 이후 피의자가 정상적인 사회화과정을 거칠 수 있는 기회는 없었던 것으로 보인다.

성격적 측면에서 피의자는 내성적이면서 즉흥적인 판단을 하는 충동성이 매우 강하고 공격성이 강하다. 따라서 대인관계에 있어서도 장애가 있었을 것으로 보인다. 자신감이 없기 때문에 자기 주장성이 낮았을 것으로 판단되며, 사회생활과 직업적 측면에서는 고립된 상태에서 일하는데 지장이 없는 직업을 선택하게 된다.

스트레스 해소와 관련, 피의자는 스트레스를 직접적으로 해소할 수 있는 긍정적인 스트레스 대응책을 가지고 있지 못한 것으로 보인다. 특히, 어렸을 때부터 지속되어 온 아버지와의 적대적인 관계에서 아버지에게 학대를 당한 후에 그 분노를 자신이 통제 가능한 동물에게 전이시켜 개나 소 등 자신의 집에서 길러온 동물을 학대하면서 해소한 경우가 많았다. 이러한 부정적인 스트레스 해소방법은 오히려 그러한 스트레스를 더욱 내면화하도록 하는 경향이 있기 때문에 아버지의 지속적인 폭언과 폭력에 대한 분노는 더욱 증폭되었을 것으로 보인다. 이러한 분노는 충동성이 강하고 폭력성이 강한 피의자의 성격 특성상 잔인한 범죄를 유발하게 만드는 요인이었을 것으로 보인다.

3) MMPI(168) 적응진단검사 결과

피의자의 성격적 특징을 객관적으로 측정해 보기 위해 MMPI 적응진단검사[67]

---

67) MMPI(Minnesota Multiphasic Personality Inventory) 현재 세계적으로 가장 널리 쓰이는 객관적 성격 검사로 개인의 성격 특징이나 특징적인 행동을 파악하는 것 외 적응 수준, 심리 역동적 관계 및 원인, 심리치료 방법까지 파악할 수 있다. 본 피의자에게 검사한 MMPI 적응진단검사는 MMPI(다면적 인성검사)의 566문항을 168문항으로 줄인 단축형 다면적 인성검사이며 사회적응에 문제가 될 수 있는 성격이나 행동을 측정하는 임상 척도에는 건강염려성, 우울성, 히스테리성, 반사회성, 남성-

를 실시했다. 검사 결과 피의자는 특이반응 점수가 매우 높게 나타났는데, 이러한 결과는 현재 피의자가 심리적으로 문제가 많고 사회적으로 비정상적인 생활을 하고 있다고 해석할 수 있다. 반사회성 척도 점수가 높게 나타난 점으로 보아 내적으로 분노감이 많고 충동적이고 다른 사람들을 이해하거나 공감하지 못하는 특징을 지니고 있음을 알 수 있다.

④ 범죄 행동

1) 범행 동기

정신병질적 성격장애의 증후를 나타내는 피의자는 아버지에 대한 적대감, 실직으로 인한 경제력 상실에서는 오는 패배감, 배신한 동거녀에 대한 분노 등의 감정이 내면화된 상태에서 강간을 통하여 성적 욕구를 해소하려 하다가 피의자의 정신병질적 특성과 성도착적 특성이 복합적으로 작용하여 살인 및 사체손괴로 이어진 것으로 보인다.

2) 범죄 대상 선정 기준

정서적 불안, 불만, 긴장, 우울감 등으로 인하여 자신감이 결여되어 있으므로 자신이 통제 가능한 약자를 선정했다.

3) 범행 수법

① 초등학생 살인사건

피의자는 강간할 목적으로 배회하던 중 혼자 귀가하는 피해자를 발견하고 접근하였다. 피해자가 소리를 지르자 왼손으로 끌어안고 오른손으로 입을 막은 후 인적이 드문 밭으로 끌고 갔다. 피해자의 가방에서 커터칼을 꺼내 옷을 잘라 벗겨낸 후 추행을 하던 중 피해자의 반응이 없자 실신한 것으로 판단하여 인공호흡을 했지만 깨어나지 않자 부근의 묘지 뒤쪽으로 피해자를 옮겨 다시 인공호흡을 하다가 옷을 모두 벗긴 후 묘지 위에 사체를 십자형으로 눕혀 놓았다.

여성성, 편집성, 강박성, 분열성, 경조성, 내향성 등의 척도가 포함되어 있다.

② 남매 살인사건

피의자는 강간을 목적으로 고등학교 앞에서 범행 대상을 물색하던 중 한 여학생을 발견하고 뒤를 따라갔으나 여학생이 도망가 미수에 그쳤다. 그 후 다시 고등학교 방면으로 돌아가던 중에 귀가하는 남매를 발견하고 다가가서 두 명 모두 언덕 아래로 밀어 넘어뜨렸다. 이 때 남학생이 소리를 지르자 왼손으로 남학생의 목을 조르고 여학생을 엎드리게 한 후 남학생의 운동화 끈을 풀어 손을 묶고 피해자의 목도리로 얼굴을 감아 묶은 후 소지하고 있던 노끈으로 목을 졸라 살해했다.

이후 피의자는 여학생의 속옷을 소지하고 있던 칼로 찢어 벗긴 후 추행하고, 그 곳에서 약 1km 떨어진 야산으로 끌고 가 소지하고 있던 노란 끈으로 피해자의 양손과 양쪽 발을 각각 소나무에 묶은 다음 피해자가 끼고 있던 장갑을 세조각으로 잘라 입에 재갈을 물린 후 옷을 벗기고 강간했다. 그 후 칼로 여학생의 왼쪽 종아리와 오른쪽 사타구니, 가슴과 목 등을 찔러 살해하고 오른쪽 허벅지 살(가로 15.5cm, 세로 20cm)을 도려내어 비닐봉지에 넣어 가지고 귀가했다.

피의자는 동거녀와의 이별로 인하여 장기간 성적 욕구불만이 쌓인 상태에서 강간을 통하여 성적 욕구를 해소하려고 했으며, 강간 대상으로는 미성년자인 여자 초등학생과 고등학생을 선택했다. 그 이유는 피의자의 심한 좌절감, 열등감, 패배감으로 인하여 성인 여성에게는 정상적으로 접근하지 못하고 자신이 쉽게 통제 혹은 제압할 수 있는 약한 여자들을 선택하기 위한 것으로 보인다. 이런 성적 욕구불만과 내면화된 분노를 표출하는 방식에 있어서 자신을 배반한 여성에게는 보복하지 못하고 상대적으로 자신보다 무력하고 충분히 제압하고 통제할 수 있는 대상에게 분노를 표출함으로써 성취감을 느꼈을 것으로 보인다.

상황적으로는, 자신의 의도와는 달리 세상에서 가장 증오하는 아버지의 집에서 장기간 체류하게 되면서 내면에 불만과 분노가 비정상적으로 증폭된 상태였기 때문에 자신에 대한 열등감과 무력감이 증가하게 되고, 자신보다도 상대적으로 힘이 없는 범행 대상에 대한 지배나 통제를 통해서 무력감에 대해 보상받으려고 한 것으로 보인다.

피의자의 범죄를 분석해보면, 첫 번째 범죄는 철저하게 계획되지는 않았으며 강간을 목적으로 했던 범죄가 강간을 시도하기 전에 살인으로 진행된 것이며, 두 번째 범죄는 계획한 후에 범행 대상을 추적하다가 실패했고, 다음 범행 대상인 남매를 살인 및 강간살인하였다. 피의자의 범죄는 연속성을 띄고 있는 것으로 보아야 하며, 첫 번째 범죄는 철저하게 계획되지 않았지만 뒤따르는 범죄에서는 사전 계획이 따르면서 범행 수법이 점점 향상된다는 것을 알 수 있다.

피의자의 연쇄살인범죄는 체계적인 특성과 비체계적 특성이 아주 복잡하게 혼합되어 있다. 피의자의 잠재적 범죄성과 상황적, 심리적 요인들이 얽혀 있음을 짐작할 수 있다.

범행 계획적 측면에서 순간적인 충동에 의한 1차 범죄에서 점차 계획적으로 범행을 구상하여 진행한다. 1차 범죄에서는 준비된 범행 도구 없이 피해자의 옷과 가방, 커터칼 등을 이용하였지만, 2차 범죄는 어느 정도 계획적으로 이루어지기 때문에 노끈과 칼을 준비하였다. 범행 대상을 선택하는데 있어서 피해자를 계획적으로 선택하지 않은 점, 재빨리 실신시키거나 얼굴을 가리는 방법을 이용하여 피해자들을 제압한 점, 사체를 숨기려고 노력하지 않은 점 등은 피의자의 비체계적 특성을 보여주는 것들이다. 살인범의 혼란스러운 심리 상태를 가장 잘 드러낸 점은 바로 피의자가 살인 후 사체를 훼손한 방법이다. 여기에서 피의자의 비체계적 범죄의 전형을 볼 수 있다. 그러나 1차 범행 후 범죄 현장을 조작하고 2차 범행을 계획한 점 등은 체계적 범죄의 특성을 보이는 것이다.

1차 범행에서 피의자는 피해자의 사망을 확인한 후 나체 상태로 묘지 위에 십자 모양으로 눕혀 놓았었는데, 이에 대해 피의자는 자신도 모르게 그렇게 했다고 진술했다. 그러나 범죄분석적 측면에서 보았을 때 피의자는 피해자를 강간하지 않았으며, 자신의 범행을 목격한 사람이 없었기 때문에 피의자의 신원이 확인되지 않았을 것으로 확신했을 것이다. 따라서 마치 피해자가 강간당한 후 살해된 것처럼 현장을 조작한 것으로 보이며, 한편으로는 어린 시절 피의자가 아버지로부터 학대를 당할 때 발가벗겨서 문 밖에 쫓겨나거나 언제나 발가벗긴 상태에서 폭행을 당했는데, 이때의 수치심이 잠재되어 있다가 무의식적 행동으로 나타났을 가능성이 있다. 한편 사체의 전시에 대해서, 성인이 되어서도 여름에 아무리 더워도 노출이 심한 반소매 셔츠와 반바지를 입지 않았다는 진술을 토대로 피해자의 옷을 벗겨 남의 눈에 잘 띄도록 무덤 위에 십자 형태로 전시한 점은 어렸을 때의 잠재된 수치심을 피해자를 통해 노출시킨 것으로 보이는데 이러한 수법은 피의자의 내면의 세계에 대한 이해를 통해서만 가능한 것이다.

살해 직전에 피해자에게서 '살려주면 날 신고할 거지?'하고 여러 차례 물은 점을 보았을 때 피의자는 잠시 동안 심적으로 갈등한 흔적을 볼 수 있지만, 이미 남학생을 살해한 후였고 피해자를 강간했기 때문에 이 상황에서 빠져나오는 방법이 없음을 알고 살인을 결심했을 것이다. 오히려 피의자는 강간 전이나 강간을 하는 동안, 그리고 강간 후까지도 복종적이고 겁에 질린 피해자를 보면서 피해자의 목숨을 자신이 지배하고 있다는 점에서 성적 흥분을 느꼈을 수도 있다. 피해자의 시체에서는 살해를 목적으로 칼로 찌른 흔적 외에 칼로 그은 흔적이 있었는데 이는 아마도 피해자를 살해하기 전에 고문한 흔적으로 보여지며 피해자가 심리적으로 그리고 육체적으로 고통을 받으면서 죽어 가는 것을 보면서 성적 만족감을 극대화시킨 것으로 보인다. 이러한 성적 가학증이 정신병질적 성격장애와 맞물려 살인 및 사체 손괴로 이어진 것으로 보인다.

일반적으로 사체 훼손은 치정이나 정신병 또는 치정으로 위장하기 위한 조작 및 극한 분노의 표출인 경우 발생하는 것으로 보는데, 본 사건에서 피해자의 성기를 비롯한 신체 각 부분을 수회 칼로 찌른 행위는 피의자 자신에 대한 열등감 및 무력감과 자신을 배신한 동거녀를 포함한 불특정 대상에 대한 분노 표출로 보여진다.

한편, 피의자는 칼로 찔러 살해한 후 허벅지 부위의 살점을 도려내어 사체를 훼손했는데, 이에 대해서는 전혀 기억이 나지 않는다며 의도적으로 진술을 회피했다. 이는 자신의 범행을 부정하고 싶어하는 무의식적 방어기제를 발동하고 있는 것으로 보인다. 체계형 살인범들 중에는 반지나 목걸이 등 피해자의 소지품을 범행의 기념물로 가져가는 경우가 있다. 이러한 물건은 질적인 가치가 있어서라기보다는 피해자를 다시 떠올려 범행 당시의 흥분을 지속시키기 위한 것이다. 그러나 비체계적 살인범들은 기념물로 피해자의 소지품 대신에 사체의 일부를 절단하거나 전혀 값어치가 없는 것들 말하자면, 옷이라든가 머리카락 등을 가져간다. 피의자가 사체의 일부 도려내어 집에 가져간 행위 역시 범행 당시 흥분한 상태에서 전리품을 챙긴 행위로 보여진다. 이는 피의자의 혼란스러운 심리상태를 반영하는 동시에 평소 피의자가 주방장으로 일해왔기 때문에 무의식적으로 학습된 행동 양식 중의 하나로 이해할 수 있다. 피의자는 어려움 없이 사체를 도려내어 평소 산에 다닐 때 소지하고 다니던 비닐봉투에 싸가지고 집으로 돌아왔다. 그러나 다음날 아침 주방에 있는 것을 발견하고 한참 뒤에야 자신의 범행을 기억해냈다는 진술을 보면 무의식적으로 학습되어 생활화된 행동임을 알 수 있다.

피의자는 면담과정에서 마지막 범행을 하기 전 자살하고 싶은 생각이 있었다고 했는데 실제 피의자가 자살을 시도하지는 않았다고 할지라도 어느 정도 현실에서 도피하고 싶어하는 내적 심리상태를 반영하는 것으로 보인다.

살인과 자살은 모두 공격적 행동이라는 점에서 동일하지만 자살은 자신을 향한 내부지향적인 공격성인 반면 살인은 다른 사람을 향한 외부지향적 공격성이다. 공격성은 좌절감의 결과이다. 피의자의 살인행위는 좌절감으로 인한 내부지향적 공격성이 외부로 치환된 결과로 보인다.

⑤ 종합 분석

본 사건은 초등학교 여학생과 중·고등학생 남매를 강간살해한 후 허벅지 살을 도려내는 등 사체를 손괴한 엽기적인 사건으로, 피의자는 연쇄적으로 살인을 저지른 후에도 자신의 범행에 대해 정서적으로 무감각하고 죄의식이 없는 등 전형적인 정신병질적 특성을 나타내고 있다.

가정환경과 사회환경이 불우하고 불만스러워 잔인하고 흉폭한 환상을 키워온 대부분의 잠재적인 범죄자들은 흉악범죄를 저지르기 이전을 살펴보면 반드시 어떤 스트레스가 존재한다. 만약 이들이 그 어떤 스트레스를 경험하지 않았다면 극도로 잔인한 범죄자가 되지 않을 가능성이 높다고 볼 수 있다.

어떤 의미에서는 부모가 자녀에게 가하는 처벌이 자녀를 학대하거나 거부하는 하나의 방법일 수 있다. 더군다나 공격적인 처벌은 자녀들로 하여금 공격 행동에 대한 죄의식과 억제를 점차 해제시킨다. 어린 시절의 심각한 정신적 혹은 신체적 상처를 입은 사람들은 완전히 정상적인 생활로 이어질 수 없기 때문에 학대의 주기는 영속된다고 볼 수 있다. 말하자면 폭력적인 아버지가 아이들을 범죄자로 키울 가능성이 높은 것이다. 실제 아버지의 일관성 없는 잦은 구타는 피의자로 하여금 범죄적인 환상과 행동이 발현되게 하는 환경을 조성했다고 볼 수 있다. 피의자의 아버지와의 관계는 어린 시절부터 피의자로 하여금 심리적으로 위축하게 만드는 근본적인 원인이었으며 이로 인해 정신성욕적으로나 사회적으로 피의자가 점차 비정상적으로 되었고, 열등감과 피해의식을 심화시키고, 대인관계에서 장애를 나타나게 한 것이다.

피의자의 성격 발달과정 통해서 이미 어린 시절부터 범죄성향이 싹트기 시작한, 품행장애를 가지고 있는 잠재적 범죄자였음을 알 수 있다. 면담과정에서 피의자는 자신이 어린 시절부터 아버지로부터 학대를 당한 후 집에서 길러오던 강아지를 때리면서 화를 풀었다고 진술했는데, 강아지에게 학대를 되풀이함으로써 아버지로부터 당했던 학대를 보상받았음을 알 수 있다. 일반적으로 어린 아이들이 고의로 동물 특히, 애완동물에게 학대행위를 하지는 않는다. 그러나 이상성격의 아이는 동물에게 아무런 양심의 가책 없이 가혹한 학대행위를 할 수 있는 것이다.

종합적으로 보았을 때, 어린 시절부터 아버지로부터 가혹한 처벌을 받으면서 심리적 상처나 분노, 그리고 두려움 등의 감정들을 적절하게 표출하지 못하고 내면화하면서 자라났고, 가출 후에 가족과도 거의 교류가 없어 가족간 애정이 결여된 상태에서 친구나 동료 등 다른 사람들과도 정상적인 인간관계를 맺지 못하고 점차 고립되어 지내면서 정신병질적 특성이 굳어졌다. 실직 후에 경제적 무능력으로 인한 패배감, 동거녀의 배신으로 인한 심리적 상실감과 좌절감, 아버지와의 갈등 관계가 지속되면서 계속되는 정서적 빈곤감 등이 정신병질적 특성과 맞물리면서 범조를 촉발하게 되었다고 볼 수 있다.

일단 피의자는 1차 범죄를 저지르면서 두려움과 스릴을 동시에 느꼈을 것으로 보인다. 완전히 계획적이지는 않았지만 범행을 저지르는 과정에서 피의자는 고도의 흥분을 경험했을 것이다. 특히 매스컴을 통해서 자기가 저지른 범죄의 수사 진행과정을 알았을 것이고 자신이 검거될지 모른다는 불안감과 긴장감으로 며칠을 보냈을 것이지만 검거되지 않았고 수사가 미궁에 빠지는 듯하자 긴장이 풀렸을 것이다. 시간이 흐르면서 피의자는 검거되지 않고 다시 범행을 할 수 있을 것이라고 확신감이 생겼을 것으로 보인다.

본 범죄의 피의자는 연쇄살인을 저지른 데다 끔찍하게 사체를 손괴했기 때문에 정신병적 상태에서 범죄를 저질렀을 것으로 추정했었다. 그러나 면담 결과 피의자는 단지 체계적인 살인범의 특성과 비체계적인 살인범의 특성이 복잡하게 얽힌 혼합형 살인범이었을 뿐, 왜곡이나 현실 판단 장애를 나타낼 정도의 정신병적 상태는 아니었다. 어린 시절부터 형성되어 온 정신병질적 심리특성이 상황적 요인과 맞물리면서 흉악범죄의 양상을 띄게 된 것으로 보인다. 본 사건은 보기에 강간이 목적이었던 것으로 보일 수 있으나 피의자의 성적 문제뿐만 아니라 내부에 갈등으로 남아있는 정서적 문제를 해결하기 위한 범죄였다는 점에서 강간살인은 예측된 것이었다.

흉악범죄자들은 대부분이 어린 시절에 당했던 학대가 원인인 경우가 많다. 따라서 범죄를 사전에 예방하기 위해서는 어린 시절의 건강한 가정환경을 조성해준 것이 무엇보다도 중요하다는 것을 확인시켜 준 사건이었다. 앞으로 범행 수법 및 현장, 피의자의 심리분석 등 참고로 유사 범죄 해결에 도움이 될 수 있기를 기대해 본다.

제8절 연쇄 절도 사건

1 사건 개요

피의자는 2000년 5월 말부터 200년 11월 2일 20:00경 검거되기까지 서울 구로구 일대 주택가에서 수회 걸쳐 빨래 건조대에 있던 속옷과 정장 등 여성용 의류 약 200여 점과 하이힐 등 여성용 신발 20여 켤레를 상습적으로 절취한 사건이다.

학　력 : 고등학교 졸업
병　역 : 육군 제대
　키　 : 163cm
체　중 : 59kg
혈액형 : AB형

③ 피의자의 성장 환경과 성격 형성 과정

1) 가정환경 및 성장 배경

피의자의 아버지(60세, 농업)와 어머니(60세)가 생존해 계시고, 2남 4녀 중 막내로 누나 4명과 형이 있다. 피의자의 부모는 모두 차분한 성격이며, 아버지가 술을 드신 후에 어머니를 폭행하기도 하고 서로 싸우기도 했지만 자식들에게 매를 드는 일은 없었다고 하며, 형제간에도 큰 문제가 없었다고 한다. 학창 시절에 공부를 싫어하긴 했지만 평범하게 보냈다고 한다.

어린 시절에 여자들과 많이 놀았냐는 질문에 누나들, 동창, 후배 등 여자들과 놀았던 것과 남자들과 놀았던 것이 반반 정도라고 했으며, 여자 친구가 있었냐는 질문에는 여자 친구를 멀리서 지켜보기만 했고 여자 앞에서는 말을 하지 못했으며, 특히 자신이 좋아하는 여학생이 지나가면 로봇이 된 것처럼 얼어붙어 움직이지 못할 정도였다고 했다.

고등학교를 졸업한 후 상경하여 자동차정비학원을 다녔으며, 95년도 군 제대 후부터 누나가 경영하는 만화가게의 점원, 저널이나 신문 발송업체 직원, 지게차 기사, 주방 세트 영업사원, 건축 설비업 등을 전전했다.

피의자는 큰 문제가 있는 가정에서 성장한 것으로 보이지는 않는다. 그러나 누나가 4명이나 있었기 때문에 누나들과 많은 시간을 보내면서 자연스럽게 여성에 대해 관심을 가지게 되고 또 여성의 성역할에 익숙해진 것으로 보인다. 피의자는 성장하면서 '누나들의 옷을 한두 번 입어 본 후 누나들의 옷을 절대 입지 않았다'며 상당히 격양된 어조로 말했는데 아마도 성장기에도 여성과 여성

옷에 대한 관심이 있었지만 이 사실을 스스로 인정하고 싶지 않기 때문에 강하게 부정하고 있는 것으로 보인다.

피의자의 성장 과정과 현재의 문제를 고려해 보았을 때, 어린 시절과 성장기에 가졌던 여성과 여성 옷에 대한 관심이 내재화되어 있다가 성인이 된 후 술을 마시는 것을 계기로 억압되었던 욕구가 표출되어 여성의 옷과 신발 등을 절취했으며, 절취한 옷을 입어보고 여성이 된 것처럼 행동함으로써 스스로 여성이었으면 하는 바램을 나타낸 것으로 보인다.

2) 성 격

피의자는 자신의 성격에 대해서 '활발할 때는 매우 활발하고, 온순할 때는 매우 온순하다'고 하면서 자신의 성격이 다양한 것 같다고 했다. 친구는 많지 않았다고 했는데 그 이유에 대해서 자신은 말을 잘 하지도 못하고 친구들과 잘 어울리는 스타일이 아니기 때문이라고 했다. 친구들을 만날 때 자신은 말을 하지 않고 친구들의 얘기를 듣기만 하는데, 자신이 한번 말을 시작하면 혼자서 계속 떠들고, 입을 닫으면 아무 말도 하지 않기 때문에 친구들 앞에서 일부러 말을 하지 않으며 그래서 친구가 없다고 했다.

피의자는 성적인 문제를 제외하고는 성격적으로 특별한 문제는 없는 것으로 보이지만 적절한 대인 관계를 갖지 못하는 등의 사회심리적으로 다소 고립되어 있었다는 특징이 있다. 이런 현상은 일정한 직업을 가지지 못하고 직업을 자주 바꾸는 경향과 친구들을 사귀지 못하고 상당히 제한된 범위에서만 대인 관계를 유지하는 경향에서 잘 나타난다.

피의자는 남자와 여자를 그려보라고 했을 때 남자를 마치 여자처럼 긴 머리에 바지를 입고 있는 그림을 그렸는데 '이 그림이 남자를 그린 것이냐?'는 질문에 '남자의 모습이에요'라고 했으며, 여자의 그림은 마치 나무 같은 모양의 그림을 그렸을 뿐 '여자의 모습을 어떻게 그려야할지 잘 모르겠다'고 했다. 이 검사를 통해 피의자는 자신이 남성이면서도 남성을 여성처럼 인식하는 성역할 전이 현상(性役割 轉移 現狀)을 보이고, 성정체감(性情體感)이 정상적으로 형성되지 못한 것으로 판단된다.

3) 성적 장애 및 성 정체감 장애

피의자는 이웃집에 들어가 여성의 옷과 신발을 절취하고, 훔친 여성의 속옷과 겉옷을 입고 신발을 신은 상태에서 거울에 모습을 비춰보는 행동을 심리적인 문제로 생각하고 있지 않았으며, 단지 이런 자신의 행동이 '얼마나 한심하고 웃기는 짓인가'라고 하면서 이런 행동을 고쳐야겠다고 만 했다.

피의자는 여성의 옷과 신발을 신고 '여자이고 싶다'는 충동을 표현한 행동에 대해 성적인 혹은 성정체감적인 문제라기 보다는 자신이 술을 마셨기 때문에 나타나는 행동으로 귀인(歸因)하는 경향이 있었다.

피의자의 성적 행동에 대해, TV를 보다가 자신이 좋아하는 여성이 나온다든지, 지나가다가 얼굴이 예쁘고 몸매가 좋은 여성을 보면 그 모습을 기억해 두었다가 그 모습을 상상하면서 자위행위를 했다고 하며, 자신이 절취한 여성의 옷과 신발을 자위행위와 연결시키지는 않았다.

피의자의 경우 복장도착적 물품음란증(服裝倒錯的 物品淫亂症)[68]과 성정체감 장애(性正體感 障碍)[69]를 동시에 가지고 있는 것으로 판단된다.

---

[68] 복장도착적 물품음란증의 진단 기준(DSM-Ⅳ 참고)
　　A. 옷 바꿔 입기를 중심으로, 성적 흥분을 강하게 일으키는 공상, 성적 행동이 반복되며, 적어도 6 개월 이상 지속된다.
　　B. 이러한 공상, 성적 충동, 행동이 임상적으로 심각한 고통이나 사회적, 직업적, 또는 다른 중요한 기능 영역에서 장해를 초래한다.
　　성불쾌감이 있는: 자신의 성역할이나 성정체감에 지속적으로 불편을 느낄 때
[69] 성 정체감 장애의 진단 기준(DSM-Ⅳ참고)
　　A. 강하고 지속인 반대 성과의 성적 동일시(반대 성이 된다면 얻게될 문화적 이득을 단순히 갈망하는 정도여서는 안 된다.)
　　소아의 경우 다음 사항 중 4가지 이상양상이 드러난다.
　　⑴ 반복적으로 반대 성이 되기를 소망한다.
　　⑵ 소년은 옷 바꿔 입기 또는 여성 복장 흉내내기를 좋아함. 소녀는 인습적인 남성 복장만 고집한다.
　　⑶ 놀이에서 강력하고 지속적인 반대 성 역할에 대한 선호, 혹은 반대 성이라고 믿음
　　⑷ 반대 성의 인습적인 놀이와 오락에 참여하기를 간절히 원함
　　⑸ 반대 성의 놀이 친구에 대한 강한 편애
　　청소년과 성인에서 이 장애는 반대 성이 되고 싶다는 욕구의 표현, 빈번히 반대 성으로 행세, 반대 성으로 살거나 취급받고자 하는 소망, 그리고 반대 성의 전형적인 느낌과 반응을 자신이 갖고 있다는 확신과 같은 증상들이 나타난다.
　　B. 자신의 성에 대한 지속적인 불쾌감 또는 자신의 성 역할에 대한 부적절한 느낌

4) 복장도착적 물품음란증(transvestic fetishism)

복장도착적 물품음란증은 옷을 이성의 것으로 바꾸어 입는 것을 말하는데, 이 장애를 가지고 있는 남자는 여자 옷을 수집하여 옷을 바꿔 입으며, 옷을 바꿔 입고 있는 동안 자신을 성적 공상속의 주인공으로 상상하면서 대개 자위행위를 한다. 이 장애는 이성애적인 남자에게서만 보고되고 있으며, 일부는 여성 의복 중 한 종류만 착용하기도 하고(예 ; 속옷 또는 스타킹), 일부는 전체적으로 여장을 하고 화장을 하기도 한다. 그러나 복장도착적 물품음란증을 보이지 않을 때는 보통 남성의 복장을 착용한다.

피의자의 경우처럼 소아기나 초기 성인기에 옷 바꿔입기를 하면서 시작되지만 많은 경우에 성인이 될 때까지 대중 앞에서는 옷 바꿔입기를 하지 않는다. 초기의 부분적인 옷 바꿔입기는 점차 진행되면서 전체적인 복장을 바꿔입는 단계로 넘어가며, 이들이 선호하는 옷가지는 그 자체가 성적 자극물이 되고 처음에는 자위행위 시에 사용되다가, 나중에는 성교시 습관적으로 사용하기도 한다. 이런 특징에 대해 피의자는 자신이 절취한 여성의 옷과 자위행위를 연결시키지 않는 경향을 나타냈다.

복장도착적 물품음란증을 가지고 있는 일부 사람들은 옷 바꿔 입는 동기가 시간이 지남에 따라 임시적으로나 영구적으로 바뀌게 되어 옷 바꿔입는 것에 성적 흥분이 감소되거나 사라지기도 한다. 이 경우 옷 바꿔입기는 불안이나 우울을 완화하여 편안함을 느끼게 해주기도 한다.

소아의 경우 이 장애는 다음 중 어떤 양상으로든 드러난다.

소년의 경우 자신의 음경 혹은 고환을 혐오하거나 그것이 사라질 것이라는 주장, 음경을 가지지 않은 것이 더 낫다는 주장, 난폭하고 거친 놀이에 대한 혐오, 전형적인 소년 전용의 장난감, 오락, 활동을 거부함.

소녀의 경우 앉은 자세에서 소변보기를 거부, 음경이 있다고 혹은 갖게될 것이라고 주장, 유방이 커지지 않을 것이고 월경을 원하지 않는다고 주장, 일상적인 여성 복장에 대한 강한 혐오감. 청소년과 성인의 경우 이 장애는 제 1차 성징과 제 2차 성징을 없애려는 집착(예: 반대성을 자극할 목적으로, 신체적으로 성적 특징을 변화시키고자 호르몬, 외과적 수술, 혹은 기타의 치료법을 요구), 또는 잘못된 성으로 태어났다고 믿는 등의 증상이 나타난다.

C. 이 장애가 신체적 양성(중성 혹은 간성) 상태에 동반되지 않는다.

D. 이 자애가 임상적으로 심각한 고통이나 사회적, 직업적, 혹은 다른 중요한 기능 영역에서 심한 장해를 일으킨다.

피의자의 경우, 여성들과 성경험이 거의 없다고 했는데 성관계를 하기 위해 여자가 있는 곳에 가기만 하면 '무표정한 부모님 얼굴'이 떠오른다고 했다. 또한 군대를 제대한 후에는 혼자 술 마시고, 혼자 노래하고, 오로지 남자들과 어울렸으며 여자들과 절대 같이 놀지 않았다고 하는데, 이런 증상은 복장도착적 물품음란증의 성적 흥분 효과가 줄어든 현상을 반영하는 것으로 보이기도 하고 여성에 대한 반동 형성(反動 形成)이라는 무의식적 방어기제(無意識的 防禦機制)가 작용한 것으로 보이며, 이후에는 이성에 대한 관심을 억지로라도 떨쳐버리고 싶어하는 무의식적 욕구 때문에 여성들과 어울리지 못하는 행동 혹은 여성들과 성관계를 하지 못하는 행동을 한 것으로 보여진다.

이 장애를 가지고 있는 소수의 사람들은 자신의 성에 대한 불쾌감이 임상 증상으로 고정되어 여장을 하고 싶거나, 영원히 여자로 살고 싶고, 호르몬이나 외과적 치료를 받으려는 욕망을 느끼게 되는데, 피의자의 경우도 여자가 되고 싶다는 욕망을 옷 바꿔입기로 나타내기는 했지만, 호르몬이나 외과적 치료를 받고자 하는 단계까지 발전하지 않았다.

복장도착적 물품음란증이 있는 사람들에게 자신의 성에 대한 불쾌감이 나타나면 병원을 찾아 치료 단계로 들어가는 경향이 있는데, 피의자의 경우는 동성애적 경향이나 성전환에 대한 의지를 보이지 않았으며, '한 번도 그런 생각을 한 적도 없고, 그런 자체를 혐오한다'고 강한 부정을 하는데 이 단계까지는 발전하지 않은 것으로 보인다. 따라서 피의자는 자신의 성정체감에 대한 불쾌감 증후를 나타내면서 성정체감에 대한 혐오가 복장도착적 물품음란증의 일부 증상으로 나타난 특징을 보여준다.

5) 성정체감장애(gender identity disorders)

성정체감장애가 소아기에 나타나는 사람들은 남아인 경우, 전통적인 여성적 행위를 좋아해서 소녀의 옷이나 여성의 의류를 좋아하고 실물을 구할 수 없을 때는 이용 가능한 물건을 이용하여 여성적인 분위기를 나타내기도 한다. 수건, 앞치마, 스카프 등이 긴 머리나 치마를 표현하는데 이용되고, 여성적 게임과 여아들의 유희에 강한 호기심을 나타낸다. 놀이를 할 때 거의 여성의 역할을 담당하는 경향이 있고 여자가 되기를 원하고 자라서 여자가 될 것이라고 확신하는 경향이 있다.

피의자처럼 성인인 경우, 반대 성(性)으로 살기를 원하며 이러한 소망에 매우 집착하는데, 이런 집착은 반대 성의 육체적 모습을 갖추려는 강한 소망으로 표현된다. 이 장애를 가진 성인들은 자신에게 부여된 성적 성향을 남에게 지각되고, 사회에서 그러한 성역할을 해야 하고, 그러한 같은 성을 가진 사람들과 살아가기를 불편해 한다. 다양한 정도로 반대 성의 모습을 갖추고자 많은 시간을 소비하며, 사회생활에서는 반대 성으로 지내려고 하는 소망이 표현된 행동을 많이 한다.

성정체감장애가 있는 사람들에게 있어서 심리적 고통이나 사회적 기능 장해는 생활주기에 따라 다르게 나타난다. 소아 초기에는 자신에게 부여된 성에 대한 불행감으로 나타나며 반대의 성이 되고자 하는 소망이 일상적인 활동을 방해한다. 소아 후기에는 비슷한 동성 또래와의 관계 및 사회적 기술의 실패로 인해 사회적 고립과 심리적 고통을 겪게 되고, 어떤 소아는 이미 결정된 성에 맞는 옷차림을 해야 한다는 고통과 압력으로 인해 학교 가기를 꺼려한다. 사춘기와 성인기에서는 반대의 성이 되고자 하는 욕구가 일상생활을 방해하고 대인관계나 학교 혹은 직장에서의 기능에 장해를 초래한다.

피의자의 경우는 어린 시절 반대 성 행동의 과거력이 뚜렷하게 나타나지는 않았지만, 사회적, 개인적 스트레스 상황과 술을 마시면서 자신의 통제력이 약화된 상황에서 무의식에 억압되어 있던 여성 역할에 대한 충동 혹은 욕구가 더욱 강해져서 여성이 되고 싶다는 표현 행동이 옷 바꿔입기라는 복장도착적 물품음란증으로 나타나는 경향을 보였다.

④ 범죄 행동

1) 최초 범죄 및 동기

피의자는 몇 년 전부터 여자 물건에 관심을 가졌으며, 실제로 여성의 옷을 훔치기 시작한 것은 95년도 군 제대 후 누나가 운영하는 만화가게에서 종업원으로 일할 때 친구를 사귀게 되었는데 그 친구와 같은 회사를 다니면서 술을 마시다가 갑자기 술을 마신 후 생각이 나서 여성 팬티를 가져온 것이 최초로 여성 물건을 절취한 범죄라고 한다.

피의자는 최초로 여성의 물건을 절취한 것에 대해 어디서, 어떻게 가져왔는지 모르겠다고 하면서 술에 취해서 그랬던 것일 뿐 다른 이유는 없고 단지 호기심에서 여성의 물건을 훔쳐오고 싶었다고 했다.

2) 범죄 동기

여성의 물건을 가져오게 된 동기는 외국 영화에서 변장술에 능한 여장한 남자를 보고 호기심에서 한 번 해보고 싶었기 때문에 시작된 것 같다고 하며, 평소에는 그런 생각이 없다가 술에 취하면 몸에 열이 많이 나서 갑자기 '훔쳐와야겠다'는 생각이 났을 때 작은 배낭을 메고 주택가 빨래 건조대에서 여자 옷을 가져오게 되었다고 한다.

'왜 여자 물건을 훔쳐오게 되었다고 생각하는가?'라는 질문에 '어렸을 때 여자가 되고 싶었다. 초등학교 가기 전에 여자가 되고 싶다는 생각을 했었지만 지금은 수술해서 여자가 되는 것은 싫다'고 했다. 피의자는 여성들의 옷과 신발을 훔쳐와서 약 3~4차례에 걸쳐 속옷과 정장 그리고 하이힐을 신고 거울에 그 모습을 비춰보는 행동으로 자신이 '여자가 되고 싶다'는 내적 욕구를 충족시키기도 했다.

피의자는 여성 옷과 신발을 가져오기는 했지만 술에 취해서 그 같은 행동을 했다고 귀인했다. 여성들의 옷을 절취해 온 것에 대해, 자신은 술에 취한 상태에서 호기심에서 한 행동이었으며, 어린 시절 여자가 되고 싶었다는 생각을 하기는 했지만 수술을 통해 여자가 되는 것은 싫다고 했는데, 이런 피의자의 진술을 토대로 어린 시절 여자가 되고 싶다는 내적 욕구는 현실과 너무나 괴리된 것이므로 무의식적으로 억압되었고, 억압된 무의식적 욕구가 평소에는 사회적 압력이나 자신의 의지에 따라 억제되고 통제되었지만 술을 마시는 것을 계기로 외부로 표출되어 여성의 옷과 신발을 절취하고 이를 입어보는 것으로 욕구 해결을 해왔던 것으로 보인다.

특히 피의자는 복장도착적 물품음란증과 성정체감장애를 동시에 가지고 있어서 여자가 되고 싶다는 내적 욕구가 여성의 옷과 신발을 절취해 입어 보는 복장도착적 물품음란증 행동으로 나타난 것으로 보인다.

3) 범죄 수법

피의자는 술을 마시다 갑자기 여자 물건을 가져오고 싶은 생각이 들면 밤 12~1시경 작은 배낭을 메고 밖으로 나가 다세대 주택의 대문이나 현관문이 열린 집의 빨래 건조대에서 '예쁘장한' 여성 속옷과 옷을 훔치고, 신발장을 열어보고 자신이 좋아하는 하이힐이 있으면 가져 왔다.

몇 년 전부터 여성의 속옷을 1~2개씩 가져온 경험이 있기는 하지만 올해 3월경 주 범행지역이었던 구로구 ○○동으로 이사를 왔는데, 3개월 정도는 술을 마시고도 가져오고 싶은 충동이 없다가 올해 6월 초부터 본격적으로 훔치게 되었다고 한다. 5개월에 걸쳐 1주일에 1~2회씩 작은 배낭으로 하나 가득 훔치기 시작했으며, 검거 당시 약 200여 점의 여성 옷과 20여 켤레의 신발이 있었다.

피의자는 속에는 여장을 하고 겉에는 자신의 체육복을 입고 있는 상태에서 검거되었다. 검거 당시 집에 이런 여성의 옷들이 많다며 술에 취해서 남의 집 빨래 건조대에서 가져온 것이라고 자백했다고 한다.

〈경찰이 압수한 여성 물품의 목록〉

번호	품명	수량	번호	품명	수량
1	여성용 바지	7	7	속치마	1
2	여성용 상의	38	8	팬티 스타킹	10
3	여성용 팬티	63	9	코르셋	1
4	스커트	17	10	판타롱 스타킹	12
5	여성용 티셔츠	24	11	레이스 러닝셔츠	1
6	브레지어	38	12	여성용 신발	21

5 범죄 후 행동

피의자는 현재의 거주지에 이사를 온 후 약 5개월에 걸쳐 2주에 1~2회 배낭을 이용해 많은 여성 물품을 절취했으며, 자신이 선호하는 물품을 속옷은 속옷대로, 스타킹은 스타킹대로, 겉옷은 겉옷대로 잘 정리하고 분류해서 보관을 하고, 자신의 취향에 맞지 않는 것은 버리기도 했다.

여성의 옷과 신발을 절취하여 가방에 보관하고 있다가 술을 마신다든지 혹은 갑자기 여성의 옷을 입고 싶을 때는 속옷부터 스타킹과 겉옷 그리고 신발까지 신고, 옷의 모양과 신발이 어울리는 지, 혹은 다른 옷들도 입어보고 옷이 잘 어울리는 지를 알아보는 등 약 3~4차례에 걸쳐 여성 옷을 다 갖추어 입은 상태로 거울을 보기도 했다. 이런 행동을 통해 거울에 비친 자신의 모습에 만족스러워하기도 했고, 자신의 행동에 대해 '미친 짓'이라고 자책하기도 했다.

여성의 옷을 다 갖추어 입어보았을 때 '처음에는 기분이 좋았는데, 많이 입어보니까 기분이 좋아진다는 것을 별로 느낄 수 없었다'고 하며, 거울에 비친 자신의 모습을 보면서 '미쳤다 남자가 이게 무슨 짓인가'라는 생각이 들어 바로 벗어서 가방에 다시 넣어두었다고 한다.

'언제 여성의 옷을 입어보는가?'라는 질문에는 자신도 잘 모르는데, 어느 순간 입고 싶다는 생각이 들면 잠깐 동안 입고 있다가 다른 사람들 것이라 '기분이 별로 좋지 않고 갑갑하기도 해서 바로 벗어버렸다'고 한다.

경찰이 압수한 물품 외에도 피의자가 이웃에서 절취한 여성용 물건이 더 많았는데, 자신의 취향에 맞지 않는 여성의 옷과 신발 등을 20리터 쓰레기 봉투에 넣어 3개 정도를 버렸다고 한다.

경찰에 검거되기 직전에도 여성의 옷을 갖추어 입고 하이힐도 신고 있는 상태로 술을 마시다 술이 떨어져 '술을 더 사와야겠다'고 생각해 입고 있던 여성의 옷 위에 자신의 체육복을 덧입고 밖에 나갔다가 검거되었다. 여장을 하고 밖에 나간 것에 대해서 평소에도 그런 생각을 한 적이 있으며 검거 당시도 여장을 하고 밖에 나가보고 싶은 생각이 있었다고 했다.

6 종합 분석

피의자는 특별한 성격적인 장애가 나타나지는 않았으며, 복장도착적 물품음란증과 성정체감장애를 동시에 가지고 있는 것으로 보인다. 피의자의 경우처럼 성인기에 이런 성정체감장애가 나타나게 되는 과정은 크게 두 가지가 있는

데, 첫 번째는 어린 시절이나 사춘기 초기에 발생한 성정체감장애가 지속되는 경우이고, 둘째는 반대 성 동일시의 명확한 징후가 보다 늦게 점진적으로 나타나고 대개 성인기 초기 또는 중반기에 임상적으로 발견되는 경우가 있다. 이런 장애의 발달 과정에서 피의자는 두 번째 경우에 해당하는 것 같다. 피의자의 경우처럼 이런 장애가 늦게 나타날수록 반대 성 동일시(反對 性 同一視)의 정도에 있어서 변동이 심하고, 성전환 수술에 대해 보다 강한 양가감정(兩價感情)을 가지며, 여성에게 성적으로 더욱 끌리는 현상이 나타나기도 한다. 따라서 이 단계에서 동성애적 경향이나 성전환에 대한 의지의 변화로 발전하는 경향도 있지만 피해자는 동성애나 성전환에 대해 의식적으로 상당한 거부감을 표현하고 있어 성역할 동일시 단계에 머물러 있었던 것으로 판단된다.

피의자는 자신의 성역할 행동에 대해 이성을 동조하는 증후를 보였다. 자신이 남성인지, 여성인지에 대한 지각 장애(知覺 障碍)가 나타나는 시기까지 발전한 것으로 보인다. 이렇게 복장도착적 물품음란증과 성정체감장애가 동시에 나타나는 경우는 그 증후가 만성적인 경우가 많다고 한다.

피의자가 자신이 여성의 물품을 절취한 것이 호기심과 술에 취한 것이라고 귀인하는 것은 스스로도 이런 행동을 이해하지 못하고 인정하고 싶지 않다는 것을 의미하는 것으로 보이며, 또 이런 심리적 장애에 대한 문제의식도 없는 상태였다.

한편, 피의자가 직업을 가지고 사회적 활동을 했던 시점에서는 자신의 무의식적 욕구를 통제하고 억제할 수 있었지만, 피의자의 사회적이며 개인적 여건이 악화된 상태에서는 술을 마시는 것을 계기로 통제력 상실을 통해 이런 증후가 더욱 강력하게 표출될 수밖에 없었을 것이다. 이런 상태에서 무의식적 욕구가 더욱 강해지면서 집안에서 한 번씩 입어보기만 했던 여성의류를 입고 밖에 나가서 다른 사람들에게 보여주고 싶어하는 단계까지 발전했을 것으로 보인다.

이와 같은 범죄에 대해 경찰은 주로 여성의 옷을 절취한 사실만을 중요시한 나머지 처벌에만 의존하지만, 심리학적 혹은 정신의학적 측면에서 본다면, 이 피의자의 내부에 억압되어 있는 '여자가 되고 싶다'는 욕구는 피의자 자신이 생각하는 것처럼 마음만 먹으면 고쳐질 수 있는 것이 아니라 심리치료 분야의 전문가의 진단과 치료를 통해야만 정상적인 사회 구성원으로 생활할 수 있을 것이다. 따라서 법적인 제재에 앞서 전문가에게 의뢰하여 정확한 원인을 이해하고 치료할 수 있는 기회가 주어지도록 하는 것이 유사한 범죄를 예방하는 중요한 일이다.

제9절 살인 사건

1 사건 개요

2001년 5월 21일 피의자는 광주시 ○○구 동네 약수터에 가는 도중에 7명의 여학생들이 자신을 보고 비웃고 지나가는 것에 격분하여 이들을 살해하기 위해 집에 들어가 칼을 가지고 나왔다. 그러나 그들을 발견하지 못하고 집으로 돌아가는 도중에 자신을 보고 웃으며 지나가는 다른 여학생 2명을 인근 종합사회복지관 2층에 있는 여자 화장실까지 쫓아가 한 명을 살해하고 다른 한 명은 상해를 입힌 사건이다.

2 피의자의 인적사항

학　력 : 대학교 휴학
　키　 : 167cm
체　중 : 45kg
혈액형 : A형
종　교 : 기독교
병　역 : 면제
전　과 : 특수절도 기소 유예

③ 피의자의 성장 환경 및 성격 형성 과정

1) 가정환경 및 성장 배경

피의자가 5살 때 아버지가 사망했으며, 아버지가 사망하자마자 어머니가 가출하여 할머니와 남동생과 같이 큰아버지의 집에서 생활했다. 큰아버지는 알코올중독자로, 술에 취한 상태에서는 구타가 매우 심하여 큰어머니가 가출했으며, 피의자와 남동생 역시 몽둥이로 맞는 등 심한 학대를 받았다고 한다.

중학교 시절, 가출했던 어머니가 처음으로 찾아와서 옷과 돈을 주고 간 적이 있었으나 그 이후 소식이 단절되었다. 그리고 피의자는 중학교 1학년 때 정확한 병명은 모르지만 심장수술을 받았다고 한다. 소년 가장으로서 정부 보조금을 받아 생계를 유지하였으며 할머니가 밭농사를 지어 학비를 대주셨다고 한다.

고등학교 1학년 때 배가 고파서 친구와 같이 마트에서 소시지를 훔치다가 발각된 적이 있었으며, 2학기가 시작될 무렵 관절염으로 인하여 1년 동안 휴학을 했고, 고등학교를 졸업한 후에는 대학에 입학하였으나 학교생활에 적응하지 못하여 휴학한 상태에서 범행을 저질렀다.

폭력성과 관련하여, 범죄자들의 부모는 보다 공격적이고 애정이 약한 경향이 있으며 특히, 아버지가 무감정하고 폭력적인 경우 자녀가 범죄자가 될 확률이 높은 것으로 알려져 있다. 또한 성격 형성 시기에 규칙적으로 신체적 학대를 받은 아동은 그렇지 않은 아동에 비해 보다 폭력적인 성향을 나타내는 것으로 알려져 있다.

피의자의 경우 아버지가 사망한 상태에서 아버지의 역할을 수행해 줄 어머니마저 가출하여 실질적으로 부모가 부재인 상태인데다 아버지의 역할을 대신할 큰아버지마저 알코올중독 상태에서 일관성 없는 폭행을 했는데 이는 피의자로 하여금 성격을 형성해 가는 과정에서 충동성을 억제하고 상황을 합리적으로 판단할 수 있는 능력을 저하시켰으며, 정서적 불안감과 심리적 상실감을 겪게 했던 것으로 보인다. '가장 싫어하는 사람이 누구냐'는 질문에 주저 없이 '자신을 버린 어머니와 자신을 학대한 큰아버지'를 증오한다고 대답할 정도로 이들에 대한 증오와 분노가 증폭된 상태인 것으로 보인다.

가정뿐만 아니라 학교에서도 교사와 친구 등 누구 하나 피의자를 격려 해주거나 공감하고 지지해 준 대상이 없었던 것으로 보인다. 정체감 형성 시기에 있는 피의자로 하여금 긍정적인 감정을 내면화하도록 공감하고 지지해 줄 대상이 없는 상태에서 무엇이 옳고 그른 지에 대해서 가르쳐주면서 적절하게 사회화를 시키거나 애정으로 보살피는 정서적인 유대가 없었던 것으로 보인다. 따라서 피의자는 육체적으로 뿐만 아니라 심리적으로 고립된 상태에서 많은 시간을 상상에 몰두하게 되고 자기중심적인 의미로 세상을 인식하게 되면서 점차 혼자만의 망상과 환각 속에서 생활하게 된 것으로 보인다.

2) 성 격

피의자는 자신의 성격에 대하여 차분하며, 친한 사람에게는 크게 말하고 낯선 사람에게는 조용히 말하며, 친한 사람 앞에서는 말을 잘 하지만 낯선 사람 앞에서는 말을 더듬는 습관이 있다고 한다. 단 한 명의 친구를 제외하고는 친한 사람에게도 피의자의 신상에 관한 얘기는 하지 않으며, 모든 것을 혼자 처리하고 다른 사람과 의논하지 않는다고 한다.

음악을 좋아하고, 대화가 되니까 심심하지 않을 거 같아 애완동물로 앵무새를 키우고 싶다고 한다. 다른 사람이 자신의 마음을 알아주지 못하기 때문에 답답한 마음을 표현하기 위해 글을 쓰는 것을 좋아하여 작가나 작사가, 소설가가 되고 싶었다고 한다.

피의자의 얼굴이 너무 못생겨서 여자 친구를 사귈 수가 없었고, 여학생들에게 말을 걸때마다 거절당한 이후 여자에 대한 거부감이 생겼으며 여자란 존재는 이 세상에서 없어져야 한다고 생각한 적이 있다고 한다. 자식들을 키우지도 못하고 할머니에게 떠맡기고 집을 나가버린 어머니와 알코올중독에 빠져 자신과 동생을 학대한 큰아버지에 대한 증오심이 매우 크다고 한다. 피의자에게 친절하고 호의를 베풀며 자신을 챙겨주는 사람이 좋다고 한다.

전체적으로는 정신분열형 성격장애[70]와 신체변형장애[71]가 있는 것으로 보

---

70) 정신분열형 성격장애(Schizotypal Personality Disorder)
　　잠재적 정신분열증이라고 생각할 수 있다. 정신분열형 성격장애는 생각이나 행동이 다소 기괴하고, 말하는 것도 알아듣기 어려운 경우가 있다. 대인관계를 유지하지 못하며 혼자 지내는 경우가 많다. 이들은 스트레스나 위협 상황에서는 망상에 가까운 이상한 생각을 보이고, 일반적인 의미와는 다

인다. 정신분열형 성격장애는 정신분열증과 일직선상에 있는 것으로 볼 수 있는데, 피의자가 분명한 사고 장애를 보이고는 있지만 비교적 자아 감각이 있는 것으로 보여 정신분열형 성격장애에 가까운 것으로 보인다. 일시적이기는 하지만 이상한 행동, 비합리적인 신념, 망상적 사고 특히, 관계 망상과 피해 망상, 환각 경험 등을 보고하고, 의심과 편집증적 사고, 대인관계 등은 피의자가 보이고 있는 정신분열형 성격장애의 특징들이다.

특히, 피의자의 관계 망상과 피해 망상, 그리고 편집증적 사고 등이 신체변형장애와 연관된 것으로 보인다. 피의자는 스스로를 너무나 못생겼다고 생각하고 있었는데, 친구들이 자신을 따돌리고 다른 사람들도 비웃는 이유가 자신이 못생겼기 때문이라고 생각했다. 학교에서 선배와 말다툼을 한 후에 동기들이 자신을 바라보는 눈이 이상해서 학교를 그만 둘 결심을 한 것으로 보아 스스로도 자신을 이상한 존재로 인식하고 있고, 스스로를 더욱 고립시켜 분리된 세계에 살면서 망상적 사고와 비합리적인 신념이 매우 강해진 것으로 보인다.

아동기의 피의자에게 어린이로서의 현실이 무시된 채 소년가장이라는 책임감이 심리적으로 너무 무겁게 작용했고 더불어 큰아버지로부터의 심한 학대에서 벗어나기 위해서도 혼자 있는 것이 안전하다는 인식이 심어지게 된 것으로 보인다. 따라서 사회적 환경에 효과적으로 적응할 수 있는 능력이 발달될 수 있

르게 혼자 중얼거리기도 한다. 편집증적 경향성, 부적절하고 피상적인 정서 표현, 메마른 정동이나 사회적 불안 등을 드러낸다. 신체적 착각을 포함한 유별난 지각을 경험하며 때때로 마술적 사고를 드러내기도 하고 텔레파시나 천리안 등의 초능력에 지대한 관심을 보인다. 직계 가족 이외에 친구나 마음을 털어놓을 수 있는 사람이 없고, 친밀해져 또 과도한 사회적 불안이 줄어들지 않으며, 아는 자신에 대한 부정적 판단이라기보다는 편집적인 두려움 때문이다.

71) 신체변형장애(Body Dysmorphic Disorder)
불구공포증으로 알려져 있는 신체변형장애의 필수 증상은 외모의 결함에 대한 집착에 있다. 외모의 결함은 가상적인 것일 수도 있고 실제적인 것일 수도 있는데, 신체적 이상이 있는 경우라 해도 아주 가벼운 정도지만 관심의 정도는 현저하게 심한 것이다. 예를 들면, 여드름, 주름살, 흉터, 두드러진 혈관, 안면 비대칭 혹은 불균형과 같은 두부 및 안면부에 있는 가상의 또는 가벼운 결점 등이다. 신체변형장애가 있는 사람들은 이에 대한 집착으로 인하여 사회적, 직업적 또는 다른 중요한 기능 영역에서 심각한 고통이나 장해가 초래된다. 이 장애를 가지고 있는 사람들은 자신의 '못생긴' 신체 부분, 가상의 결함과 연관되는 관계망상적 사고가 빈번해진다. 흔히 이 장애를 가지고 있는 개인들은 다른 개인이 그들의 가정된 결점에 특별한 관심을 갖고 있고, 아마도 그것에 대해 이야기하거나 조롱할 것이라고 생각한다. 이들의 '결함'에 대한 자의식의 감정이 직무나 공적인 상황을 회피하게 만들 수 있으며, 일상 행동을 회피함으로써 심한 사회적 고립이 초래된다.

는 기회가 없었으며 대인관계에 적응적인 방식으로 대처하는 능력이 발달하지 못한 채 자기와 환경에 대한 자각도 부적응적이 된 것으로 보인다. 결국, 대인관계의 고립에 대응해서 상상 속에서의 삶을 살면서 점차 현실 세계를 거부하게 되었을 것으로 보인다.

성격적 측면에서 극도로 내성적이고 우유부단하며 좌절에 대한 지구력이 낮고 정서적으로 불안정한 상태로 보인다. 사회와 경험이 부족하기 때문에 사회적 상황에서 자신감을 갖지 못하고 자신이 열등하고 부적절하다는 낮은 자아평가를 하고 있으며, 타인에 대한 의심이 심하여 대인관계가 피상적 수준에 머무르며, 타인과 친밀한 관계를 맺지 못하고 감정적인 거리감을 두어 대인관계에 있어 심각한 장애가 있는 것으로 보인다.

사고 연상과정이 다소 자폐적이고 산만한 경향이 있으며 집중력장애가 있다. 비현실적인 사고 내용이 많고, 단일한 주제를 중심으로 사고를 진행하지 못하는 경향이 있다. 피의자는 피해 망상과 환각을 보고했는데, 현실감장애가 있어 현실과 공상을 구별하지 못하는 경향을 보이고 있기 때문에 현실에서 해결하지 못한 문제들을 상상 속에서 해결하고 내면화된 세계에 빠져들어 점차 고립된 생활을 해왔을 가능성이 높다.

스트레스 해소와 관련, 직접적으로 스트레스를 해소할 수 있는 긍정적인 스트레스 대응책이 없는 것으로 보인다. 특히, 어렸을 때부터 지속되어 온 큰아버지와의 적대적인 관계에서 학대를 당한 후 그 분노를 표출하지 못하고 내면화해 왔기 때문에 큰아버지의 지속적인 폭언과 폭력에 대한 분노, 그리고 그런 상황에 처하게 만든 가출한 어머니에 대한 분노는 더욱 증폭되었을 것으로 보인다. 이러한 분노는 피의자의 폭력성과 충동성을 부추겨 잔인한 범죄를 유발하게 만드는 요인이었으며, 특히 어머니에 대한 분노와 증오심은 자신을 거부하는 모든 여자들에게로 전이된 것으로 보인다.

3) MMPI(168) 적응진단검사 결과

편집성 척도 점수와 분열성, 남성-여성성 척도 점수가 매우 높게 나타났다. 이러한 결과는 현재 피의자가 심리적으로 문제가 많고 스스로 불행하다고 느끼며, 논리적으로 사고하는데 문제가 있음을 보여준다. 성적인 문제에 대한 생각이 많고, 친밀한 대인관계를 회피하며, 열등감과 불안정감이 많음을 알 수 있다.

④ 범죄 행동

1) 범행 동기

지나가는 여학생들이 자신을 보면서 비웃은 것에 화가 나 이들을 살해하려고 했었다고 한다. 심각한 정도의 신체변형장애와 정신분열형 성격장애의 증상을 보이고 있는 피의자가 순간적으로 저지른 범죄라고 보여진다. 피의자의 살인 동기는 환각에서 시작된 것으로 보인다. 피의자의 표현에 따르면 피해자들이 자신을 뒤돌아보며 비웃었다고 하는데, 실제로 피해자들이 피의자를 보고 웃었을 수도 있고 그렇지 않았을 수도 있겠지만, 이 당시 피의자의 내면에서는 '이들을 죽여라'는 환청이 있었다고 했기 때문에 피의자는 이들이 분명 자신을 비웃었던 것으로 지각했을 것으로 보인다. 피의자의 범행은 신체변형장애가 원인인 것으로 보이며, 내면화되어 있던 분노와 적개심, 열등감, 그리고 자신에 대한 감정 등이 복합적으로 작용하여 심각한 망상 상태에서 살인을 저지른 것으로 보인다.

2) 범죄 대상 선정 기준

최초 범행 대상은 자신을 보고 비웃으며 지나가던 7명의 여학생들이었다. 그러나 이들을 살해하기 위해 집에 들어가 범행 도구를 가지고 나온 후에 이들을 발견하지 못한 상태에서 지나가던 다른 여학생 2명을 범행 대상으로 선정했다.

지나가는 여학생들이 자신을 보고 비웃고 가는 것에 대해 화풀이를 하기 위해 칼을 들고 나왔으나 찾지 못하고 다시 집으로 돌아가려고 했었다. 그런데 다른 2명의 여학생들이 지나가자 이들에게 화풀이를 하기 위해 돌을 던졌으나 맞지 않았다. 이 순간은 어느 정도 자신의 범행 의도를 망설였던 것으로 보인다. 그러나 뒤돌아 바라보는 여학생들 역시 자신을 비웃는 것처럼 느껴지자 뒤를 쫓아가 처음 의도대로 살인을 저질렀다.

범행 대상으로 여자가 선택된 이유는 한편으로는 어머니에 대한 분노와 적대감이 다른 여성들에게까지 전이되어 모든 여성에게 부정적인 감정을 가지고 있기 때문일 수 있으며, 다른 한편으로는 피의자의 심한 좌절감, 열등감, 패배감으로 인하여 비교적 자신이 쉽게 통제 혹은 제압할 수 있는 약한 여자들을 선택한 것으로 볼 수도 있겠다. 자신의 욕구 불만과 내면화된 분노를 표출하는 방식에 있어서 상대적으로 자신보다 무력하고 충분히 제압하고 통제할 수 있는 대상에게 분노를 표출함으로써 무력감에 대한 보상을 받았을 것으로 생각된다.

3) 범행 수법

2001년 5월 21일 17:00경 동네 약수터에 가는 도중에 여학생 7명이 피의자를 보면서 비웃으며 지나가자 돌을 집어던지려다가 던지지 못하고 약수를 받아 집으로 돌아왔다. 그런데 집에 도착해서는 자신을 비웃으며 지나가던 여학생들을 죽여야겠다는 생각이 들어 식칼 2개, 과도 1개, 톱 1개, 가위 1개, 휘발유 한 통(작은 것), 화장지 3개, 수건 1개를 가방에 챙겨 넣고 집을 나왔다. 7명의 여학생들이 갔을 것으로 생각되는 아파트 ○○동 15층까지 엘리베이터를 타고 올라갔다가 다시 한 층씩 내려오면서 여학생들이 있는 지 확인하였으나 이들을 발견하지 못했다. 집으로 돌아오는 도중에 다른 여학생 2명과 마주쳤는데, 이들 역시 피의자를 보면서 비웃으며 인근에 있던 종합사회복지관을 향해 걸어갔다. 피의자는 이들을 향해 돌을 집어 던졌으나 빗나갔으며, 다시 여학생들이 피의자를 쳐다보며 웃으며 복지관 안으로 들어가자 피의자는 2층에 있는 여자 화장실까지 뒤쫓아가 이들 중 한 명을 칼로 찔러 살해하고 다른 한 명은 상해를 입혔다.

집으로 돌아와 피가 묻은 칼을 씻고 바지를 세탁기에 넣어 세탁하였다. 범행 시 착용했던 구두는 베란다에 두고 운동화로 갈아 신고 모 대학 잔디밭에 가서 누워 있다가 다시 집으로 돌아왔다. 동생에게 범행 사실을 얘기하고 음식과 물, 화장지를 가방에 넣어 집을 나가려는 순간 검거되었다.

심각한 수준의 신체변형장애가 있는 피의자는 자신의 외모를 잘 보이게 하고 싶은 욕구에서 미장원에 가서 남색에 가까운 보라색으로 머리를 염색했는데, '차분한 색이며 나의 이미지에 참 잘 맞는다'고 생각했었다고 말하는 점으로 보아 스스로 상당히 만족하는 상태였던 것으로 보인다. 그러나 자신의 기대와는 달리 그 후에도 여학생들이 자신을 바라보면서 비웃으며 지나갔다고 했다. 실제로 피의자 자신은 차분한 색이라고 하나 일반인에게는 다소 개성 있는 머리색으로 받아들여져 시선을 끌었을 가능성이 있다고 생각한다.

피의자는 심각한 신체변형장애에 정신분열형 성격장애가 있기 때문에 훨씬 더 부정적으로 이를 받아들여 내가 못생겼기 때문에 나를 비웃는다고 생각하게 되고 그 순간 내면에 싸여 있던 불만과 분노, 그리고 자기 자신에 대한 열등감과 패배감 등이 비정상적으로 증폭되어 범죄로 이어진 것으로 보인다.

피의자의 잠재적 범죄성과 상황적, 심리적 요인들이 얽혀 있는 사건이기는 하지만 범행 대상 선택이나 범행 후 사체 처리 방식 등을 보았을 때 비체계적 살인범죄로 볼 수 있다. 최초 범행 대상은 7명의 여학생이었다. 단지 이들이 자신을 비웃고 지나갔기 때문에 화가 났고 이들을 죽여버리라는 환경에 의해 살해해야 한다는 생각에만 몰입하여 자신이 통제 가능한 대상인지 어떤지에 대해서는 판단할 능력이 없었던 것으로 보인다.

실제로는 비교적 위험 부담이 적은 피해자들을 대상으로 범행이 이루어졌기 때문에 범행이 성공하긴 했지만 계획적으로 범행 대상을 선택하지 않고 상당히 제압하기 어려운 피해자를 선택했었던 점으로 보아 피의자가 비체계적임을 알 수 있다. 또한, 범행 후 사체 처리와 관련해서도 체계적 범죄자라면 범죄 현장을 조작한다든지 사체를 유기한다든지 범죄를 은폐하기 위해 주의를 기울였겠지만 사체가 발견되는 것에 대해서는 별로 관심을 기울이지 않은 것으로 보아 비체계적임을 알 수 있다. 피해자 사체의 칼에 의한 손상 상태를 보았을 때, 칼로 찌를 당시 피의자의 체격이나 평소의 행동으로 미뤄 짐작할 수 없는 엄청난 힘이 순간적으로 작용한 것으로 보이는데, 평소에 피의자에게 내면화되어 있던 분노와 열등감, 증오심 등이 얼마나 증폭되어 있는지를 알 수 있게 한다.

⑤ 종합 분석

인간이 정상적으로 발달해 가는 과정에는 어머니로 대표되는 주요한 타인의 도움과 인정이 필수적이라고 할 수 있다. 이러한 어머니를 사랑의 대상으로 받아들이는 것은 지극히 당연한 것이다. 그러나, 어머니에 대하여 사랑의 감정이 형성되기도 하지만 반대로 자신의 욕구가 좌절되는 경험을 할 때는 증오와 분노의 감정이 생기게 되어 사랑과 증오가 교차하는 양가적인 태도가 형성되는 것이다. 이러한 사랑의 대상을 실제적으로 혹은 상징적으로 상실하는 경우 사랑의 대상이 나를 버렸다는 생각으로 기존의 분노나 증오의 감정은 증폭되게 된다.

피의자 역시 인생 초기에 가장 중요한 존재인 아버지의 사망과 어머니의 가출로 인한 상실의 외상적 경험을 한 후에 심한 좌절감을 경험하고 사랑의 대상을 동일시하고 내면화하는 과정을 경험하지 못했다. 한편으로는 아버지가 사망하자마자 자신과 남동생을 버리고 가출해버린 어머니에 대한 분노와 증오심이, 다른 한편으로 자신을 무가치하고 사랑 받지 못할 존재로 보는 왜곡된 사고가 형성되었으며, 더욱이 부모의 역할을 대행하는 큰아버지마저 알코올중독 상태에서 심한 학대를 하자 심리적으로 지지해 줄 대상을 찾지 못하고 점차 다른 사람을 보지 못하며 고립된 상태에서 망상과 자폐적 사고가 발달된 것으로 보인다.

망상이란 현실에 대한 잘못된 해석으로, 객관적 증거가 있음에도 불구하고 잘못된 신념이 고정되는 경우가 많다. 여러 가지 망상 중에서 피의자는 특히 다른 사람이 피의자를 괴롭히고 있으며 자신이 피해를 입고 있다는 피해망상과 다름 사람들이 말하고 있는 것이 모두 나에 관한 것임, 저들이 나를 따돌리고 있다는 관계 망상을 드러내고 있었다. 때로 망상 수준이 심각해지면 다른 사람에게 해를 입히는 난폭한 행동을 야기할 수도 있을 것이며, 망상적 사고가 현실 생활에 영향을 미치는 것은 당연한 것이다.

피의자의 잠재적 범죄성과 관련해서는 큰아버지의 일관성 없는 잦은 구타가 범죄적인 환상과 행동이 발현되게 하는 환경을 조성했다고 볼 수 있다.

피의자와 큰아버지간의 관계는 피의자로 하여금 심리적으로 위축되게 만들었으며 피의자의 폭력적 성향을 강화시킨 요인으로 작용한 것으로 보인다. 심리적 상실감과 좌절감, 큰아버지와의 갈등 관계가 지속되면서 계속되는 정서적 빈곤감 등도 피의자로 하여금 범죄성을 부추기는 요인으로 볼 수 있다.

전체적으로, 피의자는 단지 지나가는 여학생들이 자신을 비웃은 것에 화가

나 이들을 살해하려고 마음먹었다고 하면서 범행 당시 피의자에게는 이들을 살해하라는 자기 내면 속에서 어떤 지시가 있었다고 진술했다. 피의자의 범행은 정신분열형 성격장애와 신체변형장애의 특성들이 복합적으로 작용하여 발현된 것으로 볼 수 있다. 물론 피의자의 환각이나 망상의 근본적인 원인에 대해서는 단언할 수 없다. 약물 투여로 인하여 상당히 오랜 기간 약을 복용해 왔는데 약의 정확한 성분을 알 수 없고, 전문가의 소견을 들을 수도 없었기 때문에 근본적으로 피의자가 복용한 약물이 환각의 원인으로 작용했는지에 대해서는 알 수 없다.

그러나 피의자의 성장 환경을 살펴보는 것만으로도 충분히 정신병적 심리상태가 조성돼 범행을 할 수 있었던 것으로 판단된다. 면담과정에서 피의자는 현실을 구분하지 못할 정도의 현실 판단장애를 보이지는 않았었지만 범죄를 실행하는 단계에서는 상당한 수준의 환각이 작용하여 지각장애가 있었던 것으로 보인다. 피의자의 정신병적 심리 특성, 정신분열형 성격장애와 신체변형장애의 특성들이 상황적 요인과 맞물리면서 우발적으로 범죄를 저지른 것으로 보인다. 현재 피상적으로 피의자가 시각한 정도의 정서적 혼란을 경험하고 있지 않다고 할지라도 적절한 정신과적 치료가 요구된다.

제10절　직계비속살해 사건

 사건 개요

피의자는 2001년 6월 13일 23:30경 서울 광진구 수재 자신의 반지하방에서 부인과 이혼한 후 단 둘이 살고 있던 피해자인 자신의 딸(10세)이 말을 듣지 않으면서 귀신 영화만 시청한다는 이유로 가위, 망치 등을 이용해 잔인하게 살해한 사건이다.

2 피의자의 인적 사항

나　이 : 40세
학　력 : 고등학교 졸업
병　역 : 단기 사병
　키　 : 167cm
체　중 : 52kg
혈액형 : O형
전　과 : 사기, 폭력행위 등 2범

3 피의자의 성장 환경 및 성격 형성 과정

1) 가정환경 및 성장 배경

피의자는 어머니가 외할아버지, 외할머니와 함께 절에서 생활 당시 법당에서 강간을 당한 후 자신을 낳게 되었으며, 아버지 없이 주로 외할머니 및 어머니와 함께 어린 시절을 보냈다고 한다. 피의자는 성(姓)이 두 번이나 바뀌었다고 하는데, 초등학교 입학을 위해서 '황○○'에게 입적을 하는 바람에 성이 황씨가 되었으며, 어머니가 '김○○'를 만나 같이 살게 되면서 지금의 김씨 성을 가지게 되었다고 한다.

피의자는 어린 시절부터 30세경까지 경기를 자주 했고, 7세경부터 지금까지 영적 체험을 계속했다고 한다. 고등학교 2학년 때 가출했던 경험이 있고, 1978년부터 1980년까지 정확한 시기는 기억할 수 없지만 어머니와의 관계가 좋지 못했던 시점에서 몇 번에 걸쳐 자살 시도를 했다고 한다.

고등학교를 졸업한 후 상경하여 보일러 시공과 관련된 일을 약 15년 동안 했으며, 1999년 1월부터 2000년 6월까지 대학 도서관에서 공공근로 사서로 일한 것이 가장 최근의 직업이었다. 약 10년 전 부인을 만나 결혼하여 피해자인 딸을 낳았지만 바람을 피우는 부인을 간통혐의로 고소하면서 이혼을 하였으며, 이혼할 당시 4세 정도인 딸과 사건 전까지 약 6년간 둘이서만 생활을 하고 있었다. 또한 2000년 12월 사기 등으로 징역 8월 집행유예 2년을 선고 받은 후 범행 당시 집행유예 기간이었다.

피의자는 자신의 출생 배경과 성장 환경에 대해 스스로 '기구한 운명' 또는 '업부'라는 용어를 사용했다. 이와 같은 성장 환경을 가진 사람을 스스로 화상 혹은 망상을 통해 내부에서 분출되는 주체할 수 없는 감정을 정화 또는 순화시켜야 하는데, 이런 무의식적인 방어 기제는 망상에 기초를 둔 추리적 사고, 환각적 경향을 보이는 자각, 와해된 언어 및 의사소통 장애, 행동 조절에서의 과장 또는 왜곡 등 사고, 언어, 행동에서 여러 가지 증후로 나타나게 된다. 이런 특성은 결국 자신의 과거 혹은 성장 배경에 기인해 생긴 내적 불안과 현실에 대한 불만을 회피하고자 하는 일차적이며 무의식적인 목적을 가지고 있다. 특히, 피의자의 경우 어머니가 강간을 당하면서 태어났다는 것에 대해 지나치게 집착하면서 어머니와 연관된 편집증적인 망상에 기인한 위험은 어머니와 연관된 편집증적인 사고장애와 관계망상적 경향을 보였다. 피의자에게서 찾아볼 수 있는 망상에 기인한 위험은 어머니와 관계가 좋지 못했을 때 몇 회에 걸쳐 시도한 자살이며, 감시당하고 있다는 피해망상은 자신은 성인(聖人)이라는 과대망상 등에 기인해 딸을 살해한 것이다.

피의자는 출생과 성장 환경에 기인한 정신적인 문제들이 처음부터 심한 증상으로 나타났고, 자신의 딸을 악마라고 생각하고 살해하는 범행 당시가 정신적 문제의 활성기(活性期)였던 것으로 보인다. 일반적으로 정신적인 문제는 처음부터 모든 증상이 심각한 수준으로 나타나는 것이 아니라 전구기(前驅期), 활성기(活性期), 잔류기(殘溜期)의 형태를 거치면서 전구기의 증상이 심각한 수준으로 발전해 활성기가 되며, 이 시기에 나타나는 증상들이 잔류기를 거치면서 소멸 또는 완화되기도 하지만 지속적으로 나타나 만성화되기도 한다.

피의자의 경우와 같은 정신분열적 문제를 나타내는 사람들에게 있어서 다른 사람이 인식할 만큼의 문제를 첫 번째로 보이는 연령은 남자의 경우 20대 중반이고, 여자의 경우는 20대 후반이라고 한다. 발병이 급성일 수도 있고, 잠행성일 수도 있지만 대부분의 경우에는 다양한 징후 및 증상의 전구기를 보인다. 예를 들어, 사회적 위축, 학업이나 업무의 흥미 상실, 위생 및 복장 상태의 불량,

이상한 행동, 분노의 폭발 등이 점진적으로 나타나게 된다. 가족들은 이런 행동을 이해할 수 없고 개인이 '어떤 기기 예를 들어, 직업 상실에 따른 고민 혹은 실연 후 번민의 시기 등을 지나가고 있다'라고 본다. 그러나 결국에는 몇 가지 활성기 증상 즉, 망상, 환각, 환청, 사고·언어·행동 장애 등이 출현하면서 정신분열증으로 판명된다. 발병 연령은 정신병리학적으로나 예후 측면에서 중요한 요소이다. 발병 연령이 빠른 개인들의 경우에는 남자가 더 많고 병전 적응이 나쁘며, 학업 성취도가 떨어지고, 뇌의 구조적 이상을 시사하는 소견을 보이며, 음성 징후 및 증상이 현저하고, 신경심리학적 검사 상에서 인지 기능 장해의 증거가 많고, 예후가 양호하지 못하다고 한다. 반대로 피의자처럼 발병 연령이 느린 경우는 뇌의 구조적 이상이나 인지 기능 잔해를 시사하는 증거들이 적으며, 예후가 양호한 편이라고 한다.

2) 성 격

피의자는 지저분한 옷을 입는 것을 싫어하고, 하늘색을 좋아하며 검은색과 붉은 색을 싫어한다고 했다. 가식적인 인물보다 마음이 통하고 착실한 여자와 맛과 멋을 아는 남자를 좋아하며, 본심과 다르게 행동하는 여자와 의리가 없는 남자를 싫어한다고 했다.

한편, 대인적인 측면에서는 작년까지 다른 사람의 눈을 쳐다보면서 얘기를 못했다고 하며, 성적인 측면에서는 5~6세경에 친구와 처음으로 성관계를 했고, 지금까지 약 500여 명과 성관계를 했다고 말했다.

피의자는 범행을 하기 전까지는 사회적, 직업적, 대인관계적으로 심각한 적응 문제를 나타내지는 않으면서 최소한의 적응을 하고 있었던 것으로 보인다, 그러나 사회적 환경의 악화 즉, 공공근로의 직업 상실과 사기 등의 혐의로 집행 유예 처벌을 받으면서 최소한의 통제가 와해 즉, 자신의 내부에 억압되어 있던 자신의 출생 배경, 어머니와의 관계 악화, 그리고 부인과 이혼한 후 혼자서 딸을 키우고 있다는 중압감으로 인해 억압돼 있던 내적 문제들이 활성화되는 등 여러 가지 요인이 얽히면서 심각한 정신적 장애로 발전한 것으로 보인다. 이런 정신적 장애는 편집증적 사고와 망상 혹은 망상에 기초해서 현실을 왜곡하게 되면서 점점 더 심각한 상태로 진전된 것으로 보인다.

한편, 피의자가 말하는 자신이 선호하는 사람들에 대한 기준은 스스로 바라는 성격 혹은 태도를 암시하는 것이고, 싫어하는 기준은 자신이 현재의 성격과 태도를 비판적으로 이야기하고 있다고 해석할 수 있다. 또한 피의자는 성적인 면에 대해 과장된 사고를 하고 있는 것으로 보이는데, 자신이 현재 딸과 단둘이 살고 있으며, 사회적으로 원만하지 못한 대인관계를 가지고 있고, 자신감과 자기 주장성이 낮았기 때문에 실제로는 그렇지 않다고 할지라도 수많은 여성들과 성관계를 가졌다고 말함으로써 자신의 사회적 위축을 역으로 보상받고자 하는 심리상태를 나타내는 것으로 해석할 수 있다.

피의자의 성격적 측면을 전체적으로 평가한다면, 편집증적 경향이 있고, 논리적으로 사고하는데 문제가 있으며, 추상적, 종교적, 성적인 문제에 대한 환상이 많은 반면, 현실 생활에 대해서는 관심이 별로 없으며, 친밀한 대인관계를 회피하고, 열등감과 불안정감이 높은 것으로 나타났다.

3) 정신적인 문제

피의자는 정신분열형(schizophrenia subtypes)인 편집형(망상형; paranoid type)[72]인 것으로 보인다. 피의자는 관계망상, 피해망상 그리고 과대망상 등 여러 가지 망상을 동시에 나타내고 있었다. 또한 악마가 딸의 형상을 하고 있었다고 하면서 그 증거로 피해자의 머리에 '666'이라는 글자가 새겨져 있었다고 하는 환각 증후를 보이기도 했다.

피의자는 자신이 '11화 업'을 가지고 있었으며, 이 업의 고리를 끊기 외해 피해자의 아킬레스건을 자르게 되었다고 했다.

피의자의 망상은 여러 형태가 복잡하게 나타났는데. 그 중심에는 어머니에 집착하는 편집성적 관계망상이 있는 것으로 보였으며, 이 관계망상을 중심으로 피해망상과 과대망상이 논리적이면서도 복잡하게 얽혀 있었다.

피의자가 보여주는 망상의 예들은 다음과 같다.

---

72) 편집증형 정신분열증 아형(paranoid type schizophrenia subtype)의 진단 기준(DSM-Ⅳ 참고)
   A. 하나 또는 그 이상의 망상 또는 빈번한 환청에 집착
   B. 다음 증상이 현저하지 않아야 한다: 와해된 언어, 와해된 행동이나 긴장증적 행동, 또는 둔마된 정동이나 부적절한 정동

- **관계망상**: 어머니가 미국에 가있기 때문에 자신의 형(兄)인 미국 FBI국장
이 직원을 파견해 한국에 있는 자신을 감시하고 있으며, 지신이 딸을 살해했을
때 미국에 있던 어머니가 '거제도 부근에서 만나자'라는 메시지를 보내서 시신
을 방치한 채 어머니를 만나러 갔었다고 하며, 지금도 어머니가 미국에서 무슨
생각을 하는지, 무슨 말을 하는지에 대해 교감을 통해서 다 알아듣는다는 등 편
집증적으로 어머니에 집착하는 관계망상.

- **피해망상**: FBI에서 파견된 흑인 요원이 자신을 감시하고 있고, 특히 피의
자를 면담하고 있던 국과수 범죄심리과 직원과 서울경찰청 범죄분석팀 그리고
경찰서 내에 있는 모든 경찰관들이 중앙정보부에서 파견되어 자신을 감시하고
있으며, 자신이 딸을 살해한 후 거제도로 가는 버스를 탔을 때도 앞자리에는 여
자 요원이, 뒷자리에는 군인으로 위장한 요원이 자신을 감시하고 있었다고 인
식하는 등의 피해망상.

- **과대망상**: 자신이 4대 성인(聖人)보다 더 높은 경지의 성인이 되기 위해
지금은 어려움과 시련을 겪고 있으며, 대부분의 성인이 30대에 깨달음을 얻은
것에 비해 자신이 지금 40대인데도 성인으로 추앙 받지 못하는 것은 훨씬 더
높은, 훨씬 더 큰 깨달음을 얻기 위한 것이라고 했다. 또한 자신이 신체적 건강
을 조절할 수 있는 능력이 있는데, 예를 들어 시력이 좋지 않아서 안경을 쓰기
도 했지만 기(氣)를 조절했기 때문에 지금은 정상으로 돌아와 아주 잘 보인다고
하며, 자신의 체중을 조절할 수 있기 때문에 하루에도 2~3kg 씩은 변화시킬 수
있고, 자신은 누워서 맘만 먹으면 몸을 위로 뜨게 할 수 있을 뿐 아니라 부양
후 회전도 할 수 있다고 했다. 그리고 지난 봄 가뭄이 너무 심하기에 자신이 바
위에 올라 앉아 천하를 조절했기 때문에 비가 내려 가뭄을 없앴으며, 지신이 경
찰에 검거되고 유명한 목사 등에 메시지를 보냈는데, 그 메시지를 듣고 경찰서
에 찾아와서 모든 정보기관 요원들이 알아듣지 못하도록 자신에게만 여러 가지
메시지를 전달하면서 위로하고 갔다고 인식하는 등의 과대망상.

피의자에게서 나타나는 증후인 편집형(망상형) 정신분열증 아형의 필수 증상
은 인지 기능과 정동이 비교적 잘 보전된 상태에서의 현저한 망상이나 환청의
출현이라고 한다. 망상은 피해망상과 과대망상, 또는 이 두 가지가 함께 있는

것이 전형적이지만, 질투망상, 종교망상, 신체망상 등의 다른 주제를 보일 수도 있다고 한다. 망상이 여러 가지일 수도 있지만 보통은 한 가지 주제를 중심으로 잘 체계화되어 있다. 동반되는 증상으로는 불안, 분노, 무관심, 따지기 좋아하는 것 등이며, 거만하고 선심 쓰는 듯한 태도를 보이기로 하며, 대인관계에서 과장되고 형식인 태도를 취하거나 극도로 격렬한 행동을 보이기도 한다. 피해망상으로 인해 난폭성을 보일 수도 있다. 다른 정신분열증의 아형들에 비해 비교적 인생 후반기에 늦게 발병하는 경향이 있으며, 특징적인 증상은 시간이 경과해도 변화가 없이 안정된 양상을 보인다, 신경심리학적 검사나 기타 인지 기능 검사에서 이상을 보이지 않는 것이 보통이다. 편집형은 특히 직업적 기능이나 독립적 생활을 영위할 수 있는 능력 면에서 볼 때, 해체형(disorganized type) 또는 긴장형(cararonia type)에 비해 예후가 양호하다고 한다.

피의자는 자신이 '11회 업'이라고 부르는 업보 때문에 현재의 고통을 당하고 있다고 했는데, 그 내용은 다음과 같다. 11세 때 개에 물린 것, 외삼촌이 11월에 사망, 심리적 쇼크 11번, 딸을 11월에 잉태, 11월에 할머니 사망 등.

이와 같이 피의자가 말하는 '업'은 누구든지 일상생활 혹은 살아가면서 겪을 수 있는 평범한 일들이지만 피의자는 각 사건 간 연결고리를 찾으려고 노력하면서 더 큰 범주의 '11회 업'이라는 의미로 응집시키는 편집성적 집착을 보여주었으며, 결국 흩어져 있던 무의미한 사건들을 하나의 의미 있는 사건으로 범주화하면서 이 범주에 맞춰 또 다른 환상을 만들어냄으로써 스스로에게 점점 더 몰입하는 특성을 보여주었다. 이런 경행은 정신분열증의 주 증상인 사고 장애와 망상의 기초를 다지는 것이었고, 결국은 원만하지 못한 대인관계 때문에 가까이 있던 피해자에게 이런 환상을 투사함으로써 살해 후 업을 끊기 위해 아킬레스건을 자르는 참혹한 범죄 행위를 저지른 것으로 보인다.

피의자의 경우는 언어, 사고, 행동을 통해 나타난 분류인 편집형 정신분열증 아형과 아래에서 설명하는 MMPI(168) 적응진단검사에서 분열성과 편집성이 모두 높은 사람들에게 내려지는 진단이 일치하는 경향을 보여주었다.

4) MMPI(168) 적응진단검사 결과

피의자는 적응진단검사 결과, 분열성과 편집성 둘 다 높은 것으로 나타났는데, 이런 사람들은 다음과 같은 특징을 보인다고 한다. 우선 편집증적 경향과 사고 장애가 가장 두드러진다. 사고는 자폐적, 단절적, 우회적이다. 주의 집중의 곤란 및 지속적으로 주의력의 곤란을 호소하며, 기억력의 둔화와 판단력의 장애를 보인다. 체계화된 망상(과대 혹은 피해) 및 환각이 나타나며, 비현실감을 호소하고, 많은 시간을 백일몽과 환상 속에서 보낸다. 추상적 혹은 이론적인 문제나 종교 및 성적인 주제 등에 집착하여 깊이 생각하는 반면에 현실생활의 명백하고 구체적인 일들에 대해서는 관심이 없다. 심한 스트레스를 받으면 긴장하고 깊은 걱정에 빠지거나 우울 증상을 보이며, 감정 반응은 둔화되고 부적절하다. 친밀한 대인관계를 회피하며, 사회적으로 고립되고, 의심성과 불신감이 많고 적대적이며, 다른 사람과 항상 정서적 거리를 유지하려 한다. 유지하고 있는 대인관계가 있다면 원한과 의심 혹은 적개심을 동시에 나타내며, 행동은 예측 불허하고 사회적으로 부적절하며, 무감동이 행동 전반에 깔려 있다. 깊은 열등감과 불안정감을 가지고 있으며, 때로는 지나치게 수줍어하고, 자신감과 자기존중심이 결여되어 있으며, 실패한 것으로 생각되는 것에 대하여 죄책감을 느끼기도 한다. 일반적으로 사회적 적응 능력이 부족하고, 혼자 있을 때 가장 편하다고 느끼며, 다른 사람들에게서 호감을 불러일으키지 못하고, 변덕이 심하여 다른 사람들에게 비우호적이고 부정적인 사람으로 비쳐진다. 이렇게 분열성과 편집성이 동시에 높은 것으로 나타난 사람들에게 가장 많이 내려지는 진단은 약 57% 가량이 정신분열증(편집증)이며, 다음으로는 분열성 혹은 편집성 성격장애로 진단되는 경향이 있다고 한다.

4 범죄 행동

1) 범행 동기 및 수법

피의자가 말하는 범행 동기를 보면, 자신의 딸이 말을 듣지 않으면서 귀신 영화나 귀신 사이트에 심취했기 때문에 화가 나서 살해했다고 했다. 피의자는 노래방에서 집으로 돌아올 때 딸이 평소에 가지고 다니던 열쇠를 가지고 있지 않았기 때문에 딸이 바뀐 것 같다고 생각했고, 집에 돌아와서 인터넷 귀신 사이트를 보고 있는 딸에게 그만 자라고 야단을 칠 때 자신에게 대드는 것을 보고는 '악마가 딸의 형상을 하고 있다'고 생각했다고 한다.

범행 수법을 살펴보면, 피해자를 구타하다가 옆에 있던 운동화 끈으로 딸의 손목을 뒤로 묶었고, 가위를 이용해 머리카락을 잘랐으며, 망치로 뒷머리 부분과 얼굴 부위를 4~5회 가격하고, 가위로 목 부위를 찌르고 양발목 아킬레스건을 잘랐으며, 자른 머리카락과 종이를 태운 재 그리고 방안에 있던 줄 등을 입안에 넣었고, 물이 들어 있는 냄비에 얼굴을 담가 살해했다.

피의자의 심리적, 정신적 문제에 대한 인식 없이 '귀신 사이트만 보고, 말을 듣지 않았기 때문에 화가 나서 딸을 살해했다'고 하는 범죄 행위에 대한 설명만을 듣는다면, 피의자가 말하는 범행 동기가 그럴듯하게 들릴지도 모른다. 그러나 그 내면에 숨겨진 '딸의 탈을 쓴 악마'라는 개념과 피의자의 사고, 언어, 행동적 특징 그리고 망상이라는 개념을 인식한다면, 전혀 다른 측면에서 피의자의 범행 동기를 설명할 수 있다. 한마디로 피의자는 정신분열증에 기인한 시·청각적 현실 왜곡이 범행의 동기였다고 할 수 있다.

피의자에게 내재되어 있던 정신분열증적 증후 몇 가지가 범행 직전 혹은 범행 중에 전구기에서 활성기로 급진전하는 양상을 보였는데, 예를 들어 보면 다음과 같다.

첫째, '평소 내 딸은 항상 집 열쇠를 가지고 다니는데, 노래방에 들렀다가 집에 들어갈 때 열쇠가 없었기 때문에 딸이 바뀐게 틀림없다'고 하는 등 자신의 딸이 바뀌지 않았나 하는 편집증적 의심.

둘째, 귀신 사이트를 보는 피해자에게 '그만 보고 잠을 자라'라고 했을 때 말을 듣지 않았고, 화가 난 피의자가 피해자를 구타하면서 '눈을 쳐다보니 딸이 아니라 악마였고, 악마가 자신에게 달려들었다'고 하는 것과 '피해자의 머리에 666이라는 암호가 새겨진 것을 보고 악마가 틀림없다고 생각했다'는 등의 환상 혹은 환각.

셋째, 자신과 가족에게 대대로 이어지고 있는 악업을 끊기 위해 피해자의 아킬레스건을 잘라낸 것과 자신의 딸은 물을 좋아했기 때문에 피해자를 '물속에 넣었을 때 살아난다면 자신의 딸이고 죽으면 악마인데, 죽은 것으로 보아 악마가 틀림없다'고 생각하는 등의 현실 왜곡.

위에서 살펴본 것과 같이, 피의자는 정신분열증의 미약한 전구기 증상을 보이다가 사회적·개인적으로 통제력을 상실하는 시점에서 증상이 급진전해 활성기가 되었으며, 이 시기에 '딸이 바뀌었거나 악마가 딸의 형상을 하고 있다'라고 인식하면서 살해된 것으로 보인다. 이런 활성기의 증후들은 피의자의 발병 특성 즉, 늦은 연령에 발병했다는 것과 편집형·망상형 정신분열증 아형은 증상이 예후가 좋다는 점 등을 고려해 보았을 때 검거 후 혹은 면담 시점에서는 증상이 많이 완화된 상태였던 것으로 추정되며, 특히 피의자 스스로 전구기 증상과 활성기 증상에 대한 구별과 비교·평가를 할 수 있었다는 점 또한 이 추정을 가능하게 한다.

또한 피의자는 자신은 '오로지 악마를 죽였을 뿐이며, 친구들이나 다른 사람이 와서 딸을 살해했다'고 하면서 피해자의 얼굴 사진을 보여 주었을 때도 '딸 같기는 한데, 누군지 잘 모르겠다'고 하는 등 자신의 범행에 대해 부정하는 무의식적 방어기재를 사용하고 있었다.

2) 범죄 대상 선정 기준

자신의 딸을 범행 대상으로 선택했다. 피의자는 범행 대상을 선택하는데 있어서 사회적·대인관계적 부적응 때문에 가까운 곳에서 대상을 찾았을 가능성이 높으며, 딸이 바뀌지 않았나 하는 편집증적 의심을 했고, 자신의 심리적 혹은 정신적 문제에 기인한 환상과 망상을 딸에게 투사하면서 딸을 살해한 것으로 보인다. 그러나 피의자가 범행 대상을 고르는 시점에서 만약 딸이 선택되지 않았다면, 환상과 망상 등 정신적인 혼란 때문에 피의자의 눈에 띈 불특정 인물이 범행의 대상이 되었을 가능성이 높다.

특히, 피의자처럼 비체계적 범죄자들은 정신적인 문제 즉 환상에 초점을 맞추어 범죄를 저지르기 때문에 정신적으로 혼란한 시점에 마주친 누구든지 피해자가 될 수 있으며, 이 과정에서 피해자가 누구든 상관없이 자신의 환상에 맞추어 범죄를 저지르고 사체에 대한 처리에 관심을 두지 않은 채 범죄 현장에서 재빨리 도주하는 특성을 보인다. 따라서 비체계적 살인범의 피해자 사체는 쉽게 발견되는 경우가 많으며, 범행 도구 또한 피해자와 조우한 시점에서 주변에 있던 것들을 사용하기 때문에 범행 현장에서 범행 도구를 발견하게 되는 경우가 많다.

3) 범행 현장의 특징

이 사건의 경우 몇 가지 현장의 특징을 보여주는데.

첫째, 사체는 손이 뒤로 묶은 채 옷 등으로 덮여 있었고, 물이 들어 있는 냄비에 얼굴이 담겨 있었으며, 두 발목의 아킬레스건이 잘려 있었고, 입에는 머리카락·종이를 태운 재·줄 등이 들어 있었다.

둘째, 방안에는 촛불을 켜고 향을 피웠던 흔적이 있고, 사체가 있던 방문 앞에는 검은 옷이 걸려 있었고, 흰색 세제 등이 뿌려져 있었다. 따라서 이런 두 가지 대표적인 범행 현장의 특징을 고려해 보았을 때, 범행 당시는 정신적으로 혼란했기 때문에 자신의 딸을 잔인하게 살해했고, 살해 후 사체를 숨기거나 처리하려는 노력을 하지 못한 채 현장에서 벗어나는데 급급했을 것이다. 그러나 정신적 혼란이 다소 누그러진 후 피의자는 피해자의 명복을 비는 의식을 거행했는데, 범행 현장에는 피의자의 환상과 망상에 부합되는 무의식적이고 상징적인 의식의 흔적들이 남아있었다. 이 의식에 대해 피의자는 '옷가지 등으로 사체를 덮어놓은 상태에서 촛불을 켜놓고, 검은 옷을 문 밖에 걸거나 소금 대신 세제를 뿌려 귀신이 들어오지 못하게 꾸며 놓고, 비록 악마였지만 딸의 형상을 하고 있었기 때문에 명복을 비는 의식을 거행했다'고 설명했다.

⑤ 범죄 후 행동

딸을 살해한 직후 어머니로부터 거제도 부근에서 만나자는 영적인 메시지를 받고 버스를 타고 거제도, 무안 그리고 광주 등지를 3일간 돌아다녔다. 이때에도 자신은 각 정보기관으로부터 감시를 계속 받았다고 생각하고 있었으며, 집으로 돌아와 딸이 사용하던 물건 일부를 버리는 등 자신의 집안 정리를 하고 있을 때 우연히 사체 일부를 발견한 주민의 신고로 검거되었다.

6 종합 분석

이 사건을 종합적으로 보았을 때, 강간으로 인한 임신이라는 특이한 출생 배경을 가진 피의자가 편모 슬하에서 성장하면서 심리적·정서적으로 상대적인 박탈감을 경험하게 되었고, 성장 환경 때문에 생긴 불만과 분노를 환상을 통해 해소하게 되면서 편집증적 사고와 망상을 가지게 된 것으로 보인다. 또한 편집증적 사고와 환상은 현실 왜곡을 초래했고, 결국 망상을 주 증상으로 하는 편집형 정신분열증 아형으로 발전하게 되었으며, 마침내 환상과 망상에 기인해 악마가 딸의 형상을 하고 있다고 판단하여 잔인하게 살해한 것으로 보인다.

피의자의 경우는 편집형 정신분열증의 주 증상인 망상에 대해 어머니와의 관계망상을 기초로 해서 피해망상과 과대망상을 동시에 보였다. 이 사건의 가장 큰 특징은 전형적인 비체계적 범죄자 즉, 정신적인 혼란에 기인한 범죄와 그 범행 현장의 여러 가지 특징에 대해서 확인해 볼 수 있었다는 것이다. 체계적 범죄와 비체계적 범죄가 혼합된 혼합형의 범죄와는 달리 이 사건은 전형적인 비체계적 범죄의 특성을 보여주었다. 즉, 비체계적인 범죄자가 보여주는 특징 중 환상에 기인해 범죄를 저지르기 때문에 아무런 기준 없이 피해자를 골랐으며, 범행 현장에 있던 도구들을 무작위로 사용했고, 사체를 훼손하고, 사체를 숨기거나 범행 현장에서 어떤 의식을 치른 흔적을 발견할 수 있었다.

최근의 범죄 발생 추이를 보았을 때 이 사건과 유사한 정신병적 환상에 기인한 범죄가 앞으로 더 많이 발생할 것이라고 추정된다. 따라서 이와 유사한 범죄가 발생한다면, 어떤 방식으로 수사 방향을 설정할 것이며, 범행 현장을 통해 어떻게 범죄자의 환상과 범행 동기를 찾아낼 것이며, 어떤 방식으로 범죄 전체를 추리할 것인가에 대해 다시 한번 검토해야 할 필요가 있다. 이런 요구 사항에 맞추어, 결국 기존에 발생한 범죄를 심리학·사회학·정신병리학 등의 관점을 가지고 논리적·종합적으로 분석한 후 자료를 축적하고, 축적된 자료를 통해 보이지 않는 범행 동기와 수법을 추론해 냄으로써 범죄자가 가지고 있는 환상, 사고와 행동을 밝혀내고, 여기에 맞추어 용의자를 압축하여 수사할 수 있도록 도와주는 범죄 프로파일링의 필요성을 다시 한번 강조하고자 한다.

CHAPTER 08

영화 속 범죄심리

CHAPTER 08

영화 속 범죄심리

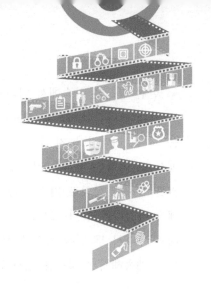

그동안 여러분은 영화를 단순히 즐겨보고 그 영화에 대한 평가는 대부분 줄거리나 반전에 대해서만 이야기를 많이 해왔을 것이다. 하지만 주인공들의 성격이나 성장 과정 등 전체 줄거리에 대해 세부적인 분석은 많지 않다. 특히 범죄 관련 영화는 더욱 그랬다. 이에 범죄와 관련된 영화를 통해 범죄심리분석을 하고자 한다.

제1절　테드 번디(Ted Bundy, 2002)

1 영화 줄거리

1974년 시애틀. 법대를 다니다가 학비 문제로 심리학과로 옮긴 미남 청년 테드 번디는 미혼모인 리와 사랑을 하는 한편으로 테드는 "생명의 전화" 상담원으로 일을 한다. 그러나 보이지 않는 곳에서의 테드는 이중 성격자이자 변태 성욕자로 남의 물건을 함부로 훔치고 맘에 드는 여자를 때리거나 성폭행 한 후 죽이는 끔찍한 일을 서슴지 않고 저지르며 살아간다. 테드는 자신은 사생아라며 자책하면서 수많은 여자들을 눈 깜짝 않고 죽인다. 테드는 자신의 범행이 노출되고 경찰의 수사가 시작되자 1975년 시애틀을 떠나 유타 주 솔트레이크로 간다.

한편 경찰은 산속에서 머리와 몸통들을 발견하고는 경악하여 수사를 전국으로 확대해 나간다. 그 후 테드는 길에서 차에 태운 여자를 상대로 또 다시 범행을 저지르려다가 놓친 후 경찰의 추격을 받는데, 1976년 콜로라도 주의 스키장에서 또 범행을 저지른 직후 도로에서 불심검문에 걸려 잡히고 만다. 수많은 여자를 살해한 혐의로 기소된 테드는 처음으로 연쇄살인범이라 불렸는데 주 감옥에 들어갔다가 법원 도서관을 통해 탈출을 한다. 그러나 얼마 지나지 않아 잡힌 테드는 다시 두 번째 탈옥에 성공하여 전 미국을 놀라게 한다. 두 번째 탈옥 후에도 계속해서 여자들을 상대로 범행을 저지르게 된다.

2 Ted Bundy의 사건기록

1974년 10월 18일, 유타 주의 조그만 마을 'Midvale'에서, 그곳 경찰서장의 딸인 'Melissa Smith'가 실종됐다. 멜리사는 5피트 3인치의 키, 중간 가르마를 탄 길고 검은 머리카락을 가진 17세 소녀로, 파자마 파티를 하러 가던 중 사라졌다.

10월 31일, 유타 주 'Lehi'에서 'Laura Aime'이 실종됐다. 로라는 6피트에 가까운 큰 키였지만, 몸무게는 115파운드에 불과했으며, 고등학교를 그만 두고 친구들과 살면서 가벼운 사회생활을 하고 있었던 17세 소녀였다. 할로윈데이의 밤, 로라는 어느 카페로 갔지만 지루함을 느끼고 한밤 중 그곳을 떠나 공원으로 향했었다.

로라 에임은 한 달 가량이 지나 추수감사절인 11월 27일, 워새치 산맥 안에 있는 강가에서 누운 시체로 발견됐다. 멜리스 스미스와 비슷하게, 발가벗겨진 채 발견된 그녀는 쇠지레와 같은 둔기로 얼굴을 알아볼 수 없을 정도로 얻어맞아 있었고, 또한 목이 졸리고 강간과 계간을 당했다. 그녀가 발견된 현장에서 발견된 피의 양이 부족했기 때문에, 그녀는 다른 어떤 곳에서 살해당한 후 옮겨진 것으로 추정됐다. 그녀의 시체 이외에, 경찰 수사에 필요한 다른 물증은 없었다.

그로부터 9일이 지난 후, 멜리사 스미스는 자신이 자라났던 곳에서 멀리 떨어진 'Wasatch' 산맥 속에 있는 공원 근처에서 시체로 발견됐다. 그녀는 발가벗겨져 있었으며, 머리는 둔기로 심하게 얻어 맞았고, 다른 신체 부위들도 난타당해 있었다. 또한 목이 졸렸고 강간과 계간을 당했다.

1975년 3월 1일, 그 전해 워싱턴 주에서 실종되었던 일곱 명 중의 하나인 브렌다 벨이 시체로 발견됐다. 발견 장소는 내슬런드와 오토의 시체가 발견된 곳에서 10마일 정도 떨어진, 테일러 산맥의 우거진 숲 속이었다. 그녀는 둔기로 머리를 맞아 사망했다.

경찰은 테일러 산맥을 수색했다. 단지 이틀이 지나 또 다른 시체가 발견됐다. 수잔 랜코트의 시체였다. 그녀 또한 그 전해 실종되었던 여성 중 하나였다. 계속해서, 두 구의 시체가 더 발견되었다. 그들 중 하나는 린다 앤 힐리였다. 희생자들 모두는 아마도 쇠지레로 생각되는 둔기에 의해 머리에 심각한 타박상을 입었다.

③ 피의자 성장환경 및 성격

테드 번디는 아무 것도 모르는 채, 자신의 외조부모를 부모로, 친어머니를 누나로 믿으며 인생을 시작한다. 처음 테드 번디에게는 'Theodore Robert Cowell'이라는 이름이 붙여졌다. 테드의 어린 시절, 코웰 가족의 비밀은 엄격하게 지켜졌다. 그러나 한편으로 코웰 가족은 테드가 진실을 아는 것이 아닐까 의심하기도 했다. 엘리너는 진실이 밝혀졌을 때를 염려하여, 테드가 네 살이었을 때 그의 이름을 'Theodore Robert Nelson'으로 바꾸었다. 테드가 다섯 살이던 1951년 5월 엄마는 재혼을 한다. 그로 인해 테드의 성은 코웰에서 넬슨으로 그리고 마침내 그가 남은 인생을 사용하게 될 번디로 바뀌게 되었다. 쟈니 번디는 자신의 아내가 된 엘리너는 물론, 테드까지도 자신의 가족으로 받아들였다. 엘리너는 쟈니와 결혼한 후, 네 명의 아이들을 더 낳았다. 테드는 학교가 끝난 다음 자기의 남은 시간의 많은 부분을 동생들을 돌보면서 보냈다. 쟈니는 테드와 부자간의 유대감을 형성하기 위해 노력했다. 그런 쟈니의 시도는 실패한다.

테드는 자신의 새아버지 곁에 있기를 점점 더 불편해 했고 혼자서 있기를 좋아했다. 테드는 자신의 새아버지 쟈니에게서 감정적으로 분리되어 있었다. 테드가 유일한 남성상으로 존경하고 사로잡혀 있었던 인물은, 처음 자신의 아버지로 생각했던 외할아버지 'Samuel Cowell'이었다. 그는 폭력적이며 정신적으로 불안정했던 사내였다. 어쩌면 사무엘 코웰이 테드의 진짜 아버지일지도 모른다고 생각하는 사람도 있다. 겉으로 보기에, 테드 번디는 다른 아이들과 비슷하게 자라났다. 감리교 교회를 다녔고 보이스카우트 활동을 했다. 그에게는 함께 어울리던 친구들도 있었다. 즉 외톨이는 아니였다. 그러나 그는 대체로 혼자 있기를 좋아했으며, 혼자이고자 하는 욕구는 증가했다. 이것은 다른 사람들과 편안하게 상호작용을 할 수 있는 능력을 기르는 데 방해가 될 수 있었을 것이다. 청소년기 테드는 내성적인 성격의 소유자였다. 중학교 때의 그는 학교 불량배들에게 놀림감이 되어 괴롭힘을 당했다. 그러나 고등학교 시절로 넘어 가면서, 테드는 좀 더 사교적인 남자로 변화했다. 그는 옷을 잘 입고 대단히 예의 바른 것으로 여겨졌고, 우수한 평균성적을 유지했다. 1967년 봄, 대학생 테드는 처음으로 여성과 진지한 만남을 갖는다. 상대는 앤 룰에 의해, 'Stephanie Brooks'라는 가명으로 알려진 여성이다. 스테파니는 캘리포니아의 부잣집 딸로 상류계층의 교육을 받고 자란 젊고 아름다운 백인 여성이었다.

1968년 스테파니는 워싱턴 대학을 졸업했고 테드가 워싱턴으로 돌아갈 시간이 가까워졌을 때, 스테파니는 일방적으로 둘의 관계를 끝냈다. 실연은 상처를 남겼다. 테드 번디는 크게 낙담해 이루 말 할 수 없는 지경에 이르렀다. 어떤 관심사에도 흥미를 느끼지 못하는 가운데, 마침내 낙제까지 했다. 테드는 스테파니에게 사로 잡혀 있었고 그의 마음에서 그녀를 내 보낼 수 없었다.

1969년, 23세의 테드 번디는 출생의 진실을 알고자 발자취를 밟아 거슬러 올라갔다. 그의 추적은 출생지인 버몬트 주 벌링턴까지 이르렀다. 그곳에서 그는 자신의 출생증명서 사본을 입수했다. 그리고 자기자신이 의심했던 모든 것들이 사실이었음을 알게 된다. 그동안 자신의 외조부모가 부모 행세를 했고, 실제로 그의 어머니는 엘리너였다는 것이었다. 테드는 자신이 미혼모 시설에서 태어났다는 것도 확인했다. 출생증명서에 찍혀있던 사생아라는 낙인은 테드를 아프게 했다. 이때 테드는 자신의 친아버지가 누구인지도 알게 된다.

테드의 유전적인 혼자 있길 좋아 하는 기질과 불안정하고 폭력적이던 외할아버지와 엄마의 재혼, 자신의 사생아라는 사실과 처음 사랑을 하게 되었던 애인으로 부터의 일방적인 이별로 인한 상처들이 테드의 심리적으로 여성에 대한 원망과 원한으로 자리 잡게 되었다고 본다.

테드 번디의 성격: 테드 번디는 백인이고, 잘생긴 외모에, 법학을 전공했을 정도로 지적인 능력이 뛰어났을 뿐 아니라 심지어 살인사건 이후, 자신의 재판 때 자신의 변호를 직접 맡는 등의 재능을 갖춘 인물이었다. 따라서 그에게 정신병리가 있어서 그로 인한 정신 착란으로 연쇄살인을 저지르게 되었다고 보기는 어렵다. 그는 자신의 태생을 알아가면서 미혼모 시설에서 태어난 사생아라는 것을 뒤늦게 알게 되 자신의 존재감에 대한 충격과 상처 등이 많은 영향을 끼친 것으로 보인다. 특히 8-12세에 자신의 역할 모델이 없을 경우 선과 악에 대한 판단이 없어진다고 하는 이론이 있는데 번디의 경우 난폭하고 정서가 불안정한 외할아버지가 첫 모델이였으며 이사를 하게 되어 모델링도 오래가지 못하였다. 자존감이 낮고 자신을 남보다 못한 존재라고 여기고 '완전히 다른 사람으로 변신'하게 되었다고도 볼 수 있다. 실연의 상처가 번디에게 범행동기로 작용했다고 볼 수 있다. 이는 번디가 자신을 거부한 여성에게 복수하는 심정으로 연쇄살인을 자행했을 수 있었다는 것이다. 그러면서도 그는 여성에 대해 여성에 대해 강한 의존상태이며, 여성과의 관계에서 굴욕을 당하는 것에 대해 공포를 가지고 있었다. 무엇보다도 주목해 보아야 할 것은 번디의 성적 욕망이라고 할 수 있다. 테드의 그것은 보통 남자의 그것과 모양이나 크기에서 많이 달랐다고 한다. 그의 경우 섹스의 관심은 폭력을 동반한 것이었다. 그는 여자를 능욕하는 망상을 머리에 그리고 있었다. 여자를 꼼짝 못하게 한 후 그 여자에게 절대적으로 군림하는 일이었다.

④ 범죄행동

① 범행동기

처음, 테드는 밤이 되면 거리를 어슬렁거리면서 여성들의 방을 훔쳐보았다. 길거리에서 여성을 뒤쫓거나, 여성의 차에 장난을 쳐 수작을 부리려 했다. 그렇지만 대부분 번디의 뜻대로 되지 않았다. 한때 그는 허리를 굽힌 여자에게 접근해 막대기로 여자의 머리를 쳤지만 여자가 비명을 지르자 급히 도망치기도 했다. 테드가 범행 대상으로 지목한 여성들을 보면 우선 실종 여성들은 날씬한 몸매를 지닌 백인이었으며 실종 당시 슬랙스를 입고 있었다. 특히나 가운데 가르마를 탄 헤어스타일의 여성이 많았다고 하는데 이 경우를 보아 자신의 첫사랑인 스테파니와 닮은 사람을 지목한 것으로 보인다.

테드의 범행동기를 크게 살펴보면 하나는 처음 사랑을 나누었던 여성 스테파니와 일방적인 이별로 깊은 상처를 받아 원망과 복수심이 있으면서도 애정을 받고자 하는 원인이 되었을 것이고, 하나는 자신의 태생이 미혼모 시설에서 태어난 사생아라는 사실과 자신의 부모가 할머니 할아버지가 아니라 자신의 누나였다는 사실을 알게 되고 심리적 문제가 생겼을 것이라고 보며, 하나는 일반사람들과 다른 자신의 성기로 인해 위축되고 열등의식을 갖게 되어 남성으로서 우월감이나 우월감 지배성을 과시하기 위한 것으로 보여 진다.

② 범죄대상 선정기준

앞에서도 나와 있듯이 피해 여성의 대부분이 날씬한 몸매에 특히나 가운데 가르마를 탄 헤어스타일의 검은 눈동자를 지닌 여성들이었다. 이러한 점을 봤을 때 자신의 첫사랑인 스테파니와 비슷한 사람을 선택한 것으로 보인다. 전체적으로 보았을 때 테드의 경우 성폭력 유형은 분노치환형으로 보인다. 테드가 첫사랑을 다시 만나 낭만적인 사랑을 하는 듯하다가 결

혼까지 약속한 후에 연락도 없이 이별을 하는 복수극을 하기도 했었는데 이런 사실로 보아 분노와 복수심을 계속 지니고 있어서 그와 비슷한 외모나 분위기가 나는 사람을 선택했다고 볼 수 있다. 또 이 여성들에게 모욕감을 주기위해 섹스를 활용하고 욕을 하면서 분노를 쏟아 내고 둔기로 정신을 잃게 하여 굴복시키거나 살해하여서 방어할 기회조차 주지 않는 모습을 볼 수 있다.

제2절 조디악(Zodiac, 2007)

1 영화 줄거리

1969년 7월 4일 발레호. 한적한 길에서 남녀가 차 안에서 잔혹하게 살해된다. 살인자는 대담하게 911에 신고까지 한다.

8월 1일 샌프란시스코 크로니클 신문사로 자신이 살인자라고 주장하는 자의 편지가 배달된다. 편지에서 그는 동봉한 암호문을 신문에 싣지 않으면 연쇄 살인을 하겠다고 협박한다. 그의 말이 사실임을 알게 된 신문사는 암호문을 신문에 싣는다. 정보부에서도 암호를 풀지 못하는 사이 어느 고등학교 교사 부부가 암호문을 대부분 풀어 신문사로 보낸다. 평소 퍼즐에 관심이 많던 만평기자 로버트 그레이스미스(제이크 질렌할)가 나머지 암호를 모두 해독한다.

9월 27일 나파. 호수가에서 쉬고 있던 남녀를 살인자가 잔인하게 찔러 죽이는 사건이 발생한다. 범인은 또 다시 911에 신고를 한다. 자신을 조디악이라고 밝힌 범인에게 끌린 로버트는 그에 대해 연구하다 그가 '가장 위험한 게임'이라는 오래 된 영화를 인용하고 있음을 알게 된다.

10월 11일 샌프란시스코. 택시운전수가 총에 맞아 죽는다. 택시 안에서 피묻은 장갑이 나오지만 수사에 도움이 되지는 못한다. 범인은 피묻은 택시운전사 셔츠와 함께, 앞으로 스쿨버스에 총을 쏴 학생들을 죽이겠다는 편지를 신문사로 보낸다. 이 내용이 언론에 공개되자 샌프란시스코는 충격과 혼돈에 빠진다. 몇 달 후, 사건에 열중하는 만평기자 로버트에게 동료 폴 에이버리 기자(로버트 다우니 주니어)는 조디악이 이미 편지를 통해 자신의 범행을 예고하고 있다는 증거를 보여준다. 조디악은 자신에 대해 나쁜 기사를 쓰는 폴에게 택시운전사의 피묻은 셔츠를 보내며 경고한다. 폴은 굴하지 않고 조디악을 잡을 증거물을 찾아 신문 기사에 싣는다. 66년 리버사이드 대학에서 발생한 사건이 조디악의 첫 번째 살인이라는 것... 사건을 맡은 샌프란시스코의 데이빗 토스키 경위(마크 러팔로), 윌리엄 암스트롱 경위(안소니 에드워즈)와 발레호의 잭 뮬라넥스 경위(엘리어스 코티스)가 그 증거를 찾아보지만 지역 경찰은 용의자가 조디악이 아니라고 말한다.

1971년 7월 26일 토랜스 경찰은 체나라는 사람에게서 결정적 제보를 확보한다. 조디악의 연쇄살인이 발생하기 전부터 리라는 남자가 자신을 조디악이라 불렀고, 학교에서 잘린 것에 앙심을 품어 스쿨버스를 공격하겠다고 공공연히 말했었다는 것, 아서 리 앨랜(존 캐럴 린치)을 심문하던 중 손목시계가 조디악 상품이라든지 여러 가지 심증이 나오지만 그는 일관되게 자신이 조디악이 아니라고 부인한다. 그리고 그의 필적이 조디악의 필적과 다르다는 결론이 난다. 경찰은 리가 양손잡이므로 다른 손 필적을 비교하면 조디악임을 밝힐 수 있다고 가택 수색영장을 요청하지만 증거불충분으로 기각된다.

1년 후, 경찰은 뒤늦게 리의 가택 수색을 다시 하기로 결정한다. 리의 집에서 택시기사 살인사건 때 발견된 것과 같은 장갑, 살인사건 때 사용된 것으로 보이는 총, 피 묻은 재킷 등이 발견되지만 지문, 탄도, 혈흔, 필적 검사 모두 조디악 살인사건과 무관하다는 결론이 나온다.

4년 후, 더 이상 조디악 연쇄살인이 없자 그렇게 조디악 사건은 잊혀진다. 경찰 수사팀도 데이빗 혼자만 남게 되고, 조디악에 대한 기사를 쓰던 폴도 술에 쩌들어 더 이상 조디악에 대한 자료도 가지고 있지 않은 상황, 하지만 로버트는 포기하지 않고 조디악을 조사하다가 조디악이 군 도서관에서 대출기록을 감추기 위해 암호해독 관련 책들을 훔쳐간 사실, 조디악이 사건 현장에 미리 전화를 건 사실 등을 알아낸다. 그 일로 피해자를 찾아간 로버트는 그 집 가정부로부터 옛날에 조디악이 건 전화를 받았고 조디악이 그날이 자기 생일이라고 말했다는 제보를 듣는다.

1978년 4월 25일 몇 년만에 샌프란시스코 크로니클 신문사에 다시 조디악의 편지가 배달된다. 경찰은 실제 조디악의 편지가 아닌 사건 담당자 데이빗 경위가 주목을 받고 싶어 조작한 편지라고 결론 내린다. 로버트가 데이빗 경위를 찾아가 필적감정사 셔우드를 통해 알아본 결과 편지의 필적이 조디악 필적이 맞다고 말해주지만, 데이빗은 더 이상 조디악을 쫓지 않는다며 로버트에게 따라다니지 말라고 화를 낸다. 로버트는 포기하지 않고 계속 조디악을 쫓으며 TV

에까지 출현해 자신이 밝혀낸 사실을 말한다. 로버트가 매일 조디악만 찾으며 집안 일에는 무심한데다, 그가 조디악에 관한 책을 쓰고 있다는 보도가 나간 이후 이상한 전화가 걸려오고 있는 상황에서, 로버트가 TV에까지 출연하자 아내 멜라니는 가족들이 위험하다며 헤어지자고 말한다. 로버트는 어느 날 익명의 제보자로부터 조디악의 이름이 릭 마샬이며 그가 살인 현장을 찍은 필름을 조디악의 친구 밥 본이 가지고 있다는 제보를 받는다. 밥을 만난 로버트는 릭 마샬이 맡긴 필름을 보고싶다고 하지만 릭이 몇 년 전 필름을 다시 찾아갔다는 말을 듣는다. 그리고 조디악의 필적과 유사한 영화 포스트의 필적은 릭이 아닌 밥이 그린 것이라는 말을 듣는다.

다시 난관에 부딪힌 로버트는 최초 사건 피해자 여성의 동생 린다를 찾아가 언니의 남친이 릭 마샬이 아니었냐고 묻는다. 린다는 남친 이름이 리였다고 말하고 경찰 기록에서 리라는 이름이 본 기억이 난 로버트는 다시 경찰서를 찾는다. 거기서 리의 생일이 예전에 조디악이 가정부에게 전화에서 자기 생일이라고 말한 날짜와 일치한다는 사실과, 조디악의 편지가 끊긴 시간이 리가 구속되었던 시간과 일치하다는 것 등을 알아낸다. 로버트는 데이빗 경위를 찾아가 이 사실을 말하지만 데이빗은 지문 같은 결정적 증거가 아니면 범인으로 검거할 수 없다며 로버트에게 조디악에 대한 책이나 쓰라고 말한다. 결국 리는 구속되지 않는다.

1991년 8월 16일 발레호 경찰의 조지 바워트 경위는 1969년 조디악에게 총을 맞았던 피해자로부터 리가 범인이라는 지목을 받는다. 그의 증언에 따라 리가 기소될 예정이었으나 그 전에 리는 심장마비로 죽는다. 몇 년후 DNA 검사를 해 보았지만 리의 범행을 증명하지 못한다. 그러나 리는 아직까지 가장 유력한 용의자이며, 그가 죽은 후 로버트에게 더 이상 이상한 전화는 오지 않았다.

2 범죄자 분석

① 사건개요

1960년대 미국 샌프란시스코를 중심으로 발생한 연쇄살인 사건을 일컫는다. 살인범이 대범하게 언론에 직접 연락을 하고 암호화된 문서를 보내면서 더 유명해진 이 사건은 사건현장에서 발견된 킬러의 별자리(조디악)사인으로 인해 조디악이란 이름이 붙여졌는데, 아직까지도 심증은 가나 물증이 없어 범인을 잡지 못하고 있는 미제 사건이기도 하다.

② 영화 속 범죄자의 특성(추정)

나　이 : 20대 후반에서 30대 초반
성　별 : 백인 남성
직　업 : 전직 수영강사
신　장 : 180cm
병　명 : 소아 성애자
전　과 : 방화, 감금

③ 영화 속 사건분석

본 사건은 첫 번째 살인사건이 발발한 1966년 이후 41년이 지난 현재까지 끝내 검거되지 않은 살인범의 이야기를 다룬 영구 미결 사건이다.

1969년 8월 1일 신문사에 처음 자신의 살인행각을 담은 편지를 보낸 이후 1978년 4월 25일 마지막 편지까지 암호만 던진 채 잡히지 않고 미국 전역을 공포로 밀어 넣은 살인마 '조디악 킬러'. 그는 공개적으로 자신이 13명을 습격했다고 주장했고 경찰은 확실하게 밝혀진 피해자 7명 중 5명이 사망했다고 발표했다. 그러나 조사결과 24명의 피해자가 더 있었고 실제 살해된 피해자가 몇 명인지는 확실히 밝혀지지 않았다. 이 사실은 영원히 알려지지 않을지도 모른다. 두 명의 생존자는 여전히 실존하고 있다. 1969년 8월 1일, 샌프란시스코 3대 신문사인 샌프란시스코 크로니클, 샌프란시스코 이그재미너, 발레호 타임즈 헤럴드 앞으로 자신의 살인행각을 밝히는 편지와 함께 각기 다른 3종의 암호문 도착하였다.

증거물 1 - 1969년 8월 1일. 첫 번째 편지
증거물 2 - 1969년 10월 13일. 편지와 피해자의 셔츠 조각
증거물 3 - 1969년 11월 8일. 해독되지 않은 340의 암호 문양은 1979년 8월 9일에 그레이스미스가 해독해냄

1969년 11월 9일, 자신을 밝히지 않고 위장범행을 하겠다는 내용의
일곱 번째 편지 도착

1970년 8월 20일, 자신의 실제 이름이라며 암호로 기록한 편지 도착

증거물 4 - 1970년 8월 20일. 실명을 암호로 적은 편지

*"나는 살인이 즐겁다 사람 죽이는 일이 숲의 야생짐승을 사냥하는 것보다 훨씬 재미
있기 때문이다 인간은 가장 위험한 동물이다 사람을 죽일 때의 그 짜릿함은 섹스할 때
보다 더 황홀하고 내게는 제일 스릴 넘치는 일이다. 나는 낙원에서 다시 태어나고 그
곳에서 내가 죽인 자들을 노예로 부리고 살 것이다. 당신들에게 내 이름은 알려주지
않겠다 내 이름을 알려주면 내가 노예를 수집하는 일을 막으려고 할 테니까 말이다.*

조디악 킬러의 편지에 의거한 사건 희생자들을 알아보자.

첫 번째 사건	1. 사건발생일: 1968년 12월 20일 2. 장소: 솔라노 카운티의 허만 호수 3. 희생자: -데이빗 파라데이(당시 17세, 남) 머리에 관통상 입고 즉사 　　　　　-베티 루 젠슨(당시 16세, 여) 다섯 발의 총을 맞고 즉사 4. 특징: 데이빗 파라데이가 마약과 관련된 일에 연루되어 마약범죄로 간주되었다가 조디악 킬러가 첫 번째 편지에 자신이 범인이라며 이 사건에 관해 경찰만이 알 수 있는 세세한 내용을 적어 조디악의 희생자로 분류됨.
두 번째 사건	1. 사건발생일: 1969년 7월 4일 2. 장소: 발레이오의 블루 락 스프링스 골프코스 3. 희생자: -달린 퍼린(당시 22세, 여) 다섯 발의 총을 맞고 즉사 　　　　　-마이크 마고(당시 19세, 남) 네 발의 총을 맞고 살아남. 　　　　　　첫 번째 생존자 4. 특징: 생존자 마이크의 증언에 따르면 자신들의 차 옆에 차 한 대가 주차한 후 한 남자가 후레쉬를 들고 접근, 다섯 발의 총을 난사하고 갔다가 자신의 비명소리를 듣고 돌아와 각각 두발씩 총을 더 쐈다고 한다. 180cm 정도의 키에 탄탄한 몸을 가진 20대 후반에서 30대 초반의 백인남성을 목격했으나 당시 경찰들의 미흡한 조사로 용의자 사진조차 확인하지 못했다. 2년 후 재 조사과정에서 범인을 지목했음에도 불구하고 국선변호사가 개인적인 시간부족을 이유로 거짓으로 치부함. 사건발생 45분 정도 후 경찰은 한 남자로부터 이 자신이 이 사건의 범인이며 첫 번째 사건도 자신의 범행임을 밝히는 전화를 받았다.
세 번째 사건	1. 사건발생일: 1969년 9월 27일 오후 6시 30분 2. 장소: 나파 카운티 베르예사 호수 3. 희생자: -세실리아 앤 쉐퍼드(당시 22세, 여) 몸의 앞쪽 5군데, 뒤쪽 5군데,

	총 10군데를 칼로 찔리고 병원 후송 후 48시간 만에 사망 －브라이언 하트넬(당시 20세, 남) 등 6번을 찔렸으나 생존. 두 번째 생존자 4. 특징: 생존자인 브라이언의 증언에 따르면, 키 180cm 정도의 복면을 쓴 남자가 총과 칼로 무장한 채 다가와 자신은 몬타나 감옥에서 탈주한 탈옥범으로 멕시코로 가기 위해 돈과 차가 필요하다고 했고 이에 자동차 열쇠와 지갑을 건네주었으나 가져가지 않고 두 사람을 플라스틱 끈으로 묶고 칼로 찌른 다음 유유히 사라졌다고 함. 현장조사에 따르면 범인은 피해자의 차 문에 범행일자와 시간, 범행도구와 자신의 트레이 드마크인 조디악 기호를 남겼고 이 때도 역시 경찰에게 전화를 걸어 자신의 범행을 밝혔다.
네 번째 사건	1. 사건발생일: 1969년 10월 11일 밤 10시 10분 2. 장소: 프레시디오 하이츠 부근 3. 희생자: 택시 운전사 폴 리 스타인. 후두에 총 맞아 사망

이비오리에테메쓰히티(EBEORIETEMETHHPITI)

－조디악이 언론에 보낸 암호문의 내용

하덴 부부는 마지막 부분의 철자를 바꾸면 로버트 에밋 더 히피(ROBERT EMMET THE HIPPIE)가 된다고 했으나 범인이 암호에서 자신의 이름을 알려주지 않겠다고 단언했기 때문에 이는 이름이 아닐 것이라 추측했다.

하덴 부부가 암호를 해독한 23년 후인 1992년 8월에서야 경찰은 유력한 용의자로 대학 시절에 히피가 되었다가 독일로 이주한 로버트 에밋 로다이퍼의 고등학교 시절, 그를 질투한 수영팀 라이벌 아더 리 앨런을 지명했다.

그레이스미스 역시 로버트 에밋 더 히피라는 문장이 살인범의 신원을 알려주는 단서라고 믿는다. 1969년 하덴 부부가 조디악의 312개 암호를 푼 이후, 그 해석을 이용하여 1932년 작 무성영화 〈가장 위험한 게임〉에 등장한 사람을 사냥하는 '자로프 백작'과 조디악의 암호를 연관 지은 사람이 그레이스미스였다.

'가장 위험한 게임'은 바로 '인간을 사냥'하는 것이었다.

몇몇 사람들은 '로버트 에밋 더 히피'로 추론된 해석을 포함, 하든 부부의 암호해석에 관해 동의할 수 없다며 여러 논의를 제기했지만 현재까지 이들의 해석을 반발한 명확한 논거는 제시되지 않고 있다.

④ 범죄자의 행동 심리 분석

연쇄살인범의 대개는 어린 시절 어긋난 성장이 그 사람들을 그렇게 만드는 경우도 있다고 한다. 강압적인 교육이나 무차별적인 폭력 등이 영향을 미칠 수도 있다. 하지만 그것만으로 그렇게 될 수 있는 것은 아닌 것 같다.

조디악이란 킬러는 연쇄살인범 역사의 한 페이지를 장식할 만한 떠들썩한 범죄자였다. 데이트를 즐기는 남녀, 택시 운전기사 등 범행의 대상도 천차만별이지만 그 살인이 뜬금 없이 어린이를 향하는 경우도 있다.

보통의 연쇄살인범들은 여성을 범죄대상으로 선정한다. 하지만 조디악은 특이하게도 10대 후반에서 20대 초반에 이르는 연인을 대상으로 삼았다. 여성으로서는 사랑하는 남자가 함께한다는 것에서 안도감을 느끼는 가능성이 더 커지는 것 같다. 남자는 자신이 남자라는 사실을 본능적으로 느끼면서 위험이 쉽게 찾아 올 것 이라고 생각하지 않는다. 똑똑한 조디악은 그런 심리를 노리면서 연인을 범행 대상으로 선정한다. 그런데 영화 '조디악'에서의 범인 조디악은 특이하게도 여성만을 죽이고 남성은 살려두었다. 내 생각엔 남자가 자신이 사랑하는 여자가 죽었음에도 불구하고 자신이 살아있다는 것에 대한 비참함을 느끼게 하려고 일부러 남자를 살려두었던 것 같다.

"노스베이 지역에서 사람들을 죽인 것도 바로 나다. 샌프란시스코 경찰은 어제 제대로 수색만 했더라면 나를 잡을 수 있었을텐데, 시끄럽게 오토바이 소리만 내더군."

조디악의 행동을 통하여 범죄심리를 분석해 보자.

우선 연쇄살인의 정의를 알아보면, 2곳 이상의 장소에서 장소와 시간의 차이를 두고 냉각기간이 존재하는 사건이다. 연쇄살인범들의 범행동기는 보통 경제적인 이유나 모험추구인 경우가 대분분이나 전형적으로 약탈적/스토킹의 방법을 사용하고 성적/가학적인 동기를 보이게 된다. 실제로 이 영화에서 범인으로 추정되는 유력용의자는 소아 기호증을 앓고 있다. 이는 어린아이들에게 성적인 범죄를 저지르는 것으로 연쇄살인범들의 범행동기와 관련성이 있다고 생각된다. 연쇄살인범들은 살인행위 그 자체가 자신의 심리적 생존을 확인시켜주는 의식을 치루는 것으로 생각하기도 한다.

조디악이 언론에 보낸 암호문에서 볼 수 있듯이 '사람을 죽이는 일이 짐승을 사냥하는 것보다 더 재미있다'라고 표현하는 부분에서 조디악은 살인을 통하여 자신의 살아있는 것을 확인하는 것이다. 이로써 단절되어 있던 세상에 자신이 살아갈 이유를 찾은 것 같다. 영화 속에서 조디악은 지하실에서 혼자 죽어가기는 싫다고 말했던 것에서 이를 유추해 볼 수 있다.

연쇄살인범들에게는 살인행위 그 자체가 '심리적 생존'을 확인시켜 주는 '의식'이기 때문에 희생자를 선택하고, 납치를 준비하고, 고문하고, 죽이고, 사체를 처리하는 모든 과정이 중요한 의미를 지니고 있다. 이러한 의식의 순서와 독특한 형태는 바로 연쇄살인범이 살인하는 순간에 '살인희열', '성적오르가즘' 또는 '힘의 분출' 등 이른바 '절정'에 도달하기 위한 자신만의 독특한 방법이라고 할 수 있다. 보통 연쇄살인범은 폭력행위, 성적인 가학행위, 살인행위 등에 관하여 자신만의 비밀스러운 환상의 세계를 구축해 놓고 있으며 주된 동기는 자신의 권위와 힘을 실패 없이 계속하여 표출하고 싶은 욕구를 갖고 있다.

영화 속의 조디악도 살인하는 순간의 짜릿함이 섹스보다도 황홀하고 내게는 제일 스릴 넘치는 일이라고 말했듯이 살인을 자신의 심리상의 '절정'에 도달하기 위한 방법으로 사용한 것이다. 앞에서 계속 살펴보았듯이 연쇄살인범들은 희생자를 죽이는 기쁨을 가지고 살인을 한다고 볼 수 있다. 또한 조디악에서 자신은 낙원에서 다시 태어나고 죽인 자들은 노예로 부리며 살겠다고 말한 부분에서 연쇄살인자들은 사람을 제거하라는 사명을 가졌다고 생각하며 이러한 사명이 완성되어야 한다고 믿고 있다고 볼 수 있다. 이들의 무의식에는 불특정 다수의 타인에 대한 증오심, 복수심, 사디즘 등을 가진다는 것이 범죄 유형 분석에 있어서 기본 과정이다. 이러한 점에서 유추해 볼 수 있는 것은 조디악에서 유력용의자인 '아더 리 앨런'의 암호문에서 나온 '로버트 에밋 로다이퍼'는 아더 리 앨런의 고교시절 수영 라이벌이었다. 고교 시절부터 이를 통한 복수심, 증오심이 반영되어 희대의 연쇄살인범이 되지 않았을까 생각된다.

Rossmo의 분류를 통해 연쇄살인의 유형을 피해자탐생방법에 의한 구분과 피해자공격방법에 의한 구분으로 나눌 수 있는데 피해자탐색방법에 의한 구분에는 사냥꾼형, 밀렵형, 끌낚시형, 올가미형이 있다. 이 영화의 주인공인 조디악의 범행행동을 보면 끌낚시형인 것으로 추정된다.

　여기저기 다니며 피해자를 물색하는 범죄자인 끌낚시형은 조디악이 한 장소가 아닌 여러 장소에서 살인을 저지르는 것과 동일한 것 같다. 끌낚시형은 특별히 희생양을 찾아다니는 것보다, 일반적인 활동경로 속에서의 그들의 활동 중에 우연히 희생양과 마주치는 범죄자들을 말한다. 연쇄살인범인 조디악이 끝내 잡히지 않아 범죄의 희생자을 선택한 특별한 이유는 알 수 없지만 이를 통해 유추할 수 있을 것 같다.

　피해자공격방법에 의한 구분에는 맹수형, 스토커형, 매복형이 있다. 조디악의 살인방법으로 보아 맹수형, 스토커형, 매복형의 성향들이 조금씩은 섞여 복합적으로 이루어진 것 같다. 그 중 맹수형에 가장 가까운 것 같다. 왜냐하면 조디악이 저지른 살인의 대부분의 성향은 갑작스럽게 총을 쏘거나 칼로 마구 찌르는 점에서 볼 때 그러한 것 같다.

　한편 조디악은 Dietz의 분류 중에 정신병리적 성적 가학자에 속하기도 하는 것 같다. 이는 쾌락을 목적으로 고문과 살해를 하는 자로 살인의 동기 중에 성적인 만족이 일부분 포함되어 있는 살인을 일컫는다. 앞에서도 살펴보았듯이 조디악이 살인을 통해 섹스보다도 더 황홀한 짜릿함을 느낀다고 표현한 점을 통해 유추해보았다. 이는 R.Holmes의 분류에서 쾌락형과 동일하다.

제3절　추격자(2008)

1 영화 줄거리

① 제작배경

　한국 사회를 공포로 몰아넣었던 일련의 연쇄살인 사건에 대한 관심은 피해자나 가족들의 눈물이 채 마르기도 전에 대중과 사회에서 금세 잊혀지는 것이 한국 사회이다. 개개인의 물질적 이익만을 중요시 여기며 주변과 사회에

무관심한 극도의 개인주의사회에서 "피해자들은 어떤 사람이었을까? 그들을 살리기 위해 나는, 사회는 어떤 노력들을 했나?"라는 생각조차 하지 않는 사회가 되었다. 이러한 사회적 현상을 바라보는 평범한 한 사람에서 출발한 <추격자>는 충격적인 살인 사건에 대한 자극적인 소재주의 영화가 아닌 고귀한 생명의 존엄성에 위협 받는 한 사람을 구하기 위한 한 남자의 숨가쁜 추격 과정 속에서 부딪히는 어처구니없는 상황과 엉성한 사회 구조 시스템을 그렸다.

출장 마사지를 통해 생계를 이어갈 수밖에 없는 여성들과 노약자만을 상대로 잔혹한 살인을 저지르는 연쇄 살인마 지영민, 썩어빠진 부패 경찰로 비리를 저지르고 사직 당한 후 출장안마소를 운영하는 엄중호, 결코 사회의 '정의', '선'이라 부를 수 없는 엄중호가 연쇄살인의 마지막 희생자인 '미진'을 구하려 하는 유일한 남자가 될 수밖에 없는 과정 속에서 중호를 통해 이기적인 무관심으로 무너져 가는 인간의 존엄성에 대해 다시금 생각하게 하는 영화이다.

② 영화내용

출장안마소(보도방)를 운영하는 전직 형사 '중호', 최근 데리고 있던 여자들이 잇달아 사라지는 일이 발생하고, 조금 전 나간 미진을 불러낸 손님의 전화번호와 사라진 여자들이 마지막으로 통화한 번호가 일치함을 알아낸다. 하지만 미진마저도 연락이 두절되고…… 미진을 찾아 헤매던 중 우연히 '영민'과 마주친 중호, 옷에 묻은 피를 보고 영민이 바로 그놈인 것을 직감하고 추격 끝에 그를 붙잡는다.

실종된 여자들을 모두 죽였다는 충격적인 고백을 담담히 털어 놓는 영민에 의해 경찰서는 발칵 뒤집어 진다. 우왕좌왕하는 경찰들 앞에서 미진은 아직 살아 있을 거라며 태연하게 미소 짓는 영민. 그러나 영민을 잡아둘 수 있는 증거는 아무것도 없다. 공세우기에 혈안이 된 경찰은 미진의 생사보다는 증거를 찾기에만 급급해 하고, 미진이 살아 있다고 믿는 단 한 사람 중호는 미진을 찾아 나서게 된다.

〈영화속 살인마 지영민이 미진과 만나 자신의 집으로 향하는 장면〉

〈영화속 살인마 지영민은 미진을 죽이기 위해 미진을 묶고 너가 살아야하는 이유를
말해보라고 한다. 미진은 아이가 있다고 살려달라고 했지만 지영민은 둔기로 미진의 머리를
내려친다. 지영민은 미진의 의식이 없다는 것을 확인한 후 외출을 한다〉

〈엄중호는 미진을 찾던 중 자신의 차와 접촉사고가 난 지영민을 보다가 옷에 피가 묻은 것을
보고 범인의 휴대폰번호 4885를 확인하여 지영민임을 알아챈다. 추격 끝에 지영민은
엄중호에게 붙잡힌다〉

〈지영민은 조사를 받고 살인용의자로 확신되어 가지만
후에는 증거물충분으로 결국 풀려나게 된다〉

〈미진은 죽은 줄로 알았지만 의식을 되찾고 화장실문을 깨고 탈출하여 동네 슈퍼로 가서
아주머니에게 도움을 청한다. 이때 마침 풀려난 지영민은 담배를 사기위해 슈퍼로 들어온다.
지영민은 아주머니와 대화 중 미진이 이곳에 숨어있다는 것을 알고 아주머니와 미진을
다시 한번 둔기로 내려치고 살해한다〉

② 연쇄살인범 지영민의 성격과 심리

지영민은 외관으로는 평범한 모습을 지닌 실제
는 추악한 연쇄살인범이다. 지영민은 자신보다 약한
안마시술소의 여자들을 상대로 살인을 저지른다. 지
영민이 심리상담사와 면담하는 중 상담사는 지영민
에게 너는 성불구이고 그러므로 여자들의 머리를
너의 것이라고 생각하고 정으로 내려치면서 쾌락을
느끼는 것이라고 말한다.

이렇듯 지영민의 살인 동기는 성적욕망이다. 그리고 지영민은 아주 지능적이다. 처음에는 제 입으로 '죽였어요'라고 말하지만 결정적인 순간에는 말을 바꾸기도 한다. 결국에는 증거불충분이 될 것을 처음부터 계산하고 있었던 듯이 말이다. 거기다가 지영민은 뛰어난 예술적 재능을 갖고 있다. 그가 만들어 세운 교회 앞의 십자가 상을 보면 훌륭한 솜씨의 십자가 예수는 지하방 벽에 그린 벽화와, 피범벅이 된 시체들과 맞물리면서 비릿한 피냄새를 풍긴다. 이 장면은 자신이 죽인 여성들을 여신화하였다고 해석해도 될 거 같다.

그리고 지영민은 책상을 사이에 두고 마주 앉은 상황에서 건너편 여형사의 생리혈 냄새를 알아차릴 만큼 피냄새에 아주 익숙하다. 이러한 특성은 그에게 사냥에 익숙한 육식동물의 이미지, 짐승의 본능이 있음을 나타낸다.

하지만 지영민은 처음부터 안마방 여자들을 불러내 죽이지는 않았다. 맨 처음 불러낸 것으로 생각되는 직업여성은 "물건이 서질 않는 거에요. 그래서 죽이게 서비스 해줬죠. 그랬더니 그 다음부터 같이 살자고 난리더라구요. 일부러 만나주지 않았더니 그 다음부터는 피칠한 이상한 사진들을 보내면서 '죽이겠다'는 등의 협박을 하더라구요."라고 진술한다. 이 대사에서 알 수 있듯이 지영민은 맨 처음 직업여성이 자신이 성불구임에도 불구하고 서비스를 해주는 여자에게 사랑 혹은 그 비슷한 감정을 느끼고 순수하게 접근을 했지만 거절당하자 다른 안마방 여성들을 불러내 죽임으로써 분노를 표현한다.

이렇게 지영민의 살인동기를 추정해볼 수 있지만 아쉽게도 지영민의 어린 시절은 전혀 등장하지 않아 그가 원래부터 그러한 사람인지 순수한 내면적 동기는 알 수 없다. 그리고 지영민은 자신의 어머니와 피해여성들을 동등한 입장에 두고 있다. 아마 그의 어머니는 고통스러운 상황에 있었을 것이고 그런 어머니를 고통에서 해방시키고자 망치와 정을 사용했을 것이다. 또한 지영민은 위에서도 말했듯이 십자가에 못 박힌 예수의 모습을 매우 숭고하게 여겼다. 그래서 그런 모습을 현세에 재현하고 싶어 살인의 표적이 되기 쉬운 안마방의 여자들을 상대로 집착한 것이다. 즉 지영민의 살인동기는 그의 성격과 관련되어 자신은 섹스를 할 수가 없는 성불구자이고, 그것이 매우 오래전부터 치명적인 콤플렉스로 작용하여 좌절과 분노가 폭발하였기 때문이며 지영민을 둘러싼 환경가 그가 보여주는 행동들은 그의 살인에 여러 가지 요인이 숨어있을 거라고 생각한다.

제4절 살인의 추억

1 제작배경

우리나라 최초의 연쇄살인사건이라고 할 수 있는 '화성 사건'은 86년부터 91년까지 6년간 10명이 숨지고 범인이 잡히지 않은 희대의 미제살인사건으로 남아있다. 경기도 화성군 태안읍 반경 2km 이내에서 71세 노인부터 13세 여중생까지 불특정 다수의 여성을 대상으로 10차례의 강간 살인이 발생한 사건이었다. 아시안게임을 며칠 앞둔 86년 9월 19일 이모할머니가 목이 졸린 채 발견된 것을 시작으로 2차(86.10.23), 3차(86.12.21), 4차(87.1.11), 5차(87.4.23), 6차(87.5.9), 7차(88.9.8), 8차(88.9.16), 9차(90.11.16), 10차(91.4.4) 사건이 이어진다. 이중 범인을 잡은 것은 8차 사건 뿐이며, 미제로 남은 나머지 9건의 화성 연쇄살인 가운데 6건은 이미 공소시효(살인 15년)가 끝났다.

범인은 비 오는 밤, 잠복시간을 거쳐 범행 대상을 골랐고, 범행 도구는 피해자의 물건을 사용하였다. 피해자의 손과 발을 브래지어로 결박, 팬티나 거들로 머리를 씌우고 강간, 살해한 것이다. 범행 수법은 회차를 거듭할수록 대범하고 침착해졌다. 가슴이 19차례나 난행되는가 하면, 국부에서 9개의 복숭아 조각이 나오고, 범행 후 옷을 다시 입히거나 얌전히 개어 시체 주변에 놓아뒀다. 강간 살인 사건이었고, 10회가 거듭됐지만 범인은 증거물을 남기지 않았다. 하지만 영화는 각색되었기 때문에 실제 사건과는 다소 다르다.

이 영화는 2005년 7월 17일 미국에서 단관으로 개봉하였고, 8월 9일, DVD로 출시되었는데, 대부분의 북미 평론가들은 이 영화에 대해 깊은 호감을 나타내었다. 뉴욕 타임즈의 마놀라 다지스는 "긴장감이 넘치는, 효과적인 스릴러물."이라고 칭했고, 보스톤 글로브의 웨슬리 모리스는 "가장 주목할 만한 점은 어떻게 봉 감독이 진정한 서스펜스를 만들어내고 무서운 순간들을 이끌어내는가 하는 점."이라고 박수를 보냈으며, 워싱턴 포스트의 디슨 톰슨은 "관객들을 빨아들이는, 기교넘치는 작품."이라고 치켜세웠다.

② 영화내용

1986년 경기도. 젊은 여인이 무참히 강간, 살해당한 시체로 발견된다. 2개월 후, 비슷한 수법의 강간살인사건이 연이어 발생하면서 사건은 세간의 주목을 받기 시작하고, 일대는 연쇄살인이라는 생소한 범죄의 공포에 휩싸인다.

사건 발생지역에 특별수사본부가 설치되고, 수사본부는 구희봉 반장(변희봉 분)을 필두로 지역토박이 형사 박두만(송강호 분)과 조용구(김뢰하 분), 그리고 서울 시경에서 자원해 온 서태윤(김상경 분)이 배치된다. 육감으로 대표되는 박두만은 동네 양아치들을 족치며 자백을 강요하고, 서태윤은 사건 서류를 꼼꼼히 검토하며 사건의 실마리를 찾아가지만, 스타일이 다른 두 사람은 처음부터 팽팽한 신경전을 벌인다. 용의자가 검거되고 사건의 끝이 보일 듯 하더니, 매스컴이 몰려든 현장 검증에서 용의자가 범행 사실을 부인하면서 현장은 아수라장이 되고, 구반장은 파면 당한다.

수사진이 아연실색할 정도로 범인은 자신의 흔적을 남기지 않는다. 살해하거나 결박할 때도 모두 피해자가 착용했거나 사용하는 물품을 이용한다. 심지어 강간 사건의 경우, 대부분 피살자의 몸에 떨어져 있기 마련인 범인의 음모조차 단 하나도 발견되지 않는다. 후임으로 신동철 반장(송재호 분)이 부임하면서 수사는 활기를 띠기 시작한다. 박두만은 현장에 털 한 오라기 남기지 않는다는 점에 착안, 근처의 절과 목욕탕을 뒤지며 무모증인 사람을 찾아 나서고, 사건 파일을 검토하던 서태윤은 비오는 날, 빨간 옷을 입은 여자가 범행대상이라는 공통점을 밝혀낸다.

선제공격에 나선 형사들은 비오는 밤, 여경에게 빨간 옷을 입히고 함정 수사를 벌인다. 그러나 다음날 아침 돌아오는 것은 또다른 여인의 끔찍한 사체. 사건은 해결의 실마리를 다시 감추고 냄비처럼 들끓는 언론은 일선 형사들의 무능을 지적하면서 형사들을 더욱 강박증에 몰아넣는다.

〈아시안게임이 있던 해인 1986년 10월 23일 끔찍한 살인사건이 일어난다〉

〈형사들은 향숙이가 어떻게 죽었는지를 자세히 말하는 애꿎은 광호를 범인이라고 확신한다〉

〈하지만 사건이 다시 일어나고 형사들은 재수사를 하고 용의자는 무모증이며 목격자와
살아남은 피해자의 진술에 따라 손이 부드럽고 섬세하다는 점을 두고 이 모든 용의점이
들어맞고 알리바이가 확실하지 않은 박현규를 용의자로 확신하고 박현규를 잡아 취조를
하지만 박현규는 자신이 아니라고 끝까지 주장한다〉

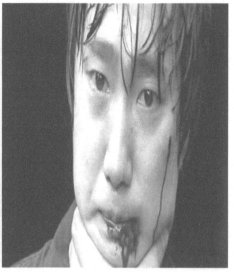

〈모든 것이 들어맞는 누가 봐도 용의자인 박현규가 자백을 하지 않아 형사들은 DNA검사를 요청했는데 결과는 박현규의 DNA와 일치하지 않아 안타깝게도 박현규를 체포하지 못하고 풀어주게 된다〉

〈"아주 예전에... 내가 여기서 한 일이 생각나서, 그냥 한번 와봤다. 그러던데?",
"...그 아저씨.. 얼굴 봤어?"
– 범인이 끝내 누구인지 모르는 궁금증을 남기고 영화는 끝이 난다〉

3 범인의 성격과 심리

영화에서 박현규가 범인으로 좁혀지는 가운데 결국에는 DNA불일치로 풀려나게 된다. 극중의 형사들이나 보는 관객은 모든 증거와 진술이 일치하는 박현규가 범인임을 알지만 안타깝게 눈앞에서 놓치는 격이 되었다. 하지만 확실하지 않은 심증적 증거로는 정말 누가 범인인지는 알 수 없다. 박현규는 범인이 아니어서 그런걸 수도 있지만 매우 침착한 성격임을 알 수 있다.

형사들에게 조사를 받을 때도 살인이 일어났던 그 시각 그때 자신은 무엇을 했는지도 태연하게 대답한다. 극중 범인은 범죄 현장에 자신의 흔적을 절대로 남기지 않고, 심지어 범행도구마저도 피해자의 물건을 사용하는 등 치밀하고 침착한 수법을 보여준다. 또한, 피해자의 몸에 복숭아 조각을 넣거나, 피해자의 머리에 팬티를 씌운 다거나 하는 싸이코적이고 엽기적인 행동을 하기도 한다.

엽기적인 범행을 통해 우리는 범인이 매우 싸이코패스임을 알 수 있다.

화성연쇄살인사건을 다룬 영화이기 때문에 범인은 끝까지 알지 못한다. 하지만 우리가 박현규가 범인일 거라고 생각하는 것은 범인이 누군지 모른 채 허망하게 종결되는 이유와 범인을 잡고 싶어 하는 욕구 때문이라고 생각한다. 이렇게 영화 속의 범인으로 추정되는 박현규의 모습을 통해 우리가 확실하게 알 수 있는 것은 실제 범인들도 우리와 함께 평범한 일상 속에서 자신의 모습을 감추고 살아가고 있다는 것이다.

제5절 그놈 목소리

1 제작배경

15년 전 충격 실화를 모티브로 한 영화.

영화 <그놈 목소리>는 15년 전 세상을 떠들썩하게 했던 '압구정동 이형호 유괴살해사건' 실화를 모티브로 한다. 1991년 1월 29일 서울

압구정동에서 유괴당한 9살 이형호 어린이가 44일 후 한강 배수로에서 싸늘한 사체로 발견됐던 이 비극적인 사건은, 범인이 끊임없는 협박전화로 비정하게 부모를 농락했다는 점, 그 범죄 수법이 경찰의 추적을 유유히 따돌릴 정도로 치밀하고 지능적이었던 점이 당시 세간에 큰 화제가 됐다. '개구리소년 실종사건' '화성연쇄살인 사건'과 더불어 3대 미제사건으로 불렸던 이 사건은, 당시로선 드물게 과학수사가 진행되고, 15년간 총 인원 10만여 명의 경찰 병력이 투입됐지만, 범인의 윤곽조차 파악하지 못한 채 2006년 1월 결국 공소시효가 만료됐다. 1992년 SBS 다큐프로 <그것이 알고 싶다>의 조연출로 이 사건을 직접 취재하면서 충격과 분노를 느꼈던 박진표 감독은, 우리 사회가 이런 비극적인 사건을 쉽게 잊거나 용인하지 않도록 영화적으로 재조명하기로 결심했다. 실화를 바탕으로 진정성 있는 드라마를 담아낼 팩션 영화 <그놈 목소리>는 영화적 재미와 사회적 메시지를 동시에 구현한다.

영화 <그놈 목소리>는 아직까지 잡히지 않은 실제 범인의 단서인 '협박전화 목소리'를 또 하나의 주인공으로 설정한 독특한 구성의 영화다. 범인 캐릭터 '그놈'은 영화 속에서 대사 분량이 두 번째로 많은 주요 배역으로 강동원이라는 스타 배우까지 캐스팅했지만, 몇몇 장면에서 실루엣을 노출시키는 것 외엔 철저하게 전화 목소리만으로 등장한다. 영화의 모티브가 된 '이형호 유괴사건'에서 협박전화 목소리는 아직도 잡히지 않은 유괴범의 핵심적인 단서. 영화를 통해 실제 범인의 단서를 알리고 싶었던 감독은, 다른 캐릭터들과 에피소드들은 모두 영화적으로 재구성했지만 범인에 관해서만은 철저하게 실제 사건에 근거한 객관성을 고수했다. '그놈'의 대사와 말투가 실제 범인의 협박전화 내용과 거의 일치하듯, 끝내 정체를 드러내지 않은 실제사건의 범인처럼 영화 속 '그놈' 역시 얼굴 없는 범인이어야만 했던 것. 목소리만으로 캐릭터를 완벽하게 표현하는 것은 배우에게 큰 도전이다. 자신이 직접 등장하지 않는 장면에서도 현장에 나와 상대 배우와 대사 호흡을 맞추는 등 남다른 열의를 보인 강동원은, 집요한 협박전화로 부모의 애간장을 녹인 실제범인의 비정한 목소리를 실감나게 재현했다.

〈실제 범인의 몽타주와 필적〉

형사소송법 제249조에 의하면 사형에 해당하는 범죄의 공소시효는 15년으로, 올해 1월 공소시효가 만료된 '이형호 유괴사건'은 이제는 인면수심의 범인이 잡히더라도 더 이상 법적인 처벌을 할 수 없다. 그러나 하루아침에 어린 아들을 비참하게 가슴에 묻어야 했던 형호의 아버지는 어느 누구도 어린 생명을 앗아간 '그놈'에게 면죄부를 줄 수 없다고 절규한다. 이런 아버지의 애끓는 심정에 대한 공감에서 출발한 영화 <그놈 목소리>는 실제사건의 범인을 잡기 위한 '현상수배극'을 표방하며, 단순 상업영화 이상의 사회적 기능을 추구한다. 감동적인 드라마로 '어린이 유괴'와 '공소시효'라는 사회적 이슈를 자연스럽게 환기시키는 것, 실제 범인의 단서를 널리 알림으로써 시효 만료된 이형호 사건을 국민공조로 해결하는 것. 이것이 영화 <그놈 목소리>의 진정한 제작의도다.

② 영화내용

범죄와의 전쟁이 선포될 정도로 흉흉한 강력범죄가 끊이지 않던 1990년대. 방송국 뉴스앵커 한경배(설경구)의 9살 아들 상우가 어느 날 흔적 없이 사라지고, 1억 원을 요구하는 유괴범(강동원)의 피말리는 협박전화가 시작된다. 아내 오지선(김남주)의 신고로 부부에겐 전담형사(김영철)가 붙고, 비밀수사본부가 차려져 과학수사까지 동원되지만, 지능적인 범인은 조롱하듯 수사망을 빠져나가며 집요한 협박전화로 한경배 부부에게 새로운 접선방법을 지시한다. 치밀한 수법으로 정체가 드러나지 않는 유괴범의 유일한 단서는 협박전화 목소리. 교양 있는 말투, 그러나 감정이라곤 없는 듯 소름끼치게 냉정한 그놈 목소리뿐이다. 사건발생 40여 일이 지나도록 상우의 생사조차 모른 채 협박전화에만 매달려 일희일비하는 부모들. 절박한 심정은 점차 분노로 바뀌고, 마침내 한경배는 스스로 그놈에게 접선방법을 지시하며 아들을 되찾기 위한 정면대결을 선언한다.

〈아들 유괴한 범인은 이들 부부에게 돈을 요구한다. 오지선은 아들이 살아있는지 확인하기 위해 범인에게 아들의 목소리를 들려 달라고 한다〉

〈오지선과 한경배는 경찰을 동원하여 다시 범인과 통화하며 범인의 위치추적을 시도한다〉

〈범인의 말대로 요구하는 돈을 약속한 장소에 가져다 놓고 범인의 모습을 찾는다. 하지만 결국에는 범인을 잡지 못했고, 아들은 유괴된 지 하루 만에 죽었다는 사실을 알게 된다〉

③ 범인의 성격과 심리

범인은 오로지 자신의 목소리만 들어내고 있다. 목소리로 분석해보는 그는 매우 체계적이고 지능적이다. 그의 체계적인 범죄 이유는 아이를 유괴하고 살해하기 전 아이의 목소리를 미리 녹취한 후 부모에게 전화협박시 그 목소리를 들려줬다는 것이다. 또한 살해 후에 수차례 협박전화에서 아이를 살해한 사실을 숨기고 협박하였으며 수차례에 걸쳐 장소를 바꾸고 현장에 나타나지 않은 점 등 전체적 사건의 정황으로 보아 범인은 체계적으로 범죄를 계획했고 다분히 의도적인 범죄라고 볼 수 있다. 그리고 돈을 요구하였으므로 돈을 목적으로 한 범죄라고 생각할 수 있다. 그리고 그의 범죄는 지능적이다. 우리가 일상적으로 쓰지 않는 전문용어를 사용하고 영어발음이 정확하고, 약속장소를 수차례에 걸쳐 변경하였으며 경찰의 기운을 느끼게 될 경우 현장에 나타나지 않았다. 또한 차량, 카폰, 쪽지 등을 이용했고, 통화위치추적을 고려하여 통화를 2분 이상 하지 않아 위치추적을 하지 못하게 경찰들을 곤란에 빠뜨렸다.

범인은 일반적 범죄와는 달리 치밀하고 그 당시 이용할 수 있는 과학적 수사기기들을 무력화 시킬 만큼 지능적인 범죄의 형태를 보이는 것으로 고교학력 이상의 교육을 받은 것으로 보이지만 학력 이상의 상당한 지능을 가지고 있는 것으로 보인다. 그리고 범인은 유괴 후 아이가 살아있다는 거짓말을 교활하게 이용하고 있으며 죄책감이나 범죄에 대한 두려움 조차 찾아 볼 수 없다. 이 부분은 그는 정서적, 감정적으로 매우 냉담한 것으로 보아 싸이코패스의 성격을 가지고 있지 않은가에 대해 의심해 볼 수 있다.

제6절 텍사스 전기톱 연쇄살인 사건

1 제작배경

1973년 미국, 텍사스주에서 전 세계를 공포로 몰아 넣은 연쇄살인극이 발생한다.

텍사스주 트래비스를 지나던 5명의 젊은이가 실종되었다. 그리고 그 중 유일하게 살아남은 1명에 의해 사건의 전모가 공개되었고 전 세계는 이 엽기적인 살인마의 잔인함에 충격을 금치 못한다.

'텍사스 전기톱 대학살'이라 이름 붙여진 이 연쇄살인극은 30여 년이 지난 지금까지도 미국 역사상 가장 잔인하고 충격적인 사건으로 기록되고 있다.

1974년, 공포영화의 걸작 <텍사스 전기톱 대학살> 영화화.

이 연쇄살인사건은 곧바로 영화화 되었다. 흉측한 마스크로 얼굴을 가리고 전기톱을 휘두르며 쫓아오는 살인마의 모습은 실화를 바탕으로 했다는 것만으로도 수많은 사람들은 경악했으며, 그는 가장 잔혹한 살인마라는 타이틀과 함께 사람들에게 '레더 페이스'라는 별명으로 불려지게 된다.

2003년 <텍사스 전기톱 연쇄살인사건> 리메이크.

실제 사건 발생 30년 후, 그동안 무수한 공포영화 속에서 변주되어 오던 살인마 '레더 페이스'의 실체는 마침내 화려한 부활을 맞이하게 된다.

2 영화내용

에릭은 자신의 약혼녀 크리시, 동생 딘 커플과 함께 베트남 참전을 떠나기 전 마지막 여행길에 오른다. 하지만 에릭 일행은 여행 중 잠시 들린 트래비스

마을 휴게소에서 사람들의 수상함을 느낀다. 그들은 황급히 그곳을 벗어나려 하지만, 총을 겨누고 그들을 추격해 오는 폭주족에 당황하다 급기야 차가 전복되는 사고를 내고 만다.

이때 현장을 지나던 지역 보안관이 폭주족을 사살하여 구사일생으로 위기를 모면하지만 차에 함께 탔던 크리시의 모습은 보이지 않는다. 그리고 나머지 세 사람은 반강제적으로 폭주족의 시체와 함께 보안관의 차에 태워진 채 어디론가 향하게 된다. 그리고 그들은 보안관의 집에 도착하고, 보안관과 보안관이 기른 토마스에게 무차별적이고 잔인한 살인을 당하게 된다.

〈에릭의 손을 자르고〉

〈전기톱으로 몸을 뚫어 죽임〉

〈전기톱으로 다리한쪽을 자름〉

〈자신의 가족인 할아버지의 남아있는
한쪽다리를 마저 자름〉

토마스는 자신의 엄마를 죽이면서 태어나고, 얼굴에 기형을 가지고 태어났다. 죽은 어미에게 태어나고, 바로 고기를 싸는 종이에 싸여져 쓰레기통에 버려지게 된다. 리고 휴이트 일가에게 발견되어 그들에게 길러진다. 그리고 영화에는 나오지 않았지만 아마도 그가 어렸을 때 흉측한 외모로 인해 많은 학대와 차별, 무시 등을 당함으로써 그가 다른 사람에 대한 증오를 품은 것 같다. 하지만 휴이트 일가는 그런 토마스를 감싸주고 토마스를 격려한다(물론 휴이트 일가도 정상적인 가족은 아니지만). 휴이트 일가는 토마스에게 '도살장에서 일하는 덴 얼굴은 큰 상관이 없단다'라고 하며 토마스에게 도살자라는 직업을 갖게 해준다. 토마스는 이 직업을 매우 마음에 들어 하며 좋아한다. 그리고 자신을 길러준 이 가족에게 충성을 다한다. 그리고 토마스도 식인가족에게 길러지며 당연히 무의식적인 식인개념이 잠재되었던 것이다. 또한 어렸을 적 고통과 비정상적인 가족에게 길러지며 정신이상에도 문제가 있다. 그러므로 자신을 괴롭혀왔던 사람들을 떠올리며 세상을 비판적으로 보며 '자신을 길러준 휴이트일가 외에는 모두 자신을 무시할 것이다'라고 생각하고 무차별적으로 사람들을 자신의 살인대상으로 생각하는 것이다. 그리고 영화의 한 장면 중 휴이트는 토마스에게 "토마스 너를 놀리던 애들이야! 어서 빨리 죽여!"라고 외치며 살인을 부추긴다. 토마스는 자신을 놀리던 아이라는 말을 듣고 더욱더 흥분하며 전기톱을 든다. 이러한 내용을 통해 위에서도 말했듯이 토마스는 자신을 놀리고 무시하던 사람들에게 증오심과 복수심을 품고 있었던 것이다. 토마스가 항상 자신의 흉측한 얼굴에 콤플렉스를 가지고 있었기 때문에 그러한 자신의 얼굴을 바꾸고 싶은 생각에 자신의 첫 번째 희생자 얼굴 가죽을 벗겨 자신의 얼굴에 뒤집어쓴 사진이다.

휴이트일가는 겉으로 보여 지는 모습은 극히 정상적이다. 하지만 이 가족은 사람을 죽이고 먹는 식인가족이다. 이들의 기도문을 보면 처음에는 이런 모습이 아니였을 것이라는 짐작을 할 수 있다. 처음에는 우리와 같은 정상적인 가족이었지만 '저희 가족은 역경과 고난을 잘 견뎌왔습니다.'를 보면 이 가족에겐 분명 어떠한 장기간 고통을 겪어왔다는 것을 알 수 있다. 그리고 이들은 그동안 상당한 배고픔을 느꼈으며 그동안 무의식에는 비정상적인 심리와 식인행위가 자리잡은 것이다. '이제는 절대로 배고픔을 느끼고 싶지 않다, 배고픔을 느끼지 않기 위해서는 무엇이든 먹을 것이다'라는 의사표출을 '저희는 다시는 굶지 않을 것 입니다'라는 기도문을 통해 알 수 있다. 무의식세계에서 다뤄지는 카니발리즘이라는 것이 있는데 이 단어의 뜻은 '인간이 인간을 먹는 습관'이다. 자식이 귀여울 때 부모들이 무심코 "아이고 우리 아기 깨물어주고 싶네"라고 말하곤 한다. 무의식의 세계에서는 흔한 일이지만, 오히려 그 때문에 현실에선 강하게 금기시 되는 것이다.

카니발리즘은 혐오감이 있으면서도 중독성이 있는데 식인은 주로 연쇄살인범들의 이상심리와 연관되기도 한다. 그러나 이는 흔한 현상이 아니다. 사람은 굶어죽지 않으려고 사람고기를 먹을 수도 있다. 그러므로 인간의 잠재 의식 속엔 식인의 욕구가 내재되어 있다. 이러한 불가사의한 욕구들이 장기간의 배고픔을 겪어온 휴이트일가의 무의식 속에 싹트게 된 것이다.

토마스가 사람을 죽일 때 그 시점에서는 특별한 동기가 없지만 전체적으로 봤을 때 동기는 어렸을 때부터 느껴온 무시를 당함으로써의 괴로움과 분노이다. 세상 사람 모두가 자신을 무시할 것이고 놀릴 것이라고 생각하고 있기 때문이다. 그렇기 때문에 그런 자신을 길러와 준 휴이트를 제외하고는 모두에게 피해의식을 가지고 있다. 그러므로 휴이트가 저 사람은 너를 놀린 사람 중에 하나라고 말하면 토마스는 그 사람을 죽여야 겠다는 생각이 무의식 중에 그냥 자리잡아 무차별적으로 잔혹하게 살해하는 것이다.

제7절 세븐

1 제작배경

성서에 나오는 '7가지 죄악'을 근거로 마치 천지창조의 스케줄을 모방하듯, 일주일 동안 하루에 한 명씩 잔인하게 살인 행각을 벌이는 희대의 연쇄 살인범과, 그 죽음의 심판을 필사적으

로 막으려는 두 형사의 이야기를 그린 액션 스릴러. 이들의 치열한 접전이 금방이라도 스크린을 찢고 밖으로 튀어나올 것 같다는 평을 받은 긴장감 넘치는 스릴러물로서, 소재와 분위기 면에서 <양들의 침묵>과 흡사하다. 90년대 초 온 미국을 경악케 했던 미완 사건 '별자리 살인(Zodiac Killer)'이라는 실제의 사건을 토대로 한 탄탄한 시나리오와 음악의 하워드 쇼어, 촬영에 다리우스 콘쥐 등 쟁쟁한 스탭진이 가세해 완성도면에서도 주목을 받았다.

② 영화내용

은퇴를 일주일 앞둔 흑인 노형사 윌리엄 소머셋은 그를 대신하여 부임 온 열정적이고 다혈질적인 형사 데이빗 밀즈와 함께 연쇄살인 사건을 맡게 된다. 소머셋 형사는 사건을 받고 현장으로 향했다. 사건 현장에는 거대한 몸집의 남자가 식탁에 쓰러져 손과 발이 묶여 있는 채로 스파게티에 얼굴을 묻고 질식사하여있었다. 소머셋은 이 사건이 동기가 없는 범행인데다 수법이 잔혹한 것을 보아 연쇄살인일 것으로 추정하고 본격적인 수사를 시작한다. 다음날 또 한번 살인사건이 터졌는데 유명한 변호사가 자신의 사무실에서 잔인하게 살해되어있었고 바닥에는 Greed(탐욕)이라는 글이 피로 쓰여 있었다. 소머셋은 첫 번째 살인현장에서 Gluttony(탐식)이라고 쓰여있는 것을 보고 이것이 무엇의 모방 범죄라는 것을 느끼고 가톨릭에서 금하고 있는 7대 죄악인 Gluttony(탐식), Greed(탐욕), Sloth(나태), Envy(시기), Wrath(분노), Pride(교만), Lust(정욕)를 바탕으로 하여 일어난 사건이란 것을 짐작한다.

수사 중 변호사의 사무실벽에 걸린 그림이 거꾸로 바뀌었다는 것을 알고 조사 하던 중 사진 뒤에서 지금까지 어떠한 흔적도 남기지 않았던 범인의 것으로 추정되는 "Help Me"라는 글이 지문으로 적혀있었다. 이 지문을 감식하여 지문의 주인의 집으로 갔지만 그곳에 범인은 없고 세 번째 살인 희생자만이 있을 뿐이었다. 이번 살인은 Sloth(나태)로 살인하지는 않았지만 희생자를 1년 동안 침대에 묶어 놓고 영양주사와 음식만을 먹이며 살게 하였고 몸에는 욕창으로 이뤄진 상처가 있었다. 소머셋 형사와 밀즈 형사는 어렵게 범인의 은신처를 알아 찾앉고 그곳에서 범인과 마주치게 된다. 밀즈 형사는 추격도중에 범인에게 기습당하여 죽을뻔하였지만 범인은 밀즈를 죽이지 않는다. 살인자의 집을 수색하던 중 밀즈는 세 번째 사건현장 앞에서 자신이 기자라고 하며 자신을 찍었던 사진이 그 집에 있는 것을 발견하고 범인임을 확신하게 된다. 네 번째 살인은 Lust(정욕)에 대한 것으로 매춘부 여자를 다른 남자와 비정상적인 성관계를 갖게 하도록 협박하여 잔인하게 살해하였다. 다섯 번째 살인은 Pride(교만)인데 한 여자를 살해하고 그녀의 피부를 벗겨내고 코를 베어 살해했다. 다섯 번째 살인 후에 존 도우(연쇄살인범)는 밀즈와 소머셋 형사에게 자수를 한다. 그리고 함께 자신이 살해한 마지막 2명의 시체를 찾으러 가자고 한다. 그들은 시체를 찾기 위해 한적한 곳으로 가게 되고 그곳에서 하나의 택배를 받게 된다. 택배상자 안에는 밀즈 형사 부인의 머리가 들어있었다. 소머셋은 이것이 범인의 마지막 함정임을 알고 밀러에게 달려가지만 이미 존 도는 밀즈 형사에게 부인의 머리를 가져왔다고 말하며 밀즈에게 아름다운 부인과 또 그녀가 임신한 것을 Envy(시기)하였다고 말한다. 밀즈 형사는 극도로 흥분하여 Wrath(분노)에 이기지 못하여 존 도를 총으로 살해해 버리고 만다. 이렇게 하여 여섯 번째 피해자는 존도 자기 자신이 되었고 일곱 번째 희생자는 분노에 이기지 못한 밀즈 형사가 되었다.

Gluttony (탐식)

첫 번째 살인: 존 도우는 비만증인 한 남성에게 12시간 동안 스파게티를 먹게 하여 위가 찢어져서 죽게 하였다.
범행의 이유는 몸집이 거대한 남자가 사람들 주위에 있으면 메스껍고 역겨우며 같이 밥이라도 먹게 되면 토할 것 같았기 때문이다.

Greed (탐욕)

두 번째 살인: 존 도우는 악덕 변호사에게 칼을 주며 배의 살을 1파운드만 잘라서 저울에 올리고고 협박을 한다. 결국 변호사는 협박에 이기지 못하고 자해를 하고 죽는다. 범행의 이유는 돈을 쫓아 살인범도 무죄로 풀려 나오게 하는 변호사를 탐욕에 대한 응징으로 죽인 것이다.

sloth (나태)

세 번째 살인: 존 도우는 희생자를 죽이지는 않
았지만 피해자를 1년 동안 침대에 묶어 놓고 음
식만 주었고 욕창으로 인한 상처들이 있었다. 또
한 왼쪽 손을 잘라 그 지문으로 두 번째 희생자
의 벽에 남겨 놓았다.

Lust (정욕)

네 번째 살인: 존 도우는 한 남자에게 이것을 입
게 하고 매춘부와 성관계를 갖게 하도록 협박하
여 매춘부를 잔인하게 살해하였다. 이런 잔인하
고 비정상적인 행동을 지켜보면서도 그는 아무런
느낌을 받지 못한다.

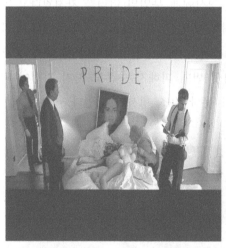

Pride (교만)

다섯 번째 살인: 존 도우는 한 여자의 피부를
벗겨 내고 코를 잘라내는 등 끔찍한 방법으로
고통을 주고 직접 살해하지 않고 한손엔 전화기
를 붙여놓고 다른 한손에는 아교를 붙여서 전화
를 하면 살 수 있지만 몰골이 흉할 것이고 견디
기 힘들면 자살하라고 한다. 결국 여자는 자살을
택한다.

Envy (시기), Wrath (분노)

마지막 살인: 존 도우는 밀즈형사의 부인을 죽이
고 그 증거로 부인의 머리를 잘라 택배로 보낸
다. 밀즈형사의 괴로워하는 모습을 보며 즐기는
존 도우는 밀즈에게 아름다운 부인이 있는 것을
시기하였다면서 그를 분노하게 하고 결국 밀즈는
존 도우의 뜻대로 그를 살해한다.

③ 범인의 성격과 심리

존 도우는 단지 죄의식에서 탈피하고 자신의 행위를 합리화 시키려는 방편으로 살인을 하게 되고 어떤 의문이나 죄의식조차도 말살할 의도도 만들지 않는 자신의 독선에 빠져있다. 존 도우는 단테의 신곡과 쵸서의 캔터베리 서사시를 근거로 연쇄살인을 시작한다. 존 도우는 다른 사람들의 고통과 슬픔에 대해 전혀 공감하지 못하는 매우 폭력적이고, 잔인하고 비열한 인간이다. 또한 범행을 단기간에 걸쳐 행했지만 준비 기간은 무려 1년이었다. 철저한 계획과 자신의 지문을 남기지 않기 위해 희생자의 손목을 잘라내는 등 소름끼치게 차디 찬 성격을 가지고 있다. 그리고 그 지문으로 "Help Me"라고 적으며 수사에 혼란을 주고 즐기는 모습을 볼 수 있다. 또한 존 도우는 세 번째 현장에서 수사하고 있는 형사의 사진을 찍으며 신문기자라고 태연하게 말하는 장면에서는 존 도우가 양심의 가책도 느끼지 못하고 아무런 죄의식이 없다는 사이코패스의 무서운 면을 느끼게 한다.

영화 장면 중에 자신이 형사를 죽일 수 있음에도 불구하고 살려주는 내용을 보면 자신의 목적을 위해 바로 살해하는 것이 아니라 더욱 고통을 주며 죽이기 위해 일부러 살려준다. 존 도우는 부모로부터 상당한 재산을 상속받았다. 또한 고등학교까지 졸업한 교육을 많이 받은 자이다. 하지만 반사회적 성격을 가지고 사회에 굉장히 불만과 회의를 느꼈다. 상당히 냉철하며 계산적이며 잔인하다. 또한 일을 행할 때 매우 신중하며 혼자서 방안에서 생활하는 것을 좋아하는 은둔형 외톨이적인 성격도 소유하고 있다. 사회에 대해 강한 불만과 불신 질투가 있으며 사회 부조리에 대해 바꾸고 싶은 욕망으로 가득 차 있고, 살인을 자신의 욕망을 위해 하는 것이고 그것이 세계를 위한 길이라고 단정 짓는다.

제8절 ┃ 몬스터

1 제작배경

밑바닥 인생을 전전하다가 무려 일곱 명을 살해하고 체포되어 결국 사형에 처해진 어느 창녀의 충격적인 실화를 그린, 대단히 무겁고 어두운 사회 드라마이다.

이 영화의 주인공 에일린 우르노스(Aileen Wuornos)는 미국 최초의 여성 연쇄살인범으로, 1989년부터 1990년 사이에 6명의 남성을 살해한 죄로 사형을 선고받은 후 10여 년을 복역하다 2002년 10월 9일 플로리다의 어느 형무소에서 사형 당했다. 미시건주 출신인 그녀의 유년 시절은 매우 불행했던 것으로 알려졌다. 부모의 학대를 견뎌야 했으며 그때부터 이미 마약에 빠지는 등 순탄치 않은 어린 시절을 보내야 했다. 그리고 13살 때부터 돈 몇 푼 때문에 고속도로에서 호객 행위를 하면서 창녀 생활을 이어가야 했다. 영화는 그녀의 인간적인 면에 초점을 맞췄다.

2 영화내용

'에일린'은 어릴 적 꿈 많고 조숙한 아이였다. 그러나 불우한 가정환경 때문에 13살 때부터 동생들 뒷바라지를 위해 거리의 창녀로 나서게 된다. 하지만 그 사실을 안 동생들에게 쫓겨나 고향을 등진 에일린. 밤거리에 서서 지나가는 차를 세워 하루하루를 연명하던 에일린은, 문득 망가져 있는 자신을 발견하고 자살하기로 결심한다. 비를 피해 마지막으로 목을 축이러 들어간 바. 에일린은 거기에서 천진한 소녀 '셀비'를 만나 가까워진다. 에일린은 셀비와 순진한 사랑에 빠지고 그럴수록 그녀에게 집착하게 된다. 돈이 필요했던 에일린이 다시 찾은 곳은 언제나 그랬듯이 거리 위. 거기에서 한 남자를 만나 숲속으로 들어서지만 남자는 에일린의 손을 묶은 채 가학적인 섹스를 벌이려고 한다. 가까스로 풀려난 에일린은 남자를 총으로 쏴 죽이고, 그 후 집에서 도망나온 셀비와 함께 싸구려 모텔을 전전하면서 도피 행각을 벌인다. 더 이상 창녀 생활을 할 수 없게 된 에일린. 셀비와 함께 지내기 위해선 돈이 있어야 했지만 일자리를 얻기 위한 면접에서는 번번히 냉대와 모욕만이 돌아올 뿐이다. 때를 같이해 신문지상에 오르내리는 의문의 살인사건에 관한 기사. 그런데도 에일린은 돈 때문에 어쩔 수 없이 다시 창녀로 돌아온다. 하지만 그녀의 절망적인 처지와 셀비를 향한 애정은 계속해서 살인과 강도 행각을 불러 온다. 결국 여섯명의 남자가 그녀의 손에 죽음을 맞았고, 불행하게도 그 중엔 퇴역 경찰까지 포함돼 있었다.

미국 최초의 여성 연쇄살인범 에일린은 사랑을 지키기 위해 살인을 멈출 수 없었다.

〈린은 창녀일을 하다가 집에서 쫓겨난 자신의 처지에 자살을 결심하고 마지막으로 맥주를 마시기 위해 바에 들어간다. 하지만 그녀는 동성애자가 아님에도 불구하고 셀리라는 여성과 사랑에 빠지게 된다. 진심으로 자신이 사랑하고, 자신을 사랑해주는 사람을 만나게 된 것이다〉

〈린은 셀리와 함께 살기 위하여 돈이 필요했고 셀리에 대한 사랑은 살인과 강도행각을 불러온다〉

〈린은 경찰관을 살해한 후 결국 붙잡혀 1급 살인죄로 사형선고를 받게 된다〉

3 범인의 성격과 심리

에일린은 처음으로 자신을 진심으로 사랑해주는 셀리와의 사랑을 지키기 위해 살인을 저지르게 되고 미국의 최초 여성 연쇄살인범이 된다. 그녀는 자신의 가족을 위해 몸을 파는 일을 했지만 그 이유로 가족에게 버림을 받고 자신을 인간으로서 진심으로 사랑해주고 걱정해주는 진정한 사랑을 원했던 것 같다. 그런 그녀를 가족이 외면하지만 않았다면 에일린이 살인이라는 선택을 했을까. 그녀는 첫 번째 살인을 저지른 후 남자가 죽은 후에도 소리를 지르며 차의 문을 발로 차며 내재된 분노를 표출한다. 또한 죽은 남자를 천으로 덮는 장면을 통해 스스로 양심의 가책을 느끼며 불안해 한다. 그녀는 첫 살인 후 창녀일을 더 이상 하지 않겠다고 다짐 후 직업을 구하려 노력하지만 돌아오는 것은 사람들의 냉대와 멸시뿐이였고 돈이 필요한 그녀는 다시 그 일을 시작하게 된다. 그녀는 일자리를 구하는 동안 자신이 멸시를 당할 때 거친 욕설과 행동을 보이는데 그러한 점은 그녀가 감정 조절능력이 현저히 낮고, 내면에 분노가 자리 잡고 있다는 것을 알 수 있다. 그녀는 두 번째 살인을 저지르기 전 심한 갈등을 하는데 여기서 그녀가 살인을 저지르지 않았다면 더 이상의 연쇄살인은 벌어지지 않았을 거라 생각한다. 그녀는 그를 살해한 뒤부터는 우발적인 살인이 아니라 계획된 살인으로 변화되었기 때문이다. 그녀는 후에 성관계 하는 것은 처음이라는 남자를 살려준다. 이 점은 아마 연쇄살인범들의 심리적 냉각기가 그녀에게도 온 것이 아닌가 한다. 모든 범죄자들과 그들의 상황이 똑같은 것이 아닐 뿐더러 심리적 냉각기에는 시간의 개념이 불규칙하다는 특성이 있기 때문이다. 또한 그녀는 자신이 벌인 사건에 관련된 기사를 스크랩하기도 하는데 경찰들이 수사단서를 찾지 못했다고 하는 내용의 기사를 셀리에게 이야기하는 것으로 보아 자신의 범행과 관련된 단서가 발견되어 자신이 붙잡힐까 두려워하는 심리와 단서가 없어 잡히지 않을 것이라는 안정으로 범행을 계속 이어가는 이중적인 심리를 보여준다.

그녀는 후에 그녀의 성을 사려고 한 경찰관을 살해하고 결국 살인사건을 계속 추적하던 경찰에 결국 붙잡히게 되고 셀리가 공범이라는 의심을 받자 무죄를 입증하기 위해 자신의 범행을 자백하는 장면에서 그녀는 자신이 정말 외로웠고 그 때 자신의 곁에 있어준 사람에 대한 맹목적인 사랑을 보여준다. 그녀를 포함한 많은 범죄자들이 대부분 어려운 환경에 휘둘려 범죄를 저지르는데 인간으로서 가장 원초적인 사랑이 갖춰지고 밑바탕 된다면 이러한 범죄는 줄 수 있을 것이다.

제9절 에드 게인

1 제작배경

농부 에드워드 게인(Edward Gein)의 실화를 그린 공포물로, 그는 <텍사스 전기톱 학살>과 <양들의 침묵>의 흉악한 범죄 사이코에 영감을 제공했다고 한다.

'에드워드 시어도어 게인'(Edward Theodore Gein, 1906년 8월 27일 ~ 1984년 7월 26일), 속칭 에드 게인(Ed Gein)은 미국의 도굴꾼이자 연쇄 살인자이다. 에드 게인은 무서운 어머니 아래 자라났고, 어머니가 죽은 후에는 시체 애호가가 되어 무덤에서 시체를 파내 엽기행각을 벌이다가 후에는 살아있

는 사람을 총으로 쏴 죽여 검거되었다. <싸이코>, <텍사스 전기톱 학살>, <양들의 침묵> 등의 모델이 된 인물이기도 하다.

② 범인의 성격과 심리

에드워드 게인은 위스콘신주 플리엔필드 외곽의 가난한 농가에서 태어나고 자랐다. 그곳은 매우 조용하고 지루할 정도로 단조로운 일상을 가진 농촌이었다. 그의 아버지 조지 게인은 술주정뱅이에다가 포악한 남자였지만 아내 오거스타 게인의 폭력성과 흉폭함 앞에선 하룻강아지에 불과했다. 조지 게인은 그저 주사가 심한 공처가였던 것이다.

그녀가 말하는 주제는 성에 대한 혐오였다.

그녀는 세상은 전부 타락하고 더러운 곳이라고 여겼으며 그것 때문에 이사를 가기도 했다. 플레인 필드는 조용하고 소박하며 독실한 신앙을 가진 사람들이 사는 작은 마을에 불과했지만 오거스타의 눈에는 플레인 필드 또한 타락한 곳으로 보였던 것이다. 그녀는 에드와 그의 형 헨리 게인을 옴짝 달싹 못하게 품고 자신의 지독히 왜곡된 신앙을 아이들에게 주입했다. 이 세상은 모두 사악하며 여자들은 음탕하고 모든 성관계는 악마의 꾀임이라는 것이었다.

이윽고 1940년 아버지 조지 게인은 사망하였지만 집안 그 누구도 가장의 죽음을 슬퍼하지 않았다. 그나마 조지 게인이 세상을 뜨자 아이들은 어머니에게 더욱 더 지대한 영향을 받을 수밖에 없었다. 나이가 찬 헨리는 어머니의 사상이 부정적이라고 느꼈고 에드를 어머니의 품속에서 벗어날 수 있도록 하려고 노력하였다. 그렇지만 약간 지능이 모자라며 오거스타에게 세뇌된 에드는 형의 말을 귀담아 듣지 않으려 했으며 어머니를 사랑하고 존경했다. 1944년 헨리 게인은 사망한 채로 발견되었다. 작은 사고로 사망하였다고 기록되어 있지만 나중에 밝혀진 바에 의하면 그의 머리 뒤에 멍이 있었다고 하나 게인은 명확히 설명하지 않았다.

형이 없어지자 에드는 어머니 오거스타를 독차지하였다. 하지만 1945년 오거스타는 심장발작을 일으키고 극도로 쇠약한 상태가 된다. 에드는 밤낮을 가리지 않고 헌신적으로 어머니를 간호했다. 쇠약해질 대로 쇠약해진 오거스타는 아들에게 "지 애비를 닮은 낙오자"라는 모욕을 하기도 했지만 에드의 어머니에 대한 사랑은 시들지 않았다. 오거스타는 가끔 게인을 불러 옆에 어린아이처럼 눕히고 우리 아기라며 쓰다듬어 주기도 했다. 과년한 나이였지만 어리광쟁이에 불과했던 에드는 밤이면 울다 지쳐 잠들었고 신에게 어머니를 데려가지 말라고 울면서 기도했다. 에드 게인은 절망적이었다. 어머니가 없으면 자신은 살아갈 수 없을 것이라고 굳게 믿었기 때문이다. 그 후, 몇 달이 지나 호전되나 싶었던 오거스타는 다시 심장 발작을 일으켰다. 그리고 1945년 겨울 그녀는 세상을 떠나고 만다.

〈게인의 실제 집〉

〈두개골로 만든 단지〉

〈발견된 시체〉

〈에드 게인에게 살해된 메리호건〉

〈베니스 워든〉

에드 게인은 말로 표현 못할 절망적인 슬픔과 광기의 소용돌이 속에 빠지고 만다. 평생 친척도 없이 아버지, 형, 그리고 자신의 모든 것이었던 어머니까지 떠난 상태에서 완벽하게 외톨이가 된 게인은 누추한 집 안에서 바깥 출입을 거의 하지 않았다. 그래도 허드렛일이나 주민들의 간단한 심부름을 하기 위해 나오는 경우는 있었고 가끔 마을의 선술집에서 맥주를 마셨다고 한다. 그는 아이들을 잠시 맡아주는 보모 일도 했으며 갖은 허드렛일을 했으나 주민들의 사례를 거절하는 소탈한 사람이었다. 하지만 전혀 옷을 갈아입지 않은 듯한 누추함과 멍한 눈빛에 마을 사람들은 의아해 했으나 워낙에 게인의 집안이 예전부터 이상했고 주민들도 그런 게인 가족을 알고 있었기 때문에 그를 그냥 있는 그대로 받아주었다고 한다.

에드는 술집이나 사람들과 가끔 이야기를 할 때면 나치의 학살이나 태평양의 식인종 따위의 잔인한 이야기를 했으며 사람들이 기가 막혀할 때쯤 그 저 농담이라고 말하기를 즐겼다. 하지만 술집의 여주인이 어느 날 혈흔만 남기고 실종되었을 때 마을사람들에게 그녀가 우리집에 있다고 농담같지 않은 농담을 했고 마을 사람들은 상당히 짜증을 냈다. 그리고 만약 에드의 집에서 이상한 것이 발견되었다 하더라도 마을 사람들로서는 관심도 없을 뿐더러 납득할 수 있는 일이었다. 그는 그만큼 동네에서 별종으로 찍혀 있었던 것이다.

어느 날 그의 집에 찾아갔던 동네 소년들은 에드의 집에 사람의 말린 머리 같은 것이 벽에 걸려져 있다고 어른들에게 말했고 그 소문은 곧 에드의 귀에도 들어갔다. 에드는 곧 2차대전 태평양 전선에 참전했던 사촌이 기념물로 보내준 것이라고 둘러댔고 사람들은 믿어 주었다.

1957년 겨울 마을주민 프랭크 워든은 숲에서 사냥을 허탕치고 돌아가는 길이었다. 그는 가는 길에 어머니 베니스 워든이 운영하는 철물점에 잠깐 들렀지만 어머니는 가게 안에 없었다. 그는 몇분 후 가게 입구에서 뒷문까지 남아있는 핏자국을 발견하였다. 당황한 그는 금전 수납함을 살펴 보았지만 돈은 그대로였다. 하지만 마지막으로 가게에 들린 사람은 부동액을 구입한 에드 게인이라는 영수증 기록을 발견하였다. 곧 워든은 경찰에 게인을 신고했고 경찰은 대수롭게 생각지 않고 베니스를 보지 못했냐고 물어볼 셈으로 게인의 집에 방문하였다. 하지만 집에 게인은 없었고 덜떨어진 조용한 남자 게인을 찾으러 집주변을 서성대던 경찰들은 고함을 지르고야 말았다. 야외의 조리대 근처에서 베니스 워든의 도르래에 거꾸로 매달린 사체를 발견했던 것이다. 마치 사냥한 사슴의 내장을 정리하듯 머리가 없고 배안의 내장도 모조리 정리된 상태였다. 경찰들은 형언할 수 없는 감정에 구역질을 한 후 떨리는 목소리로 병력 지원 요청을 했다. 시간이 지난 후 경찰 병력이 도착해 게인의 집을 집중 수색하였다. 곧 그들이 발견한 것은 믿을 수 없는 것들이었다. 사람의 가죽으로 만든 의자, 피부로 만든 전등 갓, 여성의 입술로 장식한 차양, 젖꼭지로 장식된 혁대등 믿기 힘든 물건들이었다. 게다가 벽에는 여성의 얼굴 가죽 9개가 마치 사냥된 사슴머리 장식처럼 벽에 걸려 있었다. 그리고 유방이 붙어있는 여성의 상반신으로 만든 조끼도 발견되었고 설마 모조품이 아닐까 하고 생각한 경찰은 햇빛에 살갗이 그을린 부분을 보고 아연실색하게 된다. 나중에 에드의 자백에 의하면 그는 밤에 나체로 그 가죽조끼를 걸치고 집근처를 뒷짐진채 걸어다녔으며 이것은 보고싶은 어머니의 흉내낸 것이라고 증언했다. 발견해도 발견해도 끝도 없이 나오는 악마의 기념품들을 찾아내던 경찰은 드디어 새벽 4시경 에드의 침대 아래에서 심한 악취를 풍기는 마대를 발견한다. 악취가 진동하는 마대 안에는 잘라낸지 얼마 안된 워든 부인의 머리가 담겨있었고 머리 양쪽에는 못이 박혀 있었으며 노끈으로 묶여져 있었다. 분명 게인은 워든 부인의 머리를 정식으로 쓰기 위해 걸어서 말리려 했던 것이다. 마을 주민들은 격노했지만 게인이 더듬 더듬 사실을 털어놓기 시작하자 할 말을 잃고 말았다. "워든 부인과 술집주인 메리 호건을 죽인 것은 맞지만 나머지는 무덤에서 도굴해 온 것이다."라는 게인의 증언 때문이었다. 결과적으로 그는 어머니가 세상을 떠난 후 지금까지 무덤을 도굴하여 죽은자들에게 자기 나름대로 의지해왔던 것이었다. 게인의 2건의 살인과 시체도굴을 이유로 퇴원 없는 정신병원 입원을 선고 받았다. 그는 평생을 정신병원 폐쇄 병동에서 살았으며 78세에 암에 의해 사망하였다.

그는 히치콕의 영화 "싸이코"에 영감을 주었으며, "텍사스 전기톱 살인마"의 등장인물 레더페이스의 디자인에 영감을 주기도 했다.

제10절 | 캐치 미 이프 유캔

1 제작배경

스타 감독 스티븐 스필버그가 연출하고 두 명의 톱스타 레오나르도 디카프리오와 톰 행크스가 주연을 맡음으로써 제작단계부터 화제를 모았던, 실화를 소재로 한 경쾌한 스타일의 범죄 드라마. 사기꾼에서 FBI 요원으로, 다시 보안업체의 컨설턴트로 변신한 프랭크 에버그네일 주니어가 80년에 스탠 레딩과 함께 쓴 자서전을 제프 네이선슨이 각색한 영화로, 미국 개봉에선

첫주 3,008만불의 수입을 기록해 <반지의 제왕 – 두 개의 탑>에 이어 2위에 올랐다. 크리스마스 이브에 개봉한 이 영화의 개봉 후 5일간 총수입은 4,868만불에 달하며, 2002년도 개봉작 중 23번째로 1억불 고지를 넘어섰다.

미국 개봉시 평론가들은 찬사를 아끼지 않았다. 보스톤 글로브의 타이 버는 "최근 스필버그의 영화들 중 최고로 경쾌한 작품."이라고 평했고, CNN의 폴 클린턴은 "시작부터 끝까지 거칠도록 재미를 선사하는 작품."이라고 박수를 보냈으며, 타임의 리차드 시켈은 "연말연시 연휴기간 동안 관객들이 찾을 수 있는 가장 나이스한 작품... 부드러운 웃음과 달콤한 모험을 선사하는 이번 영화는 관객들을 정말 기분좋게 만든다."고 호평을 보냈다. 또, 워싱턴 포스트의 스티븐 헌터가 "올해 가장 즐거운 작품들 중 한편."이라고 치켜 세우고, 뉴욕 타임즈의 스티븐 홀든이 "스필버그의 완성작들 중 가장 매력적인 작품."이라고 칭하는 등 거의 모든 평론가들이 이 천재감독의 신작에 아낌없는 박수를 보냈다.

2 영화내용

프랑스 강촌의 모호셋 출신 어머니와 프랑스에 파견되었던 미군 아버지 사이에서 태어나 비교적 행복하게 살아온 듯한 프랭크. 그러나 그가 16세 때 아버

지는 탈세혐의로 국세청에 재산을 빼앗겨 가난한 동네로 이사 가게 되어 다른 학교에 전학하였다. 그런데 그 학교의 학생이 프랭크에게 마치 교사 같다면서 놀렸다. 그 말을 들은 즉시 프랭크는 일주일간 프랑스어 교사 노릇을 한다. 엄마와 아빠의 이혼으로 프랭크는 혼란에 빠지게 되고, 결국 그는 무작정 가출을 한다. 그러나 직업을 갖게 되지 못하면서 그는 본격적으로 남을 속이는 천재적 재능을 발휘하기 시작한다. 프랭크는 기자를 사칭하여 항공사의 허점을 알아낸다. 그는 조종사로 위장하여 모든 항공 노선에 무임승차는 물론 회사 수표를 위조해 전국 은행에서 140만 달러를 가로챈다.

1964년부터 1967년까지 가짜 파일럿 행세를 하며 공짜로 200마일을 비행기를 타고 다니고, 또한 의사가 아니면서 한 병원의 병원과장 행세를 하다가 병원의 보조 간호사를 만나 변호사의 사윗감이 되었다. 프랭크는 법률공부 2주 만에 사법시험에 합격하여 보조 간호사의 아버지의 법률회사에 취직한다. 프랭크를 쫓는 FBI 요원 칼의 추적을 피해서 거주지를 바꾸면서 옮겨 다니다가 결국엔 몽샤드로 도망가서 위조지폐공장을 차려 놓고 위조지폐를 찍다가 결국 칼에게 뒷덜미를 잡혀 1969년 미국으로 송환된다. 프랭크는 미성년자로 12년 형을 받지만, 잉크, 종이의 무게, 종이의 촉감 문자의 상태를 보고 위조지폐를 감별해 내는 능력을 인정받아 1974년에 감옥에서 나와 칼의 보호를 받으며 남은 형량은 국가를 위해 FBI 정보국에서 일하게 된다. FBI를 도와서 세계 최고의 정교한 위조범을 잡는 공을 세웠으며 화폐나 공문서 위조에 관한 세계 최고의 저자이기도 하다. 프랭크가 고안한 특수 수표는 굴지의 기업 500여 곳에서 매일 사용되고 있으며 이 기업들은 해마다 수백만 달러를 프랭크에 지불하고 있다.

이 영화는 실화를 바탕으로 만들어진 영화이며, 현재 프랭크는 26년간의 결혼생활을 통해 얻은 세 아들과 중서부에서 조용한 삶을 살고 있으며 아직도 프랭크와 칼은 친구 사이로 지내고 있다.

프랭크는 자신을 골탕 먹인 학생에게 복수하기 위해 1주일 동안 프랑스어 선생님 흉내를 낸다. 그러던 어느날 화목했던 가정은 갑작스런 아버지의 도산과 그로 인한 어머니의 바람 때문에 끝이 난다. 부모의 이혼으로 무작정 가출한 프랭크는 비상한 머리와 대담한 배짱을 내세워 사기꾼으로서의 인생을 살아가게 된다.

프랭크는 결국 붙잡혀 12년간 독방 수감이라는 최악의 선고를 받는다. 그러나 핸러티는 프랭크의 비상한 재능을 사용하기로 결심하고 끈질기게 상부를 설득하여, 프랭크는 가석방 상태에서 FBI의 핸러티 밑에서 일하게 된다.

프랭크는 팬암 항공사의 조종사 유니폼을 장만하여 본격적으로 사기 행각에 들어간다.

또한 우연찮게 의사를 사칭하게 된다.

③ 범인의 성격과 심리

프랭크는 부유한 가정에서 비교적 행복하게 살았지만 어느 날 부모의 이혼으로 처음으로 큰 시련을 겪는다. 프랭크는 충격으로 인해 가출을 하고 살아갈 궁리를 하다가 사기 행각을 벌이게 된다. 프랭크는 매력적인 외모와 화려한 언변도 가지고 있으며 상황에 따른 적응력과 연출력도 뛰어나다. 또한 목표 지향적이고 자신의 일을 성취하기 위해 일에 매진하는 성격이다. 속임수도 대단하고 임기응변에 능하고 순발력이 뛰어난 프랭크는 FBI 요원과 마주쳤을 때도 잘 빠져나갔다.

프랭크의 사기 행렬이 비행기 조종사로부터 시작한 것은 탁월한 선택이었다. 특별한 제복을 입는데 그 제복은 부와 명예를 상징한다. 그걸 이용한 프랭크는 마음 놓고 사기 행각을 펼칠 수 있었고, 우연이라 알게 된 것이라 하기엔 프랭크는 사기에 천부적인 재질이 있다고 생각할 수도 있다. 또한 프랭크는 어리지만 권위라는 것은 실체가 아니라 상징을 통해서도 사람들에게 영향을 준다는 것을 알고 근사한 직업을 택하여 말한 순간 사람들은 그 권위에 복종하며 그것의 진위에 대해서 의심할 생각을 하지 못한다는 것도 알았다. 또한 그가 사기를 치는 것은 사람의 심리를 조절하며 자신이 사기꾼이라는 것조차 의심하지 못하게 한다. 다른 사람을 칭찬함으로써 그 사람의 호감을 사는 것과 남을 위로함으로써 그 사람이 자신에게 신세졌다고 느끼게 만드는 것, 남을 특별하게 만듦으로써 그 사람의 심리상태를 무장해제 시키는 것, 한번 자신을 믿은 사람은 스스로 그 믿음에 충실하게 된다는 것, 호감 가는 자신의 외모를 적극적으로 이용하여 사람을 요리한 것이다. 그의 사기 행각은 그 어느 누구도 의심치 못할 매력적인 사기라고 생각도 든다.

제11절 오로라공주

1 제작배경

인간의 생명을 의도적으로 박탈하는 살인행위는 특수한 경우를 제외하고는 어느 시대 어느 사회에 있어서도 중대한 범죄로 간주되어 왔다. 가로팔로(R. Garofalo)는 범죄를 사회학적으로 정의하여 어떠한 문명사회도 살인행위를 범죄로 인정하여 형벌로 의하여 규제하지 아니할 수 없는 행위라고 하였다. 즉 정직성과 동정심의 완전한 결함으로서의 살인은 자연범죄(natural crime)의 하나로서 마땅히 형벌을 받아야 하는 것으로 간주하였다.[73] 인간이 상호간에 살인을 하는 것은 무기의 발달과 언어 및 추상능력의 발달에서 상대를 인간이 아닌 부정(negation)되어야 하는 적(enemy)이나 악(evil)의 기호화된 것으로 대체해 버리는 작용에서 발생한 문화의 산물이라고 한다. 이렇게 볼 때 살인은 틀림없이 인류의 문화현상이라고 해야 할 것이고 살인은 사회문화의 변천에 의해서 그 특징을 가지고 있다고 말할 수 있다.

오늘날 연쇄살인이라는 말은 우리에게 낯설지 않는 단어가 되었다. 사람이 사람을 죽이는 행위 그 자체만으로도 소름이 끼칠만하지만 다수의 사람을 연속해서 살해한다는 것은 보통의 사람과 다른 살인마들이 하는 것으로 알려져 왔다. 그들은 정신병자이고 귀신이 들려있는 사람으로 비춰졌다. 그러나 TV 속에 비친 살인범의 얼굴은 일반적인 보통 시민들과 별반 다르지 않음에 놀라지 않을 수 없다.

지난 2004년 7월 18일부터 유영철이라는 '희대의 살인마'가 살인한 인명수는 밝혀진 것만 무려 21명이었다. 부유층 노인과 여성들을 대부분 살해한 유영철은 우리나라에서 '김대두 사건'[74] 이후 가장 많은 피해자를 살해한 범인으로 당시 시민들을 엄청난 공포의 도가니로 몰아넣었다. 유영철은 부유주택가에서 연쇄살인을 저질렀지만 현장에서 현금과 저금통장, 귀중품 등에는 전혀 손을 대지 않아 원한 등에 의한 단순살인이 아닌 부유층과 사회에 대한 '증오범죄'라는 것을 드러냈다. 또한 보도방과 출장마사지 등을 통해서 알게 된 여성을 자신의 집으로 불러 살해한 뒤 증거를 없애기 위해서 시체를 토막 낸 뒤 암매장하는 잔혹함을 보여주었으며, 이 과정에서 피해자의 신원을 확인하지 못하도록 피해자의 지문을 흉기를 이용해서 없애고 시체를 검은 비닐봉지로 5~6겹 싸서 수차례 운반하여 암매장한 뒤 그 봉지를 다시 거둬오는 치밀함을 보이기도 하

---

73) 이상현, 「범죄심리학(제3판)」(서울 : 박영사, 2004), p. 279.
74) 1975년 8월 13일부터 10월 7일까지 55일 동안 전남 광산과 무안, 경기도 평택, 그리고 서울 등지에서 가족을 포함해서 모두 17명을 살해했다. 이 기간 동안 그는 9차례에 걸쳐 강도와 강간, 그리고 일가족 몰살 등의 무차별 살인 행각을 저질러 나라 전체를 공포에 떨게 했는데, 김대두 사건은 55일 동안 사건 사이에 공백이 거의 없이 연속적으로 일어났으며, 특히 흔히 연쇄살인범들에게서 볼 수 있는 범죄의 계획성, 치밀함, 주도면밀함 등은 찾아볼 수 없다: 이승묵, "다수살인에 관한 연구", 「한국공안행정학회보」, 제20호, 한국공안행정학회, 2005, pp. 339–383.

였다. 경찰의 조사결과, 연쇄살인범 유영철은 부유층과 여성에 대한 증오감 등으로 무고한 시민들을 잔혹하게 살해한 것으로 나타났으며, 절도죄로 수감 중 안마사로 일을 하던 부인에게 이혼을 당했고, 출소 뒤 전화방에서 일하던 여성 김모씨에게 청혼을 하였으나 전과자·이혼남이라는 사실이 드러나 거절당하자 여성과 사회에 대해 증오심을 키워나갔다고 한다.[75]

지난 2005년 10월에 '이유있는 연쇄살인'이라고 하는 호기심을 자극하는 제목으로 국내 최초의 여성 연쇄살인 드라마인 '오로라공주'라는 영화가 개봉되었으며, 연구자는 지난 10월 24일 영화 시사회에 초대되어 참석을 하게 되었다. 영화 시사회가 끝나고 작성하게 된 '감상평'에서 가장 먼저 받게 된 질문은 바로 '연쇄살인범 정순정(엄정화 역)이 유죄냐 무죄냐?'라는 것이었다. 이 영화의 사이트에서는 이러한 내용으로 설문조사를 실시하였는데, '이유있는 연쇄살인범 정순정'이 저지른 범죄에 대해서 무죄라고 응답한 사람은 총 9309명(58%)이었으며, 유죄라고 응답한 사람은 총 6581명(41%)이었다.[76] 이렇듯 이 영화는 연쇄살인자의 범행동기를 일반인들이 공감하고 이해할 수 있도록 영화를 제작하면서 우리 사회에 몇 가지 시사점을 주고자 노력한 흔적이 보인 작품이었다.

② 영화 내용

영화 오로라공주의 주인공인 연쇄살인범 정순정의 살해대상, 사건지역, 살해수법에서 공통점을 찾을 수는 없다. 그러나 발생하는 일련의 살인사건은 모두 정순정이 너무도 아끼고 사랑했던 딸의 죽음에 대한 복수, 즉 원한관계에 있는 인물들이었다는 점에서 피해자들의 공통점을 찾을 수 있다. 또한 범죄현장에서 계속해서 발견되는 사건해결의 단서는 바로 '오로라공주 스티커'이며, 극중 가장 중요한 모티브로 사용되었다. 이렇듯 철저한 한편의 복수극으로서 전개가 되는 이 영화를 통해서 결국 최초에 피해자였던 범죄자는 정신적 고통과 분열의 과정을 통해서 가해자가 되고, 최초의 가해자는 피해자가 되는 아이러니 한

---

75) 임준태, "연쇄살인사건 해결을 위한 범죄자 유형분석기법 활용", 「사회과학연구」, 제11권 제2호, 2005, p. 486.

76) http://www.aurora2005.co.kr(검색일, 2005.11.26).

상황을 연출함으로써 범죄자의 분노와 연속적인 살인에 대해서 관람자로 하여금 공감을 유도하였다. 즉, 범죄자는 이전에 발생한 딸의 납치, 강간, 그리고 잔혹한 살인사건 때문에 자신의 모든 사랑과 행복을 잃고 잔인한 살인계획을 하나하나 실행해 나가는 냉혹한 연쇄살인범으로 묘사되었다.

이 영화는 여느 스릴러물과는 다르게 초반부에서부터 바로 범인이 정순정이라는 여성이라는 것을 알려주며, 그녀의 연속되고 계획된 살인을 쫓아가다 보면 어느 순간 한 조각 한 조각 맞춰져 있는 거대한 퍼즐과도 같은 그녀의 범행 동기, 즉 살인을 하게 되는 이유를 알 수 있게 해 준다. 이러한 일련의 살인들은 결국 범죄자가 복수를 위해서 사전에 철저하고 치밀하게 계획되어 발생하게 된다.

이 영화에서 범인은 연속해서 5명을 살해하고 마지막으로 그녀의 딸을 납치, 강간, 살해한 범죄자를 정신이상자로 변호해준 변호사를 상해, 납치하여 바로 1년 前 자신의 딸의 시체가 발견된 장소인 쓰레기 매립장에서 경찰과 언론을 모두 불러모아 스스로 검거 당하게 된다. 이때 그녀는 아직 목숨이 붙어 있는 마지막 피해자를 대형 크레인에 매달고 다중 인격적인 면을 보여주면서 그녀의 강한 분노를 표출한다. 이 영화에서 묘사된 범죄자의 범행수법으로 본다면 어떠한 살인방법과 비교하더라도 그 잔인함의 수위가 높으며, 이 영화에서 살해된 5명의 피해자들은 각각의 캐릭터에 맞춰 다른 방법으로 살해되었다. 이하에서는 이 영화에서 연쇄살인범이 저지른 살인사건 5건과 상해·납치사건 1건에 대해서 살펴보도록 하겠다.

1) 백화점 살인사건

첫 번째 살인사건은 백화점 여자화장실에서 발생되었다. 피해자는 재혼한 여성(계모)으로서 자신의 의붓딸을 심하게 학대하는 여성으로 묘사되는데, 피해자는 자신을 엄마라고 부르지 않고 아줌마라고 부른다는 이유로 의붓딸을 아무데서나 따귀를 올려붙이며, 폭행을 자행한다.

영화 후반부에서 알게 되는 범죄자와 피해자와의 관계는 각각의 딸을 같은 유치원에 보내는 학부모의 관계이며, 범죄자의 딸은 자신의 친구(피해자의 딸)가 계모로부터 심하게 학대받는 불행한 생활을 하고 있다고 하였다.

피해자는 백화점에서 쇼핑도중 자신의 의붓딸이 말을 잘 듣지 않고 소란을 피운다는 이유로 여자화장실로 데리고 가서 심하게 폭행을 한다. 정순정은 화장실로 몰래 들어와 피해자의 딸을 화장실 밖으로 내보내고 사전에 준비한 뾰족한 흉기(주방 용품)로 피해자의 머리를 수차례 찔러 살해한다.

이후 경찰수사관들은 범죄자가 여성이라는 추정과 함께 백화점 CCTV 테이프를 입수하여 조사를 하게 된다. 이때 여성 주방용품이 판매되는 층의 CCTV에서 범죄자인 정순정의 모습이 드러나게 되는데, 정순정은 '오로라공주 지팡이'를 들어 보이며, 이상한 표정으로 CCTV를 응시하고 있다.

백화점 살인사건

2) 피부관리실 살인사건

두 번째 살인사건은 피부관리실에서 발생된다. 젊은 여성 피해자는 세 번째 살인사건의 피해자가 되는 웨딩홀 사장의 내연녀로서 영화 종반부에서 알게 되는 그녀의 원한사유는 정순정이 맡겨놓은 딸을 가게 밖에 방치함으로써 결국 그녀의 딸이 강간, 살해당하게 되는 시발점을 제공하게 된 장본인이었다는 것이다.

피해자는 피부 관리실에서 피부관리를 받던 중 동료와 점심식사를 하러 잠깐 자리를 비운 피부관리사의 부재를 틈타 정순정이 피해자의 항거가 불가능한 상태에서 피해자의 코와 입에 과도한 석고팩을 주입시킴으로써 결국 질식사 당하게 된다. 죽은 피해자에게서 강하게 저항한 흔적과 손톱자국 열상과 압점이 발견되고, 사체에서 발견된 손톱자국으로 보아 범인이 여성인 것으로 추정이 되고 피부관리실 침대와 피해자 발바닥에서 오로라공주 스티커가 발견이 된다.

피부관리실 살인사건

3) 웨딩홀 살인사건

세 번째 살인사건은 웨딩홀 사장 살인사건인데, 피해자는 자신이 운영하는 웨딩홀에서 흰 면사포를 쓰고 머리 없는 두 마네킹을 끼고 선 채 나체로 발견된다.

피해자는 외제자동차 세일즈를 하는 정순정과 함께 드라이브를 하러 갔다가 정순정이 준 독극물을 탄 음료수를 마시고 사망하게 된다. 세 번째 피해자는 두 번째 피해자와 함께 정순정의 딸을 길가에 방치한 원한에 의해서 살해를 당하게 되는데, 발견된 사체의 이마에서 오로라공주 스티커가 붙어 있으며, 이를 통해서 수사관들은 두 번째 살인사건과 동일범의 소행이라 확신하게 된다.

여기서 웨딩홀 사장은 정순정을 유혹하여 새로운 내연녀로 만들려는 의사를 보이는데, 정순정은 순순히 사장의 요구에 응하는 척 하였다가 결국 그에게 독극물을 탄 음료수를 마시게 하여 독살을 한다.

웨딩홀 살인사건

4) 택시운전기사 살인사건

네 번째 살인사건은 택시운전기사가 얼굴에 주방용 비닐팩으로 덮어져있고, 손은 수갑으로 핸들에 고정되어 서서히 질식사된 사체가 발견된다. 범행에 사용된 수갑은 네 번째 사건이 발생하기 전 정순정이 그녀의 전 남편인 형사를 만나 정사를 나눈 후 몰래 가져간 수갑이다.

네 번째 살인사건의 피해자는 정순정의 딸이 택시를 타고 집으로 가던 중 목적지부근까지 가서 지불해야 할 차비가 부족하다는 이유로 어린 여자아이를 길가에 강제로 내리게 하여 그녀의 딸이 납치되는 결정적인 상황을 제공하게 된 장본인이다. 정순정은 택시운전기사가 운전하는 동안에 그녀의 딸의 목소리로 노래를 부르며, 그녀의 딸이 택시를 타고 갈 당시에 택시 안에서 발생했던 상황을 그래도 연출한다. 살인사건 신고를 받고 출동한 경찰수사관에 의해서 택시 안의 카세트에서 오로라 공주 스티커가 붙여진 음악 테이프가 발견되는데, 이 테이프에는 정순정의 딸이 부른 노래 소리가 녹음되어 있다.

택시운전기사 살인사건

5) 성기절단 살인사건

다섯 번째 살인사건은 피해자의 팔 다리가 묶인 상태에서 식당용 날카로운 가위가 성기에 고정되어 있어 피해자가 움직일 때마다 성기가 조금씩 잘려 과다 출혈로 사망하게 된 사건이다. 피해자는 예전에 정순정이 두 번째 피해자에게 맡겨놓은 자신의 딸을 데리러 갈 때 그녀와 경미한 차량접촉사고가 발생한 상황에서 그녀에게 심하게 욕설을 하면서 그녀를 곤란한 상황에 처하게 했던 사람이다. 차량접촉사고가 발생했을 당시 차량접촉 상대운전자가 욕설을 하지 않고 시간을 지체시키지만 않았다면 정순정은 두 번째 피해자의 가계에 그녀가 맡겨놓은 딸을 데리러가기로 한 시간에 맞춰서 갈 수 있었을 것이다. 따라서, 다섯 번째 피해자 또한 그녀의 딸이 살해되는데 어느 정도 기여한 장본인이라는 점에서 정순정의 원한을 사게 된 것이다.

성기절단 살인사건

6) 쓰레기 매립장 인질사건

마지막으로 그녀가 살해하려고 했던 대상자는 바로 그녀의 딸을 납치, 강간, 살해했던 흉악한 범죄자를 변호했던 변호사다. 이 변호사는 그녀의 딸을 살해한 흉악범이 정신이상이 있다는 변론을 통해서 결국 사형을 면하고 치료감호소로 가도록 한 장본인이다. 정순정은 사전에 이 변호사에게 접근해서 일정한 정도의 친분관계를 형성한 상태에서 변호사가 혼자 게임을 즐기는 동안에 살인을 시도하는데, 결국 이러한 시도는 실패로 끝이 난다. 이후 그녀는 그녀를 쫓는 경찰을 따돌리고 강하게 반항하는 변호사를 의자에 묶은 채 납치하여 쓰레기 매립장으로 향한다.

이 쓰레기 매립장은 바로 1년 전 그녀의 딸 사체가 유기·발견된 장소이며, 정순정은 쓰레기 매립장으로 가면서 그녀를 쫓고 있는 경찰과 언론을 모두 불러 모으고, 결국 그녀는 이 쓰레기 매립장에서 스스로 검거 당하게 된다. 정순정은 사전에 대형 크레인 조종기술을 익혔으며, 피해자를 쓰레기 매립장의 대형 크레인에 묶어 위협하면서 경찰과 언론을 상대로 그녀의 분노를 표출한다. 또한 여기서 그녀는 그녀의 딸과 유사한 행동을 보여 다중인격적인 측면을 보여주기도 한다.

쓰레기 매립장 인질사건

③ 범인의 성격 및 심리

1) 정순정을 연쇄살인범으로 분류할 수 있는가?

어떤 일련의 연속된 살인사건을 정의하는 것은 학문적으로나 수사실무 면에서도 중요한 작업이다. 즉 그 사건들이 연속살인(spree murder)이냐 아니면 연쇄살인(serial murder)이냐를 구분하는 것은 criminal profiling을 특정하는데 가장 기본적인 요소로서 범죄자 수사의 기본이다. 연속살인과 연쇄살인을 구분하는 가장 큰 차이점은 "심리적 냉각기"의 유무이다.

이 영화에서 연쇄살인범 정순정의 살인행각은 어떻게 정의할 수 있는가의 핵심적인 요소는 바로 "심리적 냉각기"가 존재하였느냐의 문제이다. 정순정은 딸이 살해당한 1년이 지난 이후 철저한 계획 하에 연속적으로 살인을 저지르는

데, 살인의 기간만 놓고 보면 정순정에게는 심리적 냉각기가 존재할 틈이 없어 보인다.

하지만 심리적 냉각기는 시간적 간격이라는 물리적이고 유형적인 현상의 문제라기보다는 무형적이고 심리적인 현상을 설명하는 것이므로 물리적인 시간의 간격에는 개인차가 존재한다고 보는 것이 타당할 것이다.[77] 특히 정순정은 한 건의 살인 이후 집에 있는 욕탕에 혼자 앉아 심한 외로움과 고독감을 느끼는 듯한 모습을 보였음을 유의할 필요가 있다.

연쇄살인범 정순정

평범한 엄마였던 정순정

정순정은 자신의 딸을 무참하게 살해한 범인을 변호하여 정신병원으로 가게 한 변호사를 딸의 사체가 발견된 쓰레기 매립장으로 끌고 가서 대형 크레인에 매달고 경찰과 언론 앞에서 자신의 이야기를 만천하에 알리기 위해서 철저한 계획 하에 범행을 준비하였다. 즉, 그녀는 대형 크레인 운전을 능숙하게 하기

---

77) 이웅혁, 앞의 글, p. 147

위해서 사전에 대형크레인 자격증을 습득하였다는 것을 영화 중반부에 알 수 있는데, 이러한 점에 비추어볼 때 정순정의 살인행각에서 연속살인과 연쇄살인을 구분하는 "심리적 냉각기"가 존재하였다고 볼 수 있다.[78] 또 정순정은 다수의 피해자를 여러 장소에서 연속적으로 살해하였으므로 연쇄살인의 다른 조건과도 부합하며, 따라서 정순정의 일련의 살인행동은 연쇄살인의 전형으로 보아도 무방하다고 판단된다.

2) 정순정은 어떤 유형의 연쇄살인범인가?

Holmes는 연쇄살인을 망상형, 사명감형, 쾌락형, 권력형으로 분류하였다. 첫째, 망상형은 환청이나 환각상태에서 살해를 한다. 정순정의 경우 정신병적 요인이 발견되지 않는 점과 자신의 진술내용을 볼 때 망상형은 아닌 것으로 판단된다. 둘째, 사명감형은 자신의 기준이나 신념체계에 비추어 부도덕하거나 옳지 않은 자(집단)에 대하여 공격을 가하는 유형이다.

정순정의 경우 아무런 죄가 없는 자신의 딸을 납치·강간·살해까지 이르게 하는데 책임이 있는 사람들을 공격의 대상으로 선정한 점, 영화에서 정순정이 하는 진술 또는 대화내용, 그리고 마지막 장면이었던 쓰레기 매립장에서 경찰과 언론 앞에서 정순정이 울부짖으며 했던 진술 등을 비추어볼 때, 정순정은 자신의 딸을 죽음에 이르게 한 사람들에 대한 복수심과 함께 정순정 자신의 신념체계에서 볼 때 사회에서 부도덕한 자 – 특히 변호사 – 들을 살해했다는 정당성을 스스로 부여했다고 판단된다. 따라서 정순정은 사명감형의 유형에 속한다고 할 수 있으며, 특히 정순정은 자신의 딸의 죽음에 대한 책임이 있는 사람들에 대한 증오심으로 이러한 대상들을 없애버리고 싶다는 욕망이 중요한 살해동기라고 볼 수 있다.[79]

---

78) 이은영, "연쇄살인범 유영철의 편지분석", 「한국범죄심리학회 학술세미나자료집」, 한국범죄심리학회, 2005, p. 63; 오윤성, "연쇄살인범의 MO에 대한 고찰: 유영철사건을 중심으로", 「경호경비연구」, 제9호, 한국경호경비학회, 2005, pp. 174–178.

79) 이상현, 앞의 책, pp. 300–303.

"다섯명을 죽였습니다
그래도 세상의 용서는 바라지 않겠습니다
이것만 기억해 주세요
내 모든 행복이 사라졌을 때
다른 방법은 아무것도 생각나질 않았다는 것을..."

"미안해...
다 끝나가...
늦어서 미안해... 오로라공주!"

- 연쇄살인범 정순정

세 번째 쾌락형은 살인자체를 즐기고, 스릴감을 맛보며, 보통 이 경우 시체를 토막 내는 경우가 많다고 하며, 이러한 유형은 지난 2004년 엽기적인 연쇄살인 행각을 벌였던 유영철이 바로 이에 해당한다고 볼 수 있다. 그러나 이 영화에서 정순정은 쾌락형은 아니라고 판단된다.

네 번째 권력형은 피해자의 생사여탈권을 쥐고 피해자를 마음대로 할 수 있다는 정복감과 힘의 우위를 성취하기 위해 성적인 가학행위와 환상이 중요한 역할을 하며, 시체의 절단이 수반된다는 특징을 가지고 있다. 이 유형의 연쇄살인범들은 다른 사람을 통제할 수 있는 힘을 가졌다는 신념을 통해 만족을 얻는다. 정순정은 마지막 장면에서 변호사를 대형 크레인에 매달고 경찰과 언론 앞에서 자신의 딸의 죽음에 대한 항변을 하는데, 이때 그녀는 변호사의 生과 死를 통제할 수 있는 위치에서 경찰과 언론을 상대로 협박과 같은 방법으로 자신의 처지에 대한 항변을 하였다는 점으로 볼 때, 정순정의 연쇄살인은 권력형적인 특성을 일부는 내포하고 있다고 할 수 있다.

결론적으로 정순정은 사명감형, 약간의 권력형의 특성을 동시에 가지고 있는 혼합형으로 분류해 볼 수 있다.

3) 정순정의 범행수법(MO)과 범인인증(OS)은 무엇인가?

MO와 OS는 범죄수사 분석에서 대단히 중요한 2대 개념이다. 흔히 범행수법으로 불리는 MO(Modus Operandi)는 Method of operating을 뜻하는 라틴어로 범죄가 어떤 방법을 통해 이루어졌는가를 의미한다(Burgess et al. 1997). 그래서 범죄자의 MO는 학습의 과정을 거쳐 세월이 지날수록 변화하고 발전한다. 또한 범죄자가 의도한 것이 아니라 하더라고 범행과정을 통하여 점차적으로 자신의 경험이나 성격, 정체성을 드러낼 수 있는 범행수법이 구체화 될 수 있다. 그리고 MO는 후천적으로 획득되며 동적이어서 변할 수 있는 일종의 범행수법이라고 할 수 있다.[80] 범인의 MO는 범죄를 어떻게 실행하는가에 영향을 미치지만 왜 범죄를 저지르는 지와 관계되는 범죄동기(또는 범죄행동)를 나타내는 범인인증(Offender Signature)과 구별되는 개념이다.

범인인증이라고 불리는 OS(Offender Signature)는 범인의 심리적 · 정서적 욕구에 의해 범인에 의해 저질러지는 독특한 행동을 묘사하기 위해 사용되는 용어이다. 즉 범인이 자기 자신의 정체성을 성취하기 위해서 저지르는 행위로 이것은 정적인 특징을 가지고 있기 때문에 변하지 않는다. 예를 들어 범인이 피해자를 지배하고 조종 · 통제하기 위해 피해자로부터 애원을 받는 재미로 범행을 한다면 이것은 범인이 어떤 상황에서도 어쩔 수 없이 되풀이하는 행동이라고 할 수 있으며, 이것은 연쇄살인범의 성격을 드러내어 주는 특징이 된다.[81]

어떤 사건에서 MO와 OS를 명확히 구분하기란 쉽지 않지만 범인의 MO와 OS를 찾아내는 작업은 미제사건에서 범행수법(MO)과 범인인증(OS)과 이미 확보하고 있는 범행수법과 범인인증을 비교함으로써 사건해결에 기여할 수 있는데, 이 영화에서 정순정의 MO와 OS를 찾아내는 작업은 혹시나 차후에 발생할 수 있는 실제적인 유사사건의 신속한 해결과 범죄예방에 기여할 수 있기 때문이다.

정순정의 범행수법(MO)은 몇 가지로 구분하여 설명할 수 있는데, ① 범행대상 : 자신의 딸을 죽음에 이르게 한 책임 있는 사람들, ② 피해자유인방법 : 자신의 性적인 매력으로 유혹, ③ 살해방법 : 전격적으로 살해, ④ 살해도구 : 뾰족한 흉기(주방 용품), 석고, 독극물을 탄 영양제둔기(망치) 등, ⑤ 가해부위 : 두정부 등, ⑥ 전리품의 보관여부 : 무, ⑧ 사체처리 : 현장 유기이다.

---

80) 오윤성, 앞의 책, p. 180.
81) 김상균, 앞의 책, p. 47.

경찰의 수사선에 오른 정순정

정순정의 인증(Signature)은 인증특성(signature aspect)과 인증행동(signature behavior)으로 구분하여 분석한 바, ① 인증특성(signature aspect)은 증오(병적 미움), 복수심, 힘의 과시, ② 인증행동(signature behavior)은 가학증적 행동(뾰족한 흉기로 머리를 과격 등)으로 분석할 수 있다.

곽대경(2001). "경찰수사를 위한 범죄심리연구의 활용방안", 한국경찰학회보 3호.

경찰청(2011－16). 『경찰백서』, 서울 : 경찰청.

국립과학수사연구소(2000). 『범죄심리학적분석(Ⅰ)』, 국립과학수사연구소.

국립과학수사연구소(2001). 『범죄심리학적분석(Ⅱ)』, 국립과학수사연구소.

김민지(2004). "미국 연쇄살인범죄의 특징 및 대책", 한국범죄심리학회 추계학술대회 자료집, 한국법심리학회.

김상균(2005). 『폭력의 심리학』, 서울 : 한국학술정보.

김용화(2002). "한국의 살인범 프로파일링모형에 과한 연구", 박사학위논문, 동국대학교 대학원.

김원배(2004). "공포의 전형, 유영철을 분석한다", 수사연구 2004년9월호.

김종률(2002). 『수사심리학』, 서울 : 학지사.

박광배(1995), 법심리학, 서울 : 정민사.

박광배(2001). "범죄자 유형파악(criminal profiling)", 한국심리학회 춘계심포지움발표 자료 모음집, 한국심리학회.

박승위 역(1994), 사회문제론, 윌리엄즈와 맥쉐인 저, 서울 : 민영사.

박시룡 · 이병훈 역(1994), 사회생물학Ⅰ, 윌슨 에드워드 저, 서울 : 민음사.

브루스 핑크, 맹정현 역(2002). 『라캉과 정신의학』, 서울 : 민음사.

서울지방검찰청(1994). 『소위 지존파사건 및 온보현사건수사백서』.

서울지방경찰청(2004.11). 『유영철연쇄살인사건수사백서』.

송병호 · 박상진(2016). 『경찰학입문』, 서울 : 박영사.

아이원, 사라손. 김은정 외 역(2001), 『이상심리학』, 서울 : 학지사.

오윤성(2005). "연쇄살인범의 MO에 대한 고찰 : 유영철사건을 중심으로", 경호경비연구 제9호.

이경재 역(1996), 범죄학 입문, 펠프레이 저, 서울 : 길안사.

이상안(1991), 범죄경제학, 서울 : 박영사.

이상현(2004). 『범죄심리학(제3판)』, 서울 : 박영사.

이수정 외(2004). "유영철에 관한 몇 가지 의문점", 한국법심리학회추계학술대회자료집, 한국법심리학회.

이웅혁(2005), "연쇄살인범에 대한 범죄심리학적 분석", 경찰학연구 제8호.

이은영(2005). 『살인중독』, 서울 : 월간조선사.

이현수(1989), 성격과 개인차의 심리학, 서울 : 우성문화사.

임준태(2003). "강력범죄에서의 범인상추정기법도입에 관한 연구", 치안논총 제19집.

월간조선(2004년 9월호), "연쇄살인범 유영철의 어린 시절" pp. 130-141.

존 더글러스 외, 이종인 역(1999). 『마음의 사냥꾼』, 서울 : 김영사.

클레어 파야츠코브스카, 김복태 역(2003), 『성도착』, 서울 : 이제북스.

홍성열(2000), 범죄심리학, 서울 : 학지사.

高島學司(1995), 犯罪學の 方法 序說, 京都 : 世界出版社.

上出弘之・伊藤隆二(1982), 亂暴なふどま, 東京:多動性のふども, 福村出版.

千輪浩(1977), 社會心理學, 東京 : 誠信書房.

B. E. Turvey(1999). 『Criminal Profiling』, San Diego : Academic Press.

C. Claus & L. Lidberg(1999). "Serial murder as a 'Schahriar syndrome'" The Journal of Forensic Psychiatry, Vol.10, No.2, pp. 427-435.

D. Promish & D. Lester(1999). "Classifing serial killer", Forensic Science International No.105, pp. 155-159.

E. Mitchell(1997). "The aetiology of serial murder : towards an integrated model", M.Phil., Univ. Cambrige.

K. Soothill, B. Fransis, et.al.(2000). "Sex offender : Specialsts, Generalists −or both?", Brit. journal Criminology, Vol.40, pp. 56-67.

J. Jackson & D. Bekerian(2000). 『Offender Profiling』, Egland:John Wiley & Son Ltd.

L. Downing(2004). "On the limits of sexual ethics : The phenomenology of autaassassinophilia", Sexual & Culture, Vol.8, No.1, pp. 3-17.

S. Pakhomou(2004). "Serial killers : offender's relationship to the victim and selected demographics", Int., Jr. of police science & management, vol.6, no.4.

T. Whitman & D. Akutagawa(2004). "Riddles in serial murder : A synthesis", Aggression and Violent Behavior, No.9, pp. 693-703.

A. K. Cohen(1966), Deviance and control. Englewood Cliffs, N.J. : Prentice−Hall.

A. R. Mawson(1987), Transient Criminality, N.Y. : A division of Greenwood Press, Inc..

A. J. Reiss, and Jeffery(1993), A. R, Understanding and Preventing Violence, Washington : National Academy Press.

C. R. Jeffery(1990), Ciminology: An interdisciplinary approach, Englewood Cliffs, NewJersey : Prentice Hall.

D. H. Farrington(1991), "Early predictors of adolescent aggression and adult violence", Violence and Victims, Vol. 4.

D. H. Fishbein(1990), "Biological perspectives in criminology," Criminology, Vol. 28.

D. O. Steffen, & E. Kringlen(1976), "A Norwegian Twin Study of Criminality", British Journal of Criminalogy Vol. 16.

E. I. Megargee(1963), "Undercontrolled and Overcontrolled Persornality Types in ExtremeAntisocial Aggression", Psychological Monographs, 3(63).

E. Zamble and V. L. Quinsey(1996), The Criminal Recidivism Process, Cambridge University.

G. D. Walters(1992), "A Meta—Analysis of the Gene—Crime Relationship", Criminology, Vol. 30.

H. G. Grasmick, and Bursick(1990), Conscience Significant others, and Rational Choice : Extending the Deterrence Model, Law and Society vol 24, pp. 837—861.

H. C. Quay(1987), Intelligence, Handbook of Juvenile Delinquency, Wiley : New York.

H. E. Pepinsky(1984), Myths that cause crime, Washington D.C. : Seven Locks Press.

J. Archer(1994), Male Violence, New York : Routledge.

J. E. Conklin(1997), Criminology, Boston : Allyn & Bacon.

J. Q. Wilson and R. J. Herrnstein(1985), Crime and Human Nature, Simon & Schuster, New York.

J. W. Rogers(1977), Why are you not a criminal?, New Jersey: Prentice—Hall.

K. O. Christiansen(1977), "A Preliminary Study of Criminality among Twins" in Sarnoff A. Mednick and Karl O. Chritiansen, eds., Biosocial Bases of Criminal Behavior, New York: Gardner Press.

L. Berkowitz(1989), "The frustration—aggression hypothesis: examination and reformulation", Psychological Bulletin, No. 106.

M. Daly, and M. Wilson(1990), "Killing the competition : female/female and male/male homicide", Human Nature, No. 1.

M. R. Gottfredson and T. Hirsch(1990), A General Theory of Crime, Stanford, Calif. : Stanford Universty Press.

M. Silberman(1976), Toward a Theory of Criminal Deterrence, American Sociological review, 41, pp. 442—461.

S. A. Mednick(1987), The cause of crime : New biological approach, Cambridge :
    Cambridge Univ. Press, 1987.
S. Yochelson & S. Samenow(1976), The Criminal Personality: Vol.1: A Profile for
    Change, New York : Jacson Aronson.
T. Tyler(1990), Why People Obey the Law, Yale Univ..W. N. Welsh and A. Gorden
    (1991), "Cognitive Mediators of Aggression" Criminal Justice and Behavior, 18.
W. McCord(1993), Psychopathy, New York : Free Press.

공저자 약력

김상균 교수 (백석대학교 법행정경찰학부)

<학력>
동국대학교 경찰행정학과 대학원(범죄심리학 박사)

<경력>
전 군본부 헌병감실 범죄분석장교(소령예편)
전 군3사관학교 심리학과 교수
전 국가인권위원회 인권침해조사국 조사담당관
현 국제민간조사학회 회장
현 경찰학회 연구이사
현 공안행정학회 이사
현 법무부 범죄예방위원
현 천안지청 명예민원상담실장
현 범죄피해자지원센터 상담위원
현 전국경찰소방공무원공사상연대 자문위원
현 한국범죄심리학회 회장

<저서>
범죄학원론, 양서원, 2004
범죄피해자학, 21세기출판사, 2005
폭력의 심리학, 한국학술정보, 2005
범죄심리학, 청목출판사, 2008
교정학개론, 청목출판사, 2009
경찰학개론, 대명출판사, 2014

송병호 교수 (백석대학교 법행정경찰학부)

<학력>
동국대학교 경찰행정학과 대학원(경찰학 박사)

<경력>
현 백석대학교 법정경찰학부 경찰학전공교수
현 천안동남경찰서 자문위원(집회시위)
현 공주교도소 교정자문위원
현 한국범죄심리학회 총무이사
현 한국부패학회 총무이사
현 한국경찰학회 윤리위원
현 한국공안행정학회, 한국경찰발전연구회,
   한국경호경비학회 한국테러학회 이사

<저서>
조직범죄론, 형설출판사, 2004
형사사법행정론, 학현사, 2005
민간조사업법, 한국고시미디어, 2007
특수범죄론, 다해, 2008
형사사법학개론, 다해, 2008
경찰조직관리론, 청목, 2013
경찰학입문, 박영사, 2014

박상진 교수 (세한대학교 경찰행정학과)

<학력>
동국대학교 경찰행정학과 대학원(경찰학 박사)

<경력>
전 동국대학교 사회과학연구원 연구원
전 한국범죄연구소 연구위원
현 경찰청채용시험 출제위원 및 면접위원
현 항만청 공무원시험 출제위원 및 면접위원
현 교육공무원 면접위원
현 지방공무원채용시험 출제위원 및 면접위원
현 경비자도사 출제위원
현 한국해양경찰학회 연구윤리이사
현 한국경찰발전연구학회 이사
현 한국경호경비학회 이사
현 한국민간경비학회 이사
현 한국테러학회 이사
현 한국경찰학회 이사
현 한국공안행정학회 연구윤리이사
현 한국범죄심리학회 총무위원장
현 지방자치학회 이사
현 안전문화포럼 부회장
현 범죄피해자지원협회 이사
현 경찰청 평가위원
현 서울지방경찰청 사이버수사 자문위원
현 서울지방경찰청 승진심사위원
현 교정본부 징계위원회
현 경기지방경찰청 교육센타 외래교수
현 중앙경찰학교 외래교수
현 경찰교육원 외래교수
현 경찰대학 치안연구소 자문위원

현 전남지방경찰청 집회시위 자문위원
현 전남지방경찰청 징계심의 위원
현 전남지방경찰청 승진심사 위원
현 충남지방경찰청 행정처분심의 위원
현 충남지방경찰청 누리캅스 자문위원
현 충남지방경찰청 운전면허 처분이의심의 위원
현 교정본부 징계위원회 위원
현 경찰청 징계심사위원
현 경찰청 승진심사위원
현 일산경찰서 청소년선도심의 위원
현 군포경찰서 청소년선도심의 위원
현 서초경찰서 청소년선도심의 위원
현 종암경찰서 청소년선도심의 위원
현 강서경찰서 청소년선도심의 위원
현 당진경찰서 징계심의 위원
현 당진경찰서 경미범죄심사위원
현 당진시청 정책 자문위원
현 목포시 유도회 자문위원
현 대한 우슈쿵푸협회 상벌위원회 부위원장
현 한국경비지도자협회 자문위원
현 청소년 육성회 자문위원
현 세한대학교 경찰행정학과 교수(학부장)
현 세한대학교 청탁방지담당관

<저서>
경찰학개론, 문성출판사, 2008
탐정학개론, 2009
경찰조직관리, 청목출판사, 2010
(새)경찰학개론, 우공출판사, 2011
경찰학입문, 박영사, 2015
경찰학, 박영사, 2015
일반경비원 신임교육, 진영사, 2017

영화 속 범죄심리

초판발행   2017년 9월 1일
중판발행   2023년 3월 10일

지은이   김상균 · 송병호 · 박상진
펴낸이   안종만 · 안상준

편 집   한두희
기획/마케팅   이영조
표지디자인   권효진
제 작   고철민 · 조영환

펴낸곳   (주) **박영사**
             서울특별시 금천구 가산디지털2로 53, 210호(가산동, 한라시그마밸리)
             등록 1959. 3. 11. 제300-1959-1호(倫)

전 화   02)733-6771
f a x   02)736-4818
e-mail   pys@pybook.co.kr
homepage   www.pybook.co.kr
ISBN   979-11-303-0446-5 93350

* 파본은 구입하신 곳에서 교환해 드립니다. 본서의 무단복제행위를 금합니다.
* 저자와 협의하여 인지첩부를 생략합니다.

정 가   23,000원